Common Knowledge about Chinese Culture

中国文化常识1000问

晨曦◎编著

電子工業出版社
Publishing House of Electronics Industry
北京·BEIJING

图书在版编目（CIP）数据

中国文化常识1000问 / 晨曦编著. -- 北京 : 电子工业出版社, 2025. 2. -- ISBN 978-7-121-49530-4

Ⅰ. K203-49

中国国家版本馆CIP数据核字第2025QG7815号

责任编辑：张艺凡
印　　刷：天津画中画印刷有限公司
装　　订：天津画中画印刷有限公司
出版发行：电子工业出版社
　　　　　北京市海淀区万寿路 173 信箱　　邮编：100036
开　　本：710 × 1000　1/16　印张：21.5　字数：416 千字
版　　次：2025 年 2 月第 1 版
印　　次：2025 年 2 月第 1 次印刷
定　　价：58.00 元

凡所购买电子工业出版社图书有缺损问题，请向购买书店调换。若书店售缺，请与本社发行部联系，联系及邮购电话：（010）88254888，88258888。

质量投诉请发邮件至 zlts@phei.com.cn，盗版侵权举报请发邮件至 dbqq@phei.com.cn。

本书咨询联系方式：（010）68161512，meidipub@phei.com.cn。

目录

—— 第一章 文学经典 ——

—— 第二章　传说故事 ——

—— 第三章 成语、典故 ——

—— 第四章 俗语、谚语 ——

第五章　历史常识

—— 第六章　文学常识 ——

—— 第七章　天文历法 ——

—— 第八章　礼仪、称谓 ——

—— 第九章　传统节日 ——

—— 第十章　饮食文化 ——

—— 第十一章　车马服饰 ——

第十二章　艺术常识

—— 第十三章 戏曲歌舞 ——

—— 第十四章 科技发明 ——

—— 第十五章　工艺建筑 ——

—— 第十六章　思想学说 ——

—— 第十七章　政治制度 ——

—— 第十八章　阅读写作 ——

第一章
文学经典

▶ 什么是先秦散文？

春秋战国时期是中国古代散文蓬勃发展的阶段，出现了许多优秀的散文著作，这就是中国文学史上的先秦散文。

先秦散文分为两大类：一类是历史散文，一类是诸子散文。

一般来说，历史著作并不属于文学的范畴。但由于先秦时期纯文学散文尚未出现，而当时的历史著作无论叙事还是写人都非常生动、形象，语言也富于文采，对后世文学创作产生了深远的影响，所以先秦的历史著作同时也可以说是文学性较强的散文，故而被称为历史散文。

先秦诸子散文指的是春秋战国时期诸子百家阐述各自对自然和社会的不同观点与主张的哲理性著作，也就是所谓的“百家争鸣”。这些文章发展和完善了论说文的体制，其中一些故事叙述，为后世的叙事文学提供了营养。无论是在思想内涵上还是在语言文体的创作上，先秦诸子散文都对我国几千年来的政治制度、文化艺术等各方面产生了极为深远的影响。

▶ “上古三大奇书”之一的《山海经》奇在何处？

《山海经》与《易经》《黄帝内经》并称为我国“上古三大奇书”。那么，这部著作究竟奇在何处呢？

首先，《山海经》内容包罗万象，不仅包含了关于上古历史、地理、神话、天文、动物、植物、医学、宗教等方面的内容，还涉及人类学、民族学、海洋学和科技史等方面的诸多内容，堪称上古社会生活的百科全书。

其次，《山海经》魅力经久不衰，无论是民间百姓还是文人士官都对它充满了兴趣。人们对它的认识也不断发生着变化：汉代至唐代，《山海经》的内容都被认为是真实可信的；到了明清时期，由于小说的盛行，《山海经》被归入小说之流，人们普遍觉得它是杜撰出来的奇谈怪论；清末至今，随着西方人类学、民俗学等学科的传入和研究者更细化的研究方向，人们开始认同《山海经》的文献价值，觉得它是对上古世界文化大观的写照。

▶ “上古三大奇书”之一的《易经》奇在何处？

《易经》也是我国“上古三大奇书”之一。《易经》之奇又奇在何处呢?

《易经》被誉为“诸经之首”“大道之源”，是中华传统文化的总纲领，亦是中华文明的源头。它包括《连山》《归藏》和《周易》，其中《连山》《归藏》已经失传，现存于世的只有《周易》。《周易》是建立在阴阳二元论基础上对事物运行规律加以论证和描述的书籍，它对天地万物进行性状归类，主要是天干地支五行论，其中的精妙推衍甚至可以精确到对事物的未来发展做出预测。

《易经》是远古文明的产物，是集我国古代自然科学和社会科学为一体的极具哲理性的著作。其内容涉及哲学、政治、生活、文学、艺术、科学等诸多领域。学者冯友兰认为《易经》是“辩证的宇宙代数学”，它并不具体讲世间万物，但世间万物都可以代入，这大概就是它的神奇之处。

▶ 我国最早的散文总集是哪部著作？

我国最早的散文总集是儒家五经之一的《尚书》。

《尚书》原名《书》，汉代时改称《尚书》，是我国最古老的皇室文集，也是我国最早的历史文献汇编。

《尚书》所录的是虞、夏、商、周各代典、谟、训、诰、誓、命等文献，其中虞、夏及商代部分内容是据传闻而写成，不完全可靠。“典”是对重要史实或专题史实的记载；“谟”是关于君臣谋略的记载；“训”是臣子开导君主的话；“诰”是勉励的文告；“誓”是君主训诫士众的誓词；“命”是君主的命令。所以《尚书》实质上是一部体例比较完备的公文总集。一直以来，它都被视为我国封建社会的政治哲学经典，既是帝王的教科书，又是贵族子弟及士大夫必修的“大经大法”，在历史上有着很大的影响。

▶ 我国最早的诗歌总集是哪部著作？

我国最早的诗歌总集是《诗经》，共收入西周初年至春秋中叶的 305 首民歌作品（另有 6 篇只有题目没有内容，被称为笙歌），原名《诗》，后来成为儒家经典，被称为《诗经》。

《诗经》是中国诗歌的正源，也是中国文学的总源头。在后来的两千多年里，它都是儒家的经典，孔子评价它“思无邪”，并且用它做教材来教育学生。

《诗经》在内容上分为“风”“雅”“颂”，在表现手法上主要是运用“赋”“比”“兴”，它不仅具有历史、民俗及礼乐文化方面的价值，而且具有中国文化元典的意义。所谓“元典”就是一个民族在文化特征形成时期所出现的标志性的经典，它往往体现着一个民族基本的文化价值观和人生态度，对于民族文化的发展有着长久而深远的影响。从这个方面而言，《诗经》的价值是一般的文学作品集难以企及的。

▶ 我国古代的哪部著作被誉为“万经之王”？

春秋时期的老子（李耳）写了一部伟大的著作《道德经》，这部作品被后世誉为“万经之王”。

《道德经》分为《德经》和《道经》，原本《德经》在前、《道经》在后，但后来改为了《道经》在前、《德经》在后。《道德经》内容上以哲学意义上的“道德”为纲宗，论述修身、治国、用兵、养生之道，而大多以政治为旨归。

《道德经》所论之“道”既是宇宙、自然之道，也是个体修行之法；所论之“德”不是我们通常说的道德或德行，而是修道者所应该具备的特殊的世界观、方法论以及为人处世之方法。《道德经》的主题思想就是“道法自然”。

《道德经》是中国哲学思想的鼻祖，在中国历史上，几乎每个朝代在其鼎盛时期，都无一例外地采用“内用黄老（黄帝、老子），外示儒术”的治国理念。在世界范围内，《道德经》也被各阶层、各领域的人研读和喜爱，在全世界具有极其广泛和深远的影响。

▶《史记》是一本什么书？

《史记》是一部纪传体通史，又称《太史公书》《太史记》，分本纪、表、书、世家、列传五部分，记录了从黄帝到汉武帝元狩元年三千多年的历史。全书包括十二本纪、三十世家、七十列传、十表、八书，共一百三十篇，总计52万余字。

《史记》是西汉史学家司马迁历时十四年撰写而成的。中国经历了东周之后的诸侯征伐，古籍散佚；秦朝“焚书坑儒”又焚毁了许多古代文化典籍，致使一些珍贵的书籍失传或者流失。直至汉朝人文学术才逐步恢复，一些史料、书籍也开始被陆续收集整理。司马迁自幼诵习经典，之后开始游历天下，博采遗闻故典。结束游历回京后，他进入朝廷做官，因其父病逝而接替了太史令一职，自此受父亲遗命开始编撰《史记》。

《史记》对后世史学和文学都产生了深远影响。其首创的纪传体编史体例，为历代“正史”所传承。同时，《史记》还是一部优秀的文学著作，在中国文学史上有重要地位，被鲁迅誉为“史家之绝唱，无韵之离骚”。

▶ 什么是《论语》？

《论语》是春秋时期思想家、教育家孔子的弟子及再传弟子记录孔子及其弟子言行的语录文集，内容涉及政治、教育、文学、哲学以及立身处世的道理等各个方面，是儒家重要经典之一，也是古人读书做学问的必修课程。在废除科举之前，《论语》一直是学子士人长期奉行的金科玉律，所以它对我国的礼乐文化、政治制度、伦理道德、思维方式、价值观念、风俗习惯等众多方面都有着深远的影响。

《论语》全书共有二十篇四百九十二章，以语录体为主，叙事体为辅，在简单的对话和行动中展示人物形象，语言简洁、意蕴深刻。即使到了现在，《论语》中的许多思想仍具有一定的借鉴意义和时代价值。

▶ 什么是“四书五经”？

“四书五经”是儒家经典“四书”和“五经”的合称。四书指的是《大学》《中庸》《论语》《孟子》。《大学》《中庸》是《礼记》的两篇，《论语》是孔子及其弟子的语录集，《孟子》主要记载孟子的言行。宋代朱熹作《四书章句集注》，“四书”之名正式确立，宋以后成为科举取士的标准用书。五经指的是《诗》《书》《礼》《易》《春秋》，相传它们都经过儒家创始人孔子的编辑、整理、修改和删定。《诗》是最早的诗集；《书》即《尚书》，为上古历史文献的汇编；《礼》即《仪礼》，记载各种礼仪；《易》是占卜用书；《春秋》是最早的编年体史书。五经是研究古代制度、文化的宝贵资料。

四书五经在中国的传统文化中，占据着相当重要的位置，详细地记载了中国早期政治、军事、外交、文化等各方面的史实资料以及孔孟等思想家的重要思想，是历代文人学子研学的核心经典书籍。

▶ 什么是“三礼”？

《周礼》《仪礼》和《礼记》合称“三礼”，是古代华夏礼乐文化的理论形态，对礼法、礼义做了最权威的记载和解释，对历代礼制的影响最为深远。

《周礼》相传是西周时期的著名政治家、思想家、文学家、军事家周公旦所著，分为《天官》《地官》《春官》《夏官》《秋官》《冬官》六篇，其中详细记述了周及战国时的职官、礼仪等各种典章制度，列各司职官 377 人，详列其职掌细目，还保存了不少珍贵的科技资料。郑玄作注后，位列三礼之首。《周礼》对后世政治制度和官制设置影响极大。

《仪礼》是春秋战国时代的礼制汇编，共十七篇。《仪礼》记载了周代的冠、婚、丧、祭、乡、射、朝、聘等各种礼仪，其中以士大夫的礼仪为主。

《礼记》成书于汉代，相传为西汉礼

学家戴圣所编。《礼记》主要记载先秦的礼制，体现了先秦儒家的哲学思想、教育思想、政治思想、美学思想，是研究先秦社会的重要资料，也是一部儒家思想的资料汇编。

▶ 什么是“三玄”？

“三玄”是魏晋南北朝时玄学家推崇的三部典籍，即《周易》《老子》《庄子》。因这三部书的内容都是阐述玄奥幽深的哲理，所以被称为“三玄”。“三玄”一词始见于北齐颜之推的《颜氏家训·勉学篇》：“洎于梁世，兹风复阐。《庄》《老》《周易》，总谓三玄。”

《老子》《庄子》两部书为道家经典，而魏晋玄学与道家的老庄思想有渊源关系。《周易》为儒家经典，因其通过八卦推测自然社会变化，探求宇宙万物根源，所以也非常符合玄学家的研究方向。魏晋玄学家以老庄思想解释儒家经典，把“三玄”作为主要研究对象，谈玄的主题也大多来自这三部书，所以“三玄”是魏晋玄学的根本依据。至南朝宋时，朝廷正式以“三玄”作为玄学经典。

▶ 什么是“五经定本”？

“五经定本”是唐初为统一儒家五经的版本和文字而颁布的官方定本。自汉代以来，五经的不同版本间文字分歧非常大，古代经书流传到唐代，由于版本差异、师承不一等原因，加之代代传抄，文字讹谬现象十分严重，存在着不少异字别文，既不利于人们学习，也不适应唐初政治大一统的需要。所以贞观四年（630年），为统一学术思想，唐太宗下诏令著名学者颜师古考定《周易》《尚书》《毛诗》《礼记》《左传》五经的经文，统一版本与文字。颜师古历时两年多完成考定。贞观七年（633年），朝廷将颜师古所校订的五经颁行天下，作为中央官学至地方州县学统一的标准教科书。

“五经定本”改变了汉魏以来五经版本文字不统一的现象，为士人学习儒家经典提供了极大的方便，后来孔颖达撰写《五经正义》就是以此为底本。

▶ 什么是《五经正义》？

《五经正义》是唐代大儒孔颖达奉敕编撰的五经义疏著作。自汉代以来，儒家宗派林立，对经文理解分歧很大。为统一学术思想，唐太宗令孔颖达等撰定五经义疏，先后参与的学者有50余人。孔颖达以南学为主，以“疏不破注”为原则，于贞观十六年（642年）完成编撰。全书共180卷，分为《周易正义》《尚书正义》《毛诗正义》《礼记正义》《春秋左传正义》。高宗永徽四年（653年）颁行全国。

《五经正义》结束了汉魏以来儒学内部宗派的纷争，完成了五经内容上的统一，标志着经学史上一统局面的形成。此后，注释儒经须以此为标准，科举应试也必须按此作答，不可以自由发挥。这一规定一直沿用至宋初。

▶ 什么是《三经新义》？

《三经新义》是北宋王安石等人编纂的三部儒经训释著作。

熙宁六年（1073 年），宋神宗任命王安石提举经义局，由吕惠卿等兼修撰，对《诗》《书》《周礼》等三部儒家经典的经义重新训释。熙宁八年（1075 年），《诗经新义》《书经新义》《周礼新义》完成，合称《三经新义》。

《三经新义》打破以训诂传注为主的形式，在儒家思想的基础上，参照各家学说，提出了许多新意解，对三部儒家经典做了新的解释，形成了“荆公新学”。《三经新义》成为王安石托古改制的变法理论依据，并一度成为科举取士、经义论策的标准参考。《三经新义》开宋代义理之学，对理学的形成也产生了深远影响。

▶《三国志》与《三国演义》有什么不同？

《三国志》是西晋陈寿编写的纪传体史书，是记载三国时期历史的史学著作，也是我国二十四史中评价最高的“前四史”之一。《三国志》由《魏书》三十卷、《蜀书》十五卷、《吴书》二十卷组成。《三国志》善于叙史，文笔简洁，所载史料较为翔实可靠，是研究三国历史的重要文献。

《三国演义》是元末明初小说家罗贯中以陈寿的《三国志》、元代的《三国志平话》及三国相关民间传说和话本、戏曲故事等为基础，进行了艺术的再创作而撰写的。《三国演义》是我国文学史上首部章回体长篇小说，也是我国历史演义小说的开山之作，全称为《三国志通俗演义》，与《西游记》《水浒传》《红楼梦》并称为“中国古典四大名著”。书中塑造了四百多个人物形象，描述了上百次战争，通过丰富而复杂的军事斗争与政治斗争，生动形象而且通俗地展现了三国时期的历史经验和智慧，在明清时被誉为“第一才子书”。

▶ 哪部作品是我国第一部文言志怪神话小说集？

我国第一部文言志怪神话小说集是东晋的史学家干宝所撰的《搜神记》。《搜神记》内容取材于古代民间传说中的各种奇谈怪论和杂闻琐记，其中有些是零星记载于各处的文字线索，有些则是民间口口相传、没有形成文字记载的传说故事。干宝在这些素材基础上进行了再创作，完成了对民间志怪传说的继承与创造性发展，同时也相当于是对古代的各种灵异和传奇故事进行了一次系统的总结和整理。《搜神记》中各篇作品篇幅短小精悍，情节也比较简单，但是想象奇幻而怪诞，极富浪漫主义色彩，而且在题材内容方面具有多而全的特点。

《搜神记》开中国古代神话小说之先河，对后世影响非常深远，后世的传奇、话本、戏曲及通俗小说等常常从中取材。同时它也搜集保存了许多具有史料价值的信息和资料，非常具有研究价值。

▶ 什么是《水经注》？

《水经注》是我国北魏时期的地理学家郦道元所著，是一部兼具地理学研究价值和文学价值的伟大著作，是我国第一部全面、系统的综合性地理著述。虽然名义上是给《水经》做注解，但实际上是在《水经》基础上进行的再创作。《水经注》原有四十卷，宋朝时缺失了五卷，但是后来人们又将余下的三十五卷重新编定为四十卷。

郦道元在撰写《水经注》的过程中，十分注重实地考察和调查研究，同时还查阅了大量相关书籍和前人著作，参考了不少精确详细的地图。这部著作不仅对于研究中国古代历史和地理具有重要的参考价值，而且其中关于山川景物的描写文风清朗、笔力雄健、语言优美，因而《水经注》也被视作文学作品受到后人高度评价，其文学价值也非常高。

▶ 什么是《永乐大典》？

《永乐大典》是一部集中国古代典籍之大成的类书，编撰于明朝永乐年间，初名《文献大成》，后明成祖朱棣命重修，且亲自撰写序言并赐名《永乐大典》。

永乐元年（1403年），明成祖朱棣决心修一部巨著以彰显国威，造福万代。秉持“凡书契以来经史子集百家之书，至于天文、地志、阴阳、医卜、僧道、技艺之言，备辑为一书”的修撰宗旨，朱棣指定解缙主持编纂、姚广孝担任监修。编纂队伍前后累计达3000人，历时六年编写完成。全书有22937卷，共11095册，总计约3.7亿字。《永乐大典》汇集了古今图书经、史、子、集、释藏道经、戏剧、医学、工艺、农艺等约计七八千种。全书的摘抄工作都由知名的书法家担纲，具有极高的艺术欣赏价值。

《永乐大典》正本尚未确定是否如传言所说是随葬于永陵（嘉靖帝的陵寝），副本惨遭浩劫，大多毁于火灾和战乱，也有相当一部分被后人以修书之名窃走，现今仅存800余卷且散落于世界各地。

▶ 什么是《盐铁论》与“盐铁会议”？

《盐铁论》是西汉时期的一部政论性文集，原为公元前81年汉昭帝时“盐铁会议”期间的辩论文献，由桓宽整理撰写，采用古代作品中极少见的对话体，是研究西汉经济、政治的重要史料。郭沫若称它是“对话体的历史小说”。

盐铁会议以贤良文学为一方，以御史大夫桑弘羊为另一方，就桑弘羊为首倡导的盐铁专营、酒类专卖和平准均输等问题展开辩论。

从政治史的视角看，盐铁会议有两重意义。第一，贤良文学是汉武帝“尊儒”的结果。而桑弘羊一方依据韩非之言立论，一定程度上显示法家学说尚有其立足空间。而来自民间的儒者，借武帝去世之机集体发力，对桑弘羊的主张进行了全面批评。经过此次会议后，法家思想在政治领域不再大行其道了。第二，除了儒法之争的态势外，会议中也有各方的政治博弈。这次会议主要是霍光、桑弘羊二人矛盾尖锐化的结果，霍光利用儒生达到了攻击桑弘羊的目的，间接促使桑弘羊在第二年败亡。

▶ 哪部作品是借佛寺盛衰反映国家兴亡的散文名著？

魏都洛阳的佛寺曾经盛极一时，北魏杨衒之行役洛阳，抚今追昔，感念兴衰，创作了一部集历史、地理、佛教、文学于一身的历史及人物故事类笔记，名为《洛阳伽蓝记》。

该书完成于547年，分城内、城东、城西、城南、城北五卷，详细记载和叙述了北魏洛阳城的伽蓝（佛寺）变迁、庙宇的建制规模及相关名人逸事和奇谈异闻等，并借此再现了洛阳四十年间的政治大事、中外交通、人物传记、市井景象、民间习俗等，内容相当丰富，在北朝史学、中古佛学、中古文学、语言学、中外文化交流史以及宗教建筑等诸多方面都具有较高的学术价值。其文体类似骈俪，但言简意赅、详略得当，并没有骈文惯有的虚浮华丽之辞。

这是一部借佛寺盛衰反映国家兴亡的散文名著，后世将它与郦道元的《水经注》并称为“北朝文学双璧”。

▶ 什么作品被历代学者视为垂训子孙及家庭教育的典范？

南北朝至隋朝年间的文学家、教育家颜之推留下了一部对后世影响极其深远的《颜氏家训》，其中不仅记述了他个人的经历、思想、学识，而且对当时诸如“玄风之复扇、佛教之流行、鲜卑之传播、俗文字之盛兴”等多方面的状况都进行了较为翔实的记录，为后世保留了一些很有价值的历史文献。

更重要的是，《颜氏家训》在家庭教育方面做出了意义重大、影响深远的非凡贡献，从读书做人、选择正确的人生榜样、确立家庭教育的各项准则等方面对子孙后辈进行教育和训诫，被历代学者视为垂训子孙及家庭教育的典范。后世家训莫不直接或间接地受其影响，如明代王三聘评价说：“古今家训，以此为祖。”

▶《捕蛇者说》是怎样一篇作品？

《捕蛇者说》是唐代文学家柳宗元的散文名篇。无论是思想内涵还是艺术手法，这篇文章都堪称散文中的杰作。

文章抓住蛇毒与苛政之毒的联系，巧用鲜明对比：捕蛇者面对的危险与纳税之沉重的对比，捕蛇者（蒋氏）与不捕蛇者（乡邻）的对比等，深刻揭示了“赋敛之毒甚于蛇者”这一中心思想，有力地控诉了吏治的腐败，曲折地反映了自己坚持改革的愿望。

在结构上，全文以“蛇”为线索，按照产蛇、募蛇、捕蛇，到与捕蛇者的对话等内容，步步递进；在艺术手法上巧妙运用衬托与对比以突出重点；表达方式以叙事为主，辅以议论点明主旨，以抒情强化感染力。

明朝进士林云铭称这篇文章“煞是奇文”。

▶“三言二拍”中的“三言”指什么？

“三言二拍”指的是明代五本著名传奇小说集。其中的“三言”是指明代文学家冯梦龙编纂的《喻世明言》《警世通言》和《醒世恒言》。

这三部作品一共有120篇白话短篇小说，内容主要是反映普通百姓的市井生活、思想感情等，其中有一些对封建官僚及社会丑恶现象的谴责和对正直德行的赞扬，也有对美好情感的歌颂。其中不乏人们喜闻乐道的名篇，如《杜十娘怒沉百宝箱》《卖油郎独占花魁》等。它们与宋元话本一样，具有情节曲折的特点，但是主题表达更为集中，对人情世态的描写更为丰富，对人物内心的刻画也更为细腻。书中甚至表现了资本主义萌芽时期的新思想，反映了明代中后期城市工商业的繁荣和市民阶层的壮大，是新兴市民文学的代表。“三言”也推动了短篇白话小说的发展和繁荣，对后世影响非常深远。

▶“三言二拍”中的“二拍”指什么？

“三言二拍”中的“二拍”是指明代文学家凌濛初创作的《初刻拍案惊奇》和《二刻拍案惊奇》。

凌濛初才华横溢，一生所著非常丰富，小说、诗歌、传奇、文学评论、史传、戏曲等各个领域都有涉足，其中影响最大的就是“二拍”这两部。这是中国古代文人首次独立创作的拟话本小说，是在野史笔记、旧籍中的文言小说和当时的社会传闻基础上加工创作而成，真实反映了当时社会的生活风貌，表现了尊重个性、反抗封建礼教、争取个性自由的精神，十分贴近普通老百姓的生活，而且故事情节的编排组织非常有技巧，写得文情并茂，引人入胜。

人们将“二拍”与冯梦龙的“三言”并举，合称“三言二拍”，是我国古典短篇白话小说的巅峰之作。

▶ 哪部作品被誉为“中国17世纪的工艺百科全书”？

明代有位了不起的科学家叫宋应星，

他对天文学、声学、农学及工艺制造学等各方面的科学都充满兴趣，一生中进行了大量的科学考察和研究。宋应星是世界上第一位科学地论述锌和铜锌合金（黄铜）的科学家，曾经明确地指出锌是一种新金属，并且创造性地提出了它的冶炼方法。这使中国在很长一段时间里一直是世界上唯一能大规模炼锌的国家。

宋应星在科学考察和研究的过程中，收集了非常丰富的资料，结合资料与实践，他创作完成了诸多的学术著作，其中最有名的就是被世人誉为“中国 17 世纪的工艺百科全书”的《天工开物》。这是世界上第一部关于农业和手工业生产的综合性著作，自问世以来就不断被翻译成多种文字，在世界范围内广为流传，并长期被各国视为权威著作。

▶ 哪本书体现了中国古代散文所取得的最高成就？

清康熙年间吴楚材、吴调侯选编的散文集《古文观止》，是清代以来最为流行的古代散文选本之一。全书分十二卷，共收录了自东周至明代的文章 222 篇，均为语言精练、便于传诵的佳作，其选取标准基本上兼顾了思想性与艺术性。在文章中间或末尾，选编者进行了一些适当的批注，对于解读文章有一定的帮助。

总体上，该书以时代为纲，以作者为目，将各类散文作品集萃于一体，大致反映了清代以前散文不同发展阶段和不同风格的概貌，基本上体现了中国古代散文发展的脉络与特点，集中展现了中国古代散文所取得的最高成就。

▶ 哪部作品是中国小说史上最早出现的侠义言情社会小说？

中国小说史上最早出现的融合侠义与言情的社会小说是清朝满族文学家文康所著的《儿女英雄传》，又名《金玉缘》或《日下新书》。小说采用市井喜闻乐见的评话形式，描写了清朝康熙末年至雍正初年所发生的一桩官场公案引起的一段传奇故事，将江湖侠义与言情相结合，塑造了侠女十三妹（何玉凤）、没落世家子弟安骥、贤惠的村姑张金凤等生动丰满的人物形象。

文康所处的时代，满族上层世风日下，许多贵族世家面临着家族没落的趋势。作者创作这部小说，期望借没落世家旗人子弟经历挫折磨难后重振祖业的故事来振奋人心。小说主要用北京方言来写作，配合运用大量的方言土语，具有浓郁的地方色彩和民族色彩。

▶《过秦论》为什么被鲁迅评价为“西汉鸿文”之一？

西汉政论家、文学家贾谊所写的《过秦论》，是西汉政论散文的优秀代表作品之一，分上、中、下三篇，其中以上篇最为出名。

文章总结了秦朝的兴起、灭亡及其原因，带有明显的政论性。全文一气呵成，语言壮美，气势豪迈，笔墨纵横，酣畅淋漓，具有明显的战国策士遗风。文章认识到农民起义的力量，认识到秦王朝因为失掉民心和过分崇尚武力而导致了灭亡，在当时对于统治阶级吸取历史的经验教训起到了积极的影响，对于汉朝统治阶级的意识形态的调整也起到了积极的作用。

▶ 哪两篇文章标志着汉大赋的完全成熟？

司马相如的代表作《子虚赋》《上林赋》标志着汉大赋的完全成熟。据《史记》记载,《子虚赋》写于司马相如早期客游梁孝王之时,《上林赋》写于汉武帝朝廷之上，是司马相如最著名的作品。两赋内容上前后相接，构成姊妹篇，均以游猎为题材，大肆铺陈宫苑的壮丽和帝王生活的豪华，以夸张的描写来表现汉王朝的强大声势与雄伟气魄，最后委婉地表达了作者惩奢劝俭的用意，从而确定了一种铺张扬厉的大赋体制和所谓“劝百讽一”的传统，在汉赋中具有开拓意义和典范作用，在汉赋发展史上具有极重要的地位。

▶ “处世三大奇书”是哪三部作品？

明朝学者洪应明的《菜根谭》、陈继儒（一说为陆绍珩）的《小窗幽记》和清朝学者王永彬的《围炉夜话》被世人誉为“处世三大奇书”。

《菜根谭》是一部糅合了儒家中庸思想和佛家出世思想的关于人生处世哲学的语录体著作。此作品内容上分为修省、应酬、评议、闲适、概论五卷，共计360条，每条均由排比或对仗的短句组成，语言优美，对仗工整，意蕴深远，耐人寻味。

《小窗幽记》是著名的格言警句类小品文集，融处世哲学、生活艺术、审美情趣为一体，涵盖了立德、修身、养性、为学、立业、致仕、治家等诸多人生话题，结构严谨，分类明晰，语言简洁优美，内涵意味深长，说理入木三分，是明朝清言集大成之作。

《围炉夜话》是格言体文学品评著作。全书分为221则，以随笔的形式阐发了“安身立命”的主旨，揭示人生价值的深刻内涵，是一部言简意赅又情真意切的劝世之作。

▶ 中国古典文学史上第一篇富于抒情性的长篇书信是什么？

中国古典文学史上第一篇富于抒情性的长篇书信是汉代史学家、文学家司马迁写给好友任安的回信《报任安书》。

在信中司马迁以激愤的心情，讲述了自己的不幸遭遇，向好友讲述了自己为李陵辩护的原因以及因此触怒汉武帝之事，抒发了为著《史记》而不得不忍辱负重、苟且偷生的痛苦。同时这篇书信也反映了封建刑狱制度的黑暗、残酷，揭露了封建帝王对待史官的态度以及司马迁写作《史记》的情况，并且在中国文学史上最早提出了“发愤著书”的理论。

这封书信结构严谨，层次分明，首尾呼应，情感浓烈，语言丰富而生动，将说理和叙事融为一体，不仅是一篇不可多得的文学作品，而且具有很强的史料价值。

▶《答苏武书》主要讲了什么？

西汉军事家、诗人、文学家李陵写过一篇《答苏武书》，是始元六年（公元前 81 年）苏武替汉昭帝召李陵归汉时，李陵回复给他的一封书信。

在这封信中，李陵通过苏武和自己一家在抗击匈奴的斗争中家破人亡的不幸遭遇，声泪俱下地控诉了汉朝最高统治者对舍生忘死抗击匈奴的将士的“负德”行为，极力说明自己投降匈奴之不得已，揭露了汉朝皇帝的自私、残忍、忘恩负义。信中既明确表达了自己与汉王朝决裂的态度，又表达了对朋友的深切思念之情。全文结构严谨，说理透彻，感情浓烈。现代诗人李文兴称此文“字字血泪一腔屈，句句怨愤满篇悲”。

▶ 最著名的绝交书是什么？

我国古代文学作品中最著名的绝交书就是《与山巨源绝交书》，这是魏晋时期“竹林七贤”之一的文学家嵇康写给朋友山涛（字巨源）的一封绝交信，也是一篇流传千古的优秀散文。

同为“竹林七贤”的山涛投靠司马氏做了官，随后他又出面替司马政权拉拢嵇康。嵇康作为“竹林七贤”的精神领袖，不仅采取了拒不合作的态度，而且写下了这封绝交信，表达了对山涛的鄙夷和对黑暗时局的不满。此文全文立意超俗，行文精练，词义透彻，充分显示出作者“嵇志清峻”（《文心雕龙·明诗篇》）的风格，字里行间洋溢着不与世俗同流合污的孤高情怀，具有鲜明的个性。

▶ 一封辞官表文何以感人肺腑、名满天下？

《陈情表》是西晋时期文学家李密为婉拒晋武帝的征召而作的辞官表文。他“辞不就职”的实际原因主要有三点：一是确实有祖母要奉养；二是作为蜀汉旧臣，对于晋灭蜀汉是既有点不服气又有点屈辱的；三是晋朝新立，李密对晋武帝不甚了解，盲目做官，难知祸福。

此时李密只能在“孝”字上大做文章，表文里深情叙述祖母抚育自己的大恩，在感谢朝廷知遇之恩的同时又倾诉自己不能从命的苦衷。全文情真意切、感人肺腑，被认为是中国文学史上抒情文的代表作之一，有“读李令伯《陈情表》而不堕泪者，其人必不孝”的说法。

据说晋武帝看过此表后称赞李密“密不空有名也”，并在感动之余赏赐了两名奴婢给李密，且令郡县供应其祖母膳食，李密遂得以终养其祖母。

▶ 哪篇文章因其书写被称为“天下第一行书”？

晋代书圣王羲之在浙江绍兴兰渚山下以文会友所作的《兰亭集序》被称为“天下第一行书”。虽然它是因书写达到了书法艺术的最高境界而闻名，被历代书法界奉为极品，但其内容上也非常优美，文风清秀，字字珠玑，带有明显的抒情色彩。文章开篇通过描写广阔的自然风景，抒发了对人生无限感慨的情怀。又以绚烂的词句描绘了聚会之地的自然风光和环境；然后用“人之相与，俯仰一世”来承上启下，引发心中的感慨。文章体现了王羲之积极入世的人生观，代表了王羲之的散文风格。

总的说来，这是一篇在中国艺术、文学和哲学史上都产生了深远意义的名篇，被收入了清代吴楚材、吴调侯选编的囊括历代名篇佳作的《古文观止》。

▶《桃花源记》主要讲了什么？衍生出了哪些成语？

东晋文学家陶渊明不满现实的污浊黑暗，写了一篇著名的《桃花源记》，虚构了一个没有君主、税赋、战乱，没有沽名钓誉，没有钩心斗角的理想世界。这种理想世界被后人称为“世外桃源”。

文章虽是虚构的，但由于采用了写实手法，虚景实写，给人以真实感，仿佛确有其人、真有其事。全文以武陵渔人行踪为线索，像小说一样描述了溪行捕鱼、桃源仙境、重寻迷路三段故事。

此文衍生出了不少的成语。如“豁然开朗”就是出自文中的“复行数十步，豁然开朗”，意思是形容由狭窄昏暗一下子变得开阔明亮，引申为一下子领悟明白了某种道理。再如“无人问津”是出自文中的“后遂无问津者”，意思是没有人来打听渡口，比喻无人过问或尝试，受到冷落。

▶《滕王阁序》主要讲了什么？衍生出了哪些成语？

《滕王阁序》是初唐诗人王勃为其《滕王阁诗》所作的序，全名是《秋日登洪府滕王阁饯别序》。全文以四六骈偶句为主，杂以其他句式，错落有致，极富抑扬顿挫的音乐感。语言上辞采优美、华丽典雅，运用了大量典故来叙事抒情，表达自己怀才不遇的苦闷和对理想矢志不渝的追求。作为一篇千古留名的优秀骈文代表作，《滕王阁序》继承了六朝抒情小赋的传统，又在骈文的形式上加以散文化，达到了内容美与形式美的统一，拓展了骈文的艺术境界。它既是六朝骈文之新变，也是唐朝骈文通俗化格律化之先声。

成语“人杰地灵”“萍水相逢”就是出自文中的佳句“物华天宝，龙光射牛斗之墟；人杰地灵，徐孺下陈蕃之榻”和“关山难越，谁悲失路之人？萍水相逢，尽是他乡之客”。

▶ 什么文章被唐太宗置于案头，奉为座右铭？

魏徵于贞观十一年（637 年）写给唐太宗的奏章《谏太宗十思疏》。

唐太宗在国家安定之后，逐渐骄奢忘本。魏徵对此极为忧虑，他清醒地看到了国家繁荣昌盛背后潜藏着的危机，所以频繁上疏劝谏。这是其中第二疏，因此也称“论时政第二疏”。唐太宗看了猛然警醒，写了《答魏徵手诏》，并将这封奏章置于案头，奉为座右铭。

这封奏章以“思国之安者，必积其德义”为中心展开论述，提出十条值得深思的情况，着重规劝太宗对于物质享受要适度，在自身修养上要“谦冲”，在用人上要“虚心纳下”，在施行法制上要不计较个人恩怨。结尾归纳出治国的关键在于知人善任、选拔人才，达到“垂拱而治”的境界。

文章结构严谨，条理清晰，运用了大量的比喻，把道理阐述得生动形象，同时还采用了排比、对偶等修辞手法，使文章句式工整，优美流畅。

▶ “三吏三别”指的是什么？

“三吏三别”指的是唐代著名诗人杜甫所作的《新安吏》《石壕吏》《潼关吏》《新婚别》《无家别》《垂老别》。

《新安吏》写的是作者途经新安县，偶遇吏役强行征兵的过程；《石壕吏》写的是差吏到石壕村趁夜捉人征兵，连年老力衰的老妇都被抓去服役的故事；《潼关吏》则是借潼关吏之口描述潼关天险，表达了诗人对当初桃林一战溃败的遗憾；《新婚别》描写了一对新婚夫妻因丈夫在新婚次日要奔赴战场而离别，塑造了一个深明大义的少妇形象；《无家别》写的是再次被征兵的独身汉，既无人为他送别，又无人可以告别的悲哀；《垂老别》则描写了一老翁暮年从军与老妻惜别的悲戚场景。

作为现实主义诗歌的代表作，“三吏三别”深刻揭示了战乱给百姓带来的巨大灾难和困苦，表达了作者对百姓疾苦的同情。

▶《师说》主要讲了什么内容？

唐代著名文学家韩愈的散文代表作《师说》是针对当时流行于士大夫阶层中的耻于从师的不良风气，为澄清人们在“求师”和“为师”上的模糊认识而创作的。

文章从从师之道、为师原则、从师的必要性和择师标准等方面阐述自己的观点，列举正反事例层层对比，反复论证，说理透彻，气势磅礴，对当时社会上不重视求师学习以及固守师法、故步自封的恶习提出严厉批评，表现出非凡的勇气和斗争精神，也表现出作者不流于世俗的独立思想，有着极强的说服力和感染力。同时也教育了当时的年轻学子，起到了转变世风、学风的作用。文中的思想至今仍具有一定的现实意义。

▶ 哪篇文章被誉为“祭文中千年绝调”？

《祭十二郎文》是韩愈为纪念早逝的侄儿所写的文章，被后世誉为“祭文中千年绝调”。

韩愈幼年丧父，靠兄嫂抚养成人。他与侄儿十二郎自幼相伴，同甘共苦，感情特别深厚。但是韩愈成年以后四处漂泊，与十二郎很少见面。就在韩愈仕途开始顺畅、生活开始安定，想要与十二郎相聚的时候，突然传来十二郎去世的噩耗。韩愈十分悲痛，写下这篇祭文。

文章把抒情与叙事结合在一起，大量运用自由多变的散文句式和平易晓畅的家常生活语言，采用与亡侄促膝谈心的形式，呼“汝”唤“你”，深切的骨肉亲情充塞全文，具有震撼人心的感染力。

▶ 柳宗元的“永州八记”写的是什么？

“永州八记”是柳宗元谪居永州时借写山水游记，抒发胸中愤郁的八篇散文的合称，包含《始得西山宴游记》《钴鉧潭记》《钴鉧潭西小丘记》《至小丘西小石潭记》《袁家渴记》《石渠记》《石涧记》《小石城山记》。

这八篇山水游记描写的大多是眼前小景，但都能以小见大，借山水之题，抒发胸中之气，反映出作者内心或幽怨或乐观的情感，使自然景色具有了人的性格特征。这八篇游记“精裁密致，璨若珠贝”（《旧唐书·柳宗元传》），整体构思，一气贯通，每篇都以不同的方式与上篇相关联，前后呼应，不可分割，组成一个有机的艺术整体。

总的说来，“永州八记”是柳宗元山水游记的代表作，也代表着山水游记作为独立的文学体裁在我国古代文学史上地位的确立。

▶ “醉翁之意不在酒”出自哪里？

“醉翁之意不在酒”出自宋代文学家欧阳修的散文《醉翁亭记》。这是欧阳修的山水游记名篇，写于作者被贬为滁州太守时。

文章以“乐”为主线，通过描写醉翁亭朝暮四季变换的美景、宴游的欢乐酣饮和吏民同乐的场景，把政治失意、仕途坎坷的抑郁和苦闷寄情于山水之间，表现出一种超然豁达的心态。文章的语言极有特色，笔意挥洒，摇曳多姿，虽是散文，但借用了诗的语言表现形式，既有图画美，又有音乐美，是我国古代文学作品中颇具代表性的优秀作品。除了“醉翁之意不在酒”，成语“水落石出”也出自这篇文章。

▶ 苏轼的“两赋一词”指的是什么？

苏轼的“两赋一词”指的是《赤壁赋》《后赤壁赋》《念奴娇·赤壁怀古》，皆是他被贬黄州之后，多次游览黄州城外的赤壁山而创作的。

《赤壁赋》以主客问答的形式，描写了作者与朋友泛舟夜游赤壁的情景，在景物描写和对话之中，表达出作者对于人生和宇宙的哲学观，在情、景、理三者的融合中体现出苏轼散文自由豪放、恣肆雄健的阳刚之美。

《后赤壁赋》是《赤壁赋》的姊妹篇，主要写登上江岸的游玩活动，全文骈散并用，情景兼备，仿如优美的散文诗。

《念奴娇·赤壁怀古》则是被誉为“古今绝唱”的豪放词代表作。词作借古抒怀，通过对月夜江上壮美景色的描绘和对史上风流人物才略、气度、功业的追思表达了作者有心报国、壮志难酬的感慨。

▶《伤仲永》有什么教育意义？

《伤仲永》是北宋文学家王安石创作的一篇散文，讲述了江西金溪有一个名叫“方仲永”的神童因为被家长当作牟利工具，没有得到良好的后天培养，所以最后天才泯灭，沦为一个普通人的故事。

这个故事强调了后天的教育和学习对成才的重要性：即使是天才、神童，如果后天不努力或者没有得到正确的培养和教育，最后也会变成普通人，何况那些大部分天赋本就平常的普通人呢？文章叙事简洁，说理透彻，通过故事阐述的教育理念至今仍被人们拿来学习和参考，很有教育意义。

▶ 为什么说《游褒禅山记》是一篇与众不同、独具特色的游记？

《游褒禅山记》是北宋王安石在辞职回家的途中游览了褒禅山后，以追忆形式写下的一篇游记。

这篇游记不像一般的游记那样感性地侧重于推介山水美景和抒发游历时的心情，而是十分理性地用记叙加议论的方式（“因事见理”）来记录游览后的心得体会，表达作者不畏艰险的积极进取精神。

文中阐述的诸多思想，不仅在当时难能可贵，即使到了如今，也具有极其深远的现实意义。如“世之奇伟、瑰怪、非常之观，常在险远”这样的佳句至今也常被引用、传诵。王安石后来誓要排除万难、积极推行新法的决心也在此文中得以体现。

所以这是一篇与众不同、独具特色的游记。

▶“金玉其外，败絮其中”出自哪篇文章？

“金玉其外，败絮其中”出自《卖柑者言》。这是元末明初文学家、政治家刘基所写的一篇著名的寓言体讽刺散文。

文章言简意赅地塑造了一位聪敏机智且颇具正义感的卖柑小商贩和一位不善言辞的买柑书生，人物形象非常鲜明，同时刻画了柑橘和满朝文武相对应的“金玉其外，败絮其中”。

文章由买卖一个坏了的柑橘引发议论，假托卖柑者的一席话，揭露达官贵人欺世盗名的真相、统治集团的腐朽，以及社会的黑暗。作者将严肃而沉重的主题寓于轻松的日常生活事件里，增强了文章的可读性。文章中还运用了丰富的修辞手法。文章虽然短小，但气势磅礴，文字不多但说理充分、透彻，也痛快地抒发了作者愤世嫉俗的情感。

▶《送东阳马生序》是如何巧妙自然地劝人向学的？

《送东阳马生序》是明代文学家宋濂写给他的同乡晚生马君则的一篇赠序。其目的是勉励马君则勤奋学习，但并没有直接表达，没有丝毫说教的口气，而是从自己早年的亲身经历和感受中引申而出，像在与人谈心一样，婉转含蓄，亲切感人。文中突出地运用了对比的手法，如第一段中叙述自己艰苦的求学经历，与第二段中太学生优越的学习条件形成对比，昔日的艰难和今日的优越显而易见，进而揭示“其业有不精，德有不成者，非天质之卑，则心不若余之专耳，岂他人之过哉”的道理，从而让人发自内心地珍惜良好的学习条件，专心学习。作者深谙“事实胜于雄辩”的道理，所以全文很少有议论说教，几乎全部用事实说话，故而很有说服力，巧妙自然地劝人向学。

▶《项脊轩志》的感人之处在哪里？

《项脊轩志》是明代文学家归有光的一篇回忆性记事散文。清人王锡爵曾评论归有光的文章：“无意于感人，而欢愉惨恻之思，溢于言语之外。”《项脊轩志》就很典型地体现了这一点。

文章以归有光的书斋项脊轩为线索，睹物思人，串联起对祖母、母亲、妻子三代人的回忆。从日常生活中选取那些感受最深的细节和场面，在看似平淡的娓娓叙述中，悼亡追念之情、世事沧桑之感，皆诉诸笔端。记述过程中巧妙地运用叠词增加形象性和音乐美，如用“寂寂”来烘托环境之清静，用“往往”来渲染门墙外之杂乱，用“呱呱”来描摹小儿的哭声，用“默默”来体现作者攻读之刻苦，用“姗姗”写月下之树随风摇曳，用“亭亭”写枇杷树高高耸立。

总的说来，《项脊轩志》之所以能产生如此感人肺腑的情感张力，主要是得益于作者对细节的精当处理。

▶ 为什么说《病梅馆记》是一篇托梅议政的小品文？

《病梅馆记》是清代文学家龚自珍写于鸦片战争前夕（1839 年）的一篇散文。文章通过谴责由文人画士的病态审美而造成的人们对梅花的大肆摧残，形象地揭露和抨击了清王朝统治阶级为了维护其封建专制，禁锢人民思想，压制和摧残人才，对人民实行严酷的思想统治，钳制人们成为蝇营狗苟、唯唯诺诺的庸才和奴才。

文章表面上句句说梅，实际上却是以梅喻人，入木三分地揭露了产生病梅的黑暗社会现实，字字句句抨击时政，寓意十分深刻；同时又通过一系列疗梅的行动和决心，表达了觉醒的知识分子要求改革政治、追求个性解放的强烈愿望。

《病梅馆记》虽然是篇幅短小的小品文，但托物言志，寓意深刻。

▶ “春秋三传”指的是什么？

“春秋三传”指的是《春秋左氏传》《春秋公羊传》《春秋穀梁传》。

《春秋左氏传》又名《左氏春秋》，简称《左传》。相传是春秋末年左丘明为解释孔子的《春秋》而作，实质上是一部独立撰写的史书。它起自鲁隐公元年（公元前 722 年），止于鲁哀公二十七年（公元前 468 年），以《春秋》为本，通过记述春秋时期的具体史实来说明《春秋》的纲目，属于儒家的重要经典。

《春秋公羊传》是战国时期齐人公羊高所著的专门解释《春秋》的一部典籍，其中着重阐释《春秋》所谓的“微言大义”。

《春秋穀梁传》相传是孔子的弟子子夏口授给穀梁赤，再由穀梁赤记录成书的，也是为《春秋》做注解的儒家经典。

世人都说，读《春秋》就必须读“春秋三传”。

▶ 中国古代第一部文言纪实小说的总集是什么？

中国古代第一部文言纪实小说的总集是《太平广记》。这是北宋初年李昉、扈蒙、李穆等人奉宋太宗之命编纂的一部类书。全书按题材分为 92 类 150 余细目，共 500 卷，目录 10 卷，收录了汉代至宋初的野史小说及释藏、道经等，还有以小说为主的杂著，总共 400 多部。很多已经失传的小说，仅在本书内存有佚文。

该书对后世文学创作影响极大。宋代以后的话本、曲艺、戏剧的创作者，大多都从《太平广记》里选取素材加以改编。后世研究古代小说的人都要用《太平广记》作为基本材料。鲁迅编辑《古小说钩沉》和《唐宋传奇集》时也充分利用了《太平广记》。

▶ 我国宋代著名的百科全书式类书是什么？

我国宋代著名的百科全书式类书叫作《太平御览》，初名《太平总类》，由北宋李昉、李穆、徐铉等学者奉敕编纂，以繁征博引著称。全书以天、地、人、事、物为序，每类下面再按经、史、子、集顺序编排，分成55部，共计1000卷，引用各类杂书、诗、赋、铭、箴等2579种，所采多为经史百家之言，其中十之七八已失传。《太平御览》是现存类书中保存五代以前文献资料最多的一种，被视为"类书之冠"，它不但是一部重要的综合性资料工具书，而且是保存古代佚书最为丰富的类书之一，对辑佚工作和历史研究都具有非常重要的参考作用。

▶ 哪部作品是宋代志怪小说发展到顶峰的产物？

《夷坚志》是南宋洪迈创作的笔记体志怪小说集。书名由来是因为《列子·汤问》里关于《山海经》创作的相关记载，说《山海经》中的故事是经大禹目睹，由伯益命名，最后被夷坚听说了便记录下来。洪迈据此自比为夷坚，同时也是将其书比作《山海经》的意思。

这部作品分为初志、支志、三志、四志，共420卷，取材繁杂，既有诸多的梦幻杂艺、冤对报应、仙鬼神怪等虚幻荒诞之事，也涉及不少宋代的城市生活、人文掌故、奇闻趣事、诗词杂著、风俗习尚等，并且提供了不少可资考证的材料，堪称展现宋代社会生活、宗教文化、伦理道德、民情风俗的一扇窗，为后世提供了丰富的宋代社会历史资料。

从文学发展史上看，《夷坚志》是宋代志怪小说发展到顶峰的产物，是自《搜神记》以来中国小说发展史上的又一座高峰。

▶ 哪部文学作品被誉为"中国科学史上的坐标"？

北宋政治家、科学家沈括撰写了一本涵盖历史、文艺、自然科学等各类知识的百科全书式的笔记体著作，因写于润州（今江苏镇江）梦溪园而将之命名为《梦溪笔谈》，包括《笔谈》《补笔谈》《续笔谈》三部分，收录了沈括一生的所见所闻所感。

全书超过三分之一的篇幅是记述自然科学知识，这些关于自然科学和古代科技的部分，基本上反映了北宋的科学发展水平和他自己的研究心得，可以说是集前代科学成就之大成。这部作品在世界范围内都有着广泛影响，日本早在19世纪中期就排印了这部作品，也早有英语、法语、意大利语、德语等各种语言的翻译本流传于世界各国。20世纪，法、德、英、美、意等国家有学者、汉学家对其进行了系统而又深入的研究。因此它被誉为"中国科学史上的坐标"。

▶ 宋代三大最有学术价值的笔记是什么？

宋代三大最有学术价值的笔记是洪迈的《容斋随笔》、沈括的《梦溪笔谈》和王应麟的《困学纪闻》。

其中《梦溪笔谈》属于百科全书式的著作，详细记载了中国古代特别是北宋时期劳动人民在科学技术方面的卓越贡献和自然科学的辉煌成就，故而被称为“中国科学史上的坐标”和“中国科学史上的里程碑”。

《容斋随笔》和《困学纪闻》属于文史哲方面的考据笔记，均展示了作者精湛的考据学功力。《容斋随笔》内容繁杂，涉及领域较为广泛，不仅在中国历史文献研究上有着重要的地位和影响，而且对中国文化发展的意义也非常重大；《困学纪闻》是札记考证性质的学术专著，以论述经学为重点，内容涉及传统学术的各方面，在我国古文献学史上有着卓越的地位。

▶ “乐府双璧”指的是什么？

“乐府双璧”指的是乐府诗中极具代表性的两首长诗。

其一是东汉时期的《古诗为焦仲卿妻作》（又名《孔雀东南飞》），它既是中国文学史上第一部长篇叙事诗，也是古代文学史上最长的一篇叙事诗。全诗共计 1785 字，描写了焦仲卿与刘兰芝夫妇被封建礼教逼迫致死的爱情悲剧，被称为我国古代现实主义诗歌的一座高峰。

其二是北朝民歌《木兰诗》（又名《木兰辞》），同样是一首长篇叙事诗，讲述了花木兰女扮男装，替父从军，最后立下军功却谢绝封赏，只求回家与亲人团聚的传奇故事。诗中的描述极富生活气息，运用了铺陈、排比、对偶、互文等多种写作手法，细致刻画了丰富的生活场景和人物心理，具有强烈的艺术感染力。

这两首诗都是典型的乐府诗，后人将它们合称为“乐府双璧”。

▶ 什么是“诗三百”？

“诗三百”是先秦时期对《诗经》的称谓，那时还没有人把“诗三百”视为经典，直到汉朝时，儒家文人才将其推为经典，称为《诗经》。

先秦时为什么称其为“诗三百”呢？因为这部民歌总集收录了西周初年至春秋中叶的 305 首（另有 6 篇只有题目没有内容，被称为笙诗）民歌作品，取其整数，称为“诗三百”，这个叫法作为《诗经》的别称，至今依然沿用。

《诗经》是我国最早的诗歌总集，是我国古代诗歌的发端，在内容上分为“风”“雅”“颂”三个类别，反映了周初至春秋中叶约六百年间的社会面貌。孔子给了《诗经》一个总的评价，称其“思无邪”，意思是说其作品具有“真性情”的特点，同时其内容所反映的思想正义纯良。后世认为这个评价很好地概括了《诗经》的宗旨要义。

▶《诗经》中的“风”“雅”“颂”分别指什么？

我国第一部诗歌总集《诗经》在内容上将辑录的诗歌分为三类，分别称为“风”“雅”“颂”。

“风”是指《国风》，全是不同地区的地方音乐，涵盖了周南、召南、邶、鄘、卫、王、郑、齐、魏、唐、秦、陈、桧、曹、豳共计 15 个地区的 160 篇土风歌谣，即“十五国风”。

“雅”是指周王朝直辖地区的音乐，多为宫廷宴享或朝会时的乐歌，即所谓的正声雅乐，分为《大雅》31 篇和《小雅》74 篇，除《小雅》中有少量民歌外，大部分是贵族文人的作品。

“颂”指的是宗庙祭祀的舞曲歌辞，内容多是歌颂祖先的功业，分为《周颂》31 篇，《鲁颂》4 篇和《商颂》5 篇，全部是贵族文人的作品。

从思想性和艺术价值上看，“三颂”不如“二雅”，“二雅”不如“十五国风”。

▶ 哪首词被誉为“一词压两宋”？

南宋著名的抗金将领岳飞写过一首《满江红》(虽然作者存在争议，但现在普遍认为是岳飞)，被后世人誉为“一词压两宋”。

整首词原文如下：“怒发冲冠，凭栏处、潇潇雨歇。抬望眼，仰天长啸，壮怀激烈。三十功名尘与土，八千里路云和月。莫等闲、白了少年头，空悲切。靖康耻，犹未雪。臣子恨，何时灭。驾长车，踏破贺兰山缺。壮志饥餐胡虏肉，笑谈渴饮匈奴血。待从头、收拾旧山河，朝天阙。”

这是一首气壮山河、光照日月的传世名作，上阕表现了作者不贪功名、一心报国的高风亮节，下阕则抒发作者扫荡敌寇、收复河山的坚定意志和必胜信念。全词热血澎湃，气势磅礴，洋溢着作者强烈的爱国主义激情。

明代沈际飞在《草堂诗余正集》中评价该词：“胆量、意见、文章悉无今古。”

▶ 哪首词被誉为“秋思之祖”？

被誉为“秋思之祖”的词作是元曲作家马致远在羁旅途中创作的小令《天净沙 · 秋思》：“枯藤老树昏鸦，小桥流水人家，古道西风瘦马。夕阳西下，断肠人在天涯。”

这首小令全篇没有一个“秋”字，但句句都让人感受到秋意浓浓。作者将多种意象并置，组成一幅秋郊夕照、游子漂泊的画面，“枯”“老”“昏”“瘦”等字眼使浓郁的秋色之中弥漫着深重的悲秋情绪。最后一句“断肠人在天涯”则画龙点睛地达到了情景交融的效果。

整首词作语言凝练，意蕴深远，结

构精巧，顿挫有致，用极少的文字表达出了极丰富的情感，引起后人强烈的共鸣，成为中国古典诗词中的不朽名作。

▸ 哪首诗被誉为“孤篇盖全唐”？

唐代有一首诗被后世人誉为“孤篇盖全唐”，那便是张若虚仿旧乐府而作的七言长篇歌行《春江花月夜》。张若虚的诗歌作品留存至今的仅有两首，《春江花月夜》便是其中之一。

这首诗紧扣春、江、花、月、夜五个意象构建全篇，描绘了一幅动人的良辰美景，并在其中融入了诗人对人生哲理的思索、对宇宙奥秘的探索，意境空明，想象奇特，在思想上与艺术上都超越了那些单纯描摹歌颂山水的写景诗。全诗清新隽永，前后呼应，回环往复，这种写作手法在后来发展成散曲和民歌中的“顶针续麻体”。诗歌在节奏上也表现出强烈而动人的音律美，在内涵上将诗情、画意、哲理融为一体，无愧是唐诗的巅峰之作。闻一多先生盛赞其为“诗中的诗，顶峰上的顶峰”。

▸ 哪首词被誉为“元词之冠”？

元代有位博学能文的著名诗人、画家、书法家叫萨都剌。他采用北宋大文豪苏东坡的《念奴娇·赤壁怀古》作韵脚填了一首词，叫《念奴娇·登石头城次东坡韵》，全词如下：“石头城上，望天低吴楚，眼空无物。指点六朝形胜地，唯有青山如壁。蔽日旌旗，连云樯橹，白骨纷如雪。一江南北，消磨多少豪杰。寂寞避暑离宫，东风辇路，芳草年年发。落日无人松径冷，鬼火高低明灭。歌舞尊前，繁华镜里，暗换青青发。伤心千古，秦淮一片明月。”

该词登临吊古、感时伤世，将眼前景物、胸中感慨交汇于笔端，境界宽广，技巧成熟，脍炙人口，被世人推崇为“元词之冠”。

▸ 谁的词作被称为“亡国之音哀以思”？

南唐末代君王李煜精书法、工绘画、通音律，诗文俱佳，惊才绝艳，尤其在词方面成就最高，被誉为“词中之帝”和“词圣”。

李煜的词作，以亡国降宋为界，前期词作主要反映宫廷生活和男女情爱，风格绮丽柔靡，但是语言清丽，不假雕饰，善用白描手法，善于用贴切的比喻将抽象的感情形象化，语言自然、精练又极富表现力，具有很高的艺术水平。其亡国之后的词作更是题材广阔，意境深远，抒发亡国之痛和故国之思，哀婉凄绝，在晚唐五代词中别树一帜，对后世词坛影响深远。宋人黄升评价他的词说：“此词最凄婉，可谓‘亡国之音哀以思’。”

“亡国之音哀以思”原本语出《礼记·乐记》：“亡国之音哀以思，其民困。”用于形容李煜亡国后的词作恰如其分。

▶ 元杂剧的四大悲剧指的是什么？

元杂剧的四大悲剧指的是关汉卿的《窦娥冤》、马致远的《汉宫秋》、白朴的《梧桐雨》以及纪君祥的《赵氏孤儿》。

《窦娥冤》的全名是《感天动地窦娥冤》，全剧分四折一楔子，写的是寡妇窦娥遭人陷害，被昏官错判为杀人凶手，要将她斩首示众，她在临刑前立下三桩誓愿：血溅白练，六月飞雪，大旱三年。结果，她的冤情感天动地，三桩誓愿全部实现。无论艺术性上还是思想性上，《窦娥冤》都堪称元杂剧的扛鼎之作。

《汉宫秋》的全名是《破幽梦孤雁汉宫秋》，讲述了汉元帝时期，王昭君出塞和番，因不舍故国，在汉蕃交界的黑龙江投水而死的故事。

《梧桐雨》的全名是《唐明皇秋夜梧桐雨》，写的是唐明皇和杨贵妃的爱情悲剧。该剧情节巧妙，文辞优美，抒情性和韵味都很强。

《赵氏孤儿》的全名是《赵氏孤儿大报仇》，是纪君祥根据《史记·赵世家》改编的经典悲剧。讲述了春秋时期晋国上卿赵盾因大将军屠岸贾的诬陷而惨遭灭门，赵氏遗孤多年后擒杀屠岸贾，为赵家报仇，为国家除害的故事。《赵氏孤儿》在思想性上和艺术性上都是元杂剧的顶尖水平，在18、19世纪就被译为英、法等多种文字，有着“中国的《哈姆雷特》”之称。

▶ 元杂剧的四大爱情剧指的是什么？

元杂剧的四大爱情剧指的是王实甫的《西厢记》、关汉卿的《拜月亭》、白朴的《墙头马上》、郑光祖的《倩女离魂》。

《西厢记》全名《崔莺莺待月西厢记》，这个故事最早源于唐代元稹写的《莺莺传》(又名《会真记》)，后来金代有位董解元依据《莺莺传》写了一部戏，叫作《西厢记诸宫调》(人称“董西厢”)，元代王实甫所写的《崔莺莺待月西厢记》便是脱胎于此，人称“王西厢”。“王西厢”在人物塑造上更加丰满鲜明，尤其是剧中泼辣机智的丫鬟红娘，人物形象比崔莺莺更为出彩，以至催生了沿用至今的“红娘”一词，代指牵线做媒、促成姻缘的人。同时，“王西厢”中人物生动细腻、曲词华丽优美，正面提出了“愿天下有情人都成眷属”的主张，被誉为“《西厢记》天下夺魁”。

《拜月亭》全名《王瑞兰闺怨拜月亭》，写的是战乱逃亡途中，书生蒋世隆与尚书之女王瑞兰在兵荒马乱中悲喜离合、终成眷属的故事。

《墙头马上》是一部具有浓厚喜剧色彩的爱情戏，写的是敢爱敢恨的少女李千金与尚书裴行俭之子裴少俊私自结合产子，被逐之后又被迎娶的曲折故事。描绘了女子大胆追求爱情，挑战封建婚姻制度的勇敢行为，谱写了一曲歌颂婚姻自由的赞歌。

《倩女离魂》全名《迷青琐倩女离

魂》，是元代剧作家郑光祖根据唐传奇《离魂记》改编而成的杂剧。故事中书生王文举前往京师应举，张倩女灵魂离体相伴多年。后王文举衣锦还乡，倩女的魂魄才得以与躯壳合而为一的故事。本剧成功地塑造了一个对爱情忠贞不渝、感情真挚热烈的少女形象。

►“临川四梦”指的是哪四部传奇作品？

临川四梦，又称“玉茗堂四梦”，指的是明代剧作家汤显祖所写的四部传奇剧作《牡丹亭》《紫钗记》《邯郸记》和《南柯记》。

《牡丹亭》和《紫钗记》写的是儿女风情，《邯郸记》和《南柯记》写的是社会风情。由于四部作品的剧情里皆有梦境，所以被称为“临川四梦”。其中最有名的是《牡丹亭》。

这四部作品艺术造诣之高，对人生处境探索之深刻，对人物内心刻画之细腻，在戏曲文学中难寻比肩。对作者而言，“临川四梦”是他对现实人生深入思考的结晶，这四部作品写的既是戏，也是人生。

►元代“南戏四大传奇”指的是哪四部作品？

元代“南戏四大传奇”指的是《荆钗记》《白兔记》《拜月亭》和《杀狗记》。

《荆钗记》歌颂了王十朋与钱玉莲“义夫节妇”生死不渝的夫妇之爱，情节结构精巧，故事的戏剧性较强。

《白兔记》全名《刘知远白兔记》，写的是五代后汉开国皇帝刘知远与李三娘悲欢离合的故事。作品语言质朴通俗，富有民间文学的色彩。

《拜月亭》写了书生蒋世隆与尚书王镇之女瑞兰在兵荒马乱中的悲喜离合故事。二人在共同逃难中产生感情，却因门户之见被拆散。瑞兰不忘旧情，拜月祷告，后几经周折夫妻团圆。本剧成功地把悲剧因素和喜剧因素交织在一起，具有较高的艺术成就。

《杀狗记》全名《杨德贤妇杀狗劝夫》，写孙华、孙荣兄弟因人挑拨失和，孙华妻杨月贞施巧计揭开挑拨之人的真面目，使兄弟俩重归于好的故事。该剧维护封建伦常秩序的说教气息比较浓厚，对酒肉朋友之间的种种欺诈行径，描绘得非常生动。

这四大南戏在明清时期传演甚广，影响深远。

►《儒林外史》是一部怎样的著作？

清代文学家吴敬梓创作的长篇小说《儒林外史》，开创了以小说直接评价现实生活之先河，是我国古代文学史上讽刺艺术达到巅峰的一部著作，被后世称作“一面封建社会的照妖镜”。作品深刻地揭露了封建社会末期封建制度行将崩溃的腐朽现实，强烈地抨击了科举制度的弊端与危害性，其内容涉及政治制度、伦理道德、社会风气等各个方面。鲁迅认为该书思想内容“秉持公心，指摘时弊”。后世也对这部作品评价非常高，它在世界范围内被翻译成多种文字广泛流传。人们普遍认为《儒林外史》足以跻身世界杰出文学的行列，对世界文学有着卓越贡献。

在《儒林外史》问世之前，中国古典小说多为传奇话本。《儒林外史》的问世完成了古典小说从传奇性向现实性的转变，并奠定了中国古典讽刺小说的基础。此后，文坛涌现了以《孽海花》《二十年目睹之怪现状》《官场现形记》等为代表的一大批谴责小说，形成了一股批判封建社会的潮流。

▶《聊斋志异》是一部怎样的作品？

清代文学家、小说家蒲松龄撰写了一部对后世影响深远的短篇小说集《聊斋志异》。全书有将近500个狐妖鬼怪的故事，迷幻曲折、离奇生动，这部作品问世之后，民间对其可谓是家喻户晓，后世很多文学家也深受其影响，对这部作品十分喜爱。现代文学家郭沫若就曾评价它说：“写鬼写妖高人一等，刺贪刺虐入骨三分。”

《聊斋志异》借画妖写鬼揭露了封建统治下的黑暗现实，抨击了科举制度的腐朽，还通过大量描写爱情主题的作品等表现了强烈的反封建礼教的精神。无论是引人入胜的文采还是丰厚精深的意蕴，《聊斋志异》都将中国古代文言短篇小说发展到了一个新高度。

▶ 晚清四大谴责小说是哪四部作品？

晚清四大谴责小说是指李宝嘉（李伯元）的《官场现形记》、吴沃尧（吴趼人）的《二十年目睹之怪现状》、刘鹗的《老残游记》以及曾朴的《孽海花》。

《官场现形记》共60回，形象地再现了晚清官场种种腐败、黑暗和丑恶的现象，堪称清末官僚的百丑图。

《二十年目睹之怪现状》是带有自传色彩的长篇小说，通过主人公二十多年来耳闻目睹的近200个小故事勾画出晚清官场、商场、洋场、科场出现的种种荒谬、不合情理的怪状。小说采用第一人称的叙事方式，在中国小说史上开了先河。

《老残游记》借江湖游医老残在游历途中的所见所闻，对地方上的假清官等种种虐民行径进行了揭露和抨击，表达了对社会腐败、国家危机的强烈忧患意识。

《孽海花》是一部同时具有谴责小说、历史小说和政治小说特点的长篇小说。小说以状元金雯青与名妓傅彩云的故事为线索，描写了从同治至光绪三十多年间的历史文化的推移和政治社会的变迁，表现了晚清上层社会的尖锐矛盾和昏庸腐败，揭露了帝国主义的侵略野心。

“晚清四大谴责小说”的出现，是中国小说创作进入新的繁荣时期的重要标志。

►《呐喊》是一部怎样的作品？

《呐喊》是现代著名文学家鲁迅的短篇小说集，收录了鲁迅于 1918 年至 1922 年所写的 14 篇短篇小说。这部作品真实地描绘了从辛亥革命到五四运动时期的社会生活，揭示了其中种种深层次的社会矛盾，浓缩了近代中国的苦难，以传神的笔触和“画眼睛”“写灵魂”的艺术技巧，生动形象地塑造了“狂人”、孔乙己、阿 Q 等一批不朽的艺术形象，对压制人、扭曲人、奴化人、摧残人的中国封建社会进行了最深刻的批判。它既是中国现代小说的开端，又是中国现代小说成熟的标志，开创了现代现实主义文学的先河，对其后的新文化作家产生了深远而重大的影响。

► 哪部作品是鲁迅创作的唯一一部散文诗集？

《野草》。这是一部充满象征主义的散文诗集，创造了一种特异的“独语”式的表达方式，表现了作者对个体生命的高度关注，并且把个人的诗情与整个时代的斗争紧密联系在一起。其内容形式多样、想象丰富、构思奇特、语言生动，兼具抒情和乐感，具有强烈的感染力。

《野草》是中国现代散文诗走向成熟的第一个里程碑，在中国现代散文诗的发展中具有开创意义：它开创了现代文学中象征主义的道路，开拓了现代散文诗抒情艺术的道路，不再借助于韵脚，使散文诗从新诗中完全独立出来，成为中国现代哲理散文诗的良好开端，是现代散文诗的奠基之作。

► 哪部作品是中国现代文学史上第一篇白话小说？

中国现代文学史上第一篇白话小说是鲁迅创作的《狂人日记》，小说通过“狂人”自述式的描写，揭示了封建礼教的“吃人”本质，对麻木愚昧的国民性进行了尖锐的批判，但是文中所发出的“救救孩子”的呼声其实表达了作者对将来的热切希望和坚定信念。小说中的“狂人”实际上是一个站在时代前列的反抗封建礼教、反抗封建家族制度的启蒙者。

《狂人日记》在中国现代文学史和中国现代文化史上都具有跨时代的意义。它奠定了中国现代小说创作的基础；其深刻的思想性充分展现了中国现代启蒙主义的发展。它无论是在形式上还是在思想上都深刻地影响了 20 世纪中国文学史和中国思想文化史。

▶ 哪部作品是鲁迅先生为了揭露“国民的劣根性”而创作的？

鲁迅小说集《呐喊》中有一篇著名的中篇小说《阿 Q 正传》，全篇共九章。小说采用“杂取种种人，合成一个”的艺术创作手法，塑造了一个身心受到严重戕害的悲剧性的落后农民形象阿 Q，毫不留情地讽刺了当时中国人的一种自我麻醉、自我满足、自我解脱与逆来顺受的心态（阿 Q“精神胜利法”），用鲁迅的话说就是：“中国人的不敢正视各方面，用瞒和骗，造出奇妙的逃路来，而自以为正路。在这路上，就证明着国民性的怯弱、懒惰，而又巧滑。一天一天的满足着，即一天一天的堕落着，但却又觉得日见其光荣。”

鲁迅写作这部小说的目的，就是要揭露“国民的劣根性”，揭示社会的病态，“以引起疗救的注意”。他曾先后在《伪自由书·再谈保留》《俄文译本〈阿 Q 正传〉序及著者自叙传略》中说到他写《阿 Q 正传》“是想暴露国民的弱点”，是想“写出一个现代的我们国人的灵魂”。

▶ 哪部著作是中国第一部系统的小说史专著？

《中国小说史略》是由鲁迅编撰的中国第一部系统的小说史专著，共有二十八篇。全书从远古神话传说至清末谴责小说，系统地论述了中国小说的起源和演变，精辟地评述了历代小说兴衰变化的深层原因，以及各类小说的艺术特色和得失，还有各阶段具有代表性的小说作家和作品。这部专著对中国历代小说进行了系统的梳理，填补了小说史研究的学术空白，在学术上具有里程碑式的意义。

胡适称：“在小说史料方面……最大的成绩自然是鲁迅先生的《中国小说史略》。这是一部开山的创作，搜集甚勤，取材甚精，析别也甚谨严，可以替我们研究文学史的人节省无数的精力。”

郭沫若将鲁迅的《中国小说史略》与王国维的《宋元戏曲史》合称为“中国文艺史研究上的双璧”，称鲁迅的这部专著“不仅是拓荒的工作，前无古人，而且是权威的成就，一直领导着百万的后学”。

▶ 哪部作品是中国现代文学史上第一部新诗集？

《尝试集》是胡适在提倡白话文之后对于白话诗所做出的尝试，是中国现代文学史上第一部新诗集，于 1920 年出版。

《尝试集》显示出了作者从传统诗词中脱胎、蜕变，逐渐寻找和试验新诗形态的艰难过程。诗集共有三编，第一编大多是脱胎于旧诗词的作品，没有摆脱旧体诗痕迹，第二、三编在运用自由诗体和音韵节奏的改革等方面做了尝试。总的说来这是一部承上启下的过渡性作品，在当时引起了巨大反响，标志着中国现代诗歌的开始，在中国新诗发展史上具有开创性的地位和意义。

▶ 哪部作品是中国新诗的真正奠基之作？

郭沫若创作的诗集《女神》是中国现代文学史上第一部全面显示出现代意识和时代精神的新诗集，是中国新诗的真正奠基之作。全诗分三辑，含序诗在内共 57 篇，其中代表诗篇有《凤凰涅槃》《女神之再生》《炉中煤》《日出》《地球，我的母亲！》《天狗》《晨安》《立在地球边上放号》等。

《女神》中的诗作运用神话题材、诗剧体裁、象征手法等来反映现实，想象奇特夸张，风格激昂奋进，色彩浓烈瑰丽，语言恣肆华美。在诗歌形式上雄浑奔放，完全突破了旧体诗的格律束缚。作品整体上洋溢着对祖国的深沉眷恋与无限热爱，以其强烈的反帝反封建的主旨和积极浪漫主义风格轰动于世。

▶ 哪部作品真正体现了闻一多先生的新诗格律化主张？

早期的白话诗推崇“自由”与“自然”，但后来徐志摩、闻一多等人提出了新诗格律化的主张，在用白话写诗的同时也兼顾到诗歌形式与韵律的美感。闻一多为此提出了诗歌的“三美”理论，认为诗歌应该讲究音乐美、绘画美和建筑美。他的这一主张奠定了新诗格律化的理论基础。其代表诗集《死水》就全面实践了他以“三美”理论为纲要的新诗格律化主张。

以诗集中的《死水》一诗为例，诗作每节四句，每句九字，排列整齐，每节换韵，读起来节奏分明，朗朗上口。诗中诗人把军阀统治下黑暗腐败的旧中国比喻为“一沟绝望的死水”，以丰富的想象、形象的比喻、鲜明的色彩描写以及讥讽的笔触对黑暗的旧社会进行了强烈的鞭挞与摒弃，表现了诗人深沉的爱国热情。

▶ 中国第一篇报告文学作品是什么？

中国第一篇报告文学作品是中国现代著名作家夏衍于 1935 年创作的《包身工》。文章以包身工一天的活动为线索，穿插典型事例和议论分析，从住、吃、劳动条件等方面真实细致地描述了包身工的苦难生活。该作品控诉了帝国主义和封建势力相互勾结、压榨中国人民的罪行。作者运用艺术的表现和科学的分析，透过包身工制度的黑暗、残酷引出复杂的社会政治问题，揭示了当时中国社会的主要矛盾，并指出历史发展的必然趋势。

该作品既是中国报告文学的开端，同时也是中国报告文学走向成熟的标志，被称为中国现代文学史上里程碑式的作品。

▶ 话剧《雷雨》是一部怎样的作品？

话剧《雷雨》是著名剧作家曹禺的处女作，同时也是他的代表作，写于1933年。剧本通过描写一个带有浓厚封建色彩的资产阶级家庭的悲剧，揭露了资产阶级虚伪腐朽的罪恶本质，隐喻了畸形社会必将在历史发展的“雷雨”中崩塌的历史动向，同时也反映了当时的中国正在酝酿着一场大变动的社会现实。

这部剧形象丰满的人物塑造、极具感染力的动作设计、耐人寻味的台词和惊心动魄的舞台感共同达成了强烈的戏剧效果。这些无不显示出中国话剧已经开始走向成熟。

直到今天《雷雨》都是被翻译成各国语言文字最多的中国话剧。

总的说来，这部作品情节扣人心弦、语言精练含蓄，人物各具特色，是“中国话剧现实主义的基石”，同时也是中国现代话剧的里程碑。

▶ 话剧《茶馆》是一部怎样的作品？

老舍创作于1956年的经典剧作《茶馆》以裕泰茶馆为载体，以小见大，通过茶馆老板王利发、民族资本家秦二爷和八旗子弟常四爷的人生悲剧，把众多人物的生活片段巧妙地罗织在一起，组成了若干幅时代的剪影，展示了戊戌变法、军阀混战和新中国成立前夕三个时期共近半个世纪间的社会风云变化和人情风貌。

该剧布局谋篇独具匠心，人物塑造如浮雕般栩栩如生又深入人心，在喜剧的基调上演绎悲剧，通过纵向的、贯穿全剧的人物生活变迁和横向的、以茶馆为窗口观察到的各色人物状况两个视角来反映广阔的社会现实。

总的说来，《茶馆》以其高度的思想性和艺术性，代表了新中国话剧创作的最高成就。

▶ “激流三部曲”是怎样的作品？

巴金的代表作“激流三部曲”是他呼吁自由、民主、尊重人格、人性解放的最鲜明的一面旗帜，也是他成就最高、影响最大的作品。

“激流三部曲”包括《家》《春》《秋》三部小说，描写了一个封建大家庭的没落及分化，以及青年一代在五四浪潮的影响下冲破封建宗法束缚，走向新生活的过程。作品有着浓厚的悲剧意味，但是其中除了有对旧制度的憎恨，更有对生活的热爱和对美好生命的追求。

这部作品借鉴西方小说的艺术形式与技巧，形成了以偏重情感抒发为明显特点的艺术风格，是我国现代文学史上最杰出的作品之一，其中的《家》奠定了巴金在中国现代文学史上的重要地位。

▶《子夜》是一部怎样的作品？

茅盾创作的著名长篇小说《子夜》是五四运动以来无产阶级革命文学运动中最早出现的长篇小说。小说原名《夕阳》，以20世纪30年代的上海为背景，围绕着民族资本家吴荪甫与买办赵伯韬之间的尖锐矛盾和斗争，以写实的手法描述了中国民族工业在买办资本与封建专制的夹缝中求生存的艰难困境，史诗性地再现了中国民族工业在帝国主义、买办资产阶级和封建统治阶级重压之下的悲剧命运，以丰富的思想内涵对旧中国的社会现实做了深刻的剖析。

小说主人公吴荪甫是现代文学史上为数不多的资产阶级形象中出现得最早、塑造得最成功的一个。这个人物形象非常典型地体现了当时的民族资本家一方面受到帝国主义的压迫和封建主义的束缚，另一方面又在经济上和政治上具有软弱性、缺乏彻底反帝反封建的勇气的特点。

《子夜》引发了大规模描写中国社会现象的文学创作浪潮，人们将这类作品称为“社会剖析小说”。

▶《边城》是一部怎样的作品？

沈从文的代表作《边城》写于1933年，以20世纪30年代川湘交界的边城小镇茶峒为背景，描绘了湘西地区特有的风土人情，借船家少女翠翠的清纯爱情故事，歌颂了人性的善良美好。作品中所写的兄弟斗歌、兄弟让婚、外公和翠翠的相依亲情等湘西人世外桃源般的生活姿态中，都隐含着作者对世俗生活中的传统美德、价值观失落的痛心，以及对现代文明物欲泛滥的批判。小说将散文的笔法和诗歌的抒情融入创作中，构建了一个自然之明净与心灵之澄澈相融合的、世风淳朴的湘西世界，被誉为“现代文学史上最纯净的一个小说文本”“中国现代文学牧歌传说中的顶峰之作”。

由于《边城》的美学艺术，这部小说在中国近代文学史上具有独特的地位。它寄托着沈从文“爱”与“美”的美学理想，是他的作品中最能表现人性美的一部小说。同时《边城》也奠定了沈从文先生在文学史上的历史地位。

▶《生死场》是一部怎样的作品？

《生死场》是女作家萧红于1934年创作的小说，这部作品让她一举成名。

鲁迅先生说：“（从《生死场》）却看见了五年以前，以及更早的哈尔滨。这自然还不过是略图，叙事和写景，胜于人物的描写，然而北方人民的对于生的坚强，对于死的挣扎，却往往已经力透纸背……”这既是对《生死场》的高度评价，同时也高度概括了这部作品“对于生的坚强，对于死的挣扎”的主题。这一主题在作品里是通过生与死的一系列意象结合而成的。

作品透过描写旧社会劳苦大众的蒙昧与麻木、生活的困境与迷茫，对生命的存在进行了深入的思考，体现出深沉的生命意识，具有深刻的文化内涵，使读者获得心灵的冲击和震撼。

▶ 中国现代文学史上的哪部作品被誉为“现代的《儒林外史》”？

中国现代著名作家、文学研究家钱锺书于1946年创作的一部风格独特的长篇讽刺小说《围城》。这部作品以喜剧性的讽刺笔调，通过描写靠购买假文凭混得海外留学经历的主人公方鸿渐的人生遭遇，刻画了抗战时期部分受西洋教育的知识分子在名利场上的彷徨空虚和互相倾轧的灰暗生活，淋漓尽致地表现了其“围城”困境。由于作品中的讽刺对象是知识分子群体，所以这部作品被人们誉为“现代的《儒林外史》”。

《围城》看起来是一部爱情小说，但它并不仅仅是一部爱情小说，小说中的“围城”困境并不仅仅局限于婚姻，而是贯穿于人生的各个层面。书中的讽刺更多的是对人性的剖析。

▶《平凡的世界》是一部怎样的作品？

《平凡的世界》是当代著名作家路遥创作的小说，是我国“第一部全景式描写中国当代城乡生活的长篇小说”。全书分为《大地》《黑金》《大世界》三部，以黄土高原双水村的青年孙少安、孙少平兄弟的奋斗史为主线，全面反映了20世纪70、80年代西北农村的历史变迁。

全书贯穿着强烈的苦难意识，将社会中普通民众在巨大历史变革过程中所经受的各种彷徨、抉择、痛苦展现得细腻而有层次，凸显出浓郁的人文关怀。

该作品完成后不久，作者便去世了，但作品随后在社会上产生了巨大的冲击波，小说体现了对中华民族千百年来“自强不息、厚德载物”精神传统的传承与发扬，把苦难转化为一种前行的精神动力，在广大奋斗生活中的普通人中间引起了强烈的反响。

第二章
传说故事

▶ 盘古开天辟地的故事最早记载于哪里？

盘古开天辟地的神话故事是我国的创世神话，解释了自然界天地万物的由来，类似西方《圣经》中的上帝七天创世。

关于盘古开天辟地的记载最早见于东汉末年徐整所著的《三五历纪》："天地混沌如鸡子，盘古生其中。万八千岁，天地开辟，阳清为天，阴浊为地。盘古在其中，一日九变，神于天，圣于地。天日高一丈，地日厚一丈，盘古日长一丈，如此万八千岁。天数极高，地数极深，盘古极长。故天去地九千里，后乃有三皇。"

这本书并未流传至今，但是有一些片段留存于后来的类书如《太平御览》《艺文类聚》之中。

▶ 传说中的"三皇五帝"是指哪些人？

"三皇五帝"是传说和古籍中记载的远古人物，但是具体指的是哪些人，并没有统一的说法。

"三皇"有以下几种说法流传较广：一是指天皇、地皇、人皇；二是指燧人、伏羲、神农；三是指伏羲、祝融、神农；四是指伏羲、神农、黄帝；五是指伏羲、女娲、神农。

"五帝"有以下几种说法流传较广：一是指太昊、炎帝、黄帝、少昊、颛顼；二是指黄帝、颛顼、帝喾、尧、舜；三是指黄帝、少昊、颛顼、帝喾、尧；四是指伏羲、神农、黄帝、尧、舜；五是指少昊、颛顼、帝喾、尧、舜。

三皇五帝实际是上古时期为人类做出卓越贡献的部落首领或部落联盟首领，被后人追尊为"皇"或"帝"，并不是真正的帝王。

▶ 鲲鹏展翅中的“鲲鹏”是什么？

“鲲鹏展翅”出自《庄子·逍遥游》：“北冥有鱼，其名为鲲。鲲之大，不知其几千里也；化而为鸟，其名为鹏。鹏之背，不知其几千里也；怒而飞，其翼若垂天之云。是鸟也，海运则将徙于南冥。南冥者，天池也。”

这里所说的“鲲鹏”是传说中一种动物的两种形态，据说鲲是北海的一种大鱼，身体有几千里长，可以化身为鸟，当它变成鸟的时候就叫作鹏，鹏的背也有几千里宽，当它振翅而飞时，一下就可以飞九万里，翅膀像天上垂下来的云一样，一拍就能激起海上巨大的浪花。

人们往往用“鲲鹏展翅”来比喻一个人的前程远大、不可估量。

▶《精卫填海》中的“精卫”是什么？

《精卫填海》中的“精卫”是古代神话中的鸟，并不存在于现实生活中。它的样子跟乌鸦相似，但头部有花纹，嘴是白色的，脚是红色的。传说精卫是炎帝的幼女溺死在东海之后所化，因不甘心无故被海水淹死，决心要报仇雪恨，每天都会不断衔取小石子或是小段的树枝，从发鸠山飞向东海，投到吞噬自己的海水中。

精卫就这样日复一日、年复一年地坚持着，一定要把东海填平。千百年来，精卫这种不惧牺牲、奋斗不止、意志坚强、锲而不舍的精神激励了无数的仁人志士，他们怀着远大的理想，坚韧不拔地艰苦奋斗，不达目的誓不罢休。

▶ 女娲造人的传说是怎样的？

女娲造人的传说的早期记载见于如先秦时期的《山海经》和《楚辞》等书籍。相传女娲以黄土和水，仿照自己的模样捏制泥人，这些泥人后来变成了人类。随着时间的推移，她感到手工捏制泥人效率太低，于是改用藤蔓沾泥浆挥洒，这些泥点落到地上也变成了人。女娲不仅创造了人类，还建立了婚姻制度，使人类能够繁衍生息。这个传说体现了古人对人类起源的想象和对生命起源的敬畏。

▶ 后羿为何要射下九个太阳？

后羿射日的故事源自《淮南子·本经训》，其中描述了尧时期，天空中同时出现了十个太阳，这些太阳都是天帝俊的儿子，它们一同出现，导致地面庄稼被烤焦，草木枯死，人们因缺乏食物而陷入困境。除此之外，还有各种怪兽如猰貐、凿齿、九婴、大风、封豨、脩蛇等为害人间。为了解救百姓于水深火热之中，尧命令后羿用弓箭射下了九个太阳，并消灭了那些怪兽。后羿的英勇行为使百姓得以安居乐业，因此尧被推举为天子。这个故事反映了古人对英雄的崇敬以及对自然灾难的想象和解释。

▶ 嫦娥为什么奔月，传说中的广寒宫有什么故事？

据考证，嫦娥奔月的故事最早见于战国时期的《归藏》，西汉时的《淮南子·览冥训》和东汉时的《灵献》中均有记载。故事中嫦娥偷吃了丈夫后羿从西王母那里求来的不死药，随后身体变轻，飞向了月亮，留在广寒宫中，成了月宫的仙子。广寒宫，又称为月宫，是中国古代神话中月亮上的宫殿，象征着孤独与清冷。传说中，嫦娥在月宫中与玉兔为伴，玉兔则在月宫中不停地捣药，制作长生不老药。这个故事反映了古人对月亮的崇拜以及对长生不老的追求，其中也体现了古人对忠诚与背叛的思考，以及对孤独与牺牲的理解。

▶ 哪位神话人物为了解救人类献出了自己的生命？

神农氏，又称炎帝，是中国古代神话传说中的农业和医药的始祖。据《淮南子·修务训》记载，神农氏为了解救人类于病痛，亲自尝遍百草，以发现各种植物的药用价值。在此过程中，他不幸尝到了有毒的断肠草，最终因中毒过深而献出了自己的生命。神农氏的牺牲体现了对人类福祉的深切关怀，他被后人尊称为“百草之王”，并被尊奉为中华民族的始祖之一。

▶ 伏羲和女娲的兄妹婚配传说是怎么回事？

伏羲和女娲的兄妹婚配传说，是中国古代神话中非常著名的创世神话之一。这一传说在多部古籍中有所记载，如《淮南子·览冥训》中提到了伏羲和女娲在开天辟地、消除灾祸之后，为了繁衍人类而结为夫妻的故事。各种古籍和相关题材的艺术作品说明了传说中伏羲和女娲不仅是兄妹，也是夫妻，共同创造了人类。这些记载体现了古人对人类起源和文化英雄的想象，以及对兄妹结合这种特殊婚姻关系的神话化解释。这一传说也体现了在中华文明早期社会发展过程中先民思想感情的发展变迁。

▶ 哪位神话人物在不周山撞断天柱？

在中国古代神话传说中，是水神共工在不周山撞断了天柱。据《淮南子·天文训》等古籍记载，水神共工与火神祝融发生冲突，战败后共工愤怒地撞向不周山，导致天柱折断，大地向东南倾塌，海水倒灌，引发了巨大的灾难。不周山被认为是支撑天地的柱子，天柱的断裂造成了天倾西北、地不满东南的景象。这一神话故事反映了古人对自然现象的解释和想象，也体现了古人对天地结构的神话构建。

▶ 黄帝和炎帝为何被称为中华民族的始祖？

黄帝和炎帝是中国古代神话传说中的两位伟大的部落首领，他们因其在华夏文明形成过程中的重要贡献而被誉为中华民族的始祖。据《史记·五帝本纪》记载，黄帝和炎帝通过联合对抗蚩尤的战争，逐渐融合了各自的部落，形成了早期的华夏族群。他们的联合不仅在军事上取得了胜利，更在文化、农业、医药等方面为后世的发展奠定了基础。黄帝被尊为“人文初祖”，象征着文明的起源和发展，而炎帝则以农业和医药之神的身份，被尊称为“神农大帝”，象征着农业和医药的起源。这两位神话人物的形象和故事，黄帝和炎帝成为中华民族共同的文化记忆和精神象征，体现了民族的凝聚力和文化认同。

▶ 黄帝战蚩尤的传说有何象征意义？

黄帝战蚩尤的传说象征着中国古代文明的冲突与融合。据《史记·五帝本纪》等古籍记载，黄帝是华夏族的始祖之一，而蚩尤则是古代九黎族的首领。这场战争反映了远古时期不同部落之间的争霸斗争和文化碰撞。黄帝最终战胜蚩尤，象征着文明的传播和统一。这一传说还体现了古人对于领导者智慧与勇气的推崇，以及对于社会秩序和谐的向往。黄帝的胜利被后人视为文明秩序的建立，而蚩尤的形象则逐渐演变成为战神，体现了人们对力量与勇气的尊重。这场神话战争在中国文化中具有深远的影响，成为中华民族团结与融合的象征。

▶ 大禹治水的传说中，大禹是如何三过家门而不入的？

大禹治水的传说是中国古代著名的洪水治理故事，体现了大禹的奉献精神和坚定意志。据《史记·夏本纪》记载，大禹在治理洪水的过程中，曾三过家门而不入，以示其治水的决心和对人民的责任感。

第一次，大禹在新婚不久就离开家门，投身于治水的事业中。当他第一次经过家门时，听到妻子生产时的哭声，但他没有进去，因为他知道治水的任务更为紧迫。

第二次，大禹在治水途中再次经过家门，看到儿子正在门口玩耍，他虽然心中充满思念，但仍然没有停下脚步，因为他深知治水工程的艰巨和时间的宝贵。

第三次，当大禹再次经过家门时，他的儿子已经长大，向他呼喊，希望他能回家。然而，大禹仍然没有进家，因为他知道洪水未平，人民仍处于水深火热之中，他必须继续努力。

大禹三过家门而不入的故事，展现了他舍小家为大家的高尚品质，以及对治水事业的执着追求。这一传说不仅体现了中华民族对英雄的崇敬，也反映了古人对自然灾害的抗争精神和对和谐安定的向往。

▶ 夸父逐日的传说反映了古人什么追求？

夸父逐日的传说体现了古人对光明和希望的不懈追求。据《山海经》记载，夸父是一个巨人，他不满足于生活在昏暗的混沌世界，于是决定追逐太阳，希望能够将它固定在天空中，为人类带来永久的光明。尽管夸父最终因体力不支而倒下，但他的行动展现了古人对改变自然、追求美好生活的渴望和勇气。这个故事也象征着人类对知识和真理的探索，以及对未知世界的好奇心和冒险精神。

▶ 在《愚公移山》的故事中，愚公为何如此坚持？

《愚公移山》的传说讲述了愚公为了改善家乡的环境，决心移走挡在家门口的两座大山——太行山和王屋山。尽管年事已高，愚公依然坚持不懈，带领家人和邻居们一起挖山。他的坚持不仅源于对家庭和后代的责任感，更反映了古人对自然的挑战和对理想的追求。愚公的坚持体现了不怕困难、勇于奋斗的民族精神，这种精神也一直激励着后人，相信即使面对巨大的困难，只要坚持努力，就能实现目标。这个故事传达了积极向上的人生态度，强调了团结和毅力的重要性，成了中国文化中“愚公移山”的象征。

▶ 哪个神话人物发明了陶器制作？

在中国古代神话中，女娲发明了陶器。女娲不仅以泥土造人，还用同样的材料创造了陶器，为人类提供了生活用具。她的这一发明，极大地改变了人类的生活方式，使得食物的储存和烹饪变得更加方便。神话传说中女娲的智慧和创造力，体现了古人对文明进步的向往和对发明创造的尊重。陶器的发明，标志着人类社会从旧石器时代向新石器时代的重要转变。

▶ 九天玄女在神话中扮演了什么角色？

九天玄女是中国古代神话传说中的女神，通常与军事战略、战争和道教信仰相关联。在一些传说中，九天玄女被认为是黄帝的老师，传授给他兵法和战斗技巧，帮助黄帝战胜蚩尤。她的形象经常出现在道教的经文和仪式中，被尊为“玄女元君”，象征着智慧和力量。九天玄女也被认为是保护女性和儿童，以及助人达成愿望的神祇。在中国文化中，她的形象多变，有时是英勇的女战士，有时是慈悲的救世主。

▶ 射日英雄后羿的结局如何？

射日英雄后羿的结局颇具戏剧性。据《淮南子》等古籍记载，后羿因射下九日，解救了苍生，却也因此触怒了天帝。后羿被剥夺了神力，降为凡人。后羿的妻子嫦娥因偷吃了不死药而飞升至月宫，成为月神。而后羿则在人间郁郁而终，有的传说中提到他被自己的弟子逢蒙所杀，死后被封为宗布神，统领万鬼。后羿的故事反映了古人对英雄的崇敬，同时也揭示了英雄悲剧性的一面。

▶ 炎黄大战的神话背后有什么历史背景？

炎黄大战是指炎帝和黄帝之间的战争。据《史记·五帝本纪》记载，这场战争是为了争夺华夏地区的统治权。炎帝和黄帝是中国古代神话中的两位重要人物，被认为是中华民族的始祖。炎帝代表的是神农氏族，而黄帝则代表的是轩辕氏族。这场战争最终以黄帝的胜利而告终，炎帝的部落与黄帝的部落合并，形成了后来的华夏族。炎黄大战的神话背后反映了远古时期部落之间的冲突与融合，是中华民族形成过程中的重要事件之一。

▶ 哪位神话人物教会了人类种植五谷？

在中国古代神话中，是神农氏教会了人类种植五谷。神农氏，即炎帝，是农业和医药的始祖。据《淮南子》等古籍记载，神农氏为了解决人们的食物问题，亲自尝试各种植物，发现五谷（稻、黍、稷、麦、豆）可以作为食物来源。他教授人们耕作的方法，引导人们从事农业生产，从而结束了依赖采集和狩猎的生活方式。神农氏的这一贡献对人类社会的稳定和发展起到了关键作用，他也因此被尊为“神农大帝”“农皇”。

▶ 为何鲧治水失败，而大禹成功？

鲧治水失败而大禹成功的原因，在于两者采取的方法和态度不同。据《史记·夏本纪》记载，鲧采用筑堤堵水的方法治水，违背了流水的规律，导致洪水更加泛滥，因此鲧治水九年，而“功用不成”，治水失败。而大禹则采取了疏导的方法，他勘察地形，开凿渠道，引导洪水流向大海，同时“三过家门而不入”，有着坚定的决心和牺牲精神。大禹治水十三年，最终成功地控制了洪水，使得百姓恢复安居乐业。大禹的成功不仅在于治水方法的正确，还在于其持之以恒的努力和对人民福祉的深切关怀。

▶ 哪个神话故事解释了中国新年的由来？

关于中国新年的由来，有一个广为流传的神话故事，是关于年兽的。传说在古代，有一种名叫“年”的怪兽，每到农历新年的时候就会出来伤害人畜、抢夺粮食，给人们带来恐慌。为了抵御“年”，人们开始在新年期间贴红色的对联、挂灯笼、放鞭炮，以年兽害怕的红色来驱赶年兽。这个故事不仅解释了春节的习俗，还反映了人们对新年的期待和对美好生活的向往。伴着团圆和祝福的春节成为中华民族最重要的传统节日，象征着辞旧迎新、祈求平安和幸福的美好愿望。

▶ 神话中的女娲为何要补天？

女娲补天的故事出自《淮南子·览冥训》等古籍。相传在远古时期，天柱折断，大地裂开，大火燃烧，洪水泛滥，人类面临着巨大的灾难。女娲不忍看到人类受苦，于是决心修补苍天，拯救黎民。她四处寻找五彩石，用以补天。《淮南子》中描述，女娲“炼五色石以补苍天，断鳌足以立四极”，意味着她用五彩石将天空的裂缝修补，用巨鳌的脚作为新的天柱支撑天地，从而恢复了天地的秩序，平息了灾难。这个故事体现了女娲对人类的慈爱和对世间的责任感，也象征着古人对和谐与秩序的向往和追求。女娲补天的故事，展现了古人对自然灾害的想象和对创世英雄的崇敬。

▶ 羿和嫦娥的爱情悲剧反映了什么样的神话主题？

羿和嫦娥的爱情悲剧反映了古代神话中追求永生与人神分离的主题。羿是一位英勇的神话英雄，射下九个太阳，拯救人间，而嫦娥是他的妻子。然而，嫦娥因偷食了羿求得的不死药，飞升月宫，永远与羿分离。这一故事表达了对人类无法掌控永生的无奈和对爱情破碎、天人分离的悲哀。神话中的永生追求与现实中的情感矛盾，展示了古人对生命、爱情、命运的复杂思考，同时也体现了月亮有关的神话中蕴含的孤独与思念等文化意涵。

▶ 为什么蚕神嫘祖被认为是养蚕的起源？

蚕神嫘祖是中国古代神话中的重要人物，被广泛认为是养蚕技艺的起源。根据传说，嫘祖是黄帝的妻子，她在一次偶然的情况下发现了蚕丝的秘密。相传，嫘祖在树下休息时，看到一只蚕在树上吐丝，便将其收集并尝试制作织物。她的这一发现不仅为人类提供了优质的织物，也开创了养蚕和丝绸生产的历史。嫘祖的故事反映了古人对自然的观察与利用，以及对农业和手工业的重视。她被视为养蚕和丝绸的保护神，象征着勤劳与智慧。每年阴历四月，许多地方会举行祭祀活动，以纪念这位为人类发展做出贡献的女神。这个传说不仅体现了古代人对自然的崇敬，也展示了中华民族在农业和手工业方面的智慧与创造力。

▶ 在牛郎织女的传说中，鹊桥象征了什么？

牛郎织女是中国传统文化中著名的爱情故事。在传说中，相爱的牛郎和织女因人神有别而被分隔在银河两岸，每年只能在七夕这一天通过鹊桥相会。鹊桥象征着爱情的坚贞不渝和对团圆的渴望，它不仅是牛郎织女爱情的见证，也象征着人们对美好爱情的向往和对家庭团圆的重视。这一故事体现了中国文化中对忠贞爱情的赞美，以及对家庭和谐、团聚的普遍向往。

▶ 妲己为何被认为是狐狸精？

妲己是商朝最后一位君主商纣王的宠妃，她在中国传统文化中通常被视为祸国殃民的典型。在后来的文学和民间传说中，妲己被描绘为狐狸精的化身，这主要是因为她被指责使用美色诱惑纣王，导致纣王荒废朝政、残暴无道，最终加速了商朝的灭亡。“狐狸精”在中国文化中常指那些用美貌和魅力迷惑男人，使他们迷失理智的女性。妲己与纣王的故事反映了古人对女性影响力的警惕，以及对君权神授观念的批判。

▶ 传说中哪位人物教会了人类打井取水？

在中国古代传说中，是伯益教会了人们打井取水。据《淮南子·本经训》记载，伯益是黄帝的大臣，他发明了井，使人们能够从地下取水，从而解决了干旱时的饮水问题。这项技术对农业的发展和人类定居有着重大意义，为人们提供了稳定的水源，减少了人们对河流和湖泊的依赖。伯益的这一贡献被后人传颂，他也因此被尊为水利工程的始祖之一。

▶ 神话中的黄帝与风后如何发明指南车？

在中国古代神话传说中，黄帝与风后共同发明了指南车。相传在黄帝与蚩尤的战争中，蚩尤施展法术，造成大雾，使黄帝的军队迷失方向。为了解决这个问题，风后根据磁石能够指向南北的特性，发明了指南车。指南车上有一个铁制的假人，无论车辆如何转动，假人的手臂始终指向南方，为军队指引方向。黄帝的军队依靠指南车，最终在大雾中找到了方向，打败了蚩尤。这个故事体现了古人对自然界的观察和利用，也展示了古人的智慧和创造力。不过，据考证，真实历史上的指南车确实存在，但并非黄帝时期产物，其原理也非利用磁力而是靠机械结构。

▶ 哪个神话故事解释了中国的彩虹起源？

在中国神话中，彩虹的起源与女娲

补天的故事紧密相关。据传说，女娲使用了五彩石来修复天空的裂缝，这些五彩石的光彩映照在天空中，形成了彩虹。这个故事不仅说明了古人所认为的彩虹起源，还象征了女娲对世间秩序的恢复和对和谐美好的追求。彩虹也因此被视为吉祥和希望的象征，体现了古人对自然现象的美丽解释和对幸福生活的向往。

▶ 仓颉造字的传说如何解释中国文字的起源？

仓颉造字是中国古代神话中解释文字起源的重要传说。据《荀子》《吕氏春秋》《淮南子》等古籍记载，仓颉是黄帝的史官，他通过观察自然界的鸟兽足迹和其他各种事物的形状，创造了最初的象形文字。传说仓颉造字时，天空降下粟米，鬼魂在夜间哭泣，这种神奇的传说内容其实反映了文字创造对人类社会的深远影响。

仓颉的造字工作，实际上是对早期民间图画文字的搜集和整理而形成的一套成体系的规范象形文字。这一过程标志着人类文明从结绳记事到有形文字的转变，极大地促进了文明的传承和发展。仓颉因此被尊为“造字圣人”，其贡献被后人传颂，成为中国文字起源的重要解释之一。

▶ “八仙过海，各显神通”说的是哪八位神仙？

“八仙过海，各显神通”中的“八仙”指的是中国民间传说中道家的八位仙人：汉钟离、张果老、吕洞宾、铁拐李、韩湘子、曹国舅、蓝采和、何仙姑。

相传，某一日八仙在蓬莱阁上聚会饮酒，席间，铁拐李提议乘兴到海上一游。众仙都兴致勃勃，并约定不能乘船，要各凭法力渡海。

每位仙人都有自己的法宝，铁拐李的是一个酒葫芦，张果老的是一只三条腿的毛驴，吕洞宾的是一柄黄龙宝剑，蓝采和的是一个花篮，汉钟离的是一柄芭蕉扇，何仙姑的是一枝荷花，韩湘子的是一支玉笛，曹国舅的是一块檀香云阳板。他们各自把法宝往海里一扔，借助法宝大显神通，渡向东海。这就是流传后世的“八仙过海，各显神通”。

第三章

成语、典故

▶ 什么是巾帼英雄？

巾帼英雄指的是女英雄。这种称呼来源于古时候贵族妇女的一种头饰。这种头饰宽大似冠、高耸显眼，内衬金属丝套或用削薄的竹木片扎成各种新颖式样，外紧裹一层彩色长巾而成，称为“巾帼”。先秦时期，男女都能戴帼，作为头上的装饰品。到了汉代，宫廷贵族夫人戴帼，还算作一种礼仪。后来，巾帼逐渐成为妇女专用的首饰。于是，巾帼成了妇女的代称。在中国历史上，涌现出了许多女英雄，比如宋代抗金名将梁红玉、近代民主革命家秋瑾等。她们都是当之无愧的巾帼英雄。

▶ 什么是拾人牙慧？

拾人牙慧的意思是拾取别人的一言半语当作自己的话，比喻窃取别人的语言和文字。拾，指捡取；牙慧，指别人说过的话。

这个成语来自《世说新语》中的一个故事。东晋时，有个很有名的人叫殷浩，非常有学问，喜欢读《老子》和《易经》，说起话来引经据典，头头是道。后来，他因为作战失利被流放到信安。他有个外甥叫韩康伯，非常聪明且善于言谈，随同他前往信安。有一回，殷浩看见韩康伯在和人高谈阔论，仔细一听，发现韩康伯完全是在模仿自己，套用自己说过的话。他不但没有自己的创见，而且露出一副扬扬自得的样子。殷浩非常生气，就说：“康伯未得我牙后慧。”意思是，韩康伯没有领会我言外的意趣。言外之意是，韩康伯自以为了不起，其实没有真才实学，以及自己独到的见解。后人由此总结出拾人牙慧这个成语。

▸ 什么是墨守成规？

战国时期的墨子，名翟（dí），是墨家思想的创始人。他反对战争，主张人人都要相互爱护。据说他善于守城，为了阻止楚国攻打宋国，曾经千里迢迢赶到楚国的都城，先说服为楚国制造攻城器械（云梯）的公输班（鲁班），然后在楚王面前和公输班进行了一场攻城和守城的演练，并打败公输班，迫使楚王最终放弃了攻打宋国的决定。墨子被认为拥有最出色的守城方法。成规，指现成的或者通行很久的规则、方法。这个成语通常指思想保守，守着老规矩不肯改变。明代黄宗羲在《钱退山诗文序》中说："如钟嵘之《诗品》，辨体明宗，固未尝墨守一家以为准的也。"这是这个成语最早的出处。

▸ 什么是程门立雪？

程门立雪来源于《宋史·杨时传》中的一个故事。北宋时，杨时是著名理学家程颐的学生。有一次，杨时和游酢（zuò）去拜见他们的老师程颐，请教问题。他们看见老师坐着睡着了，不忍心打扰，就站在旁边，耐心地等着老师醒过来。此时下起了大雪。雪越下越大，而杨时和游酢并没有离开。等程颐醒来的时候，门外的雪已经有一尺深了。这件事因此作为尊重老师的典范成为学界的佳话。这个成语旧时指学生恭敬受教，现在指尊敬师长，比喻求学心切，尊重有学问的长者。

▸ 什么是锱铢必较？

锱铢必较这个成语，经常被用来形容非常小气，很少的钱也一定要计较；也比喻气量狭小，很小的事也要计较。那么这个"很少的钱"少到什么程度呢？我们从锱铢这两个很小的重量单位就可以看出来。作为古代的重量单位，锱为一两的四分之一，铢为一两的二十四分之一，是极其微小的数量。如果一个人连这么一点儿金钱都要计较，当然会显得极为小气。这个成语出自战国时期思想家荀子的《荀子·富国》，原文是"割国之锱铢以赂之，则割定而欲无厌"。意思是，即使割让国家一点点的土地来贿赂别人也是不可取的，因为对方是贪得无厌的，对方的欲望不容易满足。

▸ 什么是怀瑾握瑜？

怀瑾握瑜比喻人怀有纯洁高尚的品德，出自《楚辞·九章·怀沙》："怀瑾握瑜兮，穷不知所示。"意思是，怀里佩戴着珠宝，手里拿着美玉，却不知道该奉献给谁。寓意是，自己身上怀有美玉一样的品德，却无人能够欣赏，自己不能将才能尽情地展现出来。《楚辞·九章·怀沙》是战国时期著名的爱国主义诗人屈原所作的。当时，才华横溢、忠贞爱国的屈原被楚王流放，独自在汨罗江畔披发行吟，深感自己空有报国之志的悲愤郁闷，对国家的前途和命运充满绝望，于是创作了这首诗，然后怀石投江而死。“瑾”和“瑜”都是美玉的名字，泛指美玉。

▶ 什么是蝇营狗苟？

韩愈是唐代著名文学家、哲学家。他积极倡导古文运动，为“唐宋八大家”之首，与柳宗元并称“韩柳”。韩愈创作了许多脍炙人口的散文名篇，如《马说》《师说》等。他有一篇名为《送穷文》的文章，借主人与“智穷”“学穷”“文穷”“命穷”“交穷”五鬼的对话，以幽默嘲戏的笔调描绘了自己“君子固穷”的个性和形象，抨击了庸俗的人情世态，抒发了内心的牢骚和忧愤。文中有一个形容“五鬼”纠缠不清的句子：“蝇营狗苟，驱去复还。”意思是，像苍蝇那样到处乱飞，像狗那样摇尾乞怜、苟且偷生，刚刚赶走又回到身边，不知羞耻。后来，人们将蝇营狗苟比喻为追求名利不择手段，到处钻营。

▶ 什么是韦编三绝？

孔子是春秋时期著名的思想家、教育家，是儒家思想的创始人。到了晚年，孔子非常喜欢《周易》这本书，花费了很多精力，反反复复地读，以至于把编连竹简的绳子磨断了好几次，留下了一段千古佳话。春秋时期的书，主要以竹片为一根竹简，在上面写字，多则几十个字，少则八九个字。一部书要用许多竹简，人们用牢固的绳子将这些竹简按次序编连起来才能成书，便于阅读。通常，用丝线编连的叫“丝编”，用麻绳编连的叫“绳编”，用熟牛皮绳编连的叫“韦编”，其中以熟牛皮绳最为结实。像《周易》这样厚重的书，是由许许多多竹简通过熟牛皮绳编连起来的。古人用“三”这个数字表示多数、多次，孔子由于翻阅竹简的次数太多，把熟牛皮绳磨断了好几次。后人用韦编三绝这个成语比喻读书勤奋用功。

▶ 什么是未雨绸缪？

西周初年，周武王病逝，周成王年幼，周武王的弟弟周公摄政。不甘心商朝灭亡的纣王之子武庚就派人去联络管叔、蔡叔和霍叔等人，积极准备起兵叛乱。面对这种形势，周公写了一首名为《鸱鸮》(chī xiāo)的诗。这首诗描写母鸟在鸱鸮抓去它的小鸟之后，为了抵御外来侵害，不怕辛劳地保护自己的小鸟。周公借这首诗表达了对国事的深切忧虑，并告诫周成王要防患于未然。诗中有这样的句子：“迨天之未阴雨，彻彼桑土，绸缪牖(yǒu)户。今女下民，或敢侮予？”意思是，我趁着天未阴雨，啄取那桑皮桑根，将窗扇门户缚紧。现在你们这些无礼的人，谁还敢欺凌我？后人用未雨绸缪表示趁着天没下雨，先修缮房屋门窗；比喻事先做好准备工作，预防意外的事发生。

▶ 什么是开门揖盗？

开门揖盗的意思是开门请强盗进来，比喻引来坏人，招致祸患。这个成语出自《三国志·吴志·吴主传》。东汉末年，据于江东的孙策遭人暗算重伤而亡。他的弟弟孙权这时才 18 岁，天天啼哭，无法处理朝政。大臣们劝说没用，都很着急。谋士张昭对孙权说："况今奸宄（guǐ）竞逐，豺狼满道，乃欲哀亲戚，顾礼制，是犹开门而揖盗，未可以为仁也。"意思是，现在天下大乱，豺狼当道，而你竟然只顾悲啼哀悼自己的哥哥，顾全礼仪制度，不理会国事。这好比开着房门，拱着手把强盗请进来，必将自取其祸，算不得什么仁义。孙权觉得张昭说得对，马上换上朝服，登朝理事，视察军队，安定了军心、民心。"揖"指拱手行礼，也指古代的拱手礼。

▶ 什么是见微知著？

韩非是战国末期法家的集大成者，著有《韩非子》一书。书中有一句话："圣人见微以知萌，见端以知末，故见象箸而怖，知天下不足也。"意思是，圣人见到微小的现象就知道事物的苗头，见到事情的开端就知道最终结果，所以箕子在见到象牙筷子后十分恐惧，知道普天下的东西都不能满足商纣王的贪欲。这里的"圣人"，指的是商朝时期的箕子。他是商纣王的叔父，其洞察力之强、气节之高为后人称道。有一次，商纣王让人给自己做了一双象牙筷子，箕子知道后感到非常可怕和担心。他认为，商纣王用象牙筷子吃饭就一定不肯再用陶土粗制碗具，必将用犀牛角或玉石做成杯盘；餐具改变了，食品也会随之改变；食物改变了，穿着就会升级；穿着升级了，就会制造豪华的车子，建造高阔殿宇楼台，追求享乐。如此下去将一发不可收拾，腐败之风会很快盛行起来。韩非把箕子这种联想，说成"圣人见微以知萌，见端以知末"。这就是见微知著的来历。这个成语形容见到事情的苗头，就能知道它的实质和发展趋势。

▶ 什么是安步当车？

这个成语来自我国著名的国别体史书《战国策》。战国时期，一个叫颜斶（chù）的隐士很有才华却不愿意做官。有一次齐宣王召见他，十分傲慢地让他走上前来。颜斶站立不动，并对暴怒的齐宣王说，文士高贵，而国君没有什么高贵的，然后讲了一个故事让齐宣王无言以对。齐宣王改换了一副笑脸，请颜斶收他为弟子，并且让颜斶住到宫里，每餐都有肉吃，出门有车坐，给他享受不尽的荣华富贵。颜斶回答道："晚食以当肉，安步以当车，无罪以当贵，清静贞正以自虞。"意思是，吃不起肉，可以晚一些吃饭，肚子饿了，自然吃得香；只要走得安稳，就好比坐车；不犯罪过，清白正直就是高贵；即使不当官，也可以自得其乐。颜斶就这样拒绝了齐宣王的要求。后人由此总结出安步当车这个成语，指以从容的步行代替乘车，也指人能够安守贫贱生活。现在只用其字面意义，形容不乘车而从容步行的乐趣。

▶ 什么是琼楼玉宇？

苏轼有一首很有名的中秋词《水调歌头》，其中有一句“我欲乘风归去，又恐琼楼玉宇，高处不胜寒”。“琼楼玉宇”指的是月中的宫殿，仙界楼台。琼和玉指的是美玉，楼和宇指的是房屋。这个成语来源于晋朝王嘉所写的《拾遗记》中的一个故事，说的是一个叫翟乾祐的人在江边赏月，有人很好奇，就问他：“你如此地赏玩不停，月亮里面有什么呢?”他笑了笑，说：“你跟随我来看一看。”这个人随着他一起看去，一会儿就看见月亮里面出现了各种高大精美的宫殿，都是美玉建造而成的。后人用“琼楼玉宇”代指月中宫殿，也形容富丽堂皇的建筑物。

▶ 什么是饿殍遍野？

殍，指人饿死后的尸体；遍野，指田野中到处都是。饿殍遍野的意思是田野里到处是饿死的人，形容老百姓因饥饿而大量死亡的悲惨景象。这个成语来自我国战国末期著名思想家、教育家孟子所著的《孟子》。书中记载，孟子和梁惠王谈论治国之道。孟子问道：“用木棍打死人跟用刀杀死人，性质有什么不同吗?”梁惠王说：“没有什么不同。”孟子又问道：“用刀子杀死人跟用苛政害死人，有什么不同吗?”梁惠王说：“没有什么不同。”孟子说：“庖有肥肉，厩有肥马，民有饥色，野有饿莩，此率兽而食人也。”意思是，厨房里有肥美的肉，马棚里有壮实的马，可是老百姓面带饥色，野外有饿死的尸体，这如同率领野兽来吃人啊。孟子的目的在于警醒梁惠王要施行仁政，让老百姓能够安居乐业。后人由此总结出饿殍遍野这个成语。

▶ 什么是敝帚自珍？

东汉初年，汉光武帝刘秀即位之后，成都的公孙述也称帝，不肯归顺。刘秀派遣吴汉和岑彭带兵讨伐。公孙述负隅顽抗，汉军久攻不下，岑彭被刺杀。经过长时间作战，汉军终于攻陷成都。吴汉等痛恨对方的顽固态度，便实施报复，下令把公孙述的妻儿以及降将延岑一家全部处死，同时还放纵士兵四处抢掠、放火。刘秀听说后，非常生气，马上派人去制止，并在诏书中责备副将、汉家宗室刘禹说：“对方已经投降，全城包括老幼在内有数万人口，都是汉家的百姓，你们为什么要放纵士兵去迫害他们，你们怎么忍心呢？即使是自己家里的一把破扫帚，也应该当作价值千金的宝贝一样来爱护它。”原文中有“家有敝帚，享之千金”一句，这是敝帚千金这个成语的最早来源，意思是自家的破扫帚，也价值千金；比喻自己的东西即使不好，也非常珍视。后来，人们在这个成语的基础上，又发展出“敝帚自珍”。“敝帚自珍”与“敝帚千金”都有珍视自己没什么价值的东西的意思，但有区别。“敝帚自珍”表示一般的爱惜，语意较轻；“敝帚千金”表示特别珍惜，语意较重。

▶ 什么是请君入瓮？

请君入瓮，比喻用某人整治别人的办法来整治某人，以其人之道还治其人之身。瓮是一种口小腹大的大坛子。这个成语来源于历史中的一个小故事。唐朝武则天时期，有人告发丞相周兴与丘神绩谋反。来俊臣暗中奉命审问周兴，在周兴不知情的情况下邀请他一同吃饭。来俊臣问周兴说：“好多囚徒不肯承认罪行，你有什么好方法吗？”周兴说：“太简单了，拿一个大瓮，用炭火从四面炙烤它，让囚徒们进入瓮中，什么罪行不会承认？”来俊臣按照他的方法准备好大瓮，站起身对周兴说：“有人告发老兄你了，请你进入这个大瓮吧。”周兴吓得连忙叩头，承认了自己的罪行。后人根据这个故事，总结出请君入瓮这个成语。

▶ 什么是不经之谈？

不经之谈指的是荒诞无稽、没有根据的话。经，指正常；不经，指不合道理。这个成语出自《史记·孟子荀卿列传》：“《终始》《大圣》之篇十余万言。其语闳大不经，必先验小物，推而大之，至于无垠。”意思是，《终始》《大圣》这些文章有十多万字，可是上面的话都是不着边际、不合常理、近乎荒诞、没有根据的，写文章一定要先从小的事物验证，然后再无限推广放大。晋代的羊祜在《诫子书》中说：“无传不经之谈，无听毁誉之语。”意思是不要传播没有根据的话，不要偏听诋毁或者称赞的言论。

▶ 什么是当仁不让？

当仁不让指的是遇到应该做的事就积极主动去做，不推让。这个成语最早来源于《论语·卫灵公》，子曰：“当仁，不让于师。”意思是遇到合乎道义的事，要抢着去做，对老师也不必谦让。孔子和儒家特别重视师生关系的和谐，强调师道尊严，学生不可违背老师的话。这是在一般情况下，而在仁德面前，即使对老师，也不谦让。这是把实现仁德摆在第一位，将仁作为衡量一切是非善恶的最高准则。只要秉持正确的立场和观念，正义与真理便如同握在手中的利剑，使人们有当仁不让、舍我其谁的勇气和魄力。后人根据这句话总结出当仁不让这个成语。

▶ 什么是一曝十寒？

一曝十寒的原意是，即使是最容易生长的植物，晒一天，冻十天，也不可能生长。曝，指晒；寒，指冻。后比喻学习或工作一时勤奋，一时又懒散，没有恒心和毅力。这个成语最早出自《孟子·告子上》："无或乎王之不智也。虽有天下易生之物也，一日暴（同"曝"）之，十日寒之，未有能生者也。吾见亦罕矣，吾退而寒之者至矣，吾如有萌焉何哉？"意思是，大王也太不明智了。天下虽有生命力很强的植物，假如把它放在太阳下晒一天，然后再把它放在阴冷的地方冻十天，即使是生命力再强的植物也会死。我能见到齐王的机会少之又少，虽然能够带给他一些良好的影响与帮助，但是我一离开，一些和我主张不同的人，就会带给他许多不好的影响。我怎么能使齐王的思想、品质好起来呢？后人将"一日暴之，十日寒之"简化为成语"一暴十寒"，后演变为"一曝十寒"。

▶ 什么是汗牛充栋？

汗牛，指使牛出汗；充栋，指充满屋子。汗牛充栋的意思是书在运输时把牛累得出汗，在存放时可堆至屋顶。这个成语来自唐代柳宗元所写的《陆文通先生墓表》。唐代学者陆质，号文通，博览群书，尤其对孔子的《春秋》有特别深入的研究。《春秋》是一部编年体史书，为了教学需要，孔子曾经整理和修改过《春秋》。陆质为《春秋》作传，著有《春秋集注》《春秋辨疑》《春秋微旨》，对《春秋》有独到见解。柳宗元对他的治学严谨深表敬佩，他在陆质死后作《陆文通先生墓表》。文中有"其为书，处则充栋宇，出则汗牛马"的句子，意思是，这些书堆起来能塞满屋子，运出去会使牛马都累得出汗。后人用这个成语形容藏书非常多。

▶ 什么是瓜田李下？

曹植是三国时期曹魏著名文学家，他曾经写过一首古乐府诗《君子行》，开头四句流传久远："君子防未然，不处嫌疑间；瓜田不纳履，李下不正冠。"意思是，从别人家的瓜田旁经过，即使是鞋子脱了脚跟，也不要弯下身子去提它，这是为了避嫌，否则会被人疑心你摘瓜，所以说"瓜田不纳履"；同样，从李子树下经过时，即使帽子歪了，也不要伸手去整理它，这也是为了避嫌疑，否则会被人误会你偷李子，所以说"李下不正冠"。这几句话多用于告诫人们要处事谨慎，避开嫌疑。《北史·袁聿修传》中有"瓜田李下，古人所慎。愿得此心，不贻厚责"的句子。意思是，对于瓜田李下的事，古人是很谨慎的。我们不能忘记古人说过的“走在瓜地里不要弯腰提鞋子，走在李树下不要伸手整理帽子”的话。只有这样，才能躲避嫌疑。你的心意我领了，但是东西不能收，不能留下不好的话柄。这是瓜田李下这个成语的来源。

▶ 什么是朋比为奸？

朋比为奸形容坏人勾结串通在一起干坏事。朋比，指互相勾结；为奸，指做奸邪不正的事。这个成语来源于《新唐书·李绛传》中的一句话：“趋利之人，常为朋比，同其私也。”意思是，追求财利的人，经常结为私党，他们的共同点就是为了谋私。这句话指出了谋求私利是坏人结党的根由。宋代的高登著有《高东溪集》，其中有一句“此曹当尽伏诛，今且偃自恣，尚欲朋比为奸，蒙蔽天日”。意思是，这些坏人都应该被杀死，如今暂且放任他们，他们竟然相互勾结做尽坏事，蒙蔽圣上。这个成语在这句话中最终固定成形。

▶ 什么是曲突徙薪？

“突”是烟囱，“曲突”是使烟囱变成弯曲的。曲突徙薪的意思是把烟囱改建成弯的，把灶旁的柴草搬走。这个成语来自《汉书·霍光传》中的一个小故事：“客有过主人者，见其灶直突，傍有积薪。客谓主人，更为曲突，远徙其薪，不者且有火患，主人嘿然不应。俄而家果失火，邻里共救之，幸而得息。”意思是，有一个客人去拜访一家主人，发现这家的烟囱很直，旁边还有一堆柴草。这个人就劝主人把烟囱改成弯曲的，搬开烟囱旁边的柴火，以免发生火灾。主人不听。不久果然发生了火灾。街坊邻居共同帮忙才把大火平息。后来，人们用这个成语比喻事先预防以避免危险发生。

▶ 什么是一衣带水？

我们经常说和日本是一衣带水的邻邦，那么一衣带水究竟是什么意思呢？这个成语来源于《南史·陈纪下》，讲的是隋文帝杨坚取代北周称帝，建立了隋朝。隋文帝有志于统一中国，在北方实行了一系列富国强兵的政策，国力大增。而当时长江南岸的陈朝后主陈叔宝却十分荒淫，不理朝政。他虽知道隋文帝有意征伐，却依恃长江天险，并不把这件事放在心上。588年冬，隋文帝下令伐陈。出发前，他对自己的臣子高颎（jiǒng）说：“我为百姓父母，岂可限一衣带水不拯之乎？”意思是，我是天下老百姓的父母，难道能够因为一条像衣服带子一样狭窄的江水的阻隔，而不去拯救那里的老百姓吗？隋文帝志在必得，派晋王杨广为元帅，率领五十万大军渡江南下，并很快就攻下陈朝都城建康，俘获了陈后主，灭掉了陈朝。后人用这个成语比喻虽有江河湖海相隔，但距离不远，不足以成为交往的阻碍。

▶ 什么是以邻为壑？

以邻为壑的意思是把邻国当作大水坑，把本国的洪水排放到那里去；比喻只图自己一方的利益，把困难或祸害转嫁给别人。战国时期，有个叫白圭的水利专家，非常有名。什么地方的河堤有了裂缝、漏洞，渗出水来，他一到就能修好。后来，他被魏国请去当相国，魏国的国君对他很信任。有一次，孟子来到魏国。白圭在会见孟子的时候，表露出自己有非凡的治水本领，甚至自我吹嘘说："我的治水本领已经超过大禹了！"孟子当场驳斥他说："是故禹以四海为壑。今吾子以邻国为壑。"意思是，大禹治水是把四海当作大水沟，顺着水性疏导，结果洪水都流进大海，于己有利，于人无害。如今你治水，只是修堤堵河，把邻国当作大水沟，结果洪水都流到别国去，于己有利，于人却有害。这种治水的方法，怎么能与大禹的相比呢？这个故事出自《孟子》，后人根据这个故事创造了以邻为壑的成语。

▶ 什么是得陇望蜀？

得陇望蜀常用来比喻一个人贪得无厌。这里的"陇"，是甘肃省的别称，位于黄河上游，省会为兰州市。甘肃取甘州（今张掖）与肃州（今酒泉）二地的首字而成，因为省境大部分在陇山（六盘山）以西，故称为"陇"。"蜀"是四川省的别称，省会为成都市，位于我国西南腹地，自古就有"天府之国"的美誉，是我国西部门户，大熊猫的故乡。在商周时期，四川地区建立以古蜀族为中心的蜀国，所以，四川地区古称"蜀"。《后汉书·岑彭传》中记载，汉光武帝刘秀下命令给自己的手下岑彭："人苦不知足，既平陇，复望蜀。"让他平定陇右（今甘肃一带）以后领兵南下，再去攻取西蜀。

▶ 什么是投鞭断流？

投鞭断流的意思是把所有的马鞭投到江里，就能截断水流。这个成语来自《晋书·苻坚载记》。当时东晋刚刚建立不久，北方的前秦势力非常强大。苻坚即位后一心想消灭东晋，统一全国，他在朝会上就亲征问题听取大臣们的意见。秘书监朱彤坚决支持，而左仆射权翼认为，晋有长江天险，不能进攻。苻坚骄傲地反驳说："以吾之众旅，投鞭于江，足断其流。"意思是，我有这么多的军队，把每个士兵的马鞭子都投到江里，就能截断水流。后人根据这个故事总结出投鞭断流这个成语，比喻人马众多，兵力强大。

▶ 什么是先见之明？

先见之明指事先看清问题的能力，对事物的发展有预见性。这个成语来自《后汉书·杨彪传》。东汉末年，曹操大权在握，两个儿子曹丕和曹植相互争夺太子之位。主簿杨修恃才傲物，积极为曹植出谋划策，让曹操感到十分忧虑。后来，曹植失宠，曹操借故杀了杨修。有一次，曹操去见杨修的父亲杨彪，并问候他说："先生怎么这么消瘦了？"杨彪看看曹操，说："愧无日（mì）磾（dī）先见之明，犹怀老牛舐犊之爱。"意思是，昔日汉武帝的近臣、匈奴贵族金日磾有两个儿子，汉武帝非常宠信他们，让他们在宫中侍奉。后来，金日磾发现自己的两个儿子跟宫女戏闹，就一狠心把他俩杀了，免得以后生出祸患。我自愧没有金日磾那样的先见之明，但毕竟还有老牛舔小牛那样的亲子之爱。杨彪委婉地表达自己痛惜爱子被杀的心情，曹操听了十分尴尬而愧疚。

▶ 什么是李代桃僵？

汉武帝时，国家设有搜集各地歌谣和整理制定乐谱的机构，名叫"乐府"。后来，人们就把这一机构搜集并制谱的诗歌，称为"乐府诗"。《相和乐歌辞》原本是民间歌谣，其中有一名篇《鸡鸣》，讲述了汉朝望族盛衰无常的生活现状。传说那个家族有兄弟五人，均为好逸恶劳、游手好闲的浪荡子。他们偶然得到了皇帝的赏识，当上了侍中郎。从此，他们的生活发生了翻天覆地的变化：荣华富贵享之不尽，成了钟鸣鼎食之家。后来，五兄弟中有人犯了罪，一朝成了阶下囚，不得不受刑。这时，其他兄弟各扫自家门前雪，毫不惦念手足之情，互相倾轧，丑态百出。为此，民间流传着一首歌谣："兄弟五人，皆为侍中郎，五日一时来，观者满路旁。黄金络马头，颎颎何煌煌。桃生露井上，李树生桃旁。虫来啮桃僵。树木身相代，兄弟还相忘！"人们借此叹息：井边的桃树与李树相依为伴，虫蛀桃树，往往李树代桃树受蛀而枯萎僵死。李树尚能够以身代为提醒，他们兄弟之间的情谊连李树都不如。后来，人们用这个成语比喻互相顶替或代人受过。

▶ 什么是尾生抱柱？

尾生抱柱，一般用以比喻坚守信约。这个成语来自《庄子·盗跖》中的一个故事。春秋时，鲁国曲阜有个年轻人名叫尾生，为人正直，乐于助人，和朋友交往很守信用，受到乡邻的普遍称赞。后来，尾生迁居梁地，在那里认识了一位年轻漂亮的姑娘。两人一见钟情，私订终身，但是姑娘的父母嫌弃尾生家境贫寒，坚决反对这门亲事。姑娘决定背着父母私奔，随尾生回到曲阜老家去。一天，两人约定在一座木桥边会面，远走高飞。黄昏时分，尾生提前来到桥上等候。不料，突然乌云密布，狂风怒吼，雷鸣电闪，滂沱大雨倾盆而下。不久山洪暴发，淹没了桥面，没过了尾生的膝盖。尾生想起与姑娘的誓言，死死抱住桥柱，最终被活活淹死。被父母禁锢在家中的姑娘，伺机逃出家门，冒雨来到城外桥边，此时洪水已渐渐退去。姑娘看到紧抱桥柱而死的尾生，悲痛欲绝，和尾生相拥纵身投入滚滚江中。

▶ 什么是大放厥词？

大放厥词中的“厥词”是“他的话”的意思，“厥”是“其”的意思。这个成语原来指铺张辞藻或畅所欲言，出自《祭柳子厚文》。这篇文章是唐代文学家韩愈为祭奠亡友柳子厚（柳宗元）写的祭文。柳宗元是唐代著名的文学家，也是唐宋八大家之一，散文成就很高。柳宗元参与革新运动，被贬柳州、永州等地，造福百姓，死后深受世人怀念。韩愈在这篇祭文中极力称赞柳宗元的文辞之美，对他才高而不用于世的遭遇表示不平，并允其所托。文中有“玉佩琼琚，大放厥词”的句子。意思是，你的文章如同美玉制成的玉佩，晶莹剔透，文笔秀美，极力铺陈。后来，这个成语多指夸夸其谈，大发议论（含贬义）。

▶ 什么是大腹便便？

大腹便便形容肚子肥大的样子，含贬义。便便，即肥胖的样子。这个成语来自《后汉书·边韶传》，和一个叫边韶的人有关。汉桓帝刘志时期，陈留郡有个读书人，名叫边韶，字孝先。他很有文才，在没有当官的时候，教了几百名学生。边韶口才很好，说起话、讲起课来头头是道，从没有回答不出来的问题。不过他有个毛病，就是爱打瞌睡。因为他长得胖，肚子大，打起瞌睡的模样很好笑。有一天，他又打瞌睡。他的学生就私下编了句顺口溜嘲笑他：“边孝先，腹便便；懒读书，但欲眠。”意思是，边孝先有个大肚皮，他懒得读书，只想睡觉。不料边韶醒来后，很快知道了这个顺口溜，于是也编了几句顺口溜回应：“边为姓，孝为字。腹便便，《五经》笥。便欲眠，思经事。寐与周公通梦，静与孔子同意。师而可嘲，出何典记？”意思是，边是我的姓，孝是我的字，大肚皮是装着五经的竹箱子。只想睡觉，去思考五经的事。睡梦中可以会见周公旦，安静时可以与孔子有相同的心意。老师可以被嘲笑，这规矩出自哪家经典？大腹便便即由此而来。

▶ 什么是东施效颦？

颦，指皱眉头；效，指模仿。这个成语来自《庄子·天运》：“故西施病心而颦其里，其里之丑人见而美之，归亦捧心而颦其里。其里之富人见之，坚闭门而不出；贫人见之，挈妻子而去之走。”这个故事讲的是，越国有位姓施的美女，因为家住若耶溪西岸，所以村里人叫她西施。若耶溪东岸也有位姓施的姑娘，由于她长得很丑，村里人管她叫东施。她从服饰、姿态和动作等各方面仿效西施。有一天，西施因为心口疼，走路的时候用双手捂住胸口，并且皱着眉头。西施的姿态正好被东施瞧见了。她一边观看，一边默默记住西施的姿态和动作。回到溪东之后，东施马上仿效西施的模样，用双手捂住胸口，同时皱着眉头。东施的这副模样，吓坏了村里人，大家以为妖怪来了。有钱人家紧闭大门，不想看见她；贫寒人家则带着妻子儿女远远躲开。后人用东施效颦比喻盲目模仿，效果很坏。

▶ 什么是对牛弹琴？

对牛弹琴这个成语出自汉代牟融的《理惑论》。牟融是东汉官员，学问渊博，教授学生数百人，在乡里很有名。当时，牟融向儒生们宣传佛理，经常引用《诗经》《尚书》等儒家经典。有人问他为什么要这样做，他就讲了个故事：有个弹琴能手叫公明仪，他对牛弹奏一首名叫《清角》的琴曲，牛低着头吃草，就好像没听见任何声音一样。不是牛没有听见，是这美妙的曲子不适合牛的耳朵而已。牟融用这个故事讥笑听话的人不懂自己说的是什么。后来，人们用这个成语比喻对不懂道理的人讲道理，对外行人说内行话；现在也用来讥笑说话的人不看对象。

▶ 什么是塞翁失马？

塞，指边塞，即边界险要之处；翁，指老头。这个成语来自《淮南鸿烈集解》中的一个故事。有位擅长推测吉凶的老人居住在靠近边塞的地方。一次，他的马无意间跑到了胡人的住地。人们都为此来宽慰他。老人说："这怎么就不是一种福气呢？"过了几个月，那匹走失的马带着胡人的许多匹良驹回来了。人们都前来祝贺他。老人说："这怎么就不是一种灾祸呢？"老人的家中有很多好马，他的儿子爱好骑马，结果从马上掉下来摔断了腿。人们都前来慰问他。老人又说："这怎么就不是一件好事呢？"过了一年，胡人大举入侵边塞，健壮的男子都被征兵去作战。边塞附近的人，死亡众多，唯有塞翁的儿子因为腿瘸的缘故免于征战，父子俩一同保全了性命。后来，人们根据这个故事总结出成语塞翁失马，比喻坏事在一定条件下可以变为好事。

▶ 什么是积毁销骨？

积毁销骨的"销"本义是固体金属块完全熔化，即固体金属块在高温中逐渐变小变细，最后化为液体而消失。"毁"指毁谤，谣言坏话的意思。这个成语来自《史记·张仪列传》中著名的纵横家张仪对魏国国君说的一番话："臣闻之，积羽沉舟，群轻折轴，众口铄金，积毁销骨，故原大王审定计议。"意思是，我听说羽毛的量多了，它的重量可以让大船沉没，物轻但是量大，也能让车轴折断。众口一词，即使是金石也能够熔化；多人毁谤，即使是骨肉也能够毁灭。所以希望大王谨慎制定策略。积毁销骨，指连续不断地毁谤他人，足以置人于死地。

▶ 什么是一言九鼎？

鼎是一种青铜器，是古代用于烹煮或者祭祀的器物，一般为三足两耳。相传大禹成为部落联盟首领后，用各地诸侯进献的铜铸造了九个青铜大鼎，象征九州。在夏、商、周时期，九鼎成为国家的宝器和象征。一言九鼎的意思是，一句话抵得上九鼎重，比喻说话分量很重，能起到很大作用。这个成语来自《史记·平原君列传》。战国时，秦国的军队团团包围了赵国的都城邯郸。形势十分危急，赵国国君派平原君带领 20 名门客去楚国求援。平原君到达楚国后，立即与楚王谈及“援赵”的事，谈了半天却毫无结果。这时，毛遂站出来对楚王说了一番言论，说得楚王心服口服，立即答应出兵援赵。平原君回到赵国后感慨地说：“毛先生一至楚，而使赵重于九鼎大吕。毛先生以三寸之舌，强于百万之师。胜不敢复相士。”意思是，毛先生一到楚国，就使赵国的威望高于九鼎和大吕。毛先生三寸长的舌头，强似上百万的军队。我不敢再鉴选人才了。平原君夸奖毛遂“一言九鼎”的本意是夸他的口才好。这个成语不能表示守信用，也不能用于自己。

▶ 什么是四面楚歌？

四面楚歌来源于《史记·项羽本纪》中的一个故事：“项王军壁垓下，兵少食尽，汉军及诸侯兵围之数重。夜闻汉军四面皆楚歌，项王乃大惊，曰：‘汉皆已得楚乎？是何楚人之多也。’”讲的是，秦朝末年，刘邦的汉军和项羽的楚军交战，项羽的军队驻扎在垓下，兵少粮尽，被汉军和诸侯的军队层层包围起来，夜间听到汉军四面都唱楚歌，项羽吃惊地说：“汉军把楚地都占领了吗？为什么楚人这么多呢？”说着，心里的斗志丧失了，便从床上爬起来，在营帐里面喝酒，并和他最宠爱的妃子虞姬一同唱歌。唱完，项羽直掉眼泪。站在一旁的人也非常难过，都觉得抬不起头来。虞姬自刎于项羽的马前，项羽英雄末路，带着剩下不多的兵卒来到乌江，最终自刎于江边。后来，人们用这个成语比喻四面受敌，处于孤立危急的困境。

▶ 什么是强弩之末？

强弩之末的意思是，即使强弩射出的箭，到最后力量也会减弱；比喻势力已经衰弱，起不了任何作用。这个成语出自《汉书·韩安国传》。西汉的时候，匈奴非常强大，经常和西汉发生战争，有时候也采用和亲的方式来止战。有一次匈奴派人来请求和亲，皇上与朝臣讨论这件事。大臣王恢是燕地人，多次出任边郡官吏，熟悉匈奴的情况。他认为汉朝和匈奴和亲大抵都过不了几年匈奴就背弃盟约，不如不答应，而出兵攻打匈奴。另一个大臣韩安国认为派军队去千里之外作战，不会取得胜利。他说："冲风之衰，不能起毛羽；强弩之末，力不能入鲁缟。"意思是，从下往上刮的强风，到了最后，连托起雁毛的力量都没有了；强弩射出的箭到了射程尽头，连鲁地所产的最薄的白绢也射不穿。他认为出兵攻打匈奴实在是很不利的，不如跟他们和亲。群臣大多附和韩安国，于是皇上便同意与匈奴和亲。

▶ 什么是日薄西山？

日薄西山的"薄（bó）"是迫近的意思，而不是和厚相对的薄（báo）的意思。这个成语的意思是太阳快落山了，比喻人已经衰老或事物衰败腐朽，临近死亡。这个成语来自晋代的《陈情表》一文，作者李密是晋初散文家。他幼年丧父，母亲何氏改嫁，由祖母刘氏抚养成人。后来，李密以孝敬祖母而名扬乡里。晋武帝封李密为太子洗（xiǎn）马，李密就写了《陈情表》这篇奏章，以祖母年老多病、无人供养而力辞。文中有"但以刘日薄西山，气息奄奄，人命危浅，朝不虑夕"的句子。意思是，只是因为祖母刘氏寿命即将终了，气息微弱，生命垂危，早上预料不到晚上会发生什么变化。晋武帝看了此表后很受感动，赏赐给李密两个奴婢，并命令郡县按时供给其祖母生活所需。

▶ 什么是黔驴技穷？

黔驴技穷中的"黔"指今天的贵州省一带。在中国古代历史上，今贵州省的部分地区曾处在黔中郡、黔安郡、黔州、黔中道等区划中，所以贵州省除了简称"贵"，还简称"黔"。这个成语来自唐代文学家柳宗元的著名寓言故事《三戒·黔之驴》。故事讲的是，黔这个地方没有驴，有人从外地带来一头，养在山里。老虎看见驴这个庞然大物，以为是比自己厉害的猛兽，老远就躲开了。后来逐渐靠近，加以戏弄，驴很生气，踢了老虎一脚。老虎看透驴的本事不过如此，就把它吃掉了。后人用黔驴技穷比喻有限的一点儿本领已经用完，再无办法了。

▶ 什么是钩心斗角？

钩心斗角也写作勾心斗角。这里的"心"指宫室的中心，"角"指宫殿的檐角。钩心斗角原指宫室建筑结构的交错和精巧。这个成语出自唐代文学家杜牧的《阿房宫赋》。《阿房宫赋》是一篇借古讽今的赋体散文，通过描写阿房宫的兴建及其毁灭，生动形象地总结了秦朝统治者骄奢亡国的历史经验，向唐朝统治者发出了警告，表现出一个封建时代正直的文人忧国忧民、匡时济俗的情怀。文章运用了想象、比喻与夸张等手法以及描写、铺排与议论等方式，骈句散行，错落有致。文中有“各抱地势，钩心斗角”的句子。意思是，楼阁各依地势的高低倾斜而建筑，（低处的屋角）钩住（高处的）屋心，（并排相向的）屋角彼此相斗，盘结交错，曲折回旋。后来，这个成语的意思发生改变，比喻用尽心机，明争暗斗。

▶ 什么是沧海一粟？

沧海一粟中的“粟”是一种北方的植物，通称“谷子”，没有去皮壳的称为粟，去掉皮壳的就称为小米。它是一种粗糙、抗旱，但不耐霜冻的一年生禾草，具有粗而重的长穗状花序，可做谷物、干草和饲料。沧海一粟的意思是大海中的一粒小米，比喻非常渺小。这个成语出自北宋文学家苏轼的《赤壁赋》。苏轼因为反对王安石变法而被贬到黄州，其间，他两次游览黄州赤壁，并写下著名的《赤壁赋》《后赤壁赋》。《赤壁赋》形象地写出月下泛舟的场景，并写出苏轼与朋友争辩的过程。他的朋友认为“寄蜉（fú）蝣（yóu）于天地，渺沧海之一粟。哀吾生之须臾（yú），羡长江之无穷”。意思是，人像蜉蝣一样寄生在天地之间，渺小得像大海中的一颗谷粒。哀叹我生命的短暂，而羡慕长江的流水无穷无尽。苏轼则认为，人的一生虽然短暂，但可以创造价值，死而无憾。

▶ 什么是泾渭分明？

渭河是黄河最大的支流，发源于甘肃，经陕西而汇入黄河；泾河又是渭河的支流，发源于宁夏。两条河在西安市高陵区相汇。这个成语出自泾渭两河交汇处，说的是在泾水、渭水相汇合处，清浊分明，界限清楚。这种现象最早记载在《诗经·邶风·谷风》中，“泾以渭浊，湜湜其沚”。意思是，渭水同泾水相比较才显得浑浊，但它不流动时也是清澈的。后来，唐代诗人杜甫在《秋雨叹》中写道：“去马来牛不复辨，浊泾清渭何当分？”这是这个成语的雏形，后来形成成语泾渭分明，比喻是非分明，界限清楚。

▶ 什么是本末倒置？

这里的“本”本义指树根，又指草木的茎、干，比喻根本的、重要的事物，又引申为主体、原来、本来、原始等意思。“末”本义指树梢，古字形在“木”字上端加指示符号，指明树梢的位置。“末”由树梢引申泛指事物的顶端或尾部，又引申指不重要的、细微的，还引申为细微的碎末，再引申为终了。这个成语比喻把主要事物和次要事物或事物的主要方面和次要方面弄颠倒了。在《礼记·大学》里有一句话："物有本末，事有终始，知所先后，则近道矣。"说明了做一件事情，掌握本末终始、先后次序是非常重要的。但是，有的人往往会出现误本为末、倒末为本的错误，所以有了"本末倒置"的说法。金代无名氏在《绥德州新学记》中说："然非知治之审，则未尝不本末倒置。"意思是，为政者若不知宣扬教化人民，就会本末倒置，失掉应有的判断。这是本末倒置成形的最早记载。

▶ 什么是陈词滥调？

陈词滥调指陈旧、空洞、不切实际的言论。陈，指陈旧、陈腐；滥，指空泛不切合实际。这个成语出自闻一多的《宫体诗的自赎》一文。现代著名诗人、学者闻一多先生在《宫体诗的自赎》中写道："所以常常是那套褪色的陈词滥调，诗的本身并不能比题目给人以更深的印象。"由此，陈词滥调这个成语诞生了。

▶ 什么是七月流火？

有的同学在写作文时，经常使用"七月流火"这个成语来描写夏天的时候气温很高。其实，这是对这个成语的误用。"七月流火"一词，最早出自《诗经》中的"七月流火，九月授衣"。意思是，阴历七月，"大火"恒星向下行，九月把裁制寒衣的工作交给妇女去做。这里的"火"指"心宿"，就是"大火"星。每年阴历五月黄昏，"大火"星位于正南方，位置最高，而到了七月黄昏，它的位置由中天逐渐西降，"知暑渐退而秋将至"。人们把这种现象称作"七月流火"。此处的"流"不是流星的流。水向低处为流，"大火"星向西天下坠也是在流。七月流火就是"大火"星晚上向西天慢慢落下去，预示寒冷的季节就要来到，天气逐渐凉爽起来。

▶ 什么是万人空巷？

万人空巷并不是指街巷空空，人们都待在家里，而是指人们都从街巷里走出来，一般用来形容庆祝、欢迎等盛况。这个成语出自宋代苏轼的诗《八月十七复登望海楼》。苏轼，字子瞻，号东坡居士，和父亲苏洵、弟弟苏辙都是著名的散文家。苏轼曾多次上书反对王安石的一些改革措施，后来因作诗讽刺新法被下狱，曾被贬到黄州、杭州、惠州等地。这首诗就是他被贬到杭州时所作的。中秋节前后，杭州的海潮景观非常有名，吸引了大量游客来观赏。这首诗中描写了当时的盛况，其中有"赖有明朝看潮在，万人空巷斗新妆"，说的就是人们都走出家门去城外观潮。

▶ 什么是专横跋扈？

专横跋扈经常用来形容一个人专断蛮横，任意妄为，蛮不讲理。这个成语出自《后汉书·梁冀传》中的一个故事："帝少而聪慧，知冀骄横，尝朝群臣，目冀曰：'此跋扈将军也。'"这个故事讲的是，汉顺帝时大将军梁商的儿子梁冀控制了朝廷的军政大权，胡作非为，肆无忌惮。汉顺帝病死后，年仅2岁的汉冲帝刘炳即位。过了一年，汉冲帝也死了。梁冀强立8岁的刘缵（zuǎn）为帝，史称汉质帝。汉质帝虽然年幼，但聪明伶俐，知道梁冀专横跋扈，他在朝堂上当着众臣的面指着梁冀说："此跋扈将军也（他是个蛮横无理的大将军）！"梁冀听了，怀恨在心，于是命令手下在汉质帝的饮食里下毒。第二天，汉质帝就被毒死了。

▶ 什么是咄咄逼人？

咄咄，表示惊诧或感叹。咄咄逼人形容气势汹汹，盛气凌人，使人难堪；也指形势发展迅速，给人压力。这个成语出自《世说新语·排调》，讲的是东晋文学家顾恺之到殷仲堪家中做客，桓温的儿子桓玄也在，三人高兴地抽签玩文字游戏。当时，"殷有一参军在座，云：'盲人骑瞎马，夜半临深池。'殷曰：'咄咄逼人。'仲堪眇目故也。"意思是，殷仲堪部下一位参军坐在旁边，说道："盲人骑瞎马，夜半临深池。"殷仲堪有一只眼睛是瞎的，因此说参军咄咄逼人。

▶ 什么是不肖子孙？

不肖子孙中的"不肖"是不像、不贤的意思，指品德差，没出息。这个成语的意思是不能继承先辈事业的子孙或晚辈。这个成语最早的出处有两个地方，一个是庄子的《庄子·天地》："孝子不谀其亲，忠臣不谄其君，臣子之盛也。亲之所言而然，所行而善，则世俗谓之不肖子；君之所言而然，所行而善，则世俗谓之不肖臣。"意思是，孝子不奉承他的父母，忠臣不谄媚他的国君，这是大臣和人子最高的品德。父母说的都认为对，做的都认为好，这就是世俗所说的不肖之子；国君说的都认为对，做的都认为好，这就是世俗所说的不肖之臣。另一个是孟子的《孟子·万章上》："丹朱之不肖，舜之子亦不肖。"意思是，唐尧的儿子丹朱没有出息，虞舜的儿子也没有出息。后人据此总结出不肖子孙这个成语，有人写成"不孝子孙"是对这个成语的错误理解。

▶ 什么是破釜沉舟？

破釜沉舟的意思是把饭锅打破，把渡船凿沉；比喻不留退路，做事果决。这个成语最早出自《史记·项羽本纪》。秦朝末年，各地武装纷纷起义反抗秦朝暴政。公元前208年，秦将章邯镇压陈胜、吴广起义之后，又攻破邯郸，反秦武装赵王歇及张耳被迫退守在巨鹿。楚怀王派宋义和项羽带领二十万人马渡黄河去营救赵国以解巨鹿之围。楚军全部渡过漳河以后，项羽让士兵们饱饱地吃了一顿饭，再让每人带三天干粮，然后下达命令，“皆沉船，破釜甑”。意思是，把渡河的船（古代称舟）凿穿沉入河里，把做饭用的锅（古代称釜）砸个粉碎，把附近的房屋统统烧毁。项羽用这个办法来表示他有进无退、一定要夺取胜利的决心。经过九次激战，楚军最终大破秦军。后来，“皆沉船，破釜甑”演化为成语破釜沉舟，比喻拚死一战，决心很大。

▶ 什么是恬不知耻？

恬不知耻的意思是做了坏事满不在乎，不以为耻。这里的“恬”是安然、坦然的意思。这个成语最早出自唐代冯贽的《云仙杂记》卷八：“倪芳饮后，必有狂怪，恬然不耻。”意思是，倪芳喝了酒之后，一定会有癫狂怪异的姿态，他却满不在乎，不知道羞耻。宋代吕祖谦的《左氏博议·卫礼至为铭》中有“卫礼至行险，侥幸而取其国，恬不知耻，反勒其功于铭，以章示后”的句子。意思是，卫礼至冒险，侥幸攻占了人家的国都，取得了胜利，却不以为耻，反而刻碑记事，向后人宣扬他的功绩。

▶ 什么是首当其冲？

“冲”的本义为水流摇晃，而“首当其冲”的“冲”是交通要道的意思。这个成语比喻最先受到攻击或遭到灾难，最早为“当其冲”，出自《汉书·五行志》：“郑以小国摄乎晋、楚之间，重以强吴，郑当其冲，不能修德，将斗三国，以自危亡。”意思是，郑国是个小国，身处晋、楚、吴三个大国之间，处境十分困难，一旦国与国之间有冲突，首先要遭殃的就是郑国。“首当其冲”固定成形比较晚，最早见于《清史稿·兵志九》：“欧舰东来，粤东首当其冲。”意思是，欧洲的战舰向东而来，首先遭殃的就是粤东。有人望文生义，误解“冲”为“很快地朝某一个方向直闯”，这个成语是指“首先、最先应当做某事”，甚至理解为“第一个冲上去做某事”的意思，是错误的。

▶ 什么是瑕不掩瑜？

瑜指玉的光彩，比喻优点；瑕指玉上的斑点，比喻缺点。这个成语比喻优点遮盖不了缺点，出自《礼记·聘义》：“夫昔者君子比德于玉焉：温润而泽，仁也；缜密以栗，知也；廉而不刿，义也；垂之如队，礼也；叩之其声清越以长，其终诎然，乐也；瑕不掩瑜、瑜不掩瑕，忠也。”意思是，从前的君子喜欢用玉来比喻人的美德：玉的温厚而又润泽，就好比仁；缜密而又坚实，就好比智；有棱角而不伤人，就好比义；玉佩垂而下坠，就好比礼；轻轻一敲，玉声清脆悠扬，响到最后，又戛然而止，就好比动听的音乐；既不因其优点而掩盖其缺点，也不因其缺点而掩盖其优点，就好比人的忠诚。

▶ 什么是饮鸩止渴？

鸩是传说中的毒鸟，名叫鸩鸟，据说它的羽毛浸泡过的酒有剧毒，可以毒死人。饮鸩止渴指饮用鸩鸟的羽毛浸泡过的毒酒解渴，比喻用错误的办法来解决眼前的困难而不顾严重后果。这个成语最早出自南朝时范晔所著的《后汉书·霍谞传》。东汉时，有人在当时的权臣梁商面前诬告宋光篡改诏书而导致宋光下狱。宋光的外甥霍谞向梁商上书为舅父申冤，其中有一句："譬犹疗饥于附子，止渴于鸩毒，未入肠胃，已绝咽喉，岂可为哉！"意思是，犹如人在饥饿的时候，以毒草来充饥；而在口渴的时候，喝毒酒来解渴。这样的话，食物还没进到肠胃里，刚到咽喉人就已经断气了，怎么可能会有人这样做呢？梁商读了这封信，觉得霍谞说得很有道理，又听说他只有 15 岁，对他的胆识颇为欣赏。后来，梁商不仅重审此案，还亲自到皇帝那里为宋光辩白。案件终于真相大白，宋光也被无罪释放。从此以后，霍谞的名声传遍了整个洛阳城。

▶ 什么是天经地义？

经，指规范、原则；义，指正理。天经地义指天地间历久不变的常道；指绝对正确、不容改变的道理；也指理所当然的事。这个成语出自春秋时期左丘明所著的《左传》。书中记载公元前 520 年，周景王姬贵死后，周王室发生激烈的王位之争。在这种情况下，晋顷公召集各诸侯国的代表在黄父会盟，商讨如何平息争斗。参加商讨的有晋国的赵鞅、郑国的游吉、宋国的乐大心等。在会盟的过程中，游吉说："夫礼，天之经也，地之义也，民之行也。"意思是，礼是上天的规范，大地的准则，老百姓行动的依据。后来，晋国的大夫率领各诸侯国的军队，帮助周敬王恢复王位，结束了周王室的王位之争。

▶ 什么是竭泽而渔？

竭泽而渔的意思是排尽湖中或池中的水来捕鱼，比喻目光短浅，只顾眼前利益，不顾长远打算。这里的"渔"是捕鱼的意思。这个成语出自《吕氏春秋·义赏》。春秋时期，晋文公率军在城濮与楚国对峙。他问狐偃如何战胜强大的楚军，狐偃献计用欺骗的办法。他又问雍季如何处理，雍季说用欺骗的办法如同"竭泽而渔，岂不获得，而来年无鱼；焚薮（sǒu）而田，岂不获得，而来年无兽。诈伪之道，虽今偷可，后将无复，非长术也”。意思是，使河流干涸而捕鱼，不会没有收获，但第二年就没有鱼了；烧毁树林来打猎，不会没有收获，但第二年就没有野兽了。用欺骗和作假的方法，虽然如今有用，以后却不会再有第二次了，这不是长久之计。虽然晋文公用狐偃的计策打败了楚军，但在论功行赏时雍季却在狐偃之上。晋文公说：“我们怎么能认为一时之利要比百年大计重要呢？”这就是竭泽而渔这个成语的来历。

▶ 什么是刎颈之交？

刎颈，指用刀子割脖子。刎颈之交是指可以同生死、共患难的朋友。这个成语出自《史记·廉颇蔺相如列传》。战国时期，赵国的廉颇因为对蔺相如官位在自己之上而不满，多次冒犯，后来被蔺相如的胸襟所感动，脱去上衣，露出上身，背着荆鞭，由宾客引领，来到蔺相如的门前请罪，他说：“我这个粗野卑贱的人，想不到将军的胸怀如此宽大啊！”于是二人“卒相与欢，为刎颈之交”。意思是，二人终于和好，成了生死与共的好友。这就是刎颈之交的来源。

▶ 什么是怒发冲冠？

怒发冲冠的原意是愤怒得头发直竖，顶着帽子；形容极端愤怒。这个成语最早出自战国时期思想家庄子的《庄子·盗跖》：“盗跖闻之大怒，目如明星，发上指冠。”意思是，盗跖听说孔子求见勃然大怒，双目圆睁亮如明星，头发怒起直冲帽顶。《史记》中记载，战国时期赵国的蔺相如奉赵王的命令带着和氏璧出使秦国，在秦国的大殿上，因为秦王无礼，于是从秦王手中要回和氏璧，“因持璧却立倚柱，怒发上冲冠”。意思是，把璧拿到手后，马上退后几步，靠近柱子站住。他极度愤怒，头发直竖，顶起帽子，怒斥秦王，并最终粉碎了秦王的图谋。后人据此总结出怒发冲冠这个成语。

▶ 什么是虚左以待？

虚左以待的意思是留出左边的位置给对方，表示对对方的尊敬，因为古时候以左为尊位。有人把它写成“虚座而待”，这是不正确的。“虚左”的典故，最早见于《史记·魏公子列传》。魏国有位隐士叫侯嬴，已经70岁了，家境贫寒，是大梁城东门的看门人。魏公子听说了这个人，就派人去拜见，并想送给他一份厚礼。侯嬴不肯接受，说：“我几十年来修养品德，坚持操守，不能因我看门贫困的缘故而接受公子的财礼。”魏公子于是大摆酒席，宴饮宾客。大家来齐坐定之后，“公子从车骑，虚左，自迎夷门侯生”。意思是，魏公子就带着车马以及随从人员，空出车子左边的位置，亲自到东城门去迎接侯先生。明代小说家冯梦龙在《东周列国志》第九十四回中写道："诸贵客见公子亲往迎客，虚左以待，正不知甚处有名的处士，何方大国的使臣，俱办下一片敬心侍候。"这应该是这个成语固定成形的最早用法。

▶ 什么是罄竹难书？

罄，指用尽、用完；竹，指竹子。古人用竹子制成竹简来写字。罄竹难书的原意是用尽南山的竹子做竹简，都写不完；形容事实极多，难以写完，多指罪恶。这个成语出自《旧唐书·李密传》。书中记载，隋炀帝杨广因统治残暴，导致天下大乱，群雄割据，农民起义不断。其中，瓦岗农民义军首领之一的李密，在领兵逼近洛阳时，布告天下，历数隋炀帝的十大罪状，号召海内群起而攻之。布告中有这样四句话："罄南山之竹，书罪未穷；决东海之波，流恶难尽。"意思是，用完了南山的竹子，也书写不尽隋炀帝的罪过；放出东海的海水，也洗不清隋朝残暴统治的罪恶。后人据此总结出罄竹难书这个成语。

▶ 什么是数典忘祖？

数典忘祖比喻忘本，也比喻对于本国历史的无知。后来，人们用数典忘祖泛指忘掉自己本来的情况或事物的本源。这个成语出自《左传·昭公十五年》。公元前 527 年，晋大夫籍谈出使周王室。宴席间，周景王问籍谈，晋国怎么没有贡物？籍谈答道，晋国从未受过周王室的赏赐，所以没有贡物。周景王就列举周王室赐晋国器物的旧典，并责问籍谈，身为晋国司典的后代，怎么能忘了祖先的职守呢？"籍谈不能对。宾出，王曰：'籍父其无后乎，数典而忘其祖。'"意思是，籍谈无话可说。籍谈离开后，周景王对众大臣说："我看像籍谈这样忘本的人，其后代子孙应该不会有什么出息吧！这个人只会列举一堆典故来评论事情，反而将自己祖先掌管的典籍中记载的事情忘了！"后人由此提炼出数典忘祖这个成语。

▶ 什么是贻笑大方？

贻笑大方的意思是让内行笑话，给懂行的人留下笑柄。有人将它误写为"遗笑大方"，是因为没有理解"遗"和"贻"二字的含义。这两个字都有"留下"的意思，但使用时有所不同：表示"死人留下"用"遗"，表示一般留下用"贻"。"大方"，原指懂得大道理的人，后泛指见识广博或有专长的人。这个成语出自《庄子·秋水》："今我睹子之难穷也，吾非至于子之门，则殆矣。吾长见笑于大方之家。"意思是，如今我看见您是这样的广阔无边，我如果不是来到您的面前，那就危险了，我将永远地被懂得大道理的人耻笑。后人据此总结出贻笑大方这个成语。

▶ 什么是鬼蜮伎俩？

鬼蜮伎俩比喻用心险恶，暗中伤人的各种卑劣手段。有人把“蜮”误写成“域”，是因为没有理解“鬼蜮”的意思。在神话传说中，蜮又名射影，是一种在水里暗中害人的怪物，口含沙粒射人或射人的影子，被射中的地方就会生疮，被射中影子的也会生病。鬼和蜮都是暗中害人的精怪。后人以“鬼蜮”比喻用心险恶、暗中伤人的小人。伎俩是各种花招和手段。这个成语出自《诗经·小雅·何人斯》中的“为鬼为蜮，则不可得”。意思是，如果你是暗中害人的精怪，那么咱们此生不可再相见。后人据此总结出鬼蜮伎俩这个成语。

▶ 什么是偃旗息鼓？

偃旗息鼓的意思是放倒军旗，停止击鼓；指秘密行军，不暴露目标；现多指休战或停止批评、攻击等。偃旗是放倒军旗的意思。有人把偃旗写成“掩旗”，是错误的。这个成语出自《三国志·蜀书·赵云传》。三国时期，曹操亲率大军向阳平关进攻。蜀将赵云让黄忠去劫取曹军粮草，但谨慎起见，临行前赵云与黄忠约定时间后才让黄忠出征。黄忠过期不归，赵云带兵出军营接应，恰好与曹操亲自统率的部队相遇。赵云同曹军厮杀起来，且战且退。曹操指挥大队人马追杀赵云，直扑蜀营。赵云的副将张翼见赵云已退回军营，后面追兵来势凶猛，便要关闭军营大门防守。“云入营，更大开门，偃旗息鼓，公军疑云有伏兵，引去。”意思是，赵云下令打开营门，偃旗息鼓，又命令弓弩手埋伏在军营内外等候敌人。生性多疑的曹操怀疑赵云有伏兵，即匆忙下令撤退。

▶ 什么是吹毛求疵？

吹毛求疵的意思是吹开皮上的毛寻找疤痕，比喻故意挑剔别人的缺点，寻找差错。“疵”的本义是小毛病。这个成语出自战国时期的《韩非子》一书。韩非是战国时韩国的宗室公子，是当时先秦诸子学派里的一位重要的法家代表人物，主张君王治理国家须结合“法、术、势”三者。《韩非子·大体》指出识大体的人，不会被自己的一点小聪明迷惑，也不会为追求私利而操心劳神。韩非认为法治精神是重要的，古时能执守大体的君王，用严明的法律来治理国家，用分明的赏罚制度来惩恶扬善，用客观的标准来衡量事物的轻重大小。书中有“不吹毛而求小疵，不洗垢而察难知”的句子。意思是，不要吹开皮上的毛发去寻找其中的小疤痕，不要洗掉污垢去仔细观察难以知晓的毛病。后来，原文中的“吹毛而求小疵”，演变成吹毛求疵这个成语。

▶ 什么是针砭时弊？

针，指用针刺，运用针刺治病的医术称为针；砭，指用石片刮，运用砭石治病的医术称为砭。针、砭分别是中医的六大疗法之一。针砭比喻发现或指出错误，以求改正。针砭时弊的意思是指出时代和社会的问题和错误，劝人改正，出自南朝范晔所著的《后汉书》："针砭时弊，月旦社会。"这里的"月旦"又叫"月旦评"，是东汉末年由汝南郡人许劭兄弟主持对当代人物或诗文字画等品评、褒贬的一项活动，常在每月初一发表，故称"月旦评"或者"月旦品"。针砭时弊原指品评人物，现在常用于文雅地说长论短。有人将"针砭"写成"针贬"，是错误的。

▶ 什么是鹊巢鸠占？

鹊巢鸠占也作"鸠占鹊巢"，指强占别人的房屋、土地、产业等。鹊巢鸠占出自《诗经·召南·鹊巢》："维鹊有巢，维鸠居之。之子于归，百两御之。"意思是，喜鹊筑成巢，鸤鸠来住它。这人要出嫁，车队来迎她。鸤鸠是一种鸟，不会筑巢，经常强占喜鹊的窠巢。关于这首诗的创作背景争议较大，归纳起来大致有三种：（1）鹊喻新郎，鸠喻新娘，这是一首描写喜庆婚礼的诗；（2）鹊喻弃妇，鸠喻新妇，这是一首弃妇诗；（3）鹊与鸠并无明确所指，只是自然界的两种鸟，且此诗的叙述者是与婚礼无关的第三人。这首诗也可能只是一个与婚礼毫无关系的路人所作。无论哪种说法，有一点不难看出，即这个成语最初的意思指女子出嫁，定居于夫家；后来比喻强占别人的住处。

▶ 什么是叹为观止？

人们用叹为观止来赞叹所见的事物尽善尽美，好到了极点。这个成语出自《左传·襄公二十九年》，其中记载了这样一个故事。公元前544年，吴国的国相季札为了实现自己罢兵安民的理想，结交中原诸侯。他来到鲁国，表达了吴国愿与鲁国世代友好的想法。鲁国很高兴，设宴款待季札，并把宫廷歌舞团的拿手节目表演给他看。季札对舞乐有一定的造诣，精通当时的各种高雅音乐，他一边观赏，一边十分内行地予以品评，指出精彩之处以及具有鲁国特色的地方。主宾双方坦诚友好，气氛热烈而欢快。这时，舞台上演出有名的舜乐，季札一看，知道这一定是最后一个节目了。于是，他在节目演完后马上道谢说："观止矣！若有他乐，吾不敢请已。"意思是，演得好极了，十分感谢贵国的盛情，我看咱们就到此为止吧。鲁国人听后觉得季札特别了不起，他居然能判断出这是最后一个节目。

▶ 什么是病入膏肓？

病入膏肓指病已危重到无法救治的地步；形容病情十分严重，无法医治；

比喻事情到了无法挽救的地步。古人把心尖脂肪叫“膏”，心脏与膈膜之间叫“肓”。这个成语出自《左传・成公十年》中的一个故事。晋景公梦见被厉鬼缠身，醒来之后，召见桑田的巫师。晋景公说：“怎么样？”巫师说：“大王吃不到新收的麦子了！”晋景公病重，到秦国请医生。秦桓公派医缓给晋景公看病。医缓还没有到达，晋景公又梦见疾病变成两个儿童，一个说：“他是个好医生，恐怕会伤害我们，往哪儿逃好？”另一个说：“我们待在肓的上面，膏的下面，看他拿我们怎么办？”医缓来了，说：“大王的病治不好了。病在肓的上面，膏的下面，灸不能用，针达不到，药物的力量也到达不了。”晋景公说：“真是好医生啊。”于是赠送给他丰厚的礼物让他回去。不久，晋景公病死了。后人根据这个故事总结出病入膏肓这个成语。

▶ 什么是大相径庭？

大相径庭中的“径”指门外的路，“庭”指门院里的地；径庭形容相差很远。大相径庭的意思是两者大不相同，相差很远甚至完全相反。这个成语来自《庄子》的第一篇《逍遥游》。春秋时期，楚国有个狂士叫接舆，他对肩吾说北海有一座姑射仙山，山上的神仙可以让天下五谷丰登。肩吾认为接舆在吹牛，就去向连叔请教。“吾闻言于接舆，大而无当，往而不反。吾惊怖其言。犹河汉而无极也；大有径庭，不近人情焉。”意思是，我从接舆那里听到的话，不着边际，一说下去就回不到原来的话题上。他的话让我十分惊讶，就好像天上的银河没有边际，跟一般人的言论差异甚远，实在是太不近情理了。连叔沉思了一会儿，对肩吾说，接舆的话不一定是没有道理的。后人由此总结出大相径庭这个成语。

▶ 什么是老骥伏枥？

老骥伏枥的意思是衰老的骏马即使卧在马槽旁，心也向往着奔驰千里；比喻人虽然年老，但仍怀有雄心壮志。这个成语来自曹操的《龟虽寿》。曹操是东汉末年的枭雄，曾担任汉献帝的丞相。他采取“挟天子以令诸侯”的办法，先后灭了吕布、袁术、袁绍、刘表等地方军阀，逐步控制了北方的大部分地区。为了彻底消灭袁绍的残余势力，使东北地区的边境得到安宁，曹操在 207 年亲自统率大军征讨乌桓。经过几次激烈的战斗，曹操终于打败了乌桓。在凯旋的途中，曹操有感而发，写了一首气势豪迈的诗，这就是《步出夏门行》的第四篇《龟虽寿》。诗中有一句，“老骥伏枥，志在千里；烈士暮年，壮心不已”。意思是，曾经驰骋战场的骏马，虽然年老体衰，卧在马槽旁，但它的心仍想一日千里地飞奔；胸怀远大理想的战士，虽然已到垂暮之年，只要生命不息，他那颗奋勇拼搏的心就一刻也不停止。

▶ 什么是望帝啼鹃？

望帝啼鹃的意思是望帝死后魂魄化为杜鹃，啼声凄切；泛指悲哀凄惨地啼哭。这个成语出自汉代李膺的《蜀志》。

从前，川蜀地区有个叫杜宇的国王，被称为望帝。他十分爱护百姓，亲自教导百姓种植庄稼，每年都叮嘱百姓要遵循农时，搞好生产。

那时，川蜀地区经常闹水灾。望帝想尽办法也无法从根本上解决水患问题。据说有一天，发生了一件奇怪的事，河里居然从下游逆流漂来一具男尸。漂在河里的任何东西都只会顺流而下，为什么这具男尸会逆流而上呢？更神奇的是，有人把这具男尸打捞上来之后，男尸居然复活了。原来，这是一个叫鳖灵的人，他不仅很有见识，而且善于治水。望帝任用他为宰相，他很快就带领人民打通了巫山，使水流从川蜀流入长江。这样就使水患得到了解决。望帝觉得鳖灵是一个值得托付的人，便将王位禅让给了他。不久之后，望帝就辞世了。

由于望帝一直都牵挂着自己国家的百姓，所以据说他死后变成了杜鹃鸟，每到清明、谷雨、立夏、小满，就飞到田间一声声地鸣叫，提醒大家不误农时。后人据此引申出望帝啼鹃这个成语。

▶ 什么是十八般武艺？

明朝谢肇淛（zhè）在《五杂俎》中对“十八般武艺”的具体内容做了记述：“一弓、二弩、三枪、四刀、五剑、六矛、七盾、八斧、九钺、十戟、十一鞭、十二简、十三挝、十四殳、十五叉、十六耙头、十七绵绳套索、十八白打。”前十七种都是兵器的名称，第十八种名为“白打”，就是“徒手拳术”。

而《水浒传》写到的“十八般武艺”是：矛、锤、弓、弩、铳、鞭、锏、剑、链、挝、斧、钺、戈、戟、牌、棒、枪、杈。

此外，还有说法称十八般武艺为九长九短：九长是枪、戟、棍、钺、叉、镋、钩、槊、环；九短是刀、剑、拐、斧、鞭、锏、棒、椎、杵。另有一说是：刀、枪、剑、戟、棍、棒、槊、镋、斧、钺、铲、钯、鞭、锏、锤、叉、戈、矛。

总的来说，“十八般武艺”指的是使用刀、枪、剑、戟等十八种古代兵器的武艺，泛指各种技能。

▶ 什么是门当户对？

门，指设置于整个建筑物出入口的大门；户，指建筑物内部堂、室、房之间的单扇门。

门当，指大门左右两侧相对放置的一对扁圆形的石墩或石鼓；户对，指位于门楣上方或两侧的圆柱形木雕或砖雕，通常为两个（一对）或者四个（两对），总之一定是双数的，所以称之为“户对”。

根据建筑学上的和谐美学原理，大门前有门当的宅第，内部必有户对，所以门当、户对常常被连在一起提及。此外，因为门当和户对上往往雕刻有适合主人身份的图案，而且门当的大小、户对的多少又标志着宅第主人家财势的大小，所以门当和户对除了有镇宅装饰的作用，同时还彰显了宅第主人的身份、地位和家境。后来，门当户对指男女双方家庭的社会地位和经济状况相当，结亲很合适。

▶ 什么是不食周粟？

商朝末年，有一个叫孤竹国的小国家。当时的国君有两个儿子，老大叫伯夷，老二叫叔齐。国君临死之前让叔齐继承王位，但是叔齐觉得王位理当由长子来继承，所以不愿继位。伯夷为了让弟弟遵从父亲的旨意，便偷偷逃离了王宫。没想到叔齐追随哥哥，也离开了王宫。他们原本听到西方的周伯昌（周文王姬昌）有贤名，想去投奔他，谁知姬昌竟去世了，他的儿子姬发（周武王），正要誓师向东进发，去讨伐商纣王。伯夷和叔齐认为姬发不好好服丧是不孝，讨伐君王是不忠。最终，姬发灭掉商朝，建立了周朝。伯夷和叔齐耻于做周朝的臣民，也不再吃周朝的粮食，从此躲进首阳山，天天采摘山上的野菜和野果吃，最后饿死在山里。

人们觉得伯夷和叔齐为了坚持自己的原则和立场，宁愿饿死也不吃周朝的粮食，这种气节非常高尚。后来，人们用不食周粟形容坚守节操、忠贞不贰。

▶ 什么是太公钓鱼，愿者上钩？

太公，指周初开国大臣，姓姜，名尚，字子牙。太公钓鱼，愿意上钩比喻心甘情愿地上钩，自愿上当。商朝末年，商纣王无道，周部落崛起，首领姬昌（后来的周文王）民心所向，贤能之士纷纷投奔他。其领地内的陕西渭水边，有位年近八十却怀才不遇的有识之士，大家都称他为姜太公。据说，他为了获得姬昌的关注，每天拿着一根拉直了鱼钩的钓竿在河边钓鱼，鱼钩既不挂鱼饵也不接触水面，而是悬在水面之上三尺。他一边钓鱼，一边念念有词：“鱼儿呀鱼儿，你们愿意的话，就自己上钩吧！”

有人好心劝他说：“太公啊，你钓鱼的方法错了。鱼钩要用弯的，并且要沉到水里去才行。像你这样钓，一百年也钓不到一条鱼！”姜太公举了举钓竿，笑着说：“没有关系，我钓的是王与侯啊！”

姬昌听说了这件事，就派手下去请姜太公，而姜太公只顾钓鱼，完全不理睬他，还自言自语地说：“大鱼不上钩，小虾别胡闹。”

于是，姬昌沐浴更衣，亲自前往渭水边去请姜太公。两人席地而坐，进行了一番深入的交谈。姬昌确信姜太公是可以辅佐他夺取天下的杰出人才，当场就拜他为太师。

▶ 什么是苌弘化碧？

苌弘是春秋时周敬王的大臣刘文公手下的大夫，一生忠君爱国，不卑不亢。刘氏与晋国范氏世代通婚，在晋卿内讧中（公元前490年，赵氏击败范氏和中行氏），苌弘曾帮助过范氏，晋卿赵鞅为此声讨他，明确指出要周敬王惩治苌弘，而周敬王认为苌弘是辅佐自己的功臣，不肯惩处他。于是赵鞅便派大夫叔向出使周王室，用阴谋诡计离间周敬王和苌弘的君臣关系，诬陷苌弘暗中叛国。周敬王顾念旧情，没有诛杀苌弘，但是把他放逐到千里之外的蜀地。

苌弘有口难辩，悲愤交加，不久之后死在了蜀地。苌弘的死引起了蜀地官民的怜惜和同情。他们把苌弘的血用玉匣子盛起来埋葬，并立碑纪念。三年后，掘土迁葬，人们打开玉匣一看，苌弘的血已化成了晶莹剔透的碧玉。

后来，人们用苌弘化碧形容刚直忠正的品格，以及忠义志士蒙冤而死。

▶ 什么是囫囵吞枣？

囫囵吞枣的意思是把整颗枣子吞咽下去，比喻不加分析思考地笼统接受，不求理解消化。囫囵吞枣的故事讲的是，古时候，有个自作聪明的人向一位老中医请教吃水果的利弊。老中医说："水果各不相同，它们对身体的作用也各不相同，各有利弊。比如，吃梨对牙齿有好处，还能润肺清火，但是吃多了会损伤脾胃；又比如，吃枣子对脾脏很好，有滋补的作用，但是吃多了会损伤牙齿……所以不管吃什么都要适量。"

这个自作聪明的人眼珠子一转，得意地说："我有办法避开水果的坏处，只得到水果的益处。"老中医吃惊地说："哦？快说来听听。"这人便说："吃不同的水果可以采用不同的方法。比如，吃梨对牙齿好，但是伤脾胃，那就只嚼不咽，嚼成渣了直接吐掉；又比如，吃枣子对牙齿不好，但是对脾脏有滋补作用，那就不要用牙齿嚼，直接把一整颗枣子吞进肚子。"

老中医听了，忍不住笑道："吃梨子只嚼不咽倒还可以做到，但是囫囵吞枣却有点难，而且这样吃也品尝不到枣子的滋味啊！"

▶ 什么是画龙点睛？

在南北朝时期的梁朝，有一位著名的画家叫张僧繇（yóu），他的画特别传神，可以以假乱真。

当时的梁武帝信奉佛教，特意命张僧繇去金陵安乐寺的墙上画四条金龙，他仅用三天就画好了。这四条龙栩栩如生、惟妙惟肖，围观者赞不绝口。但是这些龙都没有被画上眼睛。于是有人问张僧繇是不是疏忽了，张僧繇回答说：

“我是不敢画上龙的眼睛，如果画上眼睛，龙就会驾云而去。”大家听了都哈哈大笑，以为他在开玩笑。寺院的住持也说：“还是请您赶紧把龙的眼睛画上吧，没有眼睛的龙实在是不像话啊！”

张僧繇只好提起画笔，为墙壁上的龙画上眼睛。据说，刚画完两条龙的眼睛，就见天空中顷刻间乌云密布，狂风四起，紧接着一阵电闪雷鸣，那两条龙张牙舞爪地破墙而出，转眼就腾空飞走了。这下住持急忙请求张僧繇不要再给另外两条龙画眼睛了。

后来，人们用画龙点睛比喻说话、做事、写文章在关键处用一两句精彩的话点明要旨，使内容更加生动传神。

▶ 什么是孟母三迁？

孟母三迁指孟子的母亲为选择良好的环境教育孩子，三次迁居，用以称颂贤母善于教子。孟子幼年丧父，全靠母亲织布来维持生活。他家起初居住在墓地附近，每隔几天，就会有送葬的队伍抬着棺材、吹着唢呐经过他家门口。孟子是一个模仿能力很强的聪明孩子，他耳濡目染，时不时就会模仿抬棺材和吹唢呐的样子，引得一群孩子都跟着他一起玩送葬的游戏。孟母看见之后，觉得长此以往对孩子的影响不好，于是搬家到城里去了。

他们新家附近有个屠宰场，每天杀猪时都会传来猪的哀嚎，孟子经常好奇地跑去观看屠夫杀猪，有时还会帮忙打下手，根本无心学习。孟母非常重视对孟子的教育，见到这样的情形，二话不说又搬家了。

这一次，孟母选择在一个学堂附近安家。孟子每天听到学堂里朗朗的读书声，便时常跑到学堂外面，摇头晃脑地跟着学生们一起读书，有时看到学生们向老师弯腰作揖，也学着他们的样子向长辈们行礼。从那以后，孟子越来越好学，越来越懂礼貌，最后成了与孔子齐名的“亚圣”。这就是环境对人造成的影响。

▶ 什么是狗尾续貂？

狗尾续貂的故事记载于唐代房玄龄的《晋书·赵王伦传》中。西晋初年，晋武帝司马炎兼并了魏、蜀、吴三国，建立了统一的晋朝以后，把家族子弟分封到各地为王，诸王互相争权夺利，造成了严重的内乱。

晋武帝的叔叔司马伦被封为赵王，他是个野心家。在武帝去世后不久，他就发动政变，废掉没有实权的皇帝，自己称帝。为了笼络朝臣，扩大自己的势力范围，司马伦大封文武百官，不仅把他的亲戚和同党都升为公侯，就连奴仆、小卒也滥加封赏。当时朝廷高级官员的官服都是统一样式的，要在帽子上插貂尾作装饰。由于司马伦大肆封官赐爵，所以一时间貂尾不够用，只好用狗尾来代替。于是当时的人就编了一句民谣，

“貂不足，狗尾续”，以此讽刺朝廷。

后来，人们用狗尾续貂比喻用次品接续在珍品之后，多用于形容续写的文学作品不如原来的好。

▶ 什么是二桃杀三士？

二桃杀三士的意思是用两个桃子杀掉了三位勇士，比喻用计谋杀人。

春秋时期，齐景公手下有三位勇士，分别叫公孙接、田开疆、古冶子，都曾经立过大功，但也因此居功自傲，不把君王放在眼里。齐景公想除掉这三个人，却找不到可以制服他们的人。于是，他的相国晏子给他出了个主意。晏子请齐景公赏赐这三个人两个桃子，让他们相互比较一下自己曾经立过的功劳，功劳较大的两位可以得到这两个桃子。公孙接先拿了一个桃子，觉得自己的功劳无论如何都足够得到一个桃子。性格比较急躁的田开疆不甘示弱，觉得自己的功劳也不小，于是伸手拿走了另一个桃子。古冶子一看，心想：难道只有我不配得到桃子吗？于是拔出剑来，指着公孙接和田开疆历数自己的功劳，并说：“我的功劳难道不比你俩都大吗？”公孙接和田开疆听后羞愧得无地自容，都放下桃子自杀了。古冶子看到这种情形，觉得自己不仁不义，没有脸面独自活着，结果也自杀了。

晏子就这样用两个桃子杀掉了三位勇士，消除了齐景公的心头大患。

▶ 什么是熟能生巧？

熟能生巧的意思是熟练了就能产生巧办法，或找出窍门。据说，在北宋时，有个名叫陈康肃的人箭术高超，他对此非常骄傲。有一天，陈康肃带着徒弟在院子里练习射箭，恰好有一位卖油的老人路过。他停下来歇脚，顺便看他们射箭，只见陈康肃弯弓搭箭，一连射出十支箭，箭箭正中靶心。徒弟们在一旁拍手叫好，但是那位老人却没什么表示。陈康肃见了，感到不高兴，于是走过去问道：“你不觉得我射箭很厉害吗？”老人说：“我觉得你射箭就跟我倒油差不多啊。”一边说一边开始演示起来。只见他拿出一个葫芦放在地上，在葫芦口上面放了一枚有孔的铜钱，之后舀了一勺油，从铜钱的上方缓缓倒下去，那油如同一条细细的黄线，笔直地穿过钱孔流到葫芦里。倒完之后，一滴油都没沾到铜钱。

陈康肃和徒弟们看得目瞪口呆，纷纷表示太佩服了。老人说：“其实这没什么，就跟你射箭一样，不过是练得多了，熟能生巧罢了。”陈康肃听了，感到非常惭愧。从此以后，他更加努力地练习射箭，再也不骄傲了。

▶ 什么是郑人买履？

战国时，一个郑国人想去集市为自己买一双新鞋。出门之前，这个人找来一小段绳子，用它先量好自己脚的长短，然后高高兴兴地前往集市。

他来到集市后，直奔卖鞋的店铺。当他让掌柜拿鞋出来看时，忽然发现自己忘了带量好的绳子，于是对掌柜说："哎呀，我量好脚的长短却忘了带标记尺寸的绳子了，我要回去取绳子。"掌柜说："你是给自己买鞋吗？那又何必量尺寸呢？我这就给你拿双鞋来试一试，不就知道是否合脚了吗？"

但是这个郑国人说："那怎么行呢？量好的尺码才可靠，按照尺码买才能买对鞋。"于是他急急忙忙跑回家去拿绳子，可是天色已晚，等他拿好绳子返回集市，卖鞋的店铺已经打烊了，他最终没能买成鞋子。

后来，人们用郑人买履讥讽墨守成规而不重视实际状况的人。

▶ 什么是胡服骑射？

胡服骑射原指学胡人的服饰装束，学习他们骑马射箭的技艺；后比喻政治文化的改革措施。战国时期，赵武灵王想要发愤图强，改革军事，增强国力。为了方便骑射，他决定让大家都仿照胡人的衣着，穿短衣窄袖的胡服，并且自己率先穿胡服上朝。守旧的朝臣们吓了一大跳，纷纷表示反对。赵武灵王的叔父赵成带头反对，他是赵国很有影响力的老臣，因循守旧，十分顽固。于是赵武灵王就重点做他的工作，用了各种方法，最后终于说服了他。朝臣们看到赵成也穿着胡服来上朝，无话可说，只好顺应形势，全部改穿胡服了。

随后，赵武灵王号令兵士学习骑马射箭，加强军事训练。赵国从此兴盛强大起来，成为当时的"七雄"之一。

▶ 什么是商鞅徙木？

商鞅为了推行变法，首先要树立威信，取信于民。于是，商鞅命人在咸阳城的南门竖立了一根三丈长的木头，说只要有人把这根木头搬到北门，就赏金10两，但是老百姓不相信，没有人去搬这根木头。商鞅把赏金加到50两，还是没有人去。过了几天，有位少年站出来，打算尝试一下。在众人的围观下，少年扛起木头，把它从南门搬到了北门。商鞅二话不说，当即就在众目睽睽之下给了那少年50两的赏金。这件事很快就一传十，十传百，大家都知道了商鞅是一个讲信用的人。

商鞅在取得民众的信任之后，很快就颁布了新法。通过商鞅变法，秦国迅速走上了富强之路，为秦国最后消灭其他六国、统一全国奠定了基础。

▶ 什么是缇萦救父？

汉文帝时期，齐国太仓令淳于意犯了罪，根据刑律要被处以肉刑。肉刑是一种非常残酷的刑罚，包括黥（刺面）、劓（割鼻）、刖（断足）。淳于意有个女儿叫缇萦，她为了救父亲，就给汉文帝上书说：“我的父亲在齐国担任官吏，齐地的人都称赞他清廉公正，如今犯法获罪受刑。受刑而死的人不能复生，而受过肉刑的人不能再长出新的肢体，他们即使想改过自新，也做不到了。我对此感到非常悲痛。我愿意去做官府中的奴仆，以此来为父亲赎罪，使父亲能改过自新。”汉文帝看到缇萦的上书，很感慨，也觉得她讲得很有道理，于是采纳了她的意见，废除了肉刑。缇萦上书救父的孝行被载入史册，流传至今，成为孝道的典范。

▶ 什么是李广射虎？

李广是汉朝大将，特别擅长骑射。祖辈精通箭术，所以他自幼练就了非常过硬的射箭本领。他在担任右北平郡太守的时候，当地常有老虎出没，为害一方。有一天，李广狩猎回来，路过虎头石村，当时天色已晚，他忽然看到前方草丛中好像趴着一只老虎。李广急忙拉弓射箭，只听“嗖”的一声，正中猎物。当他上前查看时，却发现他射中的不是老虎，而是一块形状像老虎的大石头，而他那支箭已经深深地扎入巨石中。他的随从都围了过来，一边观看一边赞叹不已。

这件事很快就流传开来，老百姓和军中的将士们对他更加敬佩；而一直对中原虎视眈眈的匈奴人则闻风丧胆，多年不敢入侵中原。

▶ 什么是苏武牧羊？

苏武在汉武帝时奉命出使匈奴，结果被扣留在那里。匈奴的单于派被匈奴封为丁灵王的汉朝叛使卫律来劝苏武投降。卫律以自己为例，用富贵和权势来引诱苏武归降匈奴，没想到反而被苏武怒斥一番。

单于十分钦佩苏武的气节，更加想要招降他，于是把他囚禁在一个大地窖里，不给他饮食。苏武只得嚼雪止渴，撕下毡毛充饥。后来，单于又让苏武去北海（现在的贝加尔湖）荒无人烟的地方，逼迫他在那里放羊。苏武到了北海，没吃没喝，只能挖掘野鼠洞中的草籽充饥，但是他始终不曾变节。

一直到汉昭帝即位后，苏武才被接回长安，并得到了封赏。

▶ 什么是昭君出塞？

汉元帝时，为了充实后宫，全国各地都有女子被征入宫中。因为人数众多，皇帝无法逐一见面，只能让宫廷画师给女子画像，然后拿给他看。其中有个叫王昭君的女子因为没有贿赂画师，所以被画得很平庸。她的画像因此被皇帝忽略，而她本人也从此被遗忘在后宫。

公元前 33 年，匈奴单于呼韩邪来长安请求和亲，汉元帝同意了，并决定挑选一个宫女赐给呼韩邪。王昭君为了避免无声无息地老死宫中，便自请去匈奴和亲。出发之前，汉元帝召见了王昭君，没想到她竟然是一位倾国倾城的美女。汉元帝顿时心生不舍，但这时也没有办法反悔了。他很奇怪，为何宫中有这样的美女自己却不知道呢？经过一番调查，原来是宫廷画师贪财渎职，从中作梗。汉元帝极为恼怒，严惩了那个使坏的画师。

而王昭君则离开了长安，跟随呼韩邪单于千里迢迢地来到匈奴。她慢慢地习惯了匈奴的生活，和匈奴人相处得很好，并把中原的文化传播给匈奴。

王昭君死后葬在大青山，匈奴人为她修了坟墓，并把她奉为神明。

▶ 什么是大树将军？

西汉末年，政权被王莽窃取。人们奋起反抗王莽的暴政，刘秀起兵攻打王莽。冯异原是郡掾（yuàn）监督，后来与苗萌投靠刘秀。刘秀拜冯异为偏将军，封为应侯。

冯异作战勇敢，常常身先士卒，而且善用谋略，治军也十分严明，为东汉的建立做出了很大贡献。冯异深得汉光武帝刘秀的信任。曾有人说冯异想做“关中王”，就连冯异本人听到这样的流言都非常不安，但汉光武帝对这些流言毫不在意，让冯异把家眷一同带回关中，表达了对冯异的极大信任。冯异为人谦和，从不居功自傲。每次战斗胜利后，其他将领为了争功闹得不可开交，冯异却总是独自站在树下，从不参与争功，也因此得到了“大树将军”的美名。

▶ 什么是火烧赤壁？

三国时期，曹操平定北方以后，于建安十三年（208 年）秋天率领大军南下。当时能与曹操对抗的，只有长江一带的孙权和湖北一带的刘备。面对曹操大军，孙权联合刘备合力抗曹。曹操军中大多是不识水性的北方人，又因水土不服而病倒了不少，双方交战后，曹操败退至江北。

随后周瑜与刘备军在南岸设营，双方对峙。曹操军队驻扎在赤壁，他们用铁索把战船锁在一起，这样船在水上就能更平稳，以便于北方士兵在船上行走。在得知这个情况后，周瑜部将黄盖建议用火攻。于是周瑜命令黄盖诈降，带了十艘装满柴草并灌了油的战船，向曹军驶去。接近曹军时，十艘船同时被点燃，火船乘风向曹军的战船驶去，曹军战船锁在一起，顿时烧成了火海。曹军元气大伤，不得已只好撤军退回北方去了。

▶ 什么是白衣渡江？

“白衣渡江”是三国时期东吴吕蒙袭击荆州的一场著名的军事行动。因为在渡江的过程中，吕蒙把所有的战船都改装为商船，命令一批精锐的士兵躲在船舱里，让船上摇橹的士兵扮作商人，穿着商人穿的白色衣服，所以这次军事行动被称为“白衣渡江”。

当时关羽正率军北伐，不在荆州。吕蒙成功渡江后，荆州的南郡守将傅士仁、糜芳先后投降。吕蒙进驻南郡，安抚关羽手下的士卒家属，并与陆逊配合，切断关羽的归路，将他擒获。

此战东吴成功占领了荆州的南郡、武陵、零陵三郡，孙权和刘备之间的联盟关系也因此被打破，并引发了之后的夷陵之战。

▶ 什么是大意失荆州？

三国时期，刘备派关羽镇守荆州，因为荆州具有非常重要的战略意义。荆州原本就名士众多，再加上当时有很多人才为了躲避战乱纷纷来到荆州，所以荆州是人才聚集之地。此外，荆州的物产也非常丰富。所以，荆州是各方势力都十分垂涎的地方。

东吴的孙权想要趁关羽出兵攻打曹操的襄樊地区时，派吕蒙夺取荆州。谁知关羽对吕蒙早有戒备，留下重兵防守，吕蒙很难攻下。于是，吕蒙和陆逊采取“白衣渡江”的方式进行偷袭。关羽和荆州守将一时大意，被偷袭成功。最后，不仅荆州被攻破，关羽也被俘虏并杀害。

▶ 什么是盲人摸象？

盲人摸象比喻对事物了解不全面，以偏概全，乱加揣测。这个故事说的是，有四个盲人从来不知道大象长什么样子。有一天，他们坐在树下乘凉，刚好有位赶象人赶着大象从那里经过。于是，四个盲人请求赶象人让他们摸一摸大象，好知道大象到底长什么样子。赶象人同意了，把大象拴在树上，让他们去摸。

第一个盲人摸了摸象的身子，就说：“我知道了，大象像一堵墙。”第二个盲人摸到了大象的牙齿，就说：“不对，大象长得像一根又圆又光滑的棍子。”第三个盲人摸到了大象的腿，于是就反驳他们说：“你们俩说得都不对，大象长得跟柱子差不多。”第四个盲人摸到了大象的尾巴，他大声说道：“你们都错了！大象明明长得跟粗绳子一模一样！”

四个盲人各执己见，争论不休。赶象的人对他们说：“你们全说错了。你们每个人都只摸到了大象的一部分，一定要摸遍了大象的全身，才能知道大象到底是什么样子的。”

▶ 什么是对症下药？

东汉末年，有一位著名的神医名叫华佗，他是中国古代四大名医之一。多年的行医经验，让华佗能够分辨相似症状背后的不同病因。

有一次，府吏倪寻和李延同时病倒了，且两人的症状类似，都是头痛、发热。可是当他们来华佗这里就诊时，华佗却给倪寻开了泻药，给李延开了发汗的药。两人觉得很疑惑，问："我们的症状明明差不多，为什么给我们开的药却完全不一样呢？"华佗笑着解释说："倪寻的病因在外，李延的病因在内，所以倪寻应该把病邪泻下来，而李延应当发汗祛除疾病。你们俩虽然症状差不多，但其实得了两种完全不同的病。治病一定要对症下药，才能药到病除啊。"倪寻和李延两个人吃了华佗开的药之后，果然很快就都好了。

后来，人们就用对症下药来比喻要善于区别不同的情况，正确地处理各种问题。

▶ 什么是自毁长城？

自毁长城比喻自己削弱自己的力量或自己破坏自己的事业。这个成语来源于南朝宋的开国元勋檀道济被冤杀的故事。

檀道济是一位很有谋略的军事家，他曾在战场上屡建奇功，威望极高，不仅国内的老百姓尊崇他，敌国也对他十分敬畏。但也是因为这样，檀道济招来了皇家的忌惮。由于害怕他功高盖主，所以在当朝皇帝宋文帝的默许下，檀道济和他的儿子们一共八人，全部以谋反的罪名被处死。

檀道济在临死前怒发冲冠，愤然高喊："你这是在破坏你自己的万里长城！"不久之后，长期与宋对抗的北魏果然开始频繁、猛烈地进攻宋国，直至逼近宋都城建康。这时宋文帝才懊恼地感叹道："如果檀道济还在，怎么会落得如此田地？"可见檀道济之死，对南朝宋而言就像是万里长城倒塌了一样。

▶ 什么是咏絮之才？

东晋时的宰相及一代名将谢安有个侄女叫谢道韫（yùn）。谢道韫是谢安的大哥安西将军谢奕的女儿，从小就聪慧善辩，很有才华。她与汉代的班昭、蔡文姬齐名，都是中国古代才女的代表人物。

谢道韫小的时候，有一年冬天，谢安正在给家族中子侄辈的孩子们讲解诗文，忽然下起了大雪。谢安一时来了兴致，向在场的孩子们提了个问题："你们觉得这纷纷扬扬的大雪像什么呢？"

谢安的二哥谢据的儿子谢朗抢先说道："就像把盐撒在空中一样。"谢道韫接着说道："还不如把它比作柳絮随风飞舞呢。"谢安听了大为赞赏，高兴地大笑起来，随后又惋惜地对谢道韫说："可惜你不是男儿身啊！"

从那以后，人们就把在诗文创作方面卓有才华的女子赞誉为"咏絮之才"。

▶ 什么是结草衔环？

结草衔环比喻感恩图报，至死不忘。这个成语其实指的是两个故事。

"结草"说的是在有着殉葬习俗的春秋时期有个姓魏的将军，他父亲非常宠爱一个小妾，曾经多次对魏将军说，以后绝对不要让小妾给自己殉葬，如果自己亡故了，一定要给小妾另配一个良人。但是，他父亲临死的时候突然变卦了，交代魏将军一定要让小妾给自己殉葬。魏将军觉得父亲临死的时候神志不清，说的一定是糊涂话，平时交代他的话才是父亲的真实意愿，于是没有让小妾殉葬，而且让她另嫁他人。后来，据说魏将军在战场上遇险，那个小妾早已过世的父亲居然在战场上显灵，结草困住敌军将领，让魏将军一方反败为胜。

“衔环”说的是有个叫杨宝的孩子救了一只受伤被困的黄雀，没想到黄雀竟然是西王母的使者。为了报恩，使者赠送给杨宝四枚白玉环，说这些白玉环可以保佑恩人的子孙为政清廉，身居高位。后来，杨宝下面四代子孙果然都位列三公，并且刚正不阿，深受百姓的爱戴。

▶ 什么是黄粱一梦？

黄粱一梦最早出自唐代沈既济的《枕中记》。开元年间，有一个穷困潦倒的卢姓书生在经过邯郸城时，找了一家旅舍想要休息一下。这时正是午饭时间，店家正在煮着小米饭。

卢书生当时非常疲劳，坐在旅舍里困得不行，旁边有个道士就递了个枕头给他，让他枕着睡一会儿。卢书生很快就睡着了，梦见自己娶了一个大户人家的女儿为妻，又考取了进士，仕途非常顺遂，做了位高权重的大官，一生享受着无尽的荣华富贵，一直活到很老才寿终正寝。这时他刚好醒了过来，发现自己依然睡在旅舍里，道士坐在自己旁边，而店家的小米饭还没有煮熟。

可是，卢书生觉得自己刚才的梦实在太真实了，就问道士：“难道我刚才真的只是做了一个梦吗？”道士回答说：“对啊，其实人一生所追求的，不过就是一场梦而已！”

后来，人们用黄粱一梦比喻沉湎于不切实际的梦想，荣华富贵终成泡影。

▶ 什么是千里送鹅毛？

千里送鹅毛比喻礼品虽然微薄，却含有深厚的情谊。这个故事发生在唐朝。当时，有一个少数民族部落的首领为表示对唐朝的拥护，派特使缅伯高带着一批奇珍异宝作为礼物，千里迢迢奔赴长安拜见唐太宗。礼物中最珍贵的是一只罕见的珍禽——白天鹅。但是没想到，他们路过湖北省境内的沔阳河时，缅伯高把天鹅从笼子里放出来，想给它洗个澡，天鹅却忽然展翅飞上了天，一转眼就飞得无影无踪了。缅伯高情急之中，只扯下来几根鹅毛。缅伯高急得捶胸顿足，号啕大哭。随从们劝他说：“天鹅已经飞走了，哭也没有用，还是想想补救的方法吧。”缅伯高一想，也只能如此了。

到了长安，缅伯高拜见唐太宗，献上礼物后，又特别呈上一个精致的绸缎小包，唐太宗令人打开一看，里面是几根鹅毛和一首小诗。诗曰：“天鹅贡唐朝，山重路更遥；沔阳河失宝，倒地哭号啕；上奉唐天子，请罪缅伯高；礼轻情意重，千里送鹅毛。”唐太宗不明白意思，缅伯高随即讲出事情原委。唐太宗连连说道：“难能可贵！难能可贵！千里送鹅毛，礼轻情意重！”

▶ 什么是一饭千金？

一饭千金出自《史记·淮阴侯列传》，淮阴侯就是汉朝开国大将韩信。

韩信是淮阴（今淮安市淮阴区）人，年轻时生活非常困难，经常没米下锅，所以时常去河边钓鱼回来吃。有一天，他正在河边钓鱼，一个洗衣服的老太婆看见他饿得可怜，给了他一顿饭吃。韩信十分感谢，对老太婆说：“我将来要是有出息，一定要重重地报答你！”后来，韩信被封为淮阴侯，他想起从前经受过的这一饭之恩，便派人找到那个洗衣服的老太婆，并送给她一千两黄金。

所以“一饭千金”并不是说吃一顿饭花了千两黄金，而是指受人一饭之恩，回报给人千两黄金。千万不要误以为这个词形容奢侈生活，其实它是知恩图报的意思。

▶ 什么是强项令？

东汉时期的董宣是一个不畏强权、非常正直的官员。汉光武帝在他快70岁的时候任命他为洛阳令。洛阳是当时的国都，很多皇亲国戚、达官显贵都住在这里。其中，汉光武帝的大姐湖阳公主地位尤其显赫，性情也格外骄纵。有一天，她的一个家奴与人争执，竟然当街行凶。董宣不顾湖阳公主的包庇，执意惩办了那个家奴，而且还当众批评湖阳公主不该纵恶。湖阳公主觉得自己太没面子了，就跑去向汉光武帝告状。汉光武帝要求董宣向湖阳公主道歉，董宣却认为自己并没有错，坚决不肯道歉。汉光武帝让人按住董宣，强迫他磕头认错，董宣双手撑地，始终不肯低头。汉光武帝实在拿他没办法，也知道他确实没有做错什么，最后只好不再追究，并下诏封董宣为“强项令”。

▶ 什么是四知金？

东汉名臣杨震博学多才、品行高尚，他曾经在赴任东莱郡太守的途中，经过昌邑县。当时昌邑县的县令王密是因为杨震的举荐才得以入仕为官的，所以在得知杨震到来时，王密急忙到城外恭迎，把杨震接到驿馆休息。

当天夜里，王密悄悄带了十斤黄金要私赠给杨震。杨震说：“你我算得上是老朋友了，老朋友了解你，你却不了解老朋友，这是为什么呢？”王密说：“现在是深夜，没有人知道。”杨震回答说：“天知，地知，你知，我知，怎么能说没有人知道呢？”王密听了之后，羞愧地收起黄金回去了。

后来，人们用四知金形容廉洁自持，表示不接受不合理的馈赠。

▶ 什么是高山流水？

这个成语出自春秋时期的一个故事。春秋时期有一位著名的琴师叫俞伯牙，他有一次在船上弹奏赞美高山的曲子，岸上有个樵夫拍手赞叹道：“弹得真好啊！我仿佛看到了巍峨的泰山！”俞伯牙深感意外，于是又换了一首表现奔流江河的曲子，那樵夫再次赞叹道：“真妙啊！我好像看到了滚滚而来的江水！”俞伯牙激动地站起身来，询问樵夫的姓名，认定他是自己千载难逢的知音。那位樵夫名叫钟子期，他与俞伯牙两人当晚喝酒抚琴，畅谈音律，相见恨晚，临别时难舍难分，于是约定来年中秋再相见。

谁知来年中秋，俞伯牙不仅没能见到钟子期，而且还得到他亡故的噩耗。于是他来到钟子期的坟前，流着泪弹奏了一首哀伤的曲子，随后就摔碎了自己的琴，发誓以后再也不弹琴了，因为他觉得没有了钟子期就再也没有了知音。

从此以后，人们就用高山流水来比喻知音难求，也比喻乐曲高雅精妙。

▶ 什么是管鲍之交？

管鲍之交比喻深厚的友谊。这个成语讲的是春秋时期管仲与鲍叔牙之间深厚友谊的故事。管仲虽然是一个很有才干的人，在历史上被誉为“华夏第一相”，但他早年不仅默默无闻，而且常有人所不齿的行为。他曾与鲍叔牙一起做生意，但是在分钱的时候，他总要多拿一些；他曾经三次当官，然而三次都被罢官；他还曾经三次参加作战，但每次都当逃兵……在他被人鄙视和嘲笑的时候，只有鲍叔牙为他辩护。最后，他也是在鲍叔牙的举荐下成了一代名相。管仲自己也说，生我的是父母，了解我的是鲍叔牙。

在管仲和鲍叔牙的交往中，最可贵的就是鲍叔牙对朋友的了解和信任，以及他无私奉献、知人善荐、格局高远的崇高品德。鲍叔牙只要有一丝狭隘之心，“管鲍之交”的千古美谈就不可能存在了。

▶ 什么是指鹿为马？

秦二世时，丞相赵高位高权重，野心勃勃。他想了解一下朝中到底有多少人是服从他、听他摆布的。于是，在某一天上朝的时候，他让人牵来一头鹿，并笑嘻嘻地对秦二世说：“陛下，我找来一匹上好的千里马献给您。”秦二世一看，这明明是一头鹿。他疑惑地对赵高说：“丞相搞错了，这是一头鹿，你怎么说它是一匹马呢？马的头上怎么会长角？”

赵高不慌不忙地说：“请陛下看清楚，

这的确是一匹马。您要是不相信，可以问一下诸位大臣。”说完就转过身来，看着在场的朝臣们，等着他们发表意见。朝臣们顿时就明白了赵高的用意，大多数人表示这确实是一匹马，有一部分良心未泯却又不敢违抗赵高的人只好低下头来不吭声，只有极少数刚正不阿的大臣敢于说实话，坚定不移地说那明明是一头鹿。

不久之后，赵高就通过各种手段将那些不顺从自己的大臣纷纷治罪，全部铲除了。

后来，人们用指鹿为马比喻有意颠倒黑白，混淆是非。

▶ 什么是吴下阿蒙和刮目相看？

吴下阿蒙和刮目相看出自《资治通鉴》卷六十六《孙权劝学》：“及鲁肃过寻阳，与蒙论议，大惊曰：‘卿今者才略，非复吴下阿蒙。’蒙曰：‘士别三日，即更刮目相待，大兄何见事之晚乎。’”

三国时，孙权手下将领吕蒙原本不爱读书，后来在孙权的劝说下发愤图强，令士族出身的名将鲁肃大为吃惊，说他像换了一个人一样，不再是当年吴县的那个阿蒙了。吕蒙笑着说：“离别三天，就应该用新的眼光看待了，您这次怎么反应这么迟钝呢？”

吴下阿蒙，指学识浅薄的人；刮目相看，则指另眼相看，用新的眼光看待。

▶ 什么是明察秋毫？

明察秋毫最早出自《孟子·梁惠王上》：“明足以察秋毫之末，而不见舆薪，则王许之乎？”后人将“明足以察秋毫之末”概括为成语明察秋毫。

这里，孟子告诉齐宣王要用仁义道德的力量统一天下，同时要体察民情民意，对国情明察秋毫。

明察秋毫的意思是人的目光非常敏锐，连极小的事物和细节都看得很清楚；形容一个人特别精明，能够洞察一切，同时也隐含着应该把工作做细、做扎实，实施精细化管理的意思。

▶ 什么是挥汗成雨、比肩继踵、张袂成阴？

挥汗成雨、比肩继踵、张袂成阴都出自《晏子春秋·杂下九》：“齐之临淄三百闾，张袂成阴，挥汗成雨，比肩继踵而在，何为无人？”

这一段内容讲的是晏子使楚的故事。楚王嘲笑晏子身材矮小，说齐国没人了，居然派晏子当使者。晏子便回答了上面的话。

挥汗成雨、比肩继踵、张袂成阴都形容人很多。挥汗成雨的意思是大家用手擦汗，挥洒的汗水像下雨一样（后来也形容一个人出汗特别多）；比肩继踵的意思是人多得肩挨着肩，脚碰着脚；张袂成阴的意思是大家张开袖子就能把太阳遮住，一下变成阴天。

▶ 什么是鸿鹄之志？

鸿鹄之志最早出自《吕氏春秋·士容论》："夫骥骜之气，鸿鹄之志，有谕乎人心者，诚也。"

但是真正促使这个词衍变为成语的是后来《史记·陈涉世家》中陈涉一句感叹的话："嗟乎！燕雀安知鸿鹄之志哉！"这句话强烈表达了绝不屈从命运的安排，十分触动人心，因而广为流传。鸿鹄之志从此成为比喻一个人有远大理想和抱负的成语。

▶ 什么是披坚执锐？

披坚执锐出自《史记·项羽本纪》："披坚执锐，义不如公。"当时，秦军把赵军围困在巨鹿城里，楚怀王任命宋义为上将军、项羽为副将，派他们率领军队去救援赵国。宋义对形势判断错误，他让军队到达安阳，却不再进军；而且不听项羽劝说，自称披坚执锐自己不如项羽，但运用计谋项羽不如自己。他其实是想坐山观虎斗，可是这样做的后果是会被秦军各个击破。最后项羽杀了宋义，掌握了军队领导权，破釜沉舟，打败了秦军。

披坚执锐的意思是身穿铠甲，手拿锋利的武器；形容全副武装，准备参加战斗。

▶ 什么是阳春白雪？

《阳春》《白雪》原指春秋战国时期的两首乐曲，相传为晋国的师旷或齐国的刘涓子所作。《神奇秘谱》在解题中说："《阳春》取万物知春，和风淡荡之意；《白雪》取凛然清洁，雪竹琳琅之音。"

在《楚辞》中的《宋玉答楚王问》一文中，楚襄王问宋玉，为何没有民众赞誉他的德行。宋玉拿音乐来打比方，说当歌者吟唱《下里》《巴人》和《阳阿》《薤露》时，有很多民众唱和，但是吟唱《阳春》《白雪》的时候，就只有很少的人跟随唱和了。这是因为此类高雅而复杂的乐曲艺术性较高、难度较大，懂得欣赏的人不多，能唱和的人就更少了，也就是曲高和寡。

后来，人们用阳春白雪比喻高深的、不通俗的文学艺术，常跟"曲高和寡"连用，也常和"下里巴人"相对应使用。

▶ 什么是司马昭之心？

司马昭之心出自《汉晋春秋》："司马昭之心，路人所知也。吾不能坐受废辱，今日当与卿（等）自出讨之。"其中的"司马昭之心，路人所知"后来演变为"司马昭之心，路人皆知"。

讲的是三国末期，司马昭假意不受天子之礼，可是他篡夺曹魏政权的心，人尽皆知。虽然全天下的人都知道他意图谋权篡位，却没有人敢反对，当时的魏帝曹髦（máo）贸然行事，最后被杀害。

这个成语的意思是阴谋、野心非常明显，人所共知，不需要解说；多用于形容政治方面的阴谋和野心。

▶ 什么是江郎才尽？

江郎才尽最早出自南朝·梁·钟嵘《诗品·齐光禄江淹》。这里的“江郎”，指的是南北朝时期的文学家江淹，他曾经连续在南朝宋、齐、梁三朝做官。江淹年轻的时候很有才华，写了许多精彩的文章和诗篇，世人读了，个个称赞。可是到了晚年，他的才思却好像一下就枯竭了，写出的文章十分平淡，没有文采，诗篇也再没有佳句出现。人们都叹息说：“江郎才尽了！”

关于江淹晚年“才尽”的原因，传说江淹梦见晋代的文学家郭璞说留了一支笔给他，要找他讨回，此后江淹就再也无法妙笔生花了。

这个成语后来比喻人的才情文思衰退。

▶ 什么是不求甚解？

不求甚解出自东晋陶渊明的《五柳先生传》：“好读书，不求甚解，每有会意，便欣然忘食。”

现在一般认为《五柳先生传》是陶渊明创作的一篇自传性的文章。他在文章里表明了自己的三大志趣：一是读书，二是饮酒，三是写文章。吴楚材、吴调侯在《古文观止》中称赞该文“潇洒澹逸，一片神行之文”。文章里安贫乐道、清高脱俗、卓然不群的士大夫形象被后世文人所推崇，对后世影响深远。

这个成语原指读书只求领会要旨，不过于在字句上花工夫；现多指（学习中）只求懂得个大概，不求深刻了解。

▶ 什么是犬牙交错？

犬牙交错出自东汉班固《汉书·中山靖王传》：“诸侯王自以骨肉至亲，先帝所以广封连城，犬牙相错者，为盘石宗也。”

西汉初期，刘邦分封诸侯，诸侯实力雄厚了便与中央抗衡，在汉景帝时爆发了“七王之乱”。但是汉景帝并没有吸取教训，仍给自己 13 个儿子分封属地。到了汉武帝时，刘彻想收回诸侯们的封地，诸侯们却说先王把封地分得像狗的牙齿那样上下交错，彼此嵌入，就是为了让他们相互支援的同时彼此牵制，这样才能力保汉朝江山。

这个成语比喻交界处参差不齐，像狗的牙齿一样；也比喻局面错综复杂。

▶ 什么是风马牛不相及？

风马牛不相及出自《左传·僖公四年》：“君处北海，寡人处南海，唯是风马牛不相及也，不虞君之涉吾地也，何故？”说的是春秋时期，齐桓公任用管仲做宰相，齐国在管仲的治理下，国力变得非常强大。很多国家都向齐国纳贡，楚国却不肯纳贡，于是齐桓公就想派兵攻打楚国。楚国使臣说：“你们齐国在北方，我们楚国在南方，相距很远，哪怕是两国走失的牛马，也不会到达对方的境内。为何要发动战争呢？”经过谈判，两国最后并未开战。

后来，人们用风马牛不相及形容事物之间毫不相干。

▶ 什么是终南捷径？

终南捷径出自唐代刘肃《大唐新语·隐逸》记载的一个故事。长安附近有座终南山，常有朝中显贵入山寻幽访胜或者烧香拜佛，因此隐居在山中的居士有入朝为官的机缘。有位名叫卢藏用的进士由于仕途不顺就隐居在终南山，果然得到机会被人引荐到朝中，屡获升迁。

当时有位隐居在天台山的道士司马承祯，因德高望重，数次被皇上召进朝廷问道，每次他都要在事后返回天台山。有一次，卢藏用手指着终南山说：“您要隐居，那里就是个好地方，何必舍近求远呢？”司马承祯意有所指地说：“依我看，那里应该是求官的捷径吧？”

后人据此概括出成语终南捷径，用来比喻求官、求名、求利的便捷途径。

▶ 什么是抱残守缺？

抱残守缺出自西汉刘歆的《移书让太常博士》：“犹欲抱残守缺，挟恐见破之私意，而无从善服义之公心。”

刘歆是著名学者刘向的儿子，是西汉末年古文经学派的开创者，也是一位目录学家和天文学家。他曾向汉哀帝建议为《左传》等古籍设立学官，进行专门的研究，遭到同僚的反对。刘歆非常气愤，指责他们孤陋寡闻，不学无术，因循守旧，没有追求真理的精神，不肯研讨新的学问。

这个成语的意思是抱着残缺、陈旧的东西不放，形容思想保守，不求改进。

▶ 什么是舍生取义？

舍生取义出自战国时期孟子的《孟子·告子上·鱼我所欲也》：“生，亦我所欲也；义，亦我所欲也。二者不可得兼，舍生而取义者也。”后世据此引申出成语舍生取义。

《鱼我所欲也》是孟子以他的性善论为依据，对人的生死观进行深入讨论的一篇代表作。他提出“正义”比“生命”更重要的主张，认为当两者不可兼得时应该舍生而取义。

孟子在文章中对舍生取义精神的颂扬对后世产生了良好且深远的影响。“舍生取义”后来被历史上许多人奉为行为的准则。这个成语后来指为正义事业而牺牲生命。

▶ 什么是白驹过隙？

白驹过隙出自战国时期庄子的《庄子·知北游》："人生天地之间，若白驹之过隙，忽然而已。"后人据此概括出成语白驹过隙。

《知北游》是《庄子·外篇》中的最后一篇，其主旨就是论"道"。在庄子看来，万物皆因道而生，所以万物之中皆有道的存在。庄子认为，悟"道"应该勤于思考，善于发现生活中的机会，并不是一定要深刻重大的事件才能给人触动，只要用心体悟，哪怕是小事情也能给人以大启示。

白驹过隙的意思是像白色的骏马在缝隙前飞快地驰过，比喻时间过得很快，光阴易逝。

▶ 什么是多事之秋？

多事之秋出自唐代崔致远的《前宣州当涂县令王翱摄杨子县令》："况逢多事之秋，而乃有令患风。"

我国古代执政者一般都会选择在秋天发动军事行动，因为秋天不冷也不热，又是收获的季节，粮食和草料都很充足，加上古代与中原敌对的北方游牧民族也总是选择秋天这个收获的季节入侵劫掠，抢夺粮食和其他物品，也就是所谓的"猎秋"和"打秋风"，所以在我国古代，秋天总是战争频繁。而战争对于人们生活的各方面影响都很大，人们会觉得秋天的麻烦事格外多。

这个成语是指事故或事变多的时期，多指动荡不安的政局。

▶ 什么是粉墨登场？

粉墨登场出自明代张岱的《祭义伶文》："汝身前，傅粉登场，努眼张舌，喜笑鬼诨，观者绝倒，听者喷饭。"人们从"傅粉登场"演化出成语粉墨登场。

明末清初昆剧极盛，凡是稍有权势地位的人家，一般都在家中供养家庭戏班。张岱家里也不例外。他家的戏班有一个名角叫夏汝开，在崇祯年间芳年早逝。次年寒食节，张岱同夏汝开的友人一起前往坟前祭拜，回忆起夏汝开生前上妆出演的模样，写下《祭义伶文》。

粉墨登场的原意指演员化妆登台演出，后来比喻别有用心之人经过一番掩饰登上政治舞台（含有讽刺的意思），也可引申为在社会生活中扮演某种角色。

▶ 什么是过眼云烟？

过眼云烟出自苏轼的《宝绘堂记》："见可喜者，虽时复蓄之，然为人取去，亦不复惜也。譬之烟云之过眼，百鸟之感耳，岂不欣然接之，然去而不复念也。"意思是，看见喜欢的书画，虽然也想收藏它，但是被人取走了也不会感到可惜。就像烟云从眼前闪过，百鸟的鸣叫从耳边掠过，一旦消失，就不再记挂。

《宝绘堂记》是苏轼为朋友王诜的书画收藏室所作，开篇就提出了“君子可以寓意于物，而不可以留意于物”的论点，表达了人应该忘掉利害得失，用“寓意于物”的眼光去看待万物的旷达思想。

人们从“烟云之过眼”演化出成语过眼云烟，意思是从眼前飘过的云烟，比喻身外之物，不必重视；后比喻很快就消失的事物。

▶ 什么是祸起萧墙？

祸起萧墙出自《论语·季氏》：“吾恐季孙之忧，不在颛臾，而在萧墙之内也。”春秋时期，鲁庄公的弟弟季友立公子姬申为国君，即鲁信公。季友的子孙被称为季孙氏，在鲁国执掌国政。由于当时几代鲁君都昏庸无能，以致出现了人民只知道有季氏，不知道有鲁君的情况。后来，季孙氏以颛臾国靠近自己的私地费邑，以后会给子孙造成威胁为借口，要出兵讨伐颛臾。孔子对此十分反对，说季孙氏不好好辅佐国君做好国内的建设，反而想在国境内使用武力，恐怕季孙氏将来的忧患不在颛臾，却在萧墙里面（暗指鲁君）。

后人据此典故概括出成语祸起萧墙，原意是祸乱产生于家中，后来比喻灾祸、变乱皆由内部原因所导致。

▶ 什么是前无古人，后无来者？

“前无古人，后无来者”出自唐代诗人陈子昂所作的《登幽州台歌》：“前不见古人，后不见来者。念天地之悠悠，独怆然而涕下！”

这是一首怀古诗。幽州台即黄金台，又称蓟北楼，故址在今北京大兴，是战国时期燕昭王为招纳天下贤士而建的。陈子昂是一位具有政治见识和政治才能的文人，他直言敢谏，对武则天时期的不少弊政，常常提出批评意见，但不被采纳。他因政治抱负无法实现，心情非常苦闷，所以登上幽州台，写下了这首流传千古的《登幽州台歌》。

该诗作寥寥数语，俯仰古今，展望天地，既有时间的绵长，又有空间的辽阔，时空交汇处充满着诗人遗世独立、悲从中来的落寞情怀。后世许多文人对于这种苍凉悲壮、报国无门的心情很有共鸣，故而这首篇幅短小的诗作常常被人吟诵。开篇两句后来逐渐被人浓缩成“前无古人，后无来者”。

▶ 什么是秉烛夜游？

秉烛夜游最早出自《文选·〈古诗十九首〉之十五》：“生年不满百，常怀千岁忧。昼短苦夜长，何不秉烛游？为乐当及时，何能待来兹？愚者爱惜费，但为后世嗤。仙人王子乔，难可与等期。”

秉烛夜游字面上的意思是晚上手执

蜡烛在外面游玩，后来衍变为一个成语，用来形容及时行乐，也可以用来表达要珍惜光阴。

▶ 什么是人面桃花？

相传，唐代有个叫崔护的书生在清明节那天去城南郊外踏青，忽然发现桃林掩映中有一座住宅。他恰好感到口渴，于是便上前敲门，想要讨口水喝，没想到开门的竟然是一位美丽的姑娘。姑娘让他进了院子，并倒水给他喝。

崔护离去之后，对这位姑娘念念不忘。次年清明节，他再次来到这个地方。这里桃林依旧，桃花也像去年一样开得非常繁茂，但是那座住宅却大门紧锁，显然已经没有人住在里面了。他怅然若失地在门前伫立了很久，最后在门扉上题了一首诗作为纪念："去年今日此门中，人面桃花相映红。人面不知何处去？桃花依旧笑春风。"

此后，人们用人面桃花指内心爱慕而不能再相见的女子。

▶ 什么是草长莺飞？

南朝梁有一位名叫丘迟的文人曾在梁魏交战之际写了一篇被誉为"史上第一劝降书"的骈体书信《与陈伯之书》，成功劝降了北魏大将陈伯之，使其不顾身在北魏的儿子的性命，率领八千军士倒戈了梁朝（陈伯之倒戈之后，儿子就被北魏杀害了）。文中有这样一个句子："暮春三月，江南草长，杂花生树，群莺乱飞。"

后来，清代诗人高鼎用其中的"江南草长""群莺乱飞"写了一首名为《村居》的绝句："草长莺飞二月天，拂堤杨柳醉春烟。儿童散学归来早，忙趁东风放纸鸢。"

从此，草长莺飞常常被人们用来形容江南暮春时节醉人的美景。

▶ 什么是春意阑珊？

春意阑珊的意思是春天将要过去了。这个成语出自南唐后主李煜的一首词。

李煜兵败降宋后，被软禁在汴京，他对故国家园和往日的美好生活有着无限留恋和追思，但又不得不面对自己从一国之君沦为阶下囚的残酷现实。这期间他写了一首著名的《浪淘沙·怀旧》："帘外雨潺潺，春意阑珊。罗衾不耐五更寒。梦里不知身是客，一晌贪欢。独自莫凭栏，无限江山。别时容易见时难。流水落花春去也，天上人间。"这首词以自然界的水流、花落与春归来比喻自身的惨痛遭遇，使得"春意阑珊"四个字别具深意。这首词由景到情的写法使读者很容易产生共情，有着极强的感染力。

▶ 什么是柳暗花明？

柳暗花明最早出自唐代诗人王维的《早朝》诗之二："柳暗百花明，春深五凤城。城乌睥睨晓，宫井辘轳声。方朔金门侍，班姬玉辇迎。仍闻遣方士，东海访蓬瀛。”

后来，唐代诗人武元衡在《摩诃池送李侍御之凤翔》中写道：“柳暗花明池上山，高楼歌酒换离颜。”

但流传最广的则是宋代著名诗人陆游在《游山西村》中所写的“山重水复疑无路，柳暗花明又一村”。这句诗不仅读起来朗朗上口，而且意味深长，耐人寻味。随着诗句的广泛传诵，句中的“柳暗花明”逐渐成了人们常用的成语，其原意是形容柳树成荫、繁花耀眼的春天美景，后来则比喻在困境中出现转机，看到希望。

▶ 什么是心有灵犀？

心有灵犀最早出自唐代诗人李商隐所作的《无题（其一）》：“昨夜星辰昨夜风，画楼西畔桂堂东。身无彩凤双飞翼，心有灵犀一点通。”

这是一首无比惆怅的情诗，诗中抒写的心存爱慕却求而不得的深挚情感十分触动人心。诗中“身无彩凤双飞翼，心有灵犀一点通”是流传千古的名句。前面一句“身无彩凤双飞翼”是很好理解的，但后面这句“心有灵犀一点通”是什么意思呢？据说犀牛角里面有一条直线形的白纹直贯两端，感应灵敏，故称“灵犀”。所以“心有灵犀”是指两个人即使不在一起，也能心心相印，双方对彼此的心思都能心领神会。

▶ 什么是洛阳纸贵？

洛阳纸贵的由来与西晋文学家左思所写的《三都赋》密切相关。

左思用十年写成了《三都赋》，得到了当时出身名门世族并且在医学和文学方面都极负盛名的皇甫谧（mì）的赏识，皇甫谧还为它写了序言。随后，《三都赋》风靡京都洛阳，在文人之间广为流传，那些附庸风雅的豪门贵族也争相抄录。大家为了传抄《三都赋》而大量购买纸张，一时间洛阳的纸张供不应求，价格大涨。

这件事被记录在《晋书·文苑传》里，“洛阳纸贵”一词就出自这里。

这个成语比喻著作广泛流传，风行一时。

▶ 什么是春风得意？

春风得意出自唐代诗人孟郊所写的七言绝句《登科后》：“昔日龌龊不足夸，今朝放荡思无涯。春风得意马蹄疾，一日看尽长安花。”

这首诗是孟郊在贞元十二年（796年）考取进士时所作。按照唐朝的制度，进士考试在秋季举行，发榜则在次年的春天，所以孟郊诗里所写的“春风得意马蹄疾”写的就是在春风骀荡的春日里，诗人骑着马在春花烂漫的长安道路上的得意情景。

现在人们用这个成语形容人的处境非常顺利，以及获得成功或事业有成时扬扬自得的样子。

▶ 什么是青梅竹马？

青梅竹马出自唐代诗人李白的乐府诗《长干行》中的："郎骑竹马来，绕床弄青梅。同居长干里，两小无嫌猜。"

青梅，指青色的梅子；竹马，指儿童放在胯下当马骑的竹竿。这个成语原本是形容小男孩和小女孩天真无邪地在一起玩耍的情形，后来多指自幼亲密玩耍，相互陪伴长大，后发展为恋人或夫妻的青年男女。

▶ 什么是晨钟暮鼓？

晨钟暮鼓出自唐代诗人李咸用所写的《山中》："一簇烟霞荣辱外，秋山留得傍檐楹。朝钟暮鼓不到耳，明月孤云长挂情。世上路岐何缭绕，水边蓑笠称平生。寻思阮籍当时意，岂是途穷泣利名。"

敲钟击鼓是古代的一种报时方式，同时也是一种城市管理方式。每天早晚的时候，专职人员会在钟楼与鼓楼敲钟击鼓以报时。但是在不同时期，钟鼓敲击的顺序是不同的。汉魏时期，报时方式是晨鼓暮钟。唐朝刚好相反，报时的方式是晨钟暮鼓：鼓响，则城门关闭，实行宵禁；钟鸣，则城门开启，各家各户开始一天的活动。

现在人们用这个成语比喻可以使人警觉醒悟的话。

▶ 什么是冰心玉壶？

冰心玉壶出自唐代诗人王昌龄的诗作《芙蓉楼送辛渐》："寒雨连江夜入吴，平明送客楚山孤。洛阳亲友如相问，一片冰心在玉壶。"

早在南北朝时期，刘宋诗人鲍照就用"清如玉壶冰"（《代白头吟》）来比喻高洁清白的品格。到了唐朝开元年间，又有宰相姚崇作《冰壶诫》，以劝诫满朝文武兼告诫子孙持廉守节。此后，盛唐诗人王维、崔颢、李白等都曾以冰壶自励，推崇光明磊落、内外澄澈的品格。

王昌龄在《芙蓉楼送辛渐》这首诗中，托好友辛渐给洛阳亲友带去的口信不是通常的报平安，而是借"冰心"和"玉壶"传达自己依然冰清玉洁、坚持操守的信念。

后来，人们用这个成语比喻人的纯洁清白的情操。

▶ 什么是物是人非？

物是人非最早出自三国时期曹丕的《与吴质书》："节同时异，物是人非，我劳如何？"但让它广为流传的是宋代女词人李清照所写的《武陵春·春晚》："风住尘香花已尽，日晚倦梳头。物是人非事事休，欲语泪先流。闻说双溪春尚好，也拟泛轻舟。只恐双溪舴艋舟，载不动许多愁。"

《与吴质书》是曹丕在整理朋友文

稿的过程中，睹物思人而写的；《武陵春·春晚》则是李清照孀居期间看到暮春景物思念故人而作的。两人都是在历经变故之后因物而思人。

现在这个成语的意思是东西还是原来的东西，可是人已不是原来的人了；多用于慨叹时过境迁，故人不再。

▶ 什么是无穷无尽？

无穷无尽出自宋代词人晏殊所作的《踏莎行·祖席离歌》："祖席离歌，长亭别宴。香尘已隔犹回面。居人匹马映林嘶，行人去棹依波转。画阁魂销，高楼目断。斜阳只送平波远。无穷无尽是离愁，天涯地角寻思遍。"

这首词写的是饯别相送及别后的离愁与思念。晏殊用了"无穷无尽"四个字把离愁别绪写到了极致。现代词学名家唐圭璋在《唐宋词简释》中称赞这首词："足抵一篇《别赋》。"

随着这首词的广为流传，"无穷无尽"也逐渐成了一个常用成语。现在，这个成语的意思是没有止境。

第四章

俗语、谚语

▶“拍马屁”的说法是怎么来的？

“拍马屁”的由来有多种说法，流传较广的有两种。

一种说法是元朝时蒙古人爱马，彼此见面时都喜欢拍拍对方的马屁股，看看马是否健壮。遇到上好的马，就会在拍完马屁股之后赞上一句：“真是好马！”马的主人听到这样的夸赞也会非常高兴。后来就有人为了讨好上位者，乱拍马屁股，不管马实际上是好还是坏，拍完马屁股一律夸赞“好马”。于是“拍马屁”就成了阿谀奉承的意思了。

另一种说法是明朝太监魏忠贤十分擅长驯马，在他还没有得势的时候，有一次皇家举办了一场赛马会，驭马参赛之人几乎都扬着马鞭，拼命抽打着自己的马，好让马跑得更快一点。只有魏忠贤并不用马鞭抽马，而是用手掌轻轻拍打马屁股，但是他的马却比所有的马都跑得快，最后独占鳌头，取得了胜利。当时的天启皇帝觉得很奇怪，把他找来询问。魏忠贤说，要马跑得快，千万不能打，而要顺着它的意，在马屁股上拍得它舒服了，它自然就跑得快。天启皇帝听了之后，觉得驭人其实也是这个道理啊，于是就提拔魏忠贤做了总管，人们就说魏忠贤是靠“拍马屁”上位的。后来“拍马屁”就演变成了不走正途，靠阿谀奉承而上位的代称。

▶“露马脚”的说法是怎么来的？

明太祖朱元璋自幼家境贫寒，后来娶了农家的马氏为妻。那时的女子大多是要裹脚的，但是这位马姑娘打小就帮着家里干农活，所以并未裹脚，村里人都叫她“马大脚”。

朱元璋与马姑娘成亲之后感情非常深厚，即使后来做了皇帝，朱元璋也没有喜新厌旧，依然十分敬爱马皇后。反倒是马皇后自己觉得身为皇后却长着一双不曾裹脚的天足似乎有点不好意思，所以总是穿着拖地的长裙，用裙摆把自己的大脚严严实实地遮盖起来。

有一天，马皇后坐着轿子出宫去山上的庙里进香。轿子抬到半山腰的时候，忽然刮来一阵大风，将轿帘掀起一角，马皇后搁在踏板上的两只大脚就暴露出来了。山路上来来去去的香客众多，许多人都看到了她的大脚，原来皇后娘娘竟然有一双天足，没有裹脚呢！这件事很快就在京城传开了。因为是马娘娘的大脚暴露了，所以这件事就被称作“露马脚”。后来这个词逐渐演变成了显出破绽、暴露真相的意思，一直流传到了现在。

▶“狗肉朋友”的说法是怎么来的？

汉朝开国皇帝刘邦在年轻的时候是个游手好闲、不务正业的小混混。有一天他在大街上转悠的时候，遇到了一个卖狗肉的黑脸大汉，也不知什么原因，那个大汉在那里吆喝了半天也没人去买他的狗肉。刘邦这时刚好肚子饿了，就让那大汉给他称了两斤狗肉，直接站在狗肉摊子跟前狼吞虎咽地大嚼起来，而且一边吃着还一边大声赞叹：“真是太好吃了！好香啊！”大家看到他吃得那么香，纷纷围了过去，忍不住买起狗肉来，一会儿就把摊子上的狗肉全买光了。黑脸大汉名叫樊哙，他感谢刘邦给他带来了生意，就没有收他的狗肉钱，还让他以后想吃狗肉了就来吃。刘邦也不客气，果然三天两头就跑到樊哙这里来白吃狗肉。奇怪的是，只要刘邦来吃狗肉，樊哙的生意就特别好，但刘邦若是没来，樊哙的狗肉就卖不出去。于是两个人就渐渐成了好朋友，后来楚汉相争的时候，樊哙还在鸿门宴上救过刘邦的命呢！

世人从此就把经常在一起吃吃喝喝的朋友称为“狗肉朋友”。

▶“天高皇帝远”的说法是怎么来的？

相传，在明朝嘉靖年间有个叫杨廷桢的贪官被任命为江苏昆山的县令，他抱着“千里做官只为财”的想法来到昆山，想尽办法欺压老百姓，搜刮民脂民膏。有一年他借着过生日做寿，要求大家除了给他送钱财，还要给他送传扬美名的牌匾。这下可把大家给愁坏了，牌匾上写什么好呢？大家想来想去，终于有人想出了四个绝妙的字——“天高三尺”。

就在大家给杨廷桢送牌匾去的那天，老家在昆山的当朝宰相顾鼎臣刚好告老还乡。他无意中看到那块“天高三尺”的牌匾，觉得很奇怪，不知道这四个字是什么意思，就找人打听了一下，百姓们说：“自从这杨县令来到昆山，地皮都被他刮低了三尺，这天不就高了三尺吗？

我们老百姓无可奈何，皇帝又远在京城，这天高皇帝远的，我们也不知道要找谁去诉苦!”

顾鼎臣得知此事后，通过明察暗访，核实了杨廷桢的罪行。虽然这位老相爷已经不在任上了，但他的权威和影响力却还在，所以很快就惩办了杨廷桢，为家乡人民除了一大害。

从那以后，“天高皇帝远”这句话就在民间流传了下来。

▸“莫须有”的说法是怎么来的?

南宋时的民族英雄岳飞是当时的抗金名将，他率领的岳家军纪律严明，能征善战，金兵对其十分忌惮，感叹“撼山易，撼岳家军难”。在岳飞的带领下，宋军从金兵手中收复了大片失地。然而，当时的权臣秦桧是个奸臣，他与金人勾结，在昏君宋高宗面前构陷岳飞，说他有谋反之心。宋高宗一方面确实担心岳飞功高盖主，另一方面也害怕岳飞真的攻入金人的老巢，迎回被金人俘虏的徽、钦二帝，导致自己帝位不保，所以与秦桧一拍即合，有心要置岳飞于死地。但是岳飞忠心耿耿，实在没有证据证明他有谋反之心。朝中许多忠臣良将都站出来为岳飞鸣冤，尤其是老将韩世忠直接当面质问秦桧:“岳飞抗金，何罪之有?岳飞谋反，证据何在?”秦桧支支吾吾，做出了一个臭名昭著的回答:“其事体莫须有。”大意是说：这件事虽然不是很明朗，但很可能是有的。最后岳飞就因这样一个“莫须有”的罪名，在杭州风波亭被杀害。

从此，“莫须有”就被用来形容无中生有、罗织罪名，表达凭空诬陷的意思。

▸“吃不了兜着走”的说法是怎么来的?

相传在清朝乾隆年间，杭州有一家酒楼叫作“揽月楼”，掌柜姓郑，是个雁过拔毛的老手。

有一天，乾隆带着宰相刘墉微服私访来到这里，刚好肚子饿了，就到揽月楼去吃饭。郑掌柜一听他俩的口音不是本地人，就想狠狠地宰他们一笔，于是给他们上的菜分量多、要价高。刘墉看了就说:“掌柜的，你家的菜分量这么多，我俩吃不完，给我们退掉几个菜吧。”郑掌柜说:“那可不行，你们吃不完可以兜着走嘛!”结账的时候，刘墉没想到要价那么贵，就对郑掌柜说:“你家的酒菜也太贵了吧?我走南闯北，从没见过这么贵的酒菜啊!”郑掌柜说:“我家的菜分量大，你们吃不完就兜着走，还可以带给家里人吃，要价贵一点理所应当啊!”刘墉哈哈一笑说:“这样的话，恐怕你也要吃不了兜着走了!”说完就结了账，跟乾隆一起走了。

一会儿之后，就有一队官兵来到揽月楼，说郑掌柜是不法奸商，把他抓到牢里去了，并且还对他说:“这牢饭你尽管敞开了吃，吃不完可以兜着走。”

从此人们就用“吃不了兜着走”来表达“出了问题，（你）要承担一切后果”的意思。

►“有钱能使鬼推磨”的说法是怎么来的？

据说，从前有个叫榆苗的人阳寿已尽，阎王派了个小鬼去勾他的魂，榆苗见到小鬼就跟他商量道：“你饶了我吧，我每年给你烧5万的冥钱。”小鬼一听有利可图，便放过榆苗，把同村一个叫榆树的老头的魂给勾走了。

到了阴曹地府，阎王一看，不对啊，这怎么把榆树的魂勾来了呢？小鬼说：“榆苗长大了就成了榆树，不信你自己去瞧瞧嘛。”没想到阎王居然真的跑到榆苗家里去核实了。

阎王来到榆苗家一看，嗬，榆苗正好好地在院子里推磨呢！看到阎王爷亲自来了，榆苗苦苦哀求道：“我家里有70岁的老娘，请让我磨完这点面吧，不然我娘吃什么呢？我可以给您烧50万的冥钱。”阎王说：“我缺这点钱吗？你别想贿赂我。”榆苗说：“磨完面就给您烧100万。”阎王听了，心中一喜，便说：“那我帮你推磨，赶紧磨完了就走吧。”说完阎王就立刻推起磨来。磨完面之后，榆苗说：“我以后每年都给您烧1000万冥钱，您让我活到一百岁，给我娘养老送终吧。”阎王一听每年都能有这么大一笔钱，就假装被榆苗的孝心感动，当即就答应了他。

从此民间就有了“有钱能使鬼推磨”的说法。

►“名落孙山”的说法是怎么来的？

宋朝时期，有一个进京赶考的学子名叫孙山，他学问虽说不是特别好，但还是有几分才华，而且善于说笑，非常幽默。与他一同进京赶考的同乡学子中有一个是他邻居家的孩子，这个孩子天赋不高，但是平时学习很刻苦，家里人对他还是抱了很大期望的。

等到考完放榜的时候，孙山看到自己的名字作为最后一名上了榜，真是好险啊！虽然是最后一名，但终究是榜上有名，而邻居家那个孩子就没有这么好运了，他非常遗憾地落榜了。

孙山急着回家报喜，所以没等邻居家孩子一起返乡，而是先行回去了。一回到家，邻居就来打听自家孩子考得怎么样。孙山既不好意思直说他落榜了，又不便隐瞒，于是只好念了两句打油诗：“解名尽处是孙山，贤郎更在孙山外。”解名就是解试（乡试）的榜单，即举人榜单。这两句诗的意思就是：“举人榜上的最后一名是我孙山，而令郎的名字却还在我孙山的后面。”

此后，人们就把报考学校或参加各种考试却没有被录取称为“名落孙山”。

▶ “拿着鸡毛当令箭”的说法是怎么来的？

据说商纣王很喜欢斗鸡，每次斗鸡之后，他都要从赢了的鸡身上拔下一根毛保留起来。

有一次，纣王正率领百官观看斗鸡，忽然传来军中急报，说周武王伐纣大军已经到了牧野。但是纣王听到这样紧急的消息还无动于衷，总觉得自己的军队兵强马壮，不可能抵挡不住敌军。文武百官纷纷请求纣王发兵增援，纣王见这件事如果不能得到解决，自己就没法好好地继续观看斗鸡了，只好传唤了一位将军上来，随手给了他一根鸡毛，很不耐烦地对他说：“这就是令箭，你赶紧拿着它去点兵十万，速速增援前线去吧。”

这位将军拿着鸡毛哭笑不得，但也没有办法，只好把这根鸡毛当成令箭，急忙发兵去了。

后来人们就用“拿着鸡毛当令箭”来形容一个人凭着某上司（或某人）的一些无关痛痒或十分宽泛的话语发号施令，用傲慢的口气驱使他人。这句话通常是比喻玩弄权术、以假充真、公开发号施令，或者小题大做、借题发挥等意思。

▶ “一人得道，鸡犬升天”的说法是怎么来的？

汉景帝年间，有一个名叫张百忍的人，为人十分宽厚、仁义，平时最爱行善积德。当时仙界恰好处在一个十分混乱的时期，天庭还没有玉帝，各路神仙谁也不服谁，都觉得天庭的宝座应该由自己来坐。纷争之下，就有人提议说，干脆从凡间找一个功德深厚、心胸宽广的人来坐天庭的宝座，这样就谁也不用争了。大家都觉得这个主意不错，于是推举太白金星和赤脚大仙等上仙去凡间寻觅合适的人。

几位上仙经过一番寻访，都觉得张百忍非常适合。他们找到张百忍，向他说了这件事，张百忍觉得去天庭做玉帝固然很好，但是家里养的鸡、狗、猪就没人管了，所以要求把鸡、狗、猪都带上天去。谁知升天的时候，猪却因为贪玩而跑出去了，于是没能跟着一起上天，只有鸡和狗跟着张百忍一起升天了，这就是“一人得道，鸡犬升天”的由来。又因为猪没能跟着升天，所以后来人们有什么祭祀活动就一定要有猪头。

▶ “走后门”的说法是怎么来的？

“走后门”比喻通过托情或利用职权等不正当的途径谋取通融或利益。那这个说法是怎么来的呢？

据说，大隋朝承袭汉制，官府衙门都是坐北朝南。如果高官携带家眷上任，他的妻儿老小通常都被安置在衙门后宅。平时公务往来，出入都走前门，只有与亲朋好友的私交往来才从后门出入。也就是说，前门出入是公事公办，而走后门就代表着私下里的人情往来。

另一种传说是，“走后门”源于一幕关于宋代奸臣蔡京的宫廷剧，演的是蔡京处理公务时，下属问他如何处置当朝国库发下的旧朝 1000 贯俸钱。这钱照道理并不属于他，他却让下属避人耳目从后门搬进来，想要贪污这笔钱。

还有一种说法是“走后门”原本为褒义。相传，包公上任开封府尹后，很久没有百姓来告状。原因是要想进衙门告状必须先贿赂守门的小吏，所谓“衙门朝南开，有理没钱莫进来”。包公处罚了守门小吏之后决定打开后门，让百姓随意出入告状，由此衍生了“方便之门”和“走后门”两个说法。但是在后来的演变中，“走后门”逐渐成了一个贬义词。

▶“五十步笑百步”是怎么来的？

战国时，孟子拜见梁惠王，梁惠王很苦恼地跟他说，明明自己治理国家尽心尽力，遇到天灾人祸，救济也很及时，而邻国做得差远了，可是为什么本国老百姓没有增多，而邻国的老百姓也没见迁移别国呢？

孟子说：“我先说个故事给您听吧。有一次两国交战，一方败了，将士纷纷丢盔弃甲地逃跑。有的士卒跑得快，一口气跑了一百步远；有的士卒跑了五十步就停住了。这时候那些只跑了五十步的士卒嘲笑跑了一百步的人说：‘你们真是胆小鬼，跑得那么快，逃得那么远！’您说他们嘲笑得有道理吗？”

梁惠王说：“跑五十步也是逃跑，有什么可嘲笑那些跑一百步的人呢？”

孟子说：“您能够明白这个道理，就不会再想不通了。您现在治理国家与邻国相比就像五十步与一百步的差别……”梁惠王想了想，觉得孟子说得很对。

后来人们就用“五十步笑百步”来比喻自己跟别人有同样的缺点和错误，只是程度上轻一些，却毫无自知之明地去讥笑别人的行为。

▶“卢沟桥的狮子数不清”是怎么来的？

民间有这样一句歇后语：“卢沟桥的狮子数不清。”相传，卢沟桥所在的宛平县有位新上任的县太爷不肯信这个邪，所以他到任后，特意让手下一位精明的师爷去仔细数一数卢沟桥的狮子。师爷来到桥上，从东往西数一遍，又从西往东数一遍，两遍数的数量都不一样。于是他又仔仔细细地数了第三遍，没想到第三遍的数字竟然又不一样。师爷实在数不动了，只好回禀县太爷说：“那卢沟桥的狮子确实是数不清啊，我数了好几遍，每一遍的数字都不同。”

县太爷心想，怎么可能数不清呢？他心里越想越奇怪，当天晚上就趁着夜深人静，亲自跑去桥上数狮子。数着数着，他忽然听到身后有嬉闹的动静，回头一看，居然是桥上的狮子在嬉戏打闹，县太爷说："难怪怎么数也数不清，原来你们是活的啊！"

这是怎么回事呢？原来当初卢沟桥刚刚建好时，鲁班正好云游经过，他见桥上的狮子十分精致可爱，就在每只狮子头上敲了一敲。这一敲可不得了，狮子全被他敲活了。于是鲁班就给它们立规矩：只有晚上才可以活动嬉戏，而且不得离开桥身。正因为这些狮子会移动位置，所以卢沟桥的狮子怎么数也数不清。

▶"无事不登三宝殿"的说法是怎么来的？

"无事不登三宝殿"最初是针对僧众们而言的。所谓"三宝"，在佛教中是指佛、法、僧。佛指释迦牟尼，法指佛所说的教义，僧指继承和宣扬教义的僧众。

那"三宝殿"究竟是什么？清代学者王有光这样解释：三宝殿是指佛教的佛、法、僧的三大活动场所：一是佛教徒登场办事的地方，也就是大雄宝殿；二是佛家珍藏经书的藏经阁；三是和尚睡觉的禅房。这三处地方都是庄严重要的场所，不能随便进去，更不能在这些地方随意走动、喧哗。

后来，因为百姓也通常都是有所祈愿才会前往寺庙的，不会无端跑去寺庙烧香拜佛，所以"无事不登三宝殿"就逐渐在民间演变成了一句俗语，表达"没有事情就不会登门"的意思。现在也仍然常常用这句话比喻没有事不会登门造访，只要登门，必是有事相求。

▶ 人们为什么用"丢了乌纱帽"来表示丢了官？

乌纱帽原是民间常见的一种便帽，隋朝时开始成为官服的一个组成部分，到了唐朝官员头戴乌纱帽已经十分盛行，但是官员必须戴乌纱帽是明朝时候的事了。

明太祖朱元璋定都南京后，于洪武三年（1370年）规定：凡文武百官上朝和办公时，一律要戴乌纱帽，穿圆领衫，束腰带。另外，取得功名而未授官职的状元、进士，也可戴乌纱帽。从此，乌纱帽正式成为官员的特有标志。同时明代的一些文学作品中也开始将乌纱帽作为官位的代称。

古代绘画和戏曲表演也大多将官员塑造成头戴乌纱帽、身穿盘领袍、腰挂玉带、足蹬皂靴的形象，人们因此将这种形象视为官员的经典形象，尤其是乌纱帽作为官员的标志十分深入人心。乌纱帽在人们的语言习惯中已经被赋予了"指代当官"的特定含义，直到现在依然如此。所以，人们会用"丢了乌纱帽"来表示丢了官。

▶ 为什么人们会用"悬壶"来指行医呢？

相传在东汉时，有个叫费长房的人

想学医，他留意到有个腰上挂着葫芦的游方郎中每天都在大街上给人看病。这郎中虽说已经一把年纪了，但是医术却十分高明，无论什么病人来找他看病，他都能药到病除。费长房很想拜他为师，于是就在某一天专门等到他收摊，想跟他一起回家，向他拜师学艺。没想到这位老郎中收摊之后居然就化作一道青烟钻进葫芦里去了。

费长房顿时明白这位老郎中一定不是凡人，越发坚定了拜他为师的决心。老郎中见费长房诚心求学，便也倾囊相授。费长房学成之后，老郎中就消失得无影无踪了。费长房为纪念老翁，行医时总是把一个葫芦挂在身上。后世医家纷纷模仿，历朝历代的中医药行业逐渐把葫芦视为职业徽标或吉祥物，医馆或药铺门口都会挂一个葫芦。又因为古代常常用葫芦做酒壶、水壶，所以后来悬挂葫芦就被人称为“悬壶”，用来指代行医。

▶ 生意人常说的“不二价”是怎么来的？

东汉时期有一位出身望族的名医叫韩康，字伯休，是一个很有才能的人，但是不愿出仕为官，只想隐居山林，过平凡自在的生活。由于他在医药方面有着非常深入的钻研，常常亲自在山林中采药，偶尔也会去街头摆摊卖药，所以有很多人去找他看病，也有很多人会从他那里买药。他的药卖给任何人都是一口价，绝不还价。无论你是达官显贵还是下里巴人，是耄耋老人还是童稚幼子，谁都别想跟他讲价。这条原则，韩康坚持了30多年。也因为这一点，韩康在那个年代几乎人尽皆知，大家都知道“韩康卖药不二价”。

有一天，韩康正在街头摆摊卖药，一个村妇过来买药，韩康照例坚持不肯还价，双方争执好一阵，村妇大怒道：“一分钱都不让，难道你是韩康吗！”韩康听后，觉得自己原本想卖药避世，但是现在连一个村妇都知道自己的名字了，还有什么意思呢？于是下定决心，连夜收拾行囊，隐居到深山里去了。但是从他开始的“不二价”之说却一直到如今还依然在生意场上流行。

▶ “车到山前必有路”的深层含义是什么？

“车到山前必有路”的深层含义是指在遇到困难或障碍时，总会有解决问题的办法。这句话鼓励人们在面对困境时保持乐观和积极的态度，相信总能找到克服困难的方法。它传达了一种顺其自然、随遇而安的生活哲学，同时也体现了人们对于解决问题的信心和对未来的希望。

▶ “不打不相识”背后有什么故事？

“不打不相识”源自《水浒全传》第三十八回，意思是双方不打一场不会相识。它表示经过交手，互相了解，更加投合。在《水浒全传》中，宋江、戴宗和李逵三人在江州相遇，因为一系列的误会和冲突，最终成了好友。这个俗语强调了通过直接的对抗和交流，人们可以更好地了解对方，从而建立起更深厚的关系。

▶“马不知脸长，狗不知尾短”表达了什么道理？

“马不知脸长，狗不知尾短”这句俗语比喻人们往往难以看到自己的缺点或不足。就像马无法意识到自己脸长，狗不会注意到自己尾巴短一样，人们往往对别人的问题看得很清楚，却忽视了自己的不足之处。这句话提醒我们要有自知之明，客观地认识自己。

▶“东风吹，战鼓擂”形容什么样的场景？

“东风吹，战鼓擂”这句话形容战争即将爆发的紧张气氛，一般描写重大战役或军事行动。这句话通过东风和战鼓，形象地描绘了战斗的紧迫感，让人感受到战斗的激烈和紧张。它常被用来比喻形势紧张，斗争一触即发的局面。

▶“八字没一撇”中的“八字”指的是什么？

“八字没一撇”中的“八字”原指男女双方的生辰八字，古代用于婚配时占卜吉凶。现在多比喻事情还没有开始或没有任何进展，一撇未成。它提醒人们在事情未有明确迹象前不要过早下定论。

▶“冰冻三尺，非一日之寒”强调了什么？

“冰冻三尺，非一日之寒”强调了事物的发展变化是一个逐渐积累的过程。这句话比喻某些情况的形成是经过长时间的积累和沉淀，而非短时间内所能形成的。它启示我们，无论是学习、工作还是解决问题，都需要持之以恒的努力和耐心。

▶“一箭双雕”的由来是什么？

“一箭双雕”原指一箭射中两只雕，后用以形容一举两得或效率高。它的由来与北周末年的长孙晟有关，他以箭法精准著称。据《北史》记载，长孙晟曾一箭射穿两只争夺肉食的雕，从此“一箭双雕”便用来形容做事高效、一举多得。

▶“杯弓蛇影”比喻的是什么情境？

“杯弓蛇影”比喻因疑神疑鬼而自相惊扰的情境。它源自古代一个故事，讲的是有人在酒杯中看到弓影，误以为是蛇，因而惊恐不安。它告诫我们不要被表面现象所迷惑，要理性分析，以免无端产生恐慌和误解。

▶“姜还是老的辣”体现了怎样的智慧？

“姜还是老的辣”这句俗语用来形容经验丰富的人处理问题更有办法。它源自清朝医生吴鞠通用老姜治病的故事，强调了经验丰富者在解决问题时的沉稳和高效。这句俗语提醒我们，在面对挑战时，要尊重并借鉴经验丰富的人的意见。

▶“偷鸡不成蚀把米”传递了什么教训？

“偷鸡不成蚀把米”这个俗语用来告诫人们不要贪图小利而招致更大的损失。它传达了一个教训：如果因为一时的贪婪或不当行为而失败，不仅达不到目的，反而会遭受损失。这个俗语提醒我们要诚实守信，不要因小失大。

▶“打草惊蛇”这个俗语是怎么形成的？

“打草惊蛇”这个俗语意味着采取行动时不慎泄露了风声，导致对方警觉。它源自古代捕蛇者在草丛中打草寻找蛇时，不慎惊动了蛇，让其逃走了。这个俗语告诫我们在处理事务时要小心谨慎，避免因轻率行动而使对方警觉，从而失去机会。

▶“三天打鱼，两天晒网”批评了什么行为？

“三天打鱼，两天晒网”批评了没有恒心、做事不持久的行为。它形象地描述了一些人工作或学习时的不稳定性，时而努力，时而松懈，导致事情无法顺利完成。这个俗语告诫我们，无论是工作还是学习，都需要持续不断地努力和坚持，才能取得成功。

▶“一叶障目，不见泰山”有什么启示？

“一叶障目，不见泰山”启示我们不要因为局部或小问题而忽视了整体或大问题。它比喻当一个人的视野被微小的事物所阻挡时，就无法看清更大的景象或更重要的事情。它告诫我们要拓宽视野，不要被眼前的小利益或小困难所迷惑，从而忽略了长远或更大的目标。

▶“九牛一毛”形容的是什么状况？

“九牛一毛”形容某种事物或情况在整体中所占的比例极其微小，几乎可以忽略不计。它源自汉代杨雄的《法言》，原意是九头牛身上的一根毛，比喻极大的数量中的极小部分。它提醒我们，在处理问题时要分清主次，不要被细枝末节所迷惑，忽视了主要矛盾。

▶ “井底之蛙”反映了什么心理？

“井底之蛙”用来比喻那些见识短浅、视野狭窄的人。它源自《庄子·秋水》中的一个故事，讲的是一只生活在井底的蛙，以为井口就是整个世界。它告诫我们要拓宽视野，不要局限于自己的小环境，否则就会像井底之蛙一样，无法了解更广阔的世界。

▶ “水滴石穿”说明了什么？

“水滴石穿”通过描述水滴长年累月滴在石头上，最终能够穿透石头的现象，来比喻持之以恒、坚持不懈地努力能够克服困难，达成目标。它强调了恒心和毅力的重要性，告诉我们即使看似微小的力量，只要持续作用，也能产生巨大的影响。

▶ “三人成虎”告诉了我们什么道理？

“三人成虎”告诉我们，谣言或讹传经过多人重复，就能使人信以为真。它源自《战国策》，讲述了一个人多次听到同样的谣言，最终信以为真，就像三个人都说市上有虎，听者便信以为真。它提醒我们，对于未经证实的信息要保持警惕，不轻信、不传播，避免造成不必要的恐慌或误解。

▶ “画蛇添足”的由来是什么？

“画蛇添足”的由来是古代楚国有一场宴会，客人们比赛在地上画蛇。有一个人画得快，就给蛇添了脚，结果反而失去了胜利。它告诫我们，多此一举反而会弄巧成拙，不必要的添加会破坏原有的完美或效果。它提醒我们在行动或言语上要恰到好处，避免不必要的过度行为。

▶ “百闻不如一见”表达了什么？

“百闻不如一见”表达了亲眼所见远胜于间接听闻的道理。这句话强调了直接经验和直观感受的重要性，意味着听别人说得再多，也不如自己亲自去看一看、感受一下来得真实和可靠。它鼓励人们不依赖二手信息，而要通过亲身经历来获得知识和理解。

▶ “青出于蓝而胜于蓝”的来源是什么？

“青出于蓝而胜于蓝”源自《荀子·劝学》篇，原文是“青，取之于蓝，而青于蓝”。这句话比喻学生超过老师或后人胜过前人，强调学习和成长的重要性。它告诉我们，后来者有机会通过学习和努力，达到甚至超越前辈的成就。

▶ “打破砂锅问到底”中的“砂锅”有什么象征意义？

“打破砂锅问到底”中的“砂锅”象征着问题的关键或者事物的本质。这个成语意味着追究事情的根底，不肯罢休。它通常用来形容人对某个问题非常执着，非要弄个水落石出不可。这个表达强调了对事物真相的不懈追求和探索精神。

▶ “关公面前耍大刀”讽刺的是什么行为？

“关公面前耍大刀”讽刺的是自不量力的行为。它用来形容在行家或专家面前卖弄本领，不知道自己的不足。关公，即关羽，是三国时期著名的武将，以勇猛和武艺高强著称。在关羽面前舞刀，显然是班门弄斧，不知天高地厚。它提醒人们要有自知之明，不要在高手面前炫耀自己的小技。

▶ “唇亡齿寒”比喻什么局势？

“唇亡齿寒”比喻相互依存的局势，意味着两者之间关系密切，一方的损失或灾难也会给另一方带来不利影响。它来源于春秋时期，描述的是两个相互依存的国家，其中一个国家的灭亡会导致另一个国家的生存受到威胁。它强调了合作和相互支持的重要性，提醒人们珍视与他人或他国的联盟关系。

▶ “不入虎穴，焉得虎子”背后有什么故事？

“不入虎穴，焉得虎子”背后的故事来自《后汉书·班超传》。班超是东汉时期的名将，他在出使西域时，为了打击匈奴的势力，决定夜袭匈奴的营地。在动员士兵时，他说：“不入虎穴，不得虎子。”意味着如果不冒险进入敌人的要害之地，就无法取得决定性的胜利。它用来形容只有勇于冒险，才能取得成功。它鼓励人们在面对困难和挑战时，要敢于采取行动，不畏艰难。

▶ “骑驴找马”是什么意思？

“骑驴找马”用来形容在没有找到更好的选择之前，先勉强将就现有的条件或局面，同时积极寻找更好的机会。它通常用来比喻在不理想的情况下，先接受现有的工作或关系，然后继续寻找更好的发展机会。它强调了在追求更高目标的过程中，既要脚踏实地，也要有远见和耐心。

▶ “亡羊补牢”的故事是什么？

“亡羊补牢”源自一个牧羊人的故事。牧羊人发现自己的羊圈有漏洞，导致羊丢失，邻居劝他修补，但他没有及时行动。后来，他意识到问题的严重性，于是修补了羊圈，从此羊再也没有丢失。

它用来比喻出了问题以后，及时补救，可以防止继续受损失。它强调了对问题的及时响应和纠正错误的重要性。

▶ “朝三暮四”指的是什么现象？

“朝三暮四”最初来源于《庄子·齐物论》，描述的是养猴人早晨给猴子三个果子，晚上给四个果子，猴子不满意；而早晨给四个，晚上给三个，猴子就高兴了。它用来比喻那些善用手段、玩弄手法的人。在现代汉语中，多用来形容那些反复无常、不守信用、经常变卦的人或事。

▶ “鹤立鸡群”形容的是什么场景？

“鹤立鸡群”形容的场景是一个人的才能或地位在周围人中显得特别突出，就像一只鹤站在鸡群中一样显眼。它强调了个体与环境的对比，常用来赞赏某人在群体中的卓越表现。它启示我们，优秀的个体往往能在普通环境中显现出来，同时也鼓励人们追求卓越，成为群体中的佼佼者。

▶ “顺手牵羊”比喻什么行为？

“顺手牵羊”比喻在做事的过程中，顺便利用机会获取额外的好处或利益。它用来形容抓住时机，利用顺手的机会得到意外收获的行为。但在某些语境下它带有贬义。在日常生活中，我们要遵守道德和法律，避免因贪图小利而造成不良后果。

▶ “按图索骥”原意指的是什么？

“按图索骥”原意指的是按照图像或图谱去寻找好马，比喻按照线索或规矩机械地寻找事物，而缺乏灵活性。它源自古代相马的故事，强调了实际操作中需要根据实际情况灵活变通，不能仅仅依赖书本知识或死板的规则。它提醒我们在解决问题时，既要有依据，也要有创新，避免生搬硬套。

▶ “九死一生”形容怎样的危险？

“九死一生”形容的是极其危险的情况，意指在九次死亡的威胁中幸存一次，用以形容经历极其危险的境遇而侥幸生还。它强调生存的不易和对生命的珍视。它提醒人们在面对困难和挑战时要有勇气和智慧，同时也要意识到生命的脆弱和宝贵，鼓励人们在逆境中不放弃希望，坚持到底。

▶ “狡兔三窟”讲述了什么道理？

“狡兔三窟”讲述了一个关于狡猾兔子的故事，它有三个藏身的洞穴，以此来躲避猎人的追捕。这个俗语用来比喻某人有多种准备或退路，以应对可能发生的危险或变化。它强调在复杂多变的环境中，需要有预见性和应变能力，以确保安全和成功。同时，它也提醒人们在面对对手时，要警惕对方可能有狡猾和多变的策略。

▶ “门庭若市”形容了什么场景？

“门庭若市”指的是家门口热闹得就像市集一样，用以形容家庭或商铺客人络绎不绝，非常热闹。它通常用来形容生意兴隆、人气旺盛。它展示了一种繁荣和兴旺的景象，也可以用来比喻某个地方或活动非常受欢迎，吸引了众多的人前来。这个表述强调了社交活动的重要性和人际互动的活跃度。

▶ “瞒天过海”是指什么？

“瞒天过海”原指用伪装手段欺瞒皇帝，暗中渡过大海。相传唐太宗亲征高丽，途经辽东需要渡海，薛仁贵为让太宗安心渡海，在船上设宴哄骗太宗上船，趁机指挥大军驾船渡海。待太宗发现时船已在海上，大军即将抵达彼岸。此计成功瞒过太宗，使他无意中完成了渡海。现人们用它来形容用巧妙的伪装和欺骗手段达到目的。

第五章

历史常识

▶ 中国目前发现的最早的系统性文字是什么？

世界公认最早的文字是公元前3000多年苏美尔人创造的楔形文字。甲骨文是中国目前发现的最早的系统性文字，又叫卦辞、契文，是商周时期刻在龟甲兽骨上的文字。

甲骨文于1899年被学者王懿荣发现，清末孙诒让著《契文举例》，最早开始对甲骨文加以考释，是研究商代历史的重要资料。到目前为止，河南安阳发掘和出土的带有甲骨文的甲骨已超过十五万片，在河南、陕西一带的其他地区也有甲骨文出现，年代从商晚期到春秋时期。武丁时代，商代文字体系已经成熟和完备。现在发现的甲骨文材料，有一多半是武丁时代的。而且武丁时代，商王朝的史官已经使用毛笔，有少数甲骨上的字，是毛笔蘸朱砂或墨写成的。

除了甲骨文，在中国最早的、可考证的不完整文字还有陶文、卦符等早期文字。如浙江省平湖市庄桥坟遗址发现的5000年前的良渚原始文字，双墩遗址发现的距今7000年左右的卦象符号，甘肃临洮发现的8000年前的马家窑陶文等。随着新的考古发现，中国更早的系统性文字将被进一步发掘和发现。

▶ 中国和欧洲的“公侯伯子男”爵位有什么不同？

我们经常听到西方“公爵”“伯爵”“男爵”称呼，和中国古代爵位名称一样，等级似乎也对等，但其实只是翻译的借用，加上封建管理层级近似的巧合，给人们造成了错觉。中国和欧洲爵位都是封建等级制度的产物，充分体现了封建制度的等级与土地的关系。《礼记·王制》中有记载:“王者之制禄爵,公、侯、伯、子、男凡五等……天子之田方千里,公、侯田方百里,伯七十里,子、男五十里。”

在中国历史上,武王克商后,采用“封建亲戚,以藩屏周”的政策,著名的“桐叶封弟”的故事就是发生在西周初年。但是到了秦朝推行郡县制,以及汉朝削藩后,爵位与土地分封开始逐渐剥离,因此,在此后很长的历史时期中,中国的爵位实际上成了一种经济权益和政治地位的象征,这一点不同于后来的欧洲封建爵位。在“头衔”化的大趋势下,极少数者还有一定的实际分封的行政管辖含义。

▶ 什么是“三家分晋”和“田氏代齐”?

“三家分晋”是指春秋末年,晋国被韩、赵、魏三家列卿瓜分的事件。而“田氏代齐”几乎发生于同一时期,齐国的大夫田氏废掉了君主姜氏,取而代之成为诸侯。

“三家分晋”被视为春秋与战国的分水岭,是司马光编年体史书《资治通鉴》记载的开端,是中国历史上划时代的重大事件。实际上,这段时期,除了晋国和齐国,周室主要诸侯国几乎都发生了篡国事件。比如,鲁国公室被三桓(指鲁国卿大夫孟孙氏、叔孙氏和季孙氏)架空,郑国由七穆(指郑国七家卿大夫家族驷氏、罕氏、国氏、良氏、印氏、游氏、丰氏)把持,卫国和宋国公室直系被旁支取代。因此,当时大的历史背景是,周天子式微,拥护天子的封地宗亲和亲信诸侯等核心势力被其他贵族打压,“封建亲戚,以藩屏周”的周朝的分封制度走向衰弱,加上秦、楚势力崛起,各国之间征伐兼并,由此造就了战国七雄的格局,中国慢慢由分封制向中央集权的统治模式方向发展。

▶ 战国七雄指什么?

战国七雄特指战国时期七个最强大的诸侯国。

经过春秋时期的争霸战争,周王室名存实亡,诸侯国数量大大减少。经过三家分晋、田氏代齐后,实力最强的七雄格局开始形成。秦国、楚国、齐国、燕国、赵国、魏国、韩国七个最强大的诸侯国被称为“战国七雄”。

当时除了这七个诸侯国外,还有一些弱小的诸侯国,其中宋国、越国、巴国、蜀国、中山国、鲁国影响相对大一点。还有周王室分出来的东周国、西周国,也坚持到了战国后期才灭亡。其他小国还有郑国、卫国、滕国、邹国、费国等,但它们的实力与影响力皆远远不及战国七雄,只能在强国的夹缝中生存,最终全都被七雄所灭。在这七雄之中,后期以秦国国力最强。除秦国以外,其余六国均在崤山以东，故称“山东六国”。

► 商鞅变法为什么能够成功？

商鞅是卫国人，主张“当时而立法，因事而制礼”，在秦孝公的支持下施行变法，于公元前356年和公元前350年，先后两次实行以“废井田、开阡陌，实行县制，奖励耕织和战斗，实行连坐之法”为主要内容的变法。变法的结果是：“行之十年，秦国道不拾遗，山无盗贼，民勇于公战，怯于私斗，乡邑大治。”（《史记·商君列传》）

商鞅变法成功的原因，一方面是重视农业并有效加强人口控制，符合农耕封建制向中央集权过渡的历史趋势；另一方面，变法建立了新的生产关系、打破了旧的利益结构，其核心是释放了生产力，从贵族手中收回了大量土地。虽然商鞅本人反受其害，在秦孝公死后，被贵族势力罗织罪名，诬其谋反，最后被车裂，但其变法制度符合当时秦国的发展趋势并满足了需求，得到了秦孝公和秦惠文王两代国君的贯彻和推行，所以得以成功。

► 什么是“约法三章”？

公元前207年，刘邦领兵攻入咸阳，秦朝正式灭亡。为了取得民心，刘邦把关中各县有名望的人召集起来，郑重地向他们宣布：“如今我和众位约定，不论是谁，都要遵守三条法律。这三条是：杀人者要处死，伤人者要抵罪，盗窃者也要判罪！除此之外，秦朝的繁律苛法均可全部废除！”

“约法三章”在中国历史上有重要意义和价值。在经历了严苛的秦朝暴政统治后，处于战乱的贵族和平民，都无法保障自己的生命和财产。“约法三章”能够得到拥护，本质上是对秦朝繁律苛法的反思和批判，同时也顺应了人民想要摆脱战争的戕害的需求。所以，“约法三章”的提出，一方面奠定了刘邦日后统一中国、建立汉王朝的民意基础；另一方面它是平等法制的原始准则和恢复基本社会秩序的核心手段。

► “萧规曹随”是怎么回事？

西汉初期，开国名臣萧何辅佐汉惠帝，采取休养生息政策，制定《九章律》，“镇国家，抚百姓”，使汉王朝日趋稳定。萧何死后，汉惠帝按萧何的遗言，任命曹参为丞相。

曹参担任丞相后，没有像大家期望的那样励精图治，反而无所事事，什么也不做，所有公务完全按照萧何制定的规矩办，一点儿也不改变。别人都以为他不尽心，敷衍行事。有一次汉惠帝派曹参的儿子规劝他，结果被曹参处罚。惠帝责问曹参，曹参连忙请罪，对惠帝说：“请问陛下，您认为高祖和您比，谁更英明？”惠帝答：“当然是高祖。”曹参又问：“您看我和萧何比，谁更能干？”惠帝笑答：“你不如萧何。”曹参说：“既然这样，高祖和萧丞相平定了天下，又制定了合理的规章制度，我们只需要按照他们的制度去办事，不要失职就行了。”惠帝恍然大悟：原来这就是萧何推荐曹参接任丞相的原因啊。

▶ 古代的官和吏有什么区别？

《说文解字》是这样解释的：官，吏事君也；吏，治人者也。可以理解为“官”是为君王和国家服务的，“吏”是治理平民的。

先秦时期，官吏不分，“三公”也称“三吏”。世袭爵位者充任行政管理者，叫世官执政或世卿执政；也可通过功绩、举贤产生官吏；而小吏的职能，多由依附于公卿的门客充任。

到秦汉时期，中央机构运作日趋成熟，官吏成为国家治理的主力。汉朝时将官吏明确分为三类，即主官、长吏和少吏。俸禄在200石以上的为官，200石以下的为吏。

后来，受“九品中正制”的影响，两晋南北朝中官员多为门阀世族，而庶族寒门无法进入高层次的官僚体系，只能依附于世族官僚从事低级事务。这些吏员不食国家俸禄，而是由官员聘任管理的。吏员为了保住职务，往往会利用专业技能或人际关系把持一定的政治资源，造成一些基层社会问题，被鄙视为“小人”，唐朝之后甚至禁止吏员参加科举，使得官员和吏员完全剥离。

▶ “犯我中华者，虽远必诛”出自哪里？

“犯我中华者，虽远必诛”出自东汉班固《汉书·陈汤列传》：“宜悬头槁于蛮夷邸间，以示万里，明犯强汉者，虽远必诛。”这句话是西汉名将陈汤在讨伐北匈奴郅支单于之后给汉元帝的战报中说的。意思是：胆敢侵犯大汉国土的人，即使再遥远，汉朝军队也一定会无情地诛杀之。

虽然这句话荡气回肠，流传千古，但实际上这次讨伐行动却是陈汤为了不贻误战机而冒着被杀头的风险私自矫诏，先斩后奏完成的。好在最终的结局是好的，汉元帝毕竟不是昏庸的君王，由于此战是历史上第一次将匈奴单于斩首，尽显了大汉天威，汉元帝不仅赦免了陈汤矫诏的死罪，还对各位参战的将领论功行赏，加官晋爵。

▶ 汉朝是如何选拔人才的？

汉朝选拔人才，主要通过“征辟”和“察举”；还有通过专门培育人才的机构的“博士弟子考课”任职的；当然，也有因父兄的功绩，经“任子”保举授予官职的，或者凭财力“赀选”为官的。

“征辟”是直接聘请名士任官。皇帝

聘请称“征召”，官府任用称“辟除”，合称“征辟”，但符合征辟条件的对象有限，无法满足用人需求。

“察举”是通过考察，将符合要求的人才推荐出来，经过考核加以任用。

汉文帝下诏“举贤良方正能直言极谏者”。汉武帝时期察举制逐步完善，各种规定和科目不断充实，有了统一的选拔考试办法，如设置科目孝廉、贤良、茂（秀）才、明经等，有每年一次的岁举（常科）和不定期的诏举（特科、制科），其中孝廉和贤良是重要部分。察举制通过考试的形式选拔人才，为隋唐以后施行科举制度提供了参考。

▶ 什么是绿林好汉？

评书戏曲里，江湖豪强都被称为“绿林好汉”，词典解释为：“指聚集山林反抗封建统治阶级的人们。旧时也指聚众行劫的群盗股匪。”那么“绿林”是什么意思呢？

“绿林”指湖北绿林山（大洪山）。西汉末年积弊日深，王莽新朝改革，引爆了社会矛盾。当地豪强在绿林山聚众起义，声势浩大，称绿林军，与赤眉军并称为“绿林赤眉起义军”。绿林军曾推举刘玄为“更始帝”，所以绿林军又称汉军。后来东汉的开国皇帝刘秀，也曾投身绿林军，为太常偏将军，使得绿林军在历史上的名声，甚至超过了当时规模更大的“赤眉军”。由于绿林军虽然出身草莽，但是最后成功攻入长安，诛杀王莽，推翻新朝，所以成为平民反抗压迫的典型和榜样，受到民间推崇，经过文学演绎，“绿林好汉”成为江湖豪强的代名词。

▶ 什么是九命之锡？

九命之锡又称“九锡”，是指最高荣誉的礼器。九为阳数之极，锡者，赐也，所以九锡是中国古代最高统治者赏赐给有功之臣的九种礼器。九锡彰显赐物尊贵，表示恩宠隆重到极点。九锡器物象征意义远胜于其实际价值，与礼仪制度相配合，有一套完整的荣誉授予仪式，即九锡殊礼。九锡与九锡殊礼起源于宗周九命，萌芽于西汉末年，规范于曹魏，兴盛于两晋南北朝，历经隋唐直到五代十国，然后就开始淡出历史舞台，自两宋之后，几乎不再有人提起。

除了王莽，魏晋南北朝时期，权臣多有凭借权势胁迫皇帝赐予九锡或自加九锡，谋图去臣化，而后以“禅让”的方式夺权篡位、改朝换代。故史籍所载多将九锡与九锡殊礼置于与禅让相结合的王朝更替环境中，注重其作为权臣篡弑工具的功能，而忽视其褒奖功臣的初始功能。

▶ 什么是门阀？

一种说法是：东汉地位显赫的望族会在门外面立两根柱子用来题记功业，

左阀、右阅，称“阀阅”或“门阀”。另一种说法是：先秦时“伐”指战伐功绩，阅为积日，即阅历。到东汉，选官制度更注重门第，因此“伐”字上加“门”字，“伐阅”成了“阀阅”。

门阀士族的阶层渊源可追溯到先秦的公卿巨室，而东汉门阀的群体，源自西汉时占有大量田产的“豪右”（有名望的世家大族）。地方“豪右”帮助刘秀起兵建立东汉政权，取得了显赫的政治地位，成为门阀的雏形。随着门阀影响力的加大，一套特权制度慢慢形成，即“门阀政治”。

东汉末年，门阀政治更加膨胀，在东晋时期达到鼎盛并一直延续到隋唐。它影响了从汉到隋唐的官员选拔体系、徭役制度、婚姻民俗等，甚至将权利与庶民隔离，有“上品无寒门，下品无世族”“至于士庶之际，实自天隔”的说法。门阀垄断社会财富，左右朝堂政局，一方面人才辈出，贡献卓著；另一方面骄横跋扈，腐朽没落，加剧了社会矛盾。最终在黄巢起义中，门阀士族遭到了巨大的打击和破坏，尤其是随着科举制的施行，庶族寒门以实际能力和贡献取得政治地位，门阀政治逐步瓦解。

▶ 什么是“挟天子以令诸侯”？

“挟天子以令诸侯”的意思是挟制皇帝，用皇帝的名义发号施令。《史记·张仪列传》记载：张仪建议秦惠王“挟天子以令于天下，天下莫敢不听，此王业也”，但他的意见被司马错否定了。

历史上公认长期被挟持的天子，是东汉末年的献帝刘协。《后汉书·袁绍传》记载，谋士沮授建议袁绍：“挟天子而令诸侯，蓄士马以讨不庭，谁能御之？”其他挟持天子的事情历朝都有发生。

189年，汉灵帝驾崩，刘辩继位，史称少帝。同年，董卓入京后自封司空，拥刘协继位，为汉献帝，从此汉献帝成了傀儡皇帝。董卓假借献帝名义把持朝政，骄横跋扈。之后，各地的州郡牧守以讨伐董卓的名义纷纷起兵，拉开了东汉末年军阀混战的序幕。董卓伏诛后，汉献帝被董卓部将李傕和郭汜挟持，后在杨奉和董承的护送下返回洛阳。建安元年（196），曹操迎汉献帝，迁都许县。汉献帝封曹操为司空，从此又受制于曹操。最后于220年，汉献帝被逼迫“禅位”于魏王曹丕，东汉灭亡。

▶ 西晋之后的“五礼”和周礼的“五礼”有什么区别？

诞生于西晋的五礼制度是指吉、凶、宾、军、嘉。

五礼之说出现在战国后期。《周礼》记载了五礼，但其内容不明。当时的五礼应该还不是后世所说的五礼，或与五行仁、义、礼、智、圣有关。其实，当时称礼之数也并不限于“五”，如《大戴礼记》的“冠、昏、朝、聘、丧、祭、宾主、乡饮酒、军旅，此之谓九礼”，《礼记·王制》的“六礼：冠、昏、丧、祭、乡、相见”。但其出现，为后世创制五礼提供了命名基础。

西汉《史记》引用《尚书》“修五礼、五玉”一语，孔安国解释是吉、凶、宾、军、嘉之礼，而郑玄认为是公、侯、伯、子、男朝聘之礼。孔安国的说法为后世五礼提供了注解。到了晋朝，晋武帝结束了割据，重新创建了一个大一统王朝，他本人有创建新礼制体系的意愿，加之礼学思想已臻成熟，故适应大一统的五礼制度便应运而生了。之所以五礼制度最终产生于晋朝，是因为有三个条件：帝王意志、学术思想和政治局势，三者缺一不可。

▶ 什么是八王之乱？

从291年贾后杀杨骏开始，至306年的16年间，前后一共有八名同姓藩王参与内乱，史称八王之乱，导致了西晋亡国。但是造成这样的局面，其实在西晋立国之初就埋下了祸根。

晋武帝夺取政权依靠的是门阀士族力量的支持。西晋为了巩固政权、拉拢门阀势力，大封功臣士族，通过九品中正制和荫客制保障了士族利益。同时，为了制衡门阀，加强对宗室藩屏的保障，分封了27个同姓王，之后不断扩大宗室诸王的权力，使得中央权力被削弱。

晋武帝死后，晋惠帝期间贾后专政成为导火索。赵王司马伦杀贾后称帝，随即引发了三王起义，司马伦被灭，司马冏拥司马衷复位。但司马冏独揽朝政，又引起司马颙和司马乂讨伐。司马乂揽权，司马颙又反司马乂……公元307年晋惠帝暴毙，司马炽继位为晋怀帝。晋怀帝刚登基就下诏书要封司马颙为司徒。司马颙回朝途中被南阳王司马模杀死。八王之乱到此终结。

▶ 什么是五胡乱华？

五胡乱华，指在西晋时期塞外众多游牧民族趁西晋八王之乱、国力衰弱之际，陆续建立数个非汉族政权，形成与南方政权对峙的时期。“五胡”主要指匈奴、鲜卑、羯、羌、氐五个胡人大部落，但事实上五胡是西晋末各乱华胡人的代表，数量远非五个。

他们先后在北方和西南建立了二十多个割据政权。其中十六个国家实力较强，为前凉、成汉、前赵、后赵、北凉、西凉、后凉、南凉、前燕、后燕、南燕、北燕、夏、前秦、西秦、后秦，史称“十六国”。

西晋灭亡后，317年，西晋皇族司马睿南迁后建立东晋，与北方的五胡十六国并存，这一历史时期又称“东晋十六国”。东晋与之前的孙吴以及其后的宋、齐、梁、陈，合称为六朝。

在五胡十六国诸国混战期间，前秦宣昭帝苻坚曾经一度统一北方、西域、巴蜀等地，成为十六国中最富强的国家，但在南征东晋时，于淝水之战惨败。之后前秦崩溃，北方再度混乱。北魏立国后，于 439 年统一华北，进入南北朝时期。

五胡乱华的时间一般从成汉政权和刘氏政权建立（304 年）开始算起，一直到鲜卑族拓跋氏建立北魏统一北方（439 年）。581 年隋文帝杨坚建立隋朝，589 年灭陈朝，结束了三百年的动乱和分治。

▶ 南朝有“庶族”政权吗？

南朝的宋朝和陈朝都是庶族将领建立的，但门阀依旧把持朝政。

南朝承自东晋，有宋、齐、梁、陈四朝。南朝时，士族门阀虽仍是特权阶层，但腐朽无能，开始衰落。尤其是掌军权者越来越少，庶族势力兴起。

东晋时期由于北方五胡政权引起战乱，大量流民进入南方。为了防止流民入侵京师，东晋政权在京口将流民组建成一支军队，称北府兵（京口称“北府”）。北府军战斗力很强，在淝水之战中一举击败前秦大军。后来，北府军成为刘裕的军事支柱。420 年，刘裕称帝，建立南朝宋，北府军成为其军队的主力。南朝宋以后，庶族大量充任将帅和掌管机要，逐渐取代士族，成为政治上的新生力量；同时，皇权力量也得到加强。至梁武帝时基本形成了尚书省、中书省、门下省、秘书省、集书省等五个中央中枢机构并存的格局。国家的中枢权力被分解，再无某一机构能独掌大权。

▶ 什么是南北朝时期的“关陇集团”？

“关陇集团”主要指籍贯是陕西关中和甘肃陇山一带的门阀军事势力。

南北朝是南朝和北朝的统称，北朝（386—581）承自十六国。北朝门阀主要分为国姓（汉化鲜卑贵族）和郡姓（北方汉族）。孝文帝迁都洛阳之后，大规模汉化，制定了严格的士族制度，规定了政治经济特权等级。汉族四姓高门和鲜卑国姓同为一等门阀，但胡汉矛盾还是导致了北魏分裂。北魏分裂之后，以关陇集团为代表的汉人门阀和汉化鲜卑贵族于关中建立西魏和北周。保守派鲜卑贵族和鲜卑化汉人建立了东魏和其后的北齐。

随后北周取代西魏，北齐取代东魏，而北周又消灭了北齐。之后北周静帝禅让于隋文帝杨坚，隋最终统一了全国。最后取得政权的是关陇集团，关陇集团的影响一直延续到了唐代。

▶ 文景之治的主要政策有哪些？

西汉初年，文帝和景帝在位期间（公元前 179—前 141），都推行轻徭薄赋、减省刑罚、提倡俭约等一系列休养生息政策，缓和了社会矛盾，恢复和发展了经济，被后世誉为“文景之治”。

汉文帝的主要政策有：废除对犯罪者亲属的连坐；废除一些严酷的肉刑；

颁布养老令，对老人发放米面肉酒进行慰问；下令免除郡国上贡朝廷。文帝对诸侯采取姑息隐忍的政策，以暂缓矛盾。

汉景帝的主要政策有：田租由十五税一改为三十税一，此后成为汉朝定制；约束官吏，力求公平；疑罪从轻，废除部分酷刑；同时，汉景帝加强了对藩王的削镇，平定了七国之乱。

经过文、景两帝41年的治理，农民负担大大减轻，全国田赋被减免长达11年，西汉前期农民税赋是历朝最轻的。同时，人民富足，社会安定，国家的财政收入也因此而充实，“太仓有不食之粟，都内有朽贯之钱”。由此西汉迎来了前期的太平盛世，为汉武帝的“武功”打下了基础。

▶ 贞观之治为什么被后世赞誉？

贞观之治是唐朝初年唐太宗李世民在位期间出现的政治清明、经济复苏、文化繁荣的治世局面。因其时年号为“贞观”（627—649），故史称“贞观之治”。

唐太宗李世民治下出现的唐朝第一盛世“贞观之治”，是优秀治国理念的典范，对后世有着深远的影响。

唐太宗继位时，全国人口稀少，满目萧条，贞观元年到三年，各地还出现了三年以上连续性的自然灾害。曾经繁荣的山东以及河北一带，已经是“人烟稀少，鸡犬不闻”。在边境，突厥的颉利可汗率兵打到长安城外并与唐太宗订立渭水之盟，成为威胁中原的主要力量。

在这样的背景下，唐太宗充分体现了政治智慧：深刻理解“水能载舟亦能覆舟”的道理，轻徭薄赋、减省刑罚；以史为鉴，以人为镜，勤政任贤，从善如流；完善科举，增设科目，选拔人才；加强中央集权，完善三省六部制，严格考察各级官吏；击败东、西突厥后，对各民族主张和平交往，和亲吐蕃，加强对西域的管理。“贞观之治”为唐代强盛奠定了坚实的基础。

后世对唐太宗的赞誉，并不仅仅因为当时的成就，还因为这些治国理念为后世树立了很好的榜样。

▶ 什么是开元盛世？

开元盛世是指在唐玄宗治理下出现的盛世，因当时年号为“开元”，史称开元盛世，实际上涵括了开元、天宝两个时期。

据传，开元年间唐朝进入全盛时期，大唐的直辖州有321个，边疆州达到了800多个。与大唐交往的国家有200多个，日本曾派遣使臣到长安15次，东罗马帝国派遣使臣到长安7次，阿拉伯帝国36次派出使节。天宝年间唐朝人口达到8000万人，长安城人口达到了120多万人，杜甫赋诗《忆昔》：“忆昔开元全盛日，小邑犹藏万家室。稻米流脂粟米白，公私仓廪俱丰实……”王夫之称赞：“开元之盛，汉、宋莫及。”

▶ 帝王的庙号、谥号和年号分别指什么？

帝王一般死后会有庙号和谥号，生前则有年号。如汉高祖、唐太宗是庙号；周文王、汉武帝是谥号；建元、贞观、康熙是年号。

庙号的产生，和古代祭祀有关，因为祭祀时直呼先帝姓名未免不敬，就以创基者曰“太”（如太宗）、功大者曰“高”（如高宗）、中兴者曰“中”（如中宗）等代称表示恭敬。

谥号产生于周代，与政治评价有关。周朝灭商后没有沿用庙号，而是用谥号“鞭策”统治者，死后根据其生前行为命名。当然，谥号不限于帝王，诸侯和大臣都可以有谥号，作为名誉奖惩。到了秦始皇，他认为后世没有资格评价他，为了避免子议父、臣议君的情况，就将庙号连同谥号一同废止。汉朝恢复了庙号和谥号，但是对于追加庙号很慎重，不少皇帝都没有庙号，所以那些没有庙号的帝王只能用谥号代称。

汉武帝首创年号“建元”。通常一个帝王可以有很多年号，作为政治标志和纪年节点，但是到了明清以后，一个帝王一般只用一个年号，所以年号（永乐、雍正等）也就成为帝王的代称。

▶ 什么是安史之乱？

安史之乱也称天宝之乱，是唐代玄宗末年至代宗初年（755—763）由唐朝将领安禄山与史思明发动的篡权内战，是唐朝由盛而衰的转折点。

安禄山和史思明都是粟特人。安禄山出身于西域康国，随母阿史德氏改嫁于右羽林大将军安波注之兄安延偃，改安姓。后为幽州都督张守珪义子。他骁勇善战，天宝年间，兼任三镇节度使，被封东平郡王。755 年以诛杀宰相杨国忠为名，发动安史之乱，建燕政权。757 年被嫡次子安庆绪所害。

史思明出身于西域史国，骁勇善战，为安禄山部将。随安禄山叛唐，后降唐，再叛，自称大圣周王。759 年杀死安庆绪，继燕帝。761 年为儿子史朝义所杀。

▶ 柳宗元与“永贞革新”有什么关系？

805 年唐顺宗继位后，任命王叔文行使内相职权。柳宗元作为王叔文的助手被提拔，并参与了后来的永贞革新。

永贞革新是中唐时期一次短暂的政治、经济、军事改革，历时 146 天，由于反对派的阻挠，这次革新最后以失败而告终。顺宗不得不把皇位让给了太子李纯（唐宪宗）。

宪宗贬黜王叔文、刘禹锡等人，柳宗元被认为是罪状最大的一个，9 月被贬到邵州。走到半路 11 月又被改贬到永州。这就是历史上有名的“二王八司马”事件。

柳宗元在永州一任 10 年。元和十

年（815 年），43 岁的柳宗元被召回京城，接着又被派到比永州更远的广西柳州。他在柳州过了 4 年，最后病死在那里，享年 47 岁。

永贞革新给柳宗元带来了政治上的打压和精神、肉体上的痛苦，但苦难促成了他文学创作上的巨大成功。从这方面来讲，永贞革新是柳宗元人生的一个重大转折点，没有永贞革新的挫折，“唐宋八大家”中，也许就少了柳宗元。

▶ 元和中兴有什么历史影响？

元和中兴是指唐宪宗在位时国家政治一度回归正轨，呈现中兴局面，但这只是相对安史之乱后整体的混乱局面而言的“中兴”。

元和中兴提高了宰相的权威，打击了藩镇势力，加强了中央集权，推迟了唐朝的灭亡。

当时各地藩镇在长时间的战乱中，实力也有所削弱。唐政府乘机“以法度裁制藩镇”，陷于强藩多年的河南、山东、河北等地区，又回归中央政府管辖，唐王朝复归于统一，呈现了“唐室中兴”的盛况。

元和中兴主要的功绩就是压制藩镇势力，但是唐宪宗的明君形象没能维持到最后。他在取得了一些治国的成效后，晚年开始变得骄侈暴躁，自以为是，罢免了一些有作为的重臣，迷信方士求长生不老，长期服“金丹”，性情大变，最终被宦官所杀。唐宪宗之后的皇帝都是被宦官扶持上台的，说明随着藩镇被打压，宦官的权力又间接被加强了，从而埋下了另一个隐患。

▶ 为什么甘露之变被看作开启晚唐的标志性事件？

甘露之变是指唐文宗于大和九年（835 年）谋划诛杀当权宦官而失败的一次事变。这次事变造成朝廷中许多官员被杀，唐朝宦官势力从此变得不可抑制。

原本唐朝之所以被划分为初唐、盛唐、中唐和晚唐，最直接的原因，是因为明朝有本叫作《唐诗品汇》的书，它按照唐诗的发展，将唐诗分成了初、盛、中、晚四个阶段。后来大家认为，用这个方法来对唐朝历史进行划分，也大致成立，所以就沿用了这个方法。初唐、盛唐、中唐、晚唐的划分，最初不是严格的历史划分，而是指唐朝文学的发展阶段。

后来因为甘露之变带来了历史上的第二次宦官时代，宦官当道成为唐朝后期政治的严重弊病，急遽推动了唐朝走向末路，因此甘露之变被看作开启晚唐的标志性事件。

▶ 什么是五代十国？

五代十国（907—979）是中国历史上的一段大分裂时期。

从时间阶段来讲，“五代”是依次更替的中原“王朝”，十国是割据并立的地方政权，所以时间脉络以“五代”为主轴。907 年唐亡后，更替于中原的五个政权，按顺序是后梁、后唐、后晋、后汉、后周。直到 960 年北宋取代后周，结束了分裂局面。

“十国”是指中原之外以十国为代表的割据政权，从 902 年淮南节度使杨行密被封为吴王（南吴）开始，至 979 年宋太宗赵光义灭北汉刘继元止。割据政权包括前蜀、后蜀、南吴（杨吴）、南唐、吴越、闽国、南楚（马楚）、南汉、南平（荆南）、北汉，其他还有桀燕等。

五代十国记忆口诀：五代梁唐晋汉周，北方更替五十秋。十国割据南天下，南唐篡吴闽楚收。前蜀早亡接后蜀，依辽北汉晋阳愁。南平南汉兼吴越，后蜀南唐做宋囚。

▶ 什么是黄袍加身？

“黄袍”指古代帝王穿的龙袍，“黄袍加身”指被拥立为皇帝。

历史上第一个被“黄袍加身”的人是后汉枢密使兼侍中郭威，称帝为后周皇帝。

郭威起兵杀死后汉隐帝后，起初不敢称帝，立宗室刘赟为新帝，但是不符合其军事集团的利益。951 年冬，传闻契丹入侵，河北告急，后汉李太后命令郭威返回河北布置防御。走到澶州时，曹州防御使何福进领兵哗变，簇拥郭威，黄袍加其身，众人齐声高呼万岁。郭威在将士的簇拥下，返回开封，正式登基，改国号为“周”，史称“后周”。

10 年后，960 年冬，再次传闻契丹入侵，后周都点检赵匡胤率军迎敌，到距离开封城仅 20 多里的陈桥发动了哗变。历史重现，赵匡胤被部下簇拥，黄袍加身称帝，改国号为宋。这也是后来赵匡胤采取“杯酒释兵权”的原因，甚至整个宋朝，都重文轻武，对军事首领采取防范的态度。

▶ 什么是“杯酒释兵权”？

宋朝初期，宋太祖赵匡胤听取赵普等文臣的建议，为了加强中央集权，避免“黄袍加身”的事件再次重演，分别在建隆二年（961 年）和开宝二年（969 年），宴请禁军主要将领和部分藩镇节度使，要求他们交出兵权，后人称之为“杯酒释兵权”。

以收回军事掌控权为目的的“杯酒释兵权”是以和平方式，分两个阶段进行的。

建隆二年的酒宴主要目的是收回中央禁军将领的兵权，包括殿前司都点检、殿前司副都点检、殿前司都指挥使、殿前司都虞候、侍卫亲军司马步军都指挥使、侍卫亲军司马步军副都指挥使、侍卫亲军司马步军都虞候、侍卫亲军司步军都指挥使等。此后宋朝禁军不再设置殿前司都点检和侍卫亲军司马步军都指挥使等职位。

开宝二年的酒宴主要是针对藩镇节度使的，包括王彦超、郭从义、武行德、白重赞和杨廷璋等。

“杯酒释兵权”之后，宋太祖在军事制度方面进行了多项改革，设立了枢密院作为掌管全国军政的最高机构，大大强化了北宋中央集权。

▶ 北宋主要施行了哪些变法？

北宋主要施行了庆历新政和王安石变法。北宋太宗、真宗时期就有变法主张。到宋仁宗开始施行庆历新政，至宋神宗时，开始实行王安石变法。两次变法都有一定的先进性，对后世有着非常宝贵的指导意义和历史作用，但均以失败告终。

宋仁宗庆历新政以范仲淹为主。庆历年间，国库入不敷出，范仲淹临危受命，提出以功绩论官职、限制门荫、兴办学校加强教育选才、举荐优选地方官、均公田、厚农桑、修武备、轻徭役等10项举措，史称“庆历新政”。由于新政损害了官僚利益，没实行几年就被废除了。

宋神宗时期推行了两次王安石变法。王安石变法在财政、农业和军事等方面进行了改革，主要内容包括：1. 限商，有均输法、市易法和免行法；2. 兴农，有青苗法、募役法、方田均税法和农田水利法；3. 军备，有将兵法、保甲法、保马法，以及建立军器监等。最终由于实施不当，致使民怨四起，利益集团借机上书陈弊，因此变法最终也以失败告终。

▶ 北宋四大书院指哪四大书院？

书院最初产生于唐代。开元十二年，唐玄宗设丽正书院，后改称为集贤殿书院，是最早的官办书院。到了宋代，程朱理学崛起，讲学之风日盛，书院开始大行其道。北宋四大书院指白鹿洞书院、岳麓书院、石鼓书院、应天府书院。

白鹿洞书院位于江西庐山，唐代李渤任江州刺史期间建造，称白鹿洞。宋初扩建为书院。以后屡经兴废，朱熹、陆象山、王阳明等都曾在此建院或讲学。

岳麓书院位于湖南省岳麓山下，由北宋开宝九年潭州太守朱洞创建，宋真宗赐以“岳麓书院”门额。南宋理学家张栻、朱熹曾在此讲学。

石鼓书院位于湖南省衡阳石鼓山，始建于唐元和五年，宋太宗和宋仁宗分别亲赐“石鼓书院”匾额。

应天书院位于河南省商丘，时属应天府管辖，亦称睢阳书院。最初为戚同文讲学之地。北宋真宗年间，曹诚广招学生，范仲淹曾来此任教。

▶ 明朝为什么要实行海禁政策？

中国封建王朝自古有“利出一孔”（意思是给予利禄赏赐只有一条途径，那就是从事耕战）的统治秘诀，特别是元朝泉州贸易港发生波斯戍兵之乱，使明王朝心有余悸。虽然航海技术已经迅速发展，但明王朝并没有适应开放的新世界。

明代前期，“海禁”政策及朝贡体制是外交政策的两大支柱。明王朝以防“倭寇”为名，实行严格的海禁，禁止沿海居民私通海外，“片板不许入海”，扼杀了民间海外贸易。同时，明王朝积极发展朝贡“贸易”，鼓励海外诸国入明朝贡。明王朝遣使四出，招徕东南亚诸国，并对朝贡国赏赐丰厚，耗资巨大。这一举措随着郑和船队下西洋达到鼎盛。

海禁和朝贡，都是为了将海外贸易严格控制在官方手里，确保“利出一孔”。但朝贡是一种外交手段，虽有贸易性质，却以政治目的为主，最终虚耗国库。

明成祖之后，国库空虚，无力支付“厚往薄来”的朝贡，诸国得不到利益，也多停贡不来，朝贡贸易走向衰落。明代中后期，随着明朝官方从海洋退缩，民间的出海走私贸易在海禁的夹缝中逐渐兴起。

▶ 明朝的“倭寇”与海禁有关系吗？

本质上，明朝的“倭寇”是武装走私团体，而不仅仅是日本海盗。随着朝贡贸易的失败、海禁政策的执行，明朝倭寇泛滥。

虽然早期的倭寇大多是由日本下层的武士、浪人组成的海盗集团，但后来的参与者有很多都是沿海一些因为海禁无法生存的当地居民。《明史·日本传》里就记载：“大抵真倭十之三，从倭者十之七。”《嘉靖实录》亦有记载：“盖江南海警，倭居十三，而中国叛逆居十七也。”甚至著名倭寇首领汪直就是中国人，被捕后他在狱中声泪俱下，向朝廷建言开放海禁，通关纳税。直到隆庆开海，从 1572 年到 1644 年明朝灭亡这 72 年的时间当中，明朝的经济得到了巨大的复苏，同时也为明朝积累了巨额财富。尽管此时明朝处于濒临破碎之际，但由于开海政策，国家得到了一定的喘息。值得注意的是，倭寇在这段时间里也神奇地减少了。

▶ 明朝有哪些特务机构？

明朝主要特务机构有检校、锦衣卫、东厂、西厂、内行厂等。

“特务政治”是明太祖朱元璋的发明，他为了“以重典驭臣下”，设立了特务机构检校，职责是“专主察听在京大小衙门官吏不公不法及风闻之事”，检校的鹰犬无孔不入，朱元璋对各级官员的一举一动了如指掌。

“胡惟庸案”爆发两年以后（1382 年），朱元璋又设立锦衣卫，是由皇帝直接指挥的军事特务组织，掌管侍卫、缉捕、刑狱，它所设的监狱称为“诏狱”，用来审判皇帝特批的人犯。

明成祖朱棣为了对付政敌，在锦衣卫之外再设东厂。朱棣把特务政治推到了一个新高度。

宪宗时期，宦官汪直奉命在锦衣卫的校尉中选拔 100 多名善于刺探情报的能手，组建特务机构，称为西厂。

武宗继位后，宦官刘瑾掌权，宦官势力再度兴起，西厂复开，由宦官谷大用领导。刘瑾又自建了一个内行厂，由其直接统领，职能与东、西厂一样，但侦缉范围更大，甚至包括东、西厂和锦衣卫。

▶ 什么是俺答封贡？

“俺答”是指明时鞑靼首领阿尔坦汗（俺答为蒙语“阿尔坦”的译音）。“封贡”是朝贡体系中，包含册封的许可贸易。实际上，俺答封贡的需求一直存在，但由于长期的敌视，双方阻力都很大。明廷始终予以拒绝，即使“庚戌之变”俺答汗兵临北京城下时，明廷也只答应开放两处马市，仍然拒绝封贡。

俺答汗的孙子把汉那吉因为负气，率部叩关求降，明廷厚待迎接。俺答汗率众十万压境。穆宗支持高拱和张居正的意见，要求惩办汉奸赵全作为交换，而俺答汗也乘机提出“封贡互市”。双方各自找到台阶缓解事态。1571 年俺答遣送赵全等到边关，明廷送还把汉那吉。把汉那吉受到优待，非常感动地说：“感泣，誓不敢二中国。”

俺答封贡是明朝少数以非军事手段解决与外族敌对关系的事件。在明朝中央内阁大臣高拱和张居正的策划下，成功把握机会，达成了封贡及互市，结束了与外族近 200 年的敌对状态。明朝又在铲除赵全等汉奸之后，削弱鞑靼内部的组织力，使得往后上百年，明朝北边绝少爆发大规模战争。

▶ 朝日“壬辰卫国战争”与明朝有什么关系？

这是中国第二次抗日援朝（第一次发生在唐朝）。

1590 年丰臣秀吉统一日本，结束了百年内战，又把目光投向了邻国朝鲜和明王朝。万历年间，明朝的藩属国朝鲜处于李氏王朝，党争不断。丰臣秀吉认为时机成熟，决定发动战争。

1591 年 6 月，丰臣秀吉派使者告知朝鲜，计划第二年借道朝鲜攻打明王朝，遭到拒绝。

1592 年 4 月，日本派兵入侵朝鲜，很快朝鲜的大部分国土沦陷，朝鲜向明王朝告急请求支援。同年 7 月，明将史儒率军支援朝鲜，结果史儒败亡。第二年，明朝又重新东征，大举支援朝鲜，打败日军。

1597 年，丰臣秀吉再次率 14 万大军入侵朝鲜。明朝再次派兵支援朝鲜，在朝鲜军队的配合下，挫败日军，日军几乎全军覆没。丰臣秀吉两次入侵朝鲜均以失败告终。

▶ 东林党到底是明朝的“栋梁”，还是亡国的“祸首”？

东林党只是一群以顾宪成为代表的明末官僚知识分子，是诸多党争势力之一，其成员和角色各式各样，虽然以江南士大夫为主，但整体上可以代表工商业发达地区的地主、官僚、商人。

它与代理皇权的阉党集团对立严重，本质上同汉唐及历朝的官宦党争没有区别。当然，明末土地兼并矛盾突出，引发起义，东林党及其背后的地主阶级具有不可推卸的责任，但这几乎是历朝后期的普遍现象，而且明朝皇室的养藩制度也具有不可推卸的责任：万历年间，享受朝廷优厚供养的皇室成员，数量庞大，远超前朝历代。

客观地说，东林党在明晚期占据了重要的历史地位，提出了有价值的政治主张，对平衡皇权也有积极作用，但它囿于私利，政治主张也多半流于空谈，担不起拯救明朝的“栋梁”之责，也算不上亡国的“祸首”。

▶ 明末，清军为什么能顺利入关？

清军入关是指1644年清军在明朝将领吴三桂的带领下大举进入山海关内，击败李自成、攻占北京的历史事件。

在各地农民起义军和明王朝军队混战的时候，清军就准备要渔翁得利。李自成在西安建立大顺政权后一路势如破竹，明王朝被推翻。但是李自成没有成熟的政治纲领争取民心，也没有明智的统治策略安抚各方政治势力，反而烧杀抢掠，纵兵享乐。此时，驻守山海关的明朝总兵吴三桂，在李自成占领京师时，在是否归顺大顺政权的问题上摇摆不定，当看清李自成缺乏取代明朝君王的政治素养后，最终向清廷投降。他向清摄政王多尔衮“乞师”，多尔衮假意再三推辞后，同意了吴三桂的请求，进兵中原。但其实，清廷对此早有准备。明朝灭亡前夕，清廷便决定派多尔衮、阿济格、多铎统兵伐明，企图再次大掠中原。几乎在李自成进京的同时，清廷范文程已经奏请清廷占领中原。

▶ “怛罗斯之战”有什么影响？

“怛罗斯之战”是唐朝安西都护府的军队与阿拉伯帝国在怛罗斯的一场遭遇战。战争本身意义不大，但产生了微妙的意外影响。

750年唐朝节度使高仙芝率军讨伐石国。石国王子向大食（阿拉伯帝国）求救。大食为了扩大在中亚的影响，率领十几万大军进攻。751年双方在怛罗斯展开大战，史称“怛罗斯之战”。由于唐藩属国倒戈，导致唐军溃败。但是，怛罗斯地处双方兵力所及的极限，因此此战对双方的疆域几乎没有影响。

怛罗斯之战产生了意外影响：此战有不少被俘虏的唐军士兵来到了大食，

其中不乏能工巧匠，他们把包括造纸术在内的先进技术传授给了阿拉伯人，阿拉伯人又将此传入西方，推动了西方的发展与进步。

怛罗斯之战客观上加速了东、西方文明的交流，也厘定了双方的地理界线。西域小国的倒戈，说明唐朝对西域诸国的控制正在减弱。正当唐朝准备再和大食开战时，一场席卷中原的安史之乱爆发，使唐朝的计划彻底破产。

▶ “天津教案”是怎么回事？

自从清朝国门被打开以后，西方列强就开始在中国建立所谓租界区域，享有治外法权。同时，它们利用宗教传教活动，以公益和慈善为掩护，实行殖民渗透。它们的传教活动侵入城市基层，与市民利益团体产生了直接矛盾，各地教案频发。最具代表性的，当数天津教案。

1870 年在天津发生了一场震惊中外的教案。天津民众反对天主教会宣教活动和侵占民房土地行为，对教会积怨很深，无能的清政府不敢提供伸张的渠道。在谣言鼓动和法国领事的嚣张挑衅下，民众焚毁了望海楼天主堂、仁慈堂和位于教堂旁边的法国领事馆，以及当地英美传教士开办的其他 4 座基督教堂。教案发生后，法、英、美、俄、普、比、西 7 国向清政府提出抗议，并调集军舰至大沽口威胁。清政府对外妥协处理（赔银 50 余万两），对内镇压，引起很大民愤。当时的直隶总督曾国藩，因处理这起事件断送了政治生涯。天津教案看似宗教活动引发的民间抵制，本质上体现了民众对西方殖民主义带来的文化侵略的抗拒。

▶ “戊戌变法”没有慈禧就能成功吗？

“戊戌变法”，又称百日维新，是晚清以康有为、梁启超为代表的维新派通过光绪帝进行的倡导学习西方、提倡科学、改革政治的资产阶级改良运动。此次变法于 1898 年（阴历戊戌年）6 月 11 日开始实施，但因变法损害到守旧派的利益，1898 年 9 月 21 日，慈禧太后发动戊戌政变，光绪帝被囚，康有为、梁启超逃亡，谭嗣同等六君子被杀，历时 103 天的变法失败。

戊戌变法是中国近代史上一次重要的政治改革，也是一次思想启蒙运动，对思想文化的发展起到了重要的推动作用。

戊戌变法失败的原因一方面归咎于反动势力代表慈禧，另一方面也有变法本身的缺陷。首先，这是少数精英发起的诏书变法，没有充分地组织变法力量，也没有规划变法步骤，103 天内发出超过 110 道变法诏令，根本不可能有效执行；其次，裁撤衙门、裁汰绿营等激进改革，发力过猛、考虑不周，导致阻力太大；最后，也是最关键的一点，光绪帝根本就没有掌握推行改革的实权，颠倒了掌权和用权的顺序。所以即使没有慈禧破坏，戊戌变法也很难成功。

▶ 什么是保路运动？

保路运动亦称“铁路风潮”。1911 年 5 月，清政府以铁路国有之名，将已归民间商办的川汉、粤汉铁路筑路权收归国有，之后马上又出卖给英、法、德、美 4 国银行团，激起湘、鄂、粤、川等省人民的强烈反对，掀起了保路运动。

湘抚杨文鼎奏请清廷收回成命。湖北谘议局亦召开大会抗议，宜昌商股股东向铁路公司索回股本，铁路工人与官军发生流血冲突。广东铁路股东反对清廷强占粤路，坚持商办，华侨股东声明“誓死不从”。四川省保路运动尤其激烈，参加者数以 10 万计。清政府下令镇压，枪杀领导人和群众。各路保路革命党人发起同志军起义，把保路运动推向高潮。保路运动的范围波及 4 个省份，为辛亥革命的爆发创造了群众基础，牵制了清政府兵力和注意力，造成武汉防备空虚。保路运动成为武昌起义的导火索。

▶ 为什么说武昌起义是辛亥革命的开端？

1911 年（阴历辛亥年）10 月 10 日爆发的武昌起义是辛亥革命的开端，所以又称辛亥首义。它是继黄花岗起义失败之后，以保路运动为导火索，由文学社和共进会为主的革命党人在武汉成功发动的一次武装起义。

武昌起义军事总指挥为蒋翊武，参谋长为孙武，总理为刘公。由于行动提前暴露，1911 年 10 月 10 日晚新军工程第八营的革命党人星夜打响了武昌起义的第一枪，吴兆麟被推举为临时总指挥。起义军掌控武汉三镇后，湖北军政府成立，是辛亥革命政权的肇始。

之后，黎元洪被推举为都督，改国号为“中华民国”，并号召各省民众起义响应辛亥革命。武昌起义的胜利，使清朝走向灭亡，并建立起中华民国，这是中国走向民主共和的开端，在中国历史上具有里程碑意义。

▶ 什么是“文学社”和“共进会”？

文学社是受同盟会启发，由新军官兵自发组织的，以蒋翊武、刘复基为核心的进步军人社团。因受清廷镇压，其先后以群治学社、振武学社的名义活动，后来为掩盖军事活动目的，自称研究文学，更名为“文学社”。文学社成员采取“抬营”模式，每人每月争取一个基层官兵，将满人和长官隔空。黎元洪侦知后，恐事态于己不利而并未声张。

共进会是受黄兴、宋教仁影响的会党组织，1907 年 8 月成立于东京，主要是长江流域的革命党人因不满同盟会的某些策略，而在同盟会外组织的革命团体。共进会在湖北的活动先以联络会党为重点，但收效甚微。孙武总结教训，将工作重点转向吸收新军。于是军人积极加入，共进会在新军中会员很快达到1500多人。武昌起义前，文学社与共进会携手联合，共同领导了武昌起义。

▶ 什么是二次革命？

二次革命又称讨袁之役、赣宁之役，既是民国后的第一次南北战争，也是辛亥革命尚未完成的战争延续。可惜的是，战争以袁世凯所代表的军政集团大获全胜，国民党在广东、江西、安徽3省势力被清除告终。

辛亥革命爆发后，袁世凯以和平手段迫使清帝退位，于1912年3月被选为中华民国临时大总统。袁世凯利用社会期待稳定的心理，以维护中央权威为借口，故意激化矛盾，将挑起战争的责任推给革命党。1913年6月9日至30日，袁世凯先后免去3位国民党籍的都督（江西都督李烈钧、广东都督胡汉民、安徽都督柏文蔚）。孙中山、黄兴、陈其美等人商议后发布讨袁檄文，由此“二次革命”正式爆发。

二次革命爆发之初，很多地方的官员、商会及其团体都发出了反对动武电文，之后各地的讨袁军相继失败，袁世凯在二次革命后基本控制了全国。

▶ 龙生九子分别叫什么？它们中有哪些在古代建筑中“司职”？

关于龙生九子分别叫什么，说法并不统一，认可度最高的是长子囚牛、次子睚眦（yá zì）、三子嘲风、四子蒲牢、五子狻猊（suān ní）、六子霸下、七子狴犴（bì àn）、八子负屃（xì）、九子螭（chī）吻。

它们中有些在古代建筑中“司职”：

嘲风，样子像狗，平生好险又好望，殿台角上的走兽就是它的形象。它不仅象征着吉祥和威严，而且具有震慑妖魔、清除灾祸的含义。

螭吻，又称鸱尾，形似剪尾的四脚蛇。据说它喜欢在险要处东张西望，喜欢吞火，一般被布置在殿脊、殿角的端头。

蒲牢，形似龙而身形较小，喜欢鸣叫。寺庙、祠堂内钟上的兽纽就是它。

霸下，又称赑屃，形状似龟，喜好负重。驮载石碑的大龟就是它的形象。

狴犴，形似虎，威力十足而好诉讼，所以狱门上刻的虎头就是它的形象。

负屃，身似龙，斯文且喜好文学，总是盘绕在石碑头顶或两侧。

第六章
文学常识

► 什么是诸子百家？

诸子指的是中国先秦时期管子、孔子、墨子、老子、庄子、孟子、荀子等学术思想的代表人物。

百家指的是儒家、道家、墨家、名家、法家等各个学术流派。

诸子百家，就是后世对先秦时期的各种思想派别的总称，用以形容这一时期的思想家和学术流派非常多。

据《汉书·艺文志》的记载，先秦时期数得上名字的思想家和学术流派有189家，共有4324篇著作。其后的《隋书·经籍志》《四库全书总目》等书则记载“诸子百家”实有上千家。但流传较广、影响较大、最为著名的不过几十家而已。归纳而言，只有12家被发展成学派，其中主要是以孔子、老子、墨子为代表的三大哲学体系。总的来说，那个时期的学术思想形成了百家争鸣的繁荣局面。

► 什么是春秋笔法？

春秋笔法原本是孔子撰写史书的一种写作手法。左丘明对此有一个精准的总结：“《春秋》之称，微而显，志而晦，婉而成章，尽而不污，惩恶而劝善，非贤人谁能修之？”意思是说，孔子在写《春秋》的时候做到了这么几点：语句凝练而含义精准；文字简约而寓意丰富；表述委婉，但立场明确；事实详尽，而且实事求是；记录史实，但重在教育。

由于孔子记录历史事件主要是为了“惩恶而劝善”的教育目的，所以记录中是蕴含着自己立场和个人史观的，并且由于儒家对于社会规则的维护，孔子在写作中非常注重“为尊者讳，为亲者讳，为贤者讳”。

后世用春秋笔法来指寓褒贬于曲折的文笔之中。

▶ 古文中常见的“简”“册（策）”“牍”分别指什么？

古文中常见的“简”“册（策）”“牍”都是指古代用于书写的竹木材料。

“简”指的是用于书写的条形竹片和木片，也是竹木简的总称，就如同我们现在裁切好的纸张一样。《墨子·非命》（下）“子胡不尚考之乎商、周、虞、夏之记？从十简之篇以尚，皆无之”中的“简”就是这个意思。

“册（策）”指的是用绳编串起来的竹木简，就如同我们现在的书本一样。《尚书·多士》“惟殷先人有册有典，殷革夏命”中的“册”就是这个意思。

“牍”指的是用于书写的长方形或方形木板，就如同我们现在用于奖状、书画、打印或刊印报纸的相对大幅而且单独使用的纸张。唐代刘禹锡的《陋室铭》“无丝竹之乱耳，无案牍之劳形”中的“牍”就是这个意思。

▶ 古代书籍的“编”“卷”“篇”分别指什么？

“编”“卷”“篇”在古代都是指书籍或书籍的计数单位。从产生的年代而言，“编”出现得最早，“篇”其次，而“卷”最晚。

“编”的本义是指按顺序排列、编结在一起，后来指用来串联竹简的绳子或皮条，引申为书籍，指的是整部书籍。例如，《谷梁传·桓公元年》：“春秋编年，四时具而后为年。”

“篇”是写在竹简或木简上，用素丝或者皮绳编联起来的文章，指的是一个单篇。例如，宋代陈师道《咸平读书堂》：“休吏散篇帙，风篁献笙竽。”

“卷”的本义是把物体弯曲卷成圆筒状。由于汉代以后书籍的装帧体式是把文章写在布帛上面，加轴卷起来，所以用“卷”来指书籍，但不一定指整部书籍，也可能特指单独一册，就是有可能是一部书籍的一部分，相当于现在的“册”和“本”。例如，晋代陶渊明的《与子俨等疏》：“开卷有得，便欣然忘食。”

▶ 作品中的“序”“引”“跋”分别指什么？

作品中的“序”“引”“跋”均是正文之外的附加文字。

“序”指序言，既可以是作者自己陈述作品的主旨、内容、写作经过等，也可以是他人对作品的介绍、评述等。在汉代以前，序的位置放在书末；到了汉代之后，序的位置就一律列于书前了。

“引”是唐代之后出现的一种文体，类似序，但是篇幅比序简短。在宋、元时期常作为戏曲演唱时引起剧情的第一支曲子，后来成为古典小说中引出正文的开端部分，或者写在书或文章前作为导言或引语的部分。

“跋”是指写在书籍、文章、字画、碑帖、金石拓片等后面的短文，内容大多是评介、鉴赏、考订、记述之类的。

▶ 什么是古文中的传记文?

古代传记文大致可分为三种：一种是史书上的人物传记，称为史传，纪传体史书均属此列。汉代司马迁所著的《史记》，开创了纪传体史书的先河，如《项羽本纪》《孔子世家》《屈原列传》等，都是史传经典代表作。另一种是除史书之外，一般文人学者所撰写的散篇传记，如韩愈的《圬者王承福传》、柳宗元的《童区寄传》、陶渊明的《五柳先生传》等。还有一种是用传记体虚构的人物故事，实际上是传记小说，如韩愈的《毛颖传》、魏禧的《大铁椎传》等。

总之，传记文是一种记述某人生平事迹的散文文体，往往有“传”“事略”等文体形式，多采用叙述、描写等手法，生动展示人物的生平风貌。

▶ 什么是古文中的奏议文?

奏议文是古代臣子向皇帝上书言事、条议是非的文体的统称。主要有“疏”“表”“策”等几种形式。

“疏”是古代臣下向君主议事进言的一种文体。疏的本义是条陈，即逐条陈说，如贾谊的《论积贮疏》、魏徵的《谏太宗十思疏》等。在奏疏中可以汇报工作、歌功颂德、议礼论学、陈述政要、进谏等，使用范围相当广泛。

“表”是臣僚向皇帝陈情的文体。“动之以情”是其基本特征，如诸葛亮的《出师表》、李密的《陈情表》等。

“策”是议论当前政治问题、向朝廷献策的文体，如贾谊的《治安策》。宋代之后常被用作科举试士的项目之一。应举时由皇帝出题目，题目写在简上，叫作策问。应举者按照题目陈述自己的意见，叫作对策，如苏轼的《教战守策》等。汉代晁错、董仲舒等人都以对策闻名。

▶ 什么是古文中的杂记文?

杂记文是一种以叙事写物为主的散文文体。它大致可分为游记和笔记两类。

游记是一种描写旅行见闻的散文体裁，取材范围极广，可以描绘名山大川、文化名胜古迹，可以记录风土人情，可以反映一人一家的日常生活，也可以记下一国的重大事件。好的游记一般都不会单纯地写景状物，而必定要表达某种思想，给人以丰富的社会知识和美的感受，如带议论色彩的王安石的《游褒禅山记》、带科学色彩的郦道元的《水经注·三峡》等。

笔记则是用速写或素描的笔法，勾勒人物、记叙故事的一种文体。其特点是篇幅短小而能“以小见大”，题材广阔庞杂，一般主要有三类：一是掌故逸事、风土民俗，如刘义庆的《世说新语》；二是名物训诂、资料考证，如沈括的《梦溪笔谈》；三是神话故事、传奇传说，如纪昀的《阅微草堂笔记》。

▶ 什么是古文中的诗话？

诗话是一种兴起于宋朝的兼有笔记小说性质的文学体裁。大体可分为两类。

一类是评论诗歌、诗派、诗人创作得失和记载诗家故事的著作，如宋朝欧阳修的《六一诗话》，这是我国最早的诗话作品。后来又有张戒的《岁寒堂诗话》、姜夔的《白石道人诗说》、严羽的《沧浪诗话》等，还有清代袁枚的《随园诗话》也很有名。这类诗话或谈论诗歌手法，或记载诗人逸事，夹叙夹议，信手拈来，简练亲切，引人入胜。

另一类是说唱文学的一种，其特点是韵文与散文并用，如宋、元时期印行的《大唐三藏取经诗话》，叙述唐玄奘取经的故事。全书三卷分十七章，每章之后必有诗，开章回小说之先河。

▶ 什么是古文中的骈文？

骈文是一种起源于汉魏、成熟于南北朝的古代常见文体，是与散文相对而言的文体。“骈”的字义为“两马并驾”，这正显示出骈文的特点：一是语句结构平行、对仗；二是通常用四字偶句和六字偶句交替组成，故唐、宋时期也将骈文称为“四六文”；三是讲究声韵和谐、辞藻华丽和内容含蓄。

由于骈文过于迁就句式，堆砌辞藻，往往影响内容表达。唐代韩愈、柳宗元因此发起了著名的古文运动，使骈文遭到重大挫折。韩、柳去世之后，骈文再次兴起，李商隐、温庭筠、段成式等人都是此中好手。入宋之后，在欧阳修等人率领之下，古文运动掀起第二轮高潮，散文大家迭出，骈文自此衰落。

著名的骈文代表作有南北朝时吴均的《与朱元思书》、庾信的《哀江南赋》等。

▶ 唐宋古文运动是怎么回事？

唐宋古文运动是指唐代中期及宋朝时期以提倡古文、反对骈文为特点的文体改革运动。又因为涉及文学的思想内容，所以兼有思想运动和社会运动的性质。

该运动由唐代韩愈、柳宗元等人发起。韩愈针对当时盛行的骈文率先提出了“古文”的概念。

古文运动推崇儒学道统，反对骈文，提倡学习先秦古文，主张文以明道，认为文章要言之有物，做到“辞必己出”“文从字顺”，把散文的发展推向了一个新的阶段。

后来欧阳修、苏轼、王安石等人针对北宋再度泛滥的形式主义风潮，又重新树起“古文运动”大旗，使得散文更有利于表达思想，也更有利于被人们所接受，从而开创了散文写作的新局面。

总的说来，唐宋古文运动是中国古代散文发展史上一座重要的里程碑。

▶ 古代文论中的“以意逆志”指的是什么？

“以意逆志”是古代文论的一种观点，语出《孟子·万章上》：“说诗者不以文害辞，不以辞害志，以意逆志，是为得之。”

这种观点主要是针对当时盛行于文人中的“断章取义”而提出来的。孟子认为，评论诗文的人，不应该只依据诗文中个别字眼或词句断章取义地曲解全篇，也不应该用辞句的表面意义曲解诗文内在的真实含义，而应该根据自身生活经历和思想体验去理解作品全篇的整体立意，并且深入探索作者寄托于作品中的心志。

这种文论观点为文学阅读和评论提供了比较客观实在的原则，对后世文学评论影响深远。

▶ 什么是唐宋派？

唐宋派是明嘉靖年间兴起的文学流派，代表人物有王慎中、唐顺之、茅坤和归有光等人。该派反对前后七子“文必秦汉，诗必盛唐”的复古主义，主张学习唐宋古文，尤其是欧阳修、曾巩之文，但不应该一味模拟，一心仿古。其基本观点是反对以文采取代“道统”，主张“文道合一”的传统，强调文章要直抒胸臆，具有自己的本色面目，反对模仿、抄袭，是当时拟古成风的文坛中的一股清流。

其中散文成就最高的当推归有光。归有光善于抒情、记事，能把琐碎的事委婉迂回地描述得感人至深，文章不事雕琢而别具风格，被称为明代第一散文家。

▶ 什么是公安派？

公安派是明万历年间的文学流派，代表人物为袁宗道、袁宏道、袁中道三兄弟。因“三袁”是湖北公安人，故称公安派，又称公安三袁。

公安派提出了“独抒性灵、不拘格套”的文学主张，鲜明地反对以“前后七子”为主的拟古风气，还提出了“世道既变，文亦因之”的文学发展观，重视文学的时代性，认为文学作品应有真情实感，强调独创性。

其作品以散文成就最高。小品文轻快洒脱，清新优美，对古代散文发展有一定贡献，并且在解放文体方面有重大贡献。游记、尺牍、小品都很有特色，自成一家。但公安派的作品内容多表现闲情逸致，题材狭小，缺乏深度，而且对“性灵”过度神化，忽略了社会生活实践对创作的实际意义。

▶ 什么是竟陵派？

竟陵派是晚明继公安派之后崛起的文学流派，其代表人物钟惺、谭元春均为竟陵（今湖北天门）人，故称为竟陵派。

竟陵派在理论上延续了公安派“独抒性灵”的主张，与公安派一样反对文坛的拟古风气。但是，它认为公安派作品俚俗、肤浅，因而倡导一种“幽深孤峭”的风格，刻意雕琢字句，追求字意深奥，强调读书学古，力求意蕴深厚，文风求新求奇，主张标新立异，形成艰涩隐晦的风格。它将一种超世绝俗的境界当作文学的全部内蕴，使创作走上奇僻险怪、孤峭幽寒的道路，缩小了文学表现的视野。

但是竟陵派的文学理论实际上是资本主义萌芽时期新的社会思潮在文学领域中的直接反映，在文学史上具有非常重要的意义。

▶ 什么是复社？

复社是明末以江南士大夫为核心的全国性的爱国文社和政治团体。创立者是明末著名文人张溥，世人常常用两句诗说明他的成就：“十年著作千秋秘，一代文章百世师。”他与另一位领袖人物张采一起被时人称“娄东二张”。

复社成员多是青年士子，声势遍及全国各地。他们大都怀着饱满的政治热情，集合在一起研究学问，探讨天下大事并实际地参加政治斗争。高峰时期有3000多人入社。

其作品注重反映社会现实，揭露权奸宦官，同情民生疾苦，讴歌抗清伟业，抒发报国豪情，富有感染力量，标志着明末文风新的重大转向。

复社成员后来或被魏忠贤余党迫害致死，或抗清殉难，或入仕清朝，或削发为僧。顺治九年，复社被清政府取缔。

▶ 什么是桐城派？

桐城派是清中叶影响力最大的散文流派，以戴名世、方苞、刘大櫆、姚鼐为主要代表人物，这四人被尊为桐城派“四祖”，均为安徽桐城人，桐城派因此得名。

桐城派理论体系完善，创作特色鲜明，作家众多，作品丰富，主张学习先秦古文和《史记》，讲究言之有物、言之有序的“义法”，提倡义理（内容合理）、考据（材料确切）、辞章（文辞精美），要求文章内容和形式统一，语言雅洁，反对俚俗。

桐城派的文章大多论点鲜明，条理清晰，清真雅正，尤其是记叙文和游记颇具特色。它以其文统的源远流长、文论的博大精深、著述的丰厚清正称雄清代文坛长达200多年，在国内外都产生了广泛而深远的影响，在中国古代文学史上有着显赫的地位，是中华民族传统文化中的一座丰碑。

▶ 什么是阳湖派？

阳湖派是乾隆、嘉庆时期比较特殊的散文流派。阳湖派的作家们在世的时候，并没有意识到其已经开宗立派，“阳湖派”的得名，是因为这些阳湖籍的作家在文学方面取得的创作成就得到了世人的推崇，文学主张得到了世人的承认，后世人将他们称为“阳湖派”。阳湖派的创始人是后人“推选”的，它的成员也是后人“认定”的。

一般认为阳湖派以恽敬、张惠言为首，主张博采百家之长，不墨守成规，寓创新于融会贯通；主张面向生活，接触社会实际，强调发自肺腑地抒写性情，反对“有意为古文”；对程朱理学持批评态度。

近代以来讨论阳湖派，总离不开阳湖与桐城两派的关系问题。一种看法是强调阳湖派承继于桐城派，将阳湖派视为桐城派的旁支别系；另一种看法则强调两派的分歧，将阳湖派视为摆脱桐城派影响的独立文派。

▶ 什么是湘乡派？

湘乡派是晚清古文流派之一，因其代表人物曾国藩为湖南湘乡人而得名。

曾国藩广聚人才，以坚持理学道统的桐城派为号召，适应时势的需要，进一步强调“经济”，使古文反映现实政治、社会问题，更加实际有用；将义理、考据、辞章、经济四者比作孔门的德行、文学、言语、政事四科，并针对桐城派古文之弊病，提出修正意见，主张奇偶并用，使文章舒展有气势，雄厚有内容。

曾国藩门下有张裕钊、吴汝纶、黎庶昌、薛福成四大弟子，他们正处于洋务运动发展时期，思想与实践都与洋务派有较为密切的关系。一些反映新思想的议论文和海外游记，以新奇的视角与变化的文风，形成湘乡派文章的一大特色。

湘乡派的文学创作为当时的中国人向西方寻求救国真理，学习西方近代科学文化知识，准备了一定的条件，促进了中国的近代化。

▶ 什么是古诗和古体诗？

我们平时说的“古诗”泛指所有的古代诗歌作品。从广义上讲，它包括诗、词、散曲；从狭义上讲，它包括古体诗和今体诗。

古体诗和今体诗的分类始于唐代之后。古体诗指的是继承自汉魏六朝的诗体，《辞海》中对它的定义是：“诗体名，为近体诗形成以前，除楚辞体外各种诗体的通称。”古体诗也被称为“古诗”，但与我们平时说的古诗不是一个意思；而今体诗即近体诗，指的是唐代开始新兴的格律诗（包括律诗和绝句）诗体。

古体诗一般来讲又分为两大类：一是五言古体，简称五古；二是七言古体，简称七古。

五言古体每句五个字，全诗字数不限，如李白的名篇《月下独酌》。

七言古体每句七个字，全诗同样字数不限，如岑参的边塞诗《白雪歌送武判官归京》。

此外还有一种杂言诗，句式杂糅，全诗既有五字句，又有七字句，甚至还有三字句、四字句、六字句、八字句、九字句等，如杜甫的《茅屋为秋风所破歌》。通常，这样的杂言诗被约定俗成地归入七言古体类。

▶ 什么是粘对？

粘对是今体诗格律的重要因素。

今体诗的组成是以“联”为单位的，每两句为一联。所谓“粘”就是指从第二联开始，每一联出句第二个字的平仄必须跟上一联对句第二个字的平仄相同，比如，唐代诗人常建所作的《题破山寺后禅院》，首联对句是“初日照高林”，这一句第二个字“日”是仄声字，所以接下来的颔联出句“曲径通幽处”的第二个字“径”就同样是仄声字。所谓“对”就是指每一联的出句第二个字和对句第二个字必须平仄相反，比如，仍然以上面那首为例，首联“清晨入古寺，初日照高林”中出句第二个字“晨”是平声字，那么对句第二个字“日”就是仄声字。

如果是七言诗（限今体诗），则除了第二个字，还有第四个字也须同时符合上述要求。

今体诗中偶尔也会有不符合粘对要求的特殊情况，这种情况就叫“失粘”和“失对”。“失对”的情况罕见，“失粘”的情况稍微多一点，但总的来说还是比较少见的。

▶ 什么是楚辞体？

“楚辞”原指带有楚地地域特色的文辞，北宋书学理论家黄伯思在《东观余论·校定楚辞序》中说：“盖屈、宋诸骚，皆书楚语，作楚声，纪楚地，名楚物，故可谓之‘楚辞’。”

西汉刘向将战国时屈原的作品及后来宋玉、贾谊、东方朔等人模仿屈原所创作的类似风格的作品编纂为一部作品集，命名为《楚辞》。

后世将这种由屈原所开创的、融合了南方民歌特色和上古神话传说、具有强烈抒情成分和浪漫气息的诗歌形式称为“楚辞体”。该文体结构上大多采用三言到八言等参差不齐的句式，句末常以“兮”为语气词。篇幅和容量没有限制，但大多抒写复杂的社会生活，表达上下求索的探寻、九死不悔的执着和独立不迁的人格精神等。

▶ 什么是辞赋？

从汉朝开始，人们把所有的赋体文学泛称为辞赋，这是一种介于诗歌和散文之间的文体。按照不同的时期和风格，辞赋大致可以分为五类。

一是以屈原、宋玉等人的作品为代表的骚体赋，最典型的代表作就是屈原的《离骚》；二是盛行于两汉时期的汉赋，如张衡所作的《西京赋》；三是六朝时期的骈赋，如王粲的《登楼赋》；四是唐宋时期的律赋，如王勃的《寒梧栖凤赋》；五是由“唐宋古文运动”而产生的区别于上述四种赋体、形式更为自由的文赋，如苏轼所作的《赤壁赋》。

总的说来，辞赋的抒情意味非常浓重，讲求文采和韵律，形式上兼具诗歌和散文的一些特点，是我国独有的一种文体。

▶ 什么是乐府诗？

乐府原本是秦汉时期负责谱曲配乐、培训乐工、采集民歌等与音乐相关的工作的官署，后来，经由乐府保存下来的包括民歌在内的可供配乐歌唱的诗歌作品被后人称为“汉乐府”，如《上邪》《有所思》等。由于这类诗歌“感于哀乐，缘事而发”，生活气息非常浓郁，而且质朴清新、自然生动，后世文人多有模仿创作，如李白的《长歌行》《将进酒》，高适的《燕歌行》等。

人们将汉乐府及后来的模仿作品统称为乐府诗。通常，乐府诗没有严格的格律要求，句式也相对自由，多为五言或杂言，属于古体诗范畴。由于乐府诗长于铺陈叙事，故而为中国古代叙事诗奠定了基础。

▶ 什么是词牌？

说到词牌，先要提及词的特点。词的特点在于每句字数不同，由长短句组成，一般分上、下两阕，而且倚声填词，不同的词牌对词的句数、每句的字数以及平仄押韵等都有严格的规定。

所以词牌就是词的格式的名称。据清康熙年间王奕清等所编的《词谱》记载，唐至元末词牌共有 826 调，2306 体。早期的词，内容与词牌名是一致的。到了后期，词牌名和内容才逐渐分离，词牌只用于标明曲调，不再作为题目，与内容相关的题目需要在词牌下另注词题，但这个词题不是必须有的，大多数的词都只有词牌名，没有专门的词题。

词牌名的由来大致分为以下几种情况：一是原本就是词的题目，如《浪淘沙》；二是原本是乐曲的名称，如《采桑子》；三是截取名诗词句中的几个字，如《忆秦娥》；四是直接用词的字数，如《十六字令》；五是取大曲中的一段，如《水调歌头》；六是来自人名、事物名或以故事为背景，如《沁园春》。

▶ 什么是曲牌？

曲牌是元、明以来的南曲、北曲、时调、小曲等各种曲调调名的统称，俗称“牌子”。

曲牌有器乐曲牌与文辞曲牌之分，前者按宫调系统、律吕分类来体现各地各流派各自的音乐风格；后者则按字数、句数、句式、平仄、韵脚等规格来填写诗词文字。

相比词牌，曲牌在格式上更为复

杂，例如，词牌的格式只要求标出每个字的“平”“仄”（个别的词牌会要求到“入声”），但曲牌却要精确到“平”“上”“去”“入”。

除了曲牌比词牌要求更严苛外，两者还有一些不同。第一，词一般分为上、下两阕，而曲通常只有一段。第二，有些曲牌的名称与词牌一样，但在字数、平仄、押韵上往往不同，如《卖花声》。大多数曲牌是曲独有的，如《山坡羊》《叨叨令》。第三，曲句可用衬字（在规定字数之外所添加的字），衬字可加在句首或句中，不能加在末尾。加在句首的衬字，可以是实词，也可以是虚词；加在句中的衬字，以虚词为常见。衬字不拘平仄，也不拘数量多少。

▶ 什么是“诗余”？

你听说过“诗余”吗？知不知道“诗余”是什么意思？

“诗余”是文人之间对词的别称。词发端于唐代，盛行于宋代。由于词是从诗发展而来的，所以被称为“诗余”。

虽然被称为“诗余”，但词跟诗其实大不相同。诗的创作叫“写诗”或“作诗”，而词的创作却叫作“填词”，为什么叫“填词”呢？因为词的创作必须照谱填写，也叫“倚声填词”。那个“谱”就是人们常说的词牌。词牌将词的句数、每句的字数以及平仄押韵等进行了严格的规定，不同的词牌所规定的上述内容都各不相同。词人进行词的创作时就像填空一样，必须严格按照词牌的规定来填写。

按照整首词的字数，人们通常把词分为三大类：小令（58 字以内）、中调（59 ~ 90 字）、长调（90 字以上）。形式上则通常分为四类：一是整首词不分段，称为单调，这种一般就是小令；二是整首词分为两段，称为双调；三是整首词分为三段，称为三叠；四是整首词分为四段，称为四叠。后两种情况比较少见，最常见的词是双调，其次为小令。

▶ 什么叫作诗中用典？

在诗词中运用典故迂回表达作者意图叫作“用典”，是古代诗词中常用的一种表现手法。那么，什么是典故呢？典故指从前的典制和成例，以及古代故事和有来历出处的词语。

诗词用典既可使语言凝练含蓄、表达更为生动，又可丰富内涵，将诗歌内容扩展延伸，引发联想，达到耐人寻味的效果，使作品更具有表现力和感染力。

但是对于用典的诗词，要能够准确理解其中的相关典故才能读懂整个诗词想要表达的意思。例如，刘禹锡的《乌衣巷》：“朱雀桥边野草花，乌衣巷口夕阳斜。旧时王谢堂前燕，飞入寻常百姓家。”其中的“朱雀桥边”“乌衣巷口”“王谢堂前”都运用了典故：朱雀桥、乌衣巷是金陵城中秦淮河一带的地名，东晋豪门世族居住在这个地方；王谢堂是指东晋宰相王导、谢安的宅第。了解了这些典故，才能把握诗中所暗含的兴亡之叹。

▶ “推敲”的由来是什么？

“推敲”一词指的是斟酌字句，反复琢磨的思考过程。这个词来自诗人贾岛和大文豪韩愈之间的一个典故。

相传，贾岛因赴考来到长安。有一天，他骑在毛驴上想到两句诗：“鸟宿池边树，僧敲月下门。”但是其中的“敲”字，他一开始想用“推”字，后来又想用“敲”字，反复思考难以确定，便在驴背上一边吟诵，一边伸出手来做着推和敲的动作。没想到正好撞上时任长安最高长官的韩愈的出行仪仗队，由于想得入神，贾岛骑着毛驴直接闯进了仪仗队里，被韩愈的扈从拿下，扭送到韩愈面前。韩愈问他为何冲撞自己的仪仗队，贾岛便将自己酝酿诗句时的用字难题告知韩愈。结果韩愈不仅不怪罪他，还跟他一起探讨起来。最后韩愈帮他拿主意说，还是用“敲”字好。

后来“推敲”就成了一个表达斟酌思考的词。

▶ 诗歌中的“盛唐气象”指的是什么？

“盛唐气象”中的“盛唐”指的是整个唐朝，而不是指我们将唐朝分期为初唐、盛唐、中唐、晚唐中的“盛唐”。由于唐朝是一个文治武功极盛的朝代，是我国历史上空前强大的王朝，所以被称为“盛唐”。

相应地，在这个历史阶段，我国的诗歌发展也达到了极度的繁荣鼎盛。诗歌内容丰富多彩，风格变化多样，创作数量空前巨大，整体上趋于成熟，艺术水平极高，优秀的诗人和作品非常多。诗歌中所表现出来的投身于社会和政治的热情、跃跃欲试的参与意识、强烈的自信自尊、昂扬奋发的精神面貌，以及后期诗歌中的敏锐洞察力、暴露社会矛盾的勇气、对国家的责任感和对社会危机即将到来的忧虑等都反映出唐代诗人在这个特定时代环境下的独特精神面貌和创作个性。诗歌在这个阶段所呈现出来的上述种种蓬勃生气和繁荣景象，被人称为诗歌的“盛唐气象”。

▶ 诗歌的意象指的是什么？

诗歌的意象通常是指自然意象，就是大自然中的借以寄托情思的物象，它既是现实中的客观存在，同时又是诗歌中带有诗人主观色彩的情感意念的载体。

在文化的流传过程中，很多意象由于被人们反复用于表达特定的含义，便逐渐形成了它特有的内涵。比如，杨柳代表依依惜别，松柏代表高尚品格；红豆代表相思，桃花象征美人；青鸟代表信使，鸳鸯象征夫妻恩爱；鹧鸪总是勾起人旅途中的离愁别绪，鸿雁则引起游子思乡怀亲之情；长城往往指的是边塞将士、守护家国的人，而楼兰则往往指边境的敌人……

诗歌中的意象不仅使抒情变得委婉含蓄，给读者提供了广阔的想象空间和无穷的回味余地，而且还可以在没有言论自由的环境里逃避因言获罪的政治迫害。

▶ 文人常说的“风骚”指的是什么？

文人常说的“风骚”是一个文化领域的词，原本是指《诗经》中的《国风》和以《离骚》为代表的《楚辞》。由于《国风》和《楚辞》分别是中国诗歌史上现实主义和浪漫主义的源头，同时也是两种文学风格的典型代表，所以文学史上往往将“风”和“骚”相提并论，久而久之，“风骚”就逐渐成了文学的代名词，如“谈论风骚”。同时，它也被用来借指诗文或文采，如“各领风骚数百年”。后来，又被用于称赞一个人在某一领域取得了独树一帜的成就，如“独领风骚”。

该词最早出自《宋书·谢灵运传论》：“原其飚流所始，莫不同祖风骚。”

▶ 古文中的“九州”“八荒”指的是什么？

“九州”是传说中我国上古时期的行政区划。根据《尚书·禹贡》的记载，九州分别是：冀州、兖州、青州、徐州、扬州、荆州、豫州、梁州、雍州。《尔雅》中有幽州与营州，没有青州和梁州。《周礼》中有幽州与并州，没有徐州和梁州。各家所说的州之境界，也有一些不同。

东汉以后，有人认为九州是周制，有人认为九州是殷制。总之，九州初始指的是中原地带，后来则泛指全国。

《淮南子·地形训》对于九州的说明是这样的：“何谓九州？东南神州曰农土，正南次州曰沃土，西南戎州曰滔土，正西弇州曰并土，正中冀州曰中土，西北台州曰肥土，正北泲州曰成土，东北薄州曰隐土，正东阳州曰申土。”

“八荒”则是指离中原极远的地方。八为东、东南、南、西南、西、西北、北、东北八面方向；荒，指荒远之地。《说苑·辨物》称：“八荒之内有四海，四海之内有九州。”

▶ 古文中的“五湖”“四海”指的是什么？

先秦古籍常提到吴越地区有“五湖”，如《国语》《史记》中的五湖，或指太湖及其附近的湖泊，或专指太湖。在《地理通释十道山川考》中，五湖是指彭蠡（鄱阳湖）、洞庭湖、巢湖、太湖、鉴湖。近代一般指洞庭湖、鄱阳湖、太湖、巢湖、洪泽湖。

“五湖”一词在文学作品中通常指代

如下概念：一是古代吴越地区湖泊；二是江南五大湖的总称；三是特指洞庭湖，如唐代杜甫的《归雁》“年年霜露隔，不过五湖秋”；四是近代称华中、华东五大著名湖泊，即洞庭湖、鄱阳湖、巢湖、洪泽湖和太湖；五是以“五湖”指代隐遁之所，如晋代葛洪的《抱朴子·正郭》“俯泛五湖，追巢父于峻岭，寻渔父于沧浪”。

“四海”在古代所指有所不同。一是泛指海内之地，即四方、天下、全国各地。“四海之内，皆兄弟也”，其“四海”即是此义。二是指中国四周的海疆，九州之外，即为四海。三是指四邻各族居住之地。

▶ 古文中的“四渎”“五岳”指的是什么？

“四渎”是古人对四条独流入海的大川的总称，即指长江（南渎）、黄河（西渎）、淮河（东渎）、济水（北渎）。最早记载见于《尔雅·释水》：“江、河、淮、济为四渎。四渎者，发源注海者也。”同时“四渎”也是民间信仰的河川神的代表。从周朝开始，四渎神就作为河川神的代表，由君王来祭祀。《礼记·祭法》曰：“天子祭天下名山大川，五岳视三公，四渎视诸侯。”

“五岳”是中华传统文化中五大名山的总称，是我国古代民间崇敬山神、五行观念和帝王巡猎封禅相结合的产物。今指东岳泰山、西岳华山、南岳衡山、北岳恒山、中岳嵩山，但是古代所指有所不同：汉宣帝时以安徽天柱山为南岳，河北曲阳西北的大茂山为北岳；后来隋文帝杨坚改今之湖南的衡山为南岳；明代始以今之山西浑源的恒山为北岳。

▶ 什么是“新乐府运动”？

“新乐府运动”是中唐时期由诗人白居易、元稹等所倡导的，以创作新体乐府诗为中心的诗歌革新运动。其主张恢复古代的采诗制度，发扬诗歌的社会功能和讽喻作用，认为诗歌要反映民生疾苦和社会现实弊端，应该起到“补察时政”“泄导人情”的作用，即所谓“文章合为时而著，歌诗合为事而作”；要求诗歌的形式与内容统一，为内容服务，表达应该直白顺畅，让人容易理解和接受。

“新乐府”一名，是白居易相对“汉乐府”而提出的，其含义就是以自创的新的乐府题目咏写时事。代表作有白居易的《新乐府》五十首、《秦中吟》十首，元稹的《田家词》《织妇词》，张籍的《野老歌》，王建的《水夫谣》等。

▶ 什么是“江西诗派”？

“江西诗派”是我国文学史上第一个有正式名称的诗文派别，是北宋后期以黄庭坚为首的诗歌流派。“江西”指的是宋代的江南西路，由于黄庭坚及主要成员均是江西人，所以称为“江西诗派”。

这一派别把杜甫晚期的诗作视为宋诗美学理想的参照典范，强调“夺胎换骨”“点铁成金”，崇尚瘦硬奇拗的诗风，追求字字有出处，常用冷僻典故，务求争新出奇，是宋代最有影响的诗歌流派。它反对西昆派讲究声律和辞藻的形式主义，努力在艺术技巧上进行新的探索，但也因此走上了另一种形式主义的道路。

江西诗派的诞生是宋诗发展过程中的重要环节，代表了北宋诗风向南宋诗风的转变。它的诗歌理论也在我国文学批评史上占有一定的地位。

▶ 宋词的花间派是指什么？

花间词产生于晚唐五代时期的前蜀，得名于后蜀赵崇祚所编词集《花间集》。该词集收录了温庭筠、皇甫松、和凝、孙光宪、韦庄、薛昭蕴、牛峤、张泌、毛文锡、牛希济、欧阳炯、顾夐、魏承班、鹿虔扆、阎选、尹鹗、毛熙震、李珣 18 人 500 首词作。作者词风近似，词作内容大多写闺情闺怨、男女燕婉之私，因此被称为“花间派”，其中以温庭筠、韦庄成就最高。

花间词在思想上没有太多可取之处，但其文字精雕细琢、艳丽华美，艺术成就比较高，对后世词作影响十分深远。

代表作有温庭筠的《望江南》(梳洗罢)、韦庄《思帝乡》(春日游)、鹿虔扆的《临江仙》(金锁重门荒苑静)等。

▶ “乌台诗案”是怎么回事？

“乌台诗案”是发生在宋神宗时期的一桩针对苏轼的文字案。所谓“乌台”，就是御史台，因为御史台官署内栽种了很多柏树，而柏树上常有乌鸦栖息筑巢，所以称为“乌台”。

人们常常疑惑“乌台诗案”的罪魁祸首到底是哪首诗，但其实这桩案子并不是因诗而起的，诗只不过是定罪的借口而已。

王安石变法期间，苏轼与变法派的政见不合，遭受排挤，自请离京外任。在他调任湖州知州后，进《湖州谢上表》，写道：“陛下知其愚不适时，难以追陪新进；察其老不生事，或能牧养小民。”公然表达了自己不与当朝新贵合作的态度和对新法的不满。随后御史台官员李定、何正臣、舒亶等人接连上表弹劾苏轼，导致苏轼遭受了数月牢狱之灾，还差点性命不保。

此案举国震惊，牵连甚广。经过多方营救，苏轼保住了性命，被贬去了黄州。

“乌台诗案”是苏轼人生的转折点，以“乌台诗案”为界，苏轼的诗词作品由少年喟叹渐渐转向中年的无奈和老年的旷达。

▶ “奉旨填词”是怎么回事？

北宋著名的婉约派词人柳永，原名

柳三变，在初次科考之后写下了一首影响他此后命运的词作《鹤冲天》：“黄金榜上，偶失龙头望。明代暂遗贤，如何向。未遂风云便，争不恣游狂荡。何须论得丧？才子词人，自是白衣卿相。烟花巷陌，依约丹青屏障。幸有意中人，堪寻访。且恁偎红倚翠，风流事，平生畅。青春都一饷。忍把浮名，换了浅斟低唱。”

当时的皇帝宋仁宗早听说过柳永，但对于他好作艳词十分不满，看了他这首《鹤冲天》之后指着“忍把浮名，换了浅斟低唱”说：“既然想要‘浅斟低唱’，何必在意虚名？”遂从考中的进士名单中划去了柳永之名。

后来又有人因柳永的才学向宋仁宗举荐他，仁宗回复说：“且去填词！”柳永自此之后就说自己是“奉旨填词”，并自号为“奉圣旨填词柳三变”。

▶ 北宋词人张先为什么被称为“张三影”？

北宋词人张先擅长以工巧凝练的语言表现一种朦胧的美，他的词作含蓄精致，情韵浓郁。《古今诗话》记载说，张先填了一首《行香子》，因其中一句“心中事，眼中泪，意中人”被人称为“张三中”，张先对人说：“为什么不称我为‘张三影’呢？我最得意的句子是‘云破月来花弄影’‘娇柔懒起，帘幕卷花影’‘柔柳摇摇，坠轻絮无影’这三句啊！”此后，世人果然就改称他为“张三影”了。

张先这三“影”分别出自哪里呢？第一句“云破月来花弄影”出自《天仙子·水调数声持酒听》；第二句“娇柔懒起，帘幕卷花影”出自《归朝欢·声转辘轳闻露井》；第三句“柔柳摇摇，坠轻絮无影”出自《翦牡丹·舟中闻双琵琶》。

▶ 王国维在《人间词话》中说的三种境界是什么？

《人间词话》是近代学者王国维所著的一部文学批评著作，其最核心的理论和主张就是“境界”说。

王国维在《人间词话》中提出了著名的三种境界：“古今之成大事业、大学问者，必经过三种之境界。‘昨夜西风凋碧树，独上高楼，望尽天涯路’，此第一境也；‘衣带渐宽终不悔，为伊消得人憔悴’，此第二境也；‘众里寻他千百度，蓦然回首，那人却在灯火阑珊处’，此第三境也。”

“昨夜西风凋碧树，独上高楼，望尽天涯路”出自北宋晏殊的《蝶恋花·槛菊愁烟兰泣露》；“衣带渐宽终不悔，为伊消得人憔悴”出自北宋柳永的《蝶恋花·伫倚危楼风细细》；“众里寻他千百度。蓦然回首，那人却在灯火阑珊处”出自南宋辛弃疾的《青玉案·元夕》。

这三种境界给人以无限的思索，引

发了后人各种各样丰富的解读。

▶ “千古文章四大家”指的是哪四位文学家？

一般认为“千古文章四大家”指的是韩愈、柳宗元、欧阳修和苏轼。

韩愈是唐代文学家、思想家、哲学家，也是唐代古文运动的倡导者，被誉为“百代文宗”和“文章巨公”，代表作有《原道》《论佛骨表》《原性》《师说》等，作品集有《韩昌黎集》传世。

柳宗元是唐代文学家、哲学家、散文家和思想家，散文与韩愈齐名，技巧纯熟，语言凝练生动，论说性强，同时他在游记、寓言等方面也为后世留下了许多优秀的作品。他的代表作有《黔之驴》《天说》《永州八记》等。

欧阳修是北宋政治家、文学家，同时也是宋代文学史上最早开创一代文风的文坛领袖。他领导了北宋诗文革新运动，赏识并提拔了一大批优秀的文学才子，为宋代古文的发展开辟了道路。代表作有《醉翁亭记》《秋声赋》《伶官传序》《卖油翁》等。

苏轼是北宋文学家、书法家、美食家、画家，是历史上著名的“全才式的艺术巨匠”，在诗、词、散文、书、画等方面都有着很深的造诣和非常高的成就。代表作有《水调歌头》《念奴娇·赤壁怀古》《赤壁赋》《后赤壁赋》《石钟山记》等。

▶ “宁都三魏”指的是哪三位文学家？

“宁都三魏”指的是明末清初江西宁都散文家魏禧、魏际瑞和魏礼。他们兄弟三人以诗文、气节名噪一时，其中以魏禧成就最高。

魏禧精研史书，文章和著作受《左传》及苏洵的影响较大，文风凌厉雄健，尤喜表彰忠孝节烈，其以文学成就与汪琬、侯方域被并称为“清初三家”。散文代表作有《邱维屏传》和《大铁椎传》。

魏际瑞性格豪爽，急公好义，待人宽厚。他自幼好学，记忆力非常好，对兵、刑、礼制、律法各科都很有研究。他的《与子弟论文书》是我国古代现实主义文论宝库中的珍品。

魏礼喜欢游历，足迹几乎遍布全国，每到一处，必结交贤豪隐逸之士，著有《魏季子诗文集》十六卷。

“宁都三魏”不仅以著作闻名于世，以他们为首的易堂讲学之风也影响深远。易堂讲学以致用为宗，常常评论古今成败得失，认为学问必须通过阅历和实践，不能师心自用，闭门造车。易堂讲学所形成的翠微学派，成为明末清初的主流学派。

▶ 被黄遵宪誉为“惊心动魄，一字千金”的是谁？

中国近代思想家、政治家、教育家、史学家、文学家梁启超是中国历史上一位百科全书式的人物，学术研究涉猎广泛，在哲学、文学、史学、经学、法学、伦理学、宗教学等各个领域均有建树。他一生勤奋，著述颇丰，合编为《饮冰室合集》。

他在政治舞台上也非常活跃，是戊戌变法（百日维新）的领袖之一，中国近代维新派、新法家代表人物，也是近代文学革命运动的理论倡导者。

他是中国第一个在文章中使用“中华民族”一词的人，还有“经济”“组织”“干部”等词语皆由他始用。

黄遵宪评价他：“惊心动魄，一字千金，人人笔下所无，却为人人意中所有，虽铁石人亦应感动。从古至今，文字之力之大，无过于此者矣。”

▶ 才高八斗说的是哪位诗人？

“才高八斗”是我们非常熟悉的成语，它最初是被用来夸赞历史上一位成就斐然的大诗人的。那位诗人究竟是谁？这个成语的由来是怎样的呢？

东汉末年，建安文学的代表人物是“三曹”（曹操、曹丕、曹植），其中又以曹植的才华最为突出，曾经被推崇到“文章典范”的地位。他是我国古代诗歌中五言诗的奠基人，代表作有《赠白马王彪》《箜篌引》等。

曹植在诗歌方面以笔力雄健和词采华美见长，既有着《楚辞》窈窕深邃的奇谲，又不失《诗经》“哀而不伤”的庄雅，风格鲜明独特、卓尔不群。南朝宋时文学家谢灵运夸赞他“天下才共一石（dàn），曹子建独占八斗”，意思是，如果天下的文学才华总量为一石（十斗）的话，曹植一人就占去了八斗。此后人们就用“才高八斗”来称赞某人才学出众。

▶ “初唐四杰”指的是谁？

“初唐四杰”指的是初唐时期的四位杰出诗人王勃、杨炯、卢照邻和骆宾王，他们的诗歌扭转了唐朝以前所盛行的宫廷诗柔弱绮丽的浮华风气，带来清新健康及阳刚的气息，题材范围也从之前亭台楼阁、风花雪月的狭小领域扩展到市井生活状况与山河边塞风光。

四人中，王勃、杨炯擅长五言律诗，卢照邻、骆宾王擅长七言古诗。他们的代表诗作有王勃的《滕王阁诗》、杨炯的《从军行》、卢照邻的《长安古意》、骆宾王的《在狱咏蝉》等。

“初唐四杰”在文学史上有着承前启后、继往开来的诗坛地位。杜甫称赞他们“不废江河万古流”。

▶ “小李杜”指的是谁？

盛唐时期的李白和杜甫被人们并称为“李杜”，大文豪韩愈曾夸赞他们说：“李杜文章在，光焰万丈长。”

到了晚唐，诗坛又出了两位齐名的

杰出诗人，恰好也是一位姓李，一位姓杜，他们的诗作同样才华横溢、惊世骇俗，再一次把唐诗创作推向高峰。

这两位诗人一位是李商隐，他是唐代为数不多的刻意追求诗歌美感的诗人。他的诗作构思新颖奇特，风格秾丽精致，在我国古代诗人中独具特色，其中最具有代表性的是爱情诗、咏史诗和无题诗。无题诗是他独具一格的创造，我们现在耳熟能详的“身无彩凤双飞翼，心有灵犀一点通”就是李商隐无题诗中的经典名句。

另一位诗人是杜牧，他为人刚直，不屑逢迎，自负经略之才，诗、文均有盛名。他的诗作受杜甫、韩愈的影响，善于将叙事、议论、抒情三者融为一体，其中以七绝、七律成就最高，往往立意出奇、别开生面。其代表诗作有《赤壁》《泊秦淮》等。

为了区别于李白和杜甫，世人将李商隐和杜牧并称为“小李杜”。

▶“七绝圣手”指的是谁？

唐朝杰出的诗人不胜枚举，但各有所长。其中有一位诗人以七绝独领风骚，世人称之为“七绝圣手”。他就是盛唐时期被誉为“诗家夫子”的王昌龄。

王昌龄所作七绝，数量上约占唐诗中所有七绝的六分之一，质量上与诗仙李白比肩，是七绝中难以逾越的巅峰。无论是从体裁完善方面还是从表现手法上，王昌龄对于七绝的发展都做出了巨大的贡献。

在诗作内容方面，王昌龄主要擅长三类题材的创作：边塞诗、闺怨诗和送别诗，其中最负盛名的是边塞诗。他曾于开元十三年漫游西北边塞，有较深刻的边塞生活体验，创作了大量优秀的边塞诗。这些诗作大多气势雄浑，格调高昂，充满积极向上的精神，不乏脍炙人口、传颂千载的名篇，如《出塞》《从军行》等。

▶“汉赋四大家”指的是哪四位名人？

“汉赋四大家”一般认为是司马相如、扬雄、班固、张衡四人。这四人都有多篇代表性的名篇传世，不仅在当时名震一时，而且对后世文坛影响深远，是汉大赋的最高成就者，标志着汉大赋内容及风格的成熟。

四个人中，司马相如在汉赋方面的成就最高，被称为“汉赋第一大家”。他的代表作有《子虚赋》《上林赋》《大人赋》《哀二世赋》《美人赋》。

扬雄既是文学家，又是哲学家，他的汉赋代表作有《河东赋》《羽猎赋》《甘泉赋》《长杨赋》《蜀都赋》。

班固不仅在文学方面很有才华，而且在地理方面有很大的成就。他的汉赋代表作有闻名天下的《两都赋》。

张衡是文理兼修的大家，他以科学家身份名垂后世，同时他也是一位优秀的文学家。他的散体大赋以《西京赋》《东京赋》《南都赋》最为有名，《思玄赋》和《归田赋》也非常有名。

▶ “大历十才子”指的是谁？

“大历十才子”是活跃于唐代宗大历年间的十位诗人，他们代表着一个诗歌流派。据姚合《极玄集》和《新唐书》记载，十才子分别是李端、卢纶、吉中孚、韩翃、钱起、司空曙、苗发、崔峒、耿湋、夏侯审。他们既无共同的组织，也无共同的宣言，但是他们有着共同的思想基础和审美趣味，遵循着共同的创作原则，又相互唱和，交往密切，所以人们将他们看作一个流派。

他们在艺术表现上以谢朓为宗，秉承山水田园诗派的风格，寄情于山水，歌咏自然，推崇隐逸。其共同特点是偏重诗歌形式技巧，格律规整、字句精工。他们才子之名并非浪得虚名，确实留下了不少诗歌佳作，如卢纶的《塞下曲四首》、韩翃（hóng）的《寒食》（“春城无处不飞花，寒食东风御柳斜。”）、钱起的《省试湘灵鼓瑟》（“曲终人不见，江上数峰青。”）等。

▶ “元曲四大家”指的是哪四人？

“元曲四大家”是关汉卿、白朴、郑光祖、马致远四位元代杂剧作家的并称。最早为他们冠以“四大家”之名的是明代戏曲理论家何良俊，他在《四友斋丛说》中说：“元人乐府称马东篱、郑德辉、关汉卿、白仁甫为四大家。”此后这一评价得到世人的公认。这四位杂剧作家代表了元代不同时期不同流派杂剧创作的成就。

关汉卿被世人称为“曲圣”，他的代表剧作有《窦娥冤》《救风尘》《望江亭》《拜月亭》《鲁斋郎》《单刀会》《调风月》等，其中最著名的是《窦娥冤》。

白朴的剧作题材多出自历史传说，剧情多为才子佳人的风流韵事，其代表剧作有《唐明皇秋夜梧桐雨》《董秀英花月东墙记》《裴少俊墙头马上》《汉高祖斩白蛇》《苏小小月夜钱塘梦》《祝英台死嫁梁山伯》等。

郑光祖的代表剧作有《迷青琐倩女离魂》《㑳梅香骗翰林风月》《醉思乡王粲登楼》《辅成王周公摄政》《虎牢关三战吕布》等。他的剧作主要有两类，一是青年男女的爱情故事，二是历史题材故事。

马致远的代表剧作有《江州司马青衫泪》《破幽梦孤雁汉宫秋》《吕洞宾三醉岳阳楼》《半夜雷轰荐福碑》《马丹阳三度任风子》等，他的散曲也颇负盛名。

▶ “苏门四学士”指的是哪四人？

“苏门四学士”指的是黄庭坚、秦观、晁补之、张耒四人，他们都出自苏轼的门下。

黄庭坚自号山谷道人，是北宋著名的诗人、词人、书法家，为盛极一时的“江西诗派”开山之祖。其诗作与苏轼齐名，代表作有《过西山》《饮李氏园》《牧童诗》等，词作有作品集《山谷词》（又名《山谷琴趣外篇》）传世。

秦观别号淮海居士，世人称淮海先生，被尊为婉约派一代词宗。其有作品集《淮海集》《淮海居士长短句》传世。词作代表作有《鹊桥仙》（纤云弄巧）《望海潮》（梅英疏淡）《满庭芳》（山抹微云）等，其中，《鹊桥仙》中“两情若是久长时，又岂在朝朝暮暮”被誉为“化腐朽为神奇”的名句。

晁补之在诗、文、词各方面均有建树，其诗以乐府诗见长，多为古体，代表作有《豆叶黄》《芳仪怨》等，词作代表作有《摸鱼儿·东皋寓居》，作品集有《鸡肋集》传世。

张耒有作品集《柯山集》《张右史文集》《宛丘集》等传世。他早期的诗作曾被苏轼夸赞“汪洋冲淡，有一唱三叹之音”，后期的诗作去尽浮华，平易务实，时人称“独步吟坛”。

▶ 南宋的“中兴四大诗人”指的是哪四位诗人？

“中兴四大诗人”指的是南宋前期尤袤、杨万里、范成大、陆游四位诗人，他们也被称为“南宋四大家”。

尤袤一生嗜书，有“尤书橱”的外号。他曾把家藏书籍“汇而目之”，编成了《遂初堂书目》，这是中国最早的一部版本目录。尤袤的诗歌平易自然，清新流畅，但现存不多，《青山寺》是其诗歌代表作。

杨万里一生力主抗战，反对屈膝投降。他的诗作构思新巧，不拘一格，语言口语化，但有很强的艺术感染力。他创立了活泼自然的诚斋体，对当时的诗坛风气有很大的影响，有作品集《诚斋集》传世。

范成大继承了新乐府的现实主义精神，创作了大量反映农村社会生活的诗作，是我国古代田园诗的集大成者。代表作有《催租行》《四时田园杂兴》等。

陆游是南宋文学家、史学家、爱国诗人，号称“六十年间万首诗”。他的许多诗篇都抒写了抗金杀敌的豪情，洋溢着强烈的爱国主义情怀。代表作有《关山月》《书愤》《金错刀行》《农家叹》《黄州》《长歌行》《诉衷情》（当年万里觅封侯）《卜算子·咏梅》等。

▶ “北方文雄”指的是谁？

金末元初文学家元好问是宋金对峙时期北方文学的主要代表，也是金、元之际在文学上承前启后的桥梁，被世人尊为“北方文雄”“一代文宗”。

元好问在诗、文、词、曲等方面皆擅长，其中诗作成就最高，尤擅七言，风格沉郁悲凉，意境清新，音韵浏亮，耐人寻味，并以金朝灭亡前后创作的“丧乱诗”奠定了他在文学史上的地位。这些诗篇广泛而深刻地反映了国破家亡的现实，具有诗史的意义。

除诗以外，其文清新雄健，长短随意，独具一格；其词气象雄浑苍莽，境界博大壮阔，为金代词坛第一人，可与两宋名家媲美；其散曲用俗为雅，变故作新，具有开创性。

同时他又是一位卓越的文艺理论家，他的《论诗三首》《论诗三十首》《与张仲杰郎中论文》《校笠泽丛书后记》等，全面概括了汉魏以来的各种诗歌风格、诗歌流派与重要诗人，所有的点评都浓缩在七言诗句之中，不仅精准，而且文采斐然。

其有《遗山先生文集》《中州集》传世。

▶ “高岑”指的是哪两位诗人？

“高岑”是著名的边塞诗人高适和岑参的合称。他俩都曾出塞谋求建功立业，对边塞生活有着切身体验，抒写了大量以边关战争、塞上风光和军旅生活为题材的诗作。

高适的边塞诗主要特点是“雄浑悲壮”，语言上直白精简，不加雕琢，诗作大多直抒胸臆，很少用到比兴手法。其代表作有《燕歌行》《蓟门行五首》《塞上》《塞下曲》《别董大》等。

岑参的边塞诗意境新奇，热情奔放，慷慨豪迈，变幻莫测，诗中常有雄伟壮美的形象和绚丽阔大的场景，以及一种奋发向上的力量。其代表作有《轮台歌奉送封大夫出师西征》《白雪歌送武判官归京》《胡笳歌送颜真卿使赴河陇》《题铁门关楼》等。

▶ “元白”指的是哪两位诗人？

“元白”是唐代诗人元稹、白居易的并称，两人是好友，文学主张也相近，都是新乐府运动的主要代表人物，共创了“元和体”。

元稹反对“沿袭古题，唱和重复”，主张“寓意古题，刺美见事”，能借古题而创新词新义，善于用浅显平易的语言准确传神地表情达意。其代表作有《菊花》《离思五首》《遣悲怀三首》等，“曾经沧海难为水，除却巫山不是云”“贫贱夫妻百事哀”等千古名句都是出自他的笔下。

白居易是伟大的现实主义诗人，他的诗歌题材广泛，形式多样，语言平易通俗。他主张“文章合为时而著，歌诗合为事而作”，反对形式主义，创作了大量反映民生疾苦的讽喻诗。其代表作有《琵琶行》《长恨歌》《赋得古原草送别》《钱塘湖春行》《忆江南》《大林寺桃花》等。

晚唐黄滔说：“大唐前有李杜，后有元白。”唐诗发展到元白时代，树起了“通俗诗”的旗帜，确实有划时代的巨大变化。

▶ “韦苏州体”指的是谁的诗歌风格？

“韦苏州体”是指唐代韦应物的诗歌风格。韦应物是山水田园派诗人，因做过苏州刺史，人称“韦苏州”。

他的诗歌古朴自然、平和恬静，往往体现一种伤而不悲的幽寂之美。他所作乐府歌感讽时事，对后来的新乐府运动有很大的影响。其中五言古体成就最高，有“五言长城”之称。他在咏物诗创作方面也别开生面、独领风骚，除借咏物以隐喻社会现实中的腐败、感喟人生际遇外，尤其着力于体物悟道、咏物阐理，体现出与前人的咏物诗大不相同的风貌。严羽在《沧浪诗话·诗体》中，将“韦苏州体”单独列为一体，可见其影响之大。

韦应物代表作有《滁州西涧》《西塞山》《观田家》等。

▶《唐诗三百首》中哪位诗人的诗作入选最多？

杜甫。《唐诗三百首》中，杜甫的诗作入选数量最多。杜甫被后人称为“诗圣”，其诗风沉郁顿挫，具有深刻的社会关怀，反映了唐代中期的社会动荡与人民的疾苦，代表作有《春望》《登高》等。杜甫的诗不仅在思想性和艺术性上达到了高峰，也对后世影响深远，因此在《唐诗三百首》中占据重要地位。

▶ 被誉为“诗仙”的是谁？

李白。李白是唐代著名的浪漫主义诗人，以豪放不羁的个性和丰富的想象力著称，被后人称为“诗仙”。他的诗作如《将进酒》《蜀道难》等，以奇特的意象和豪迈的气势，表达了对自由与理想的追求，成为中国文学史上最具代表性的浪漫主义诗人之一，对后世影响深远。

▶ 谁被称为“江南第一才子”？

唐伯虎。唐伯虎，名唐寅，字伯虎，又字子畏，号六如居士、桃花庵主等，明代著名书画家和文学家，以卓越的才华和潇洒的个性被称为“江南第一才子”。他在诗、书、画方面都有极高的造诣，代表作有《桃花庵歌》《秋风纨扇图》等。他的作品充满幽默和人生哲理，表达了对自由生活的向往，深受后世喜爱。

▶ “三曹”指的是哪三位文学家？

“三曹”指的是东汉末年、三国时期的曹操及其两个儿子曹丕和曹植。曹操以慷慨激昂的诗歌著称，是“建安文学”的代表人物之一；曹丕是曹魏的开国皇帝，擅长辞赋；曹植才思敏捷，诗赋尤为出色，代表作有《洛神赋》。三曹共同奠定了“建安风骨”的文学风格，对后世文学产生了深远影响。

▶ 被称为“梅妻鹤子”的文人是谁？

林逋。林逋是北宋著名隐士，以隐居西湖孤山而闻名。他一生未娶，种梅养鹤，过着清雅闲适的生活，因此被称为“梅妻鹤子”。他的诗文风格恬淡高远，代表作有《山园小梅》等，表达了对自然的热爱和超然世俗的心态，成为后世文人隐逸生活的典范。

▶ “三苏”指的是谁？

“三苏”指的是北宋文学家苏洵、苏轼、苏辙父子三人，他们在中国文学史上具有重要地位，均位列“唐宋八大家”。苏洵是父亲，以政论散文见长；苏轼是哥哥，诗、词、散文、书法和绘画皆精，尤其以豪放派词人著称；苏辙是弟弟，散文成就突出，风格清新。三人的文学成就对后世产生了深远的影响。

▶ 明代小品文的代表作家是谁？

明代小品文的代表作家是张岱。他以散文见长，尤其擅长小品文，其作品风格清新自然，语言优美，富有生活气息。张岱的小品文多描写日常生活琐事，以及对自然景物的细腻观察，表达了作者对人生和社会的独特见解。

▶ 为什么常用“阳关大道”来比喻前途光明的道路？

阳关是我国古代陆路对外交通咽喉之地，是丝绸之路南路必经的关隘。它位于今河西走廊的敦煌市西南 70 公里的南湖乡“古董滩”上，因坐落在玉门关之南而取名阳关。

阳关始建于汉武帝元鼎年间（公元前 116—前 111），在河西“列四郡、据两关”，和玉门关同为当时对西域交通的门户。作为古代兵家必争的战略要地，西汉时为阳关都尉治所，魏晋时在此设置阳关县，唐代时设寿昌县。

汉唐时期，国力强盛，东西方交流频繁，丝绸之路作为连通西域、欧亚的商贸要道，非常繁忙。虽然宋元以后，随着丝绸之路的衰落，阳关也被逐渐废弃，但是经过阳关通向西域的阳关大道那种宽阔、便利、带来财富与繁荣的印象已经深入人心，所以后来人们就用阳关大道来泛指通行便利的宽阔大路，也比喻有光明前途的道路。

▶ 为什么说《清明上河图》是一幅具有重要历史价值的风俗长卷？

北宋画家张择端创作的《清明上河图》描绘了北宋时期都城东京（今河南开封）的社会风情，尤其是汴京以及汴河两岸的自然风光和繁荣景象，是中国十大传世名画之一，属国宝级文物，现收藏于北京故宫博物院。画作分为汴京郊外春光、汴河场景、城内街市三部分，采用传统的手卷形式，内容上采取“散点透视法”组织画面，绘制了数量庞大的各色人物和场景，还有牛、骡、驴等牲畜，车、轿、大小船只，房屋、桥梁、城楼等，内容丰富，各具特色，结构严谨，繁而不乱，体现了宋代城市面貌、建筑特征和当时社会各阶层人民的生活状况和世情风俗，具有很高的历史价值和艺术价值。

由于在画作完成之后没多久，宋朝就发生了“靖康之耻”，东京汴梁被金军所破，宋徽宗、宋钦宗两位皇帝成了金人的俘虏，北宋灭亡，所以这幅画又被称为“盛世危图”。

▶ 什么是大千世界？

“世界”是时、空的集合，其中的“世”是时间流变，“界”是空间边线。按照佛经的说法，在大海中，以须弥山为中心，四方有四大部洲（东胜神洲、西牛贺洲、南赡部洲、北俱芦洲），这些由一日月所照的范围为一世界。

根据《起世经·阎浮洲品》的描述：一千个这样的世界为小千世界，一千个小千世界为中千世界，一千个中千世界为大千世界。这中间有三个千的倍数，故称为“三千大千世界”。

我们地球所在的“大千世界”名叫“娑婆世界”（“娑婆”意为“堪忍”。娑婆世界众生安于十恶，堪于忍受诸苦恼而不肯出离），由释迦牟尼，也即大日如来教化。

佛陀要教化世人，以“大千世界”为单位。而现在多用“大千世界”来形容人世间的纷繁复杂。

▶ “四大金刚”分别指谁？

“四大金刚”是佛家“四大天王”的一种俗称。四大天王是佛家二十诸天中的四位天神，职责是守护须弥山周围四大部洲的平安，故又称“护世四天王”。

具体说来，东方持国天王（“持国”的意思是慈悲为怀，保护众生，护持国土），持琵琶，守护东胜神洲；南方增长天王（“增长”的意思是传令众生，增长善根，护持佛法），持宝剑，守护南赡部洲；西方广目天王（“广目”的意思是能以净天眼随时观察世界，护持民众），持赤龙，守护西牛贺洲；北方多闻天王（“多闻”的意思是精通佛法，以福、德播于四方），持宝伞，守护北俱芦洲。

后来，民间把这四位护世天王称为“风调雨顺”，其中增长天王持剑代表“风”，持国天王持琵琶代表“调”，多闻天王持伞代表“雨”，广目天王持龙代表“顺”。“风调雨顺”四天王又以北方多闻天王地位最尊。

▶ “十八罗汉”到底是哪些人？

说起“十八罗汉”，简直无人不知，

无人不晓。但如果问一句十八罗汉到底是哪些人，恐怕就没什么人能答得上来了。

实际上，十八罗汉中只有十六位是佛经上明确记载，受过佛祖册封和嘱咐的正规罗汉，他们的名字分别是宾度罗跋罗堕阁尊者（旧称宾头卢颇罗堕誓）、迦诺迦代蹉尊者、诺迦跋哩陀尊者、苏频陀尊者、诺距罗尊者、跋陀罗尊者、迦理迦尊者、伐阇罗弗多罗尊者、戍博迦尊者、半托迦尊者、罗怙罗尊者（旧称云）、那伽犀那尊者、因揭陀尊者、伐那婆斯尊者、阿氏多尊者、注荼半托迦尊者。

另有两位编外罗汉是世人补充进去的，分别为我们所熟知的降龙和伏虎两位罗汉。

▶ 什么是“因果报应”？

“因果报应”的说法来源于佛教，简言之，“因果”就是原因与结果。

佛教因果论的特点可以概括为八个字——已作不失、未作不得，即任何思想或行为，都会导致相应的后果。“因”未得“果”之前，不会自行消失；反之，不作一定之业因，亦不会得相应之结果。

因果可分为世间之因果、出世间之因果、迷界之因果、悟界之因果，且依四谛而言，苦、集为世间、迷界之因果，灭、道是出世间、悟界之因果。在时间上，因果遍于过去、现在、未来三世；在空间上，则除无为法（无生灭变化而寂然常住之法，比如涅槃）之外，一切事物皆受因果律支配。佛、菩萨亦然。

所以佛也只能是证得因果报应的人，即有因必有果，只不过佛种的是善因，结的是善果。

▶ 什么是“六道轮回”？

佛家讲“因果报应”，就是靠今生来世的轮回转变理论来支撑的。你上一世种的各种因结成你这一世的各种果，这一世的因会在你的来生得到报偿。怎么报偿呢？就靠六道轮回！

“六道”之中有三善道、三恶道。前者有天道（天人，相当于通俗所说的“神”）、阿修罗道（富有战斗力的神）和人道，后者有畜生道、恶鬼道（鬼道，贪邪且永不满足）、地狱道（受苦之牢狱）。

你作恶便会有恶道相逼，你行善便有善道相报，所以我们平常就讲“善有善报恶有恶报，不是不报，时候未到”。

▶“一尘不染”中的“尘”是指灰尘吗？

佛教中有六根、六识、六尘的说法。其中“六尘”指的是色尘（眼睛所看到的）、声尘（耳朵所听到的）、香尘（鼻子所闻到的）、味尘（舌头所尝到的）、触尘（身体所感觉到的）、法尘（头脑所想到的）。

佛教认为这六尘会污染我们的六根，从而污染我们的清净本性。因此佛教徒修行时，就要通过学习佛法，去除这六尘所带来的污染，恢复清净本性。一旦修行到“一尘不染”的境界，他们就不再受到六尘的侵扰，从而证得“般若智慧”，如《五灯会元》所说的：迥脱根尘，灵光独耀。

俗语用“一尘不染”来形容衣物、环境的清洁、洁净，也可引申赞誉某人有高洁的品格。

▶ 什么是“桎梏”？

“桎梏”原是古代刑具，与“拲”（gǒng）“枷”一起用于束缚囚犯。

“桎”是木制脚镣，是限制囚犯脚部动作的刑具，一般依据囚犯罪行轻重来决定戴桎时间的长短。

“梏”和“拲”都是木制手铐，与后世的铁手铐类似。梏是两手各拘一木，也可单拘一只手；拲是两手共拘一木。

“枷”是首械，套于囚犯的脖子上，囚犯示众时要在枷板上写明其姓名以及罪名，意在公示和告诫他人。

现在“桎梏”这个词已经引申为束缚、压制的意思，也可用于比喻束缚人或事物的东西。

▶ 为什么把反复考虑叫“斟酌”？

“斟酌”在现代汉语中是反复考虑的意思。它的本义却是倒酒、饮酒。

斟，本意为用勺子舀取，见《说文解字》：“斟，勺也。”它泛指执壶注酒、茶，如斟酒、斟茶。酌，从酉从勺，从酉则与酒有关，本义为斟酒，见《说文解字》：“酌，盛酒行觞也。”可见，斟、酌都有倒酒之意，“斟酌”也用来借指饮酒。

两者虽然都是倒酒，但还是有所区别的：倒酒不满曰“斟”，倒酒太多曰“酌”。杯里的酒不满或者太多都不适宜，最好是不多不少比较适中的量。故“斟”酒不满就要增加一点，而“酌”酒溢出就要减少一点，要反复增减才能把酒倒得刚好，这就是“斟酌”的原意。

由此“斟酌”也就被引申出遇事反复考虑，力求处理得当的意思。

第七章
天文历法

▶ 什么是干支历法？

古人以天为干，以地为支，天干、地支源自中国远古时代对天象的观测。天干有 10 个，分别为甲、乙、丙、丁、戊、己、庚、辛、壬、癸；地支有 12 个，分别为子、丑、寅、卯、辰、巳、午、未、申、酉、戌、亥。

天干常用来表示次序，地支可用来表示时间。把天干和地支依次组合，从甲子开始，依次为甲子、乙丑、丙寅、丁卯、戊辰、己巳、庚午、辛未、壬申、癸酉、甲戌、乙亥、丙子、丁丑……直到癸亥结束，正好配成 60 对。也就是说，由于天干有 10 个，地支有 12 个，所以天干与地支可以有 60 个不重复的组合。60 个组合之后就重新回到第一个“甲子”组合，循环不断，周而复始，可用来纪日、纪月、纪年，这就是我国古代的天文历法——干支历法。近代史上的“甲午战争”“辛亥革命”就是采用了干支纪年，现在我们所使用的阴历仍然会附上干支纪年。

▶ 什么是阴历和阳历？

“阴历”与月亮的圆缺变化有关。古人称月亮为太阴，阴历就是“太阴历”的简称。它以月亮连续两次呈现同样的月相所经历的时间为一月，即一个“朔望月”。本来一个朔望月约等于 29.5 天，但为了计算方便，人们就将其分为大月、小月，大月 30 天，小月 29 天，每年 6 个大月、6 个小月共 354 天。实际上每年要比 354 天多出约 8.8 小时，每隔 30 年就多出约 11 天。阴历就把这 11 天安排在 30 年中的 11 年里，这 11 年中在最后一月多加 1 天，这些有 355 天的年份就是阴历的闰年。但是，这个阴历是所谓的纯阴历，并不是我们现在还在使用的阴历（农历）。

“阳历”是“太阳历”的简称。它以地球绕太阳运行一周的时间（365 天 5 小时 48 分 46 秒）为一个“太阳年”（又称“回归年”）。为了方便计算，人们规定平年每年 365 天，剩余的时间积累 4 年后就有 23 小时 15 分 4 秒，几乎相当于一天，于是每 4 年就在 2 月多加 1 天，这一年有 366 天，称为闰年。

我国是从民国元年开始采用阳历的，所以又把阳历称为“新历”。

▶ 什么是四时？

“四时”是我国古代干支历法体系当中的一个基本概念，即现今通俗所说的四季。干支历法体系以立春为四时之始。

“四时”语出《礼记·孔子闲居》：“天有四时，春秋冬夏。”指的是一年里按照气温、雨雪情况依次分为春、夏、秋、冬四个季节。其中分别以阴历正月、二月、三月为春，依次称为孟春、仲春、季春；以四月、五月、六月为夏，依次称为孟夏、仲夏、季夏；以七月、八月、九月为秋，依次称为孟秋、仲秋、季秋；以十月、十一月、十二月为冬，依次称为孟冬、仲冬、季冬。如《楚辞·九章·哀郢》：“民离散而相失兮，方仲春而东迁。”

▶ 什么是二十四节气？

二十四节气是我国传统历法中表示自然节律变化的时节体系。一年有春、夏、秋、冬四个季节，每个季节有三个月，每个月有两个节气。每个节气均有其独特的含义，准确地反映了自然节律变化，在人们日常生活中发挥了极为重要的作用。

二十四节气是上古农耕文明的产物，它们分别是春季的立春、雨水、惊蛰、春分、清明、谷雨，夏季的立夏、小满、芒种、夏至、小暑、大暑，秋季的立秋、处暑、白露、秋分、寒露、霜降，冬季的立冬、小雪、大雪、冬至、小寒、大寒。为便于记忆，后世编了《二十四节气歌》：“春雨惊春清谷天，夏满芒夏暑相连，秋处露秋寒霜降，冬雪雪冬小大寒。”

▶ 望、既望、朔、晦分别指什么？

在我国传统历法中，望、既望、朔、晦是对每个月一些特定日子的特定称谓。

阴历的每月十五日称“望”。这一天地球运行到月亮和太阳之间。从地球上看，太阳从西方落下去的时候，月亮正好从东方升起来，月亮看起来是圆的。但实际上，有时月亮、地球和太阳成一条直线时，不是十五日，而是十六日或十七日。

“既望”指望日的次日，通常指阴历

十六日。苏轼在《赤壁赋》中写道：“壬戌之秋，七月既望，苏子与客泛舟游于赤壁之下。”其中的“既望”就是指十六日。

阴历每月初一称“朔”。这一天月亮运行到地球和太阳之间，与太阳同时出没，地球上看不到月光。

“晦”指的是阴历每月的最后一天。庄子《逍遥游》中的“朝菌不知晦朔”，就是说生命极短的朝菌不知道每月最后一天到下个月初一的时间变化。

▶ 为什么“朔望月”被用来确定节日？

“朔”指阴历每月初一，“望”指阴历每月十五，月亮连续两次呈现同样的月相所经历的时间即为一个“朔望月”。因为月相变化直观且周期较短，易于观测，故用朔望月作为确定节日的基础，如正月十五元宵节、八月十五中秋节等。这种确定节日的方式加深了人们对自然规律的认识，寄托了人们对美好生活的向往。

▶ 什么是《崇祯历书》？

《崇祯历书》是明末为改革历法而编纂的一部历书，因编于崇祯年间，故名。

明朝原本用的历法名为《大统历》，实际是元朝郭守敬等编制的《授时历》。到明朝末年时，此历法已显示出很大的误差。崇祯时，由徐光启主持编纂，聘用耶稣会传教士龙华民、汤若望等参与工作，比较系统地引进了西方的天文学知识，修成《崇祯历书》137卷。该历法正式采用以太阳在黄道上的位置为标准来确定节气的制度，其对日食、月食的推测也更加精确。可是此历书在明朝并未颁行，直到清朝顺治二年（1645年）由汤若望进呈才颁行全国，称《时宪历》。

▶ 古人如何通过观测太阳的运动确定时间？

古人通过观测太阳的运动来确定时间，主要是利用太阳在天空中的位置变化。他们发现太阳每天从东方升起，西方落下，这个周期性的运动可以用来划分一天的时间。为了更精确地划分，古人发明了日晷这种测定时刻的装置。日晷由一个平坦且带刻度的晷盘和一根与盘面垂直的晷针组成。随着太阳在天空中移动，晷针的阴影在盘上移动，阴影指向的刻度就是当前的时间。这种方法在晴朗的白天非常有效，但在阴天或夜间就无法使用。古人还将太阳的周年运动与季节变化联系起来，通过观察太阳在夏至和冬至时的位置，划分出了四季，并据此安排农业活动。

▶ 古人将金星称为什么？

古人将金星称为“太白星”。在日出以前出现在东方天空的金星，被称为“启明星”；在傍晚出现在西方天空的金星，则被称为“长庚星”。在古代，金星还象征着财富和战争，与金属、兵器、商贸等有关，因此在不同的文献中，金星也有不同的称呼和象征意义。

▶ 为什么木星被古人称为“岁星”？

木星绕太阳公转一周大约需要 11.86 年，这个周期接近于 12 年，因此在古代，人们认为木星大约每 12 年绕天一周，每年经过天空的一个特定区域。古人将天空划分为 12 个区域，称为“十二次”，木星每年经过一次，因此用木星的位置来纪年，称其为“岁星”。这种纪年方式被称为“岁星纪年法”，在我国古代非常流行，木星也因此与年份和农业周期紧密相关，被赋予了重要的文化意义。

▶ 古人如何通过日食预测政治变动？

在我国古代，日食被人们视为天象中的重大情况，常常被解读为天意的显现。古人相信，日食的出现预示着国家的吉凶和政治变动。天文学家和占卜师会对日食进行详细观察、记录和分析，以此预测可能的政治变动。例如，日食可能被解读为对统治者的警示，暗示其统治不稳或即将面临挑战。因此，古代帝王对日食非常重视，往往会召集朝臣讨论应对措施，甚至进行祭祀，以求上天的宽恕和保佑。这种对天象的重视反映了古人对自然现象与人事之间关系的理解。

▶ 北斗七星的变化和季节有什么关系？

北斗七星是北半球天空中排列成斗形（或勺形）的七颗明亮的星，其斗柄的指向随季节变化而变化，这一点在中国古代农业社会中具有重要的意义。古人通过观察北斗七星斗柄的指向来判断季节，安排农事。例如，当斗柄指向东方时，是春季；指向南方时，是夏季；指向西方时，是秋季；指向北方时，是冬季。这种观察方法简单而直观，是古人“观象授时”的一种方式，体现了古代天文学与人民生活紧密相连的特点。

▶ 古人为什么将太阳的轨迹称为“黄道”？

为研究天体位置和运动，天文学上假想天体分布在以观测者为球心，以适当长度为半径的球面上，这个球面叫作天球。“黄道”是指太阳一年中在天球上所描绘的轨迹，古代中国人认为其与五行中的“土”相对应，象征着中心和稳定。古人通过观察太阳在黄道上的位置来确定季节变化和农事安排。黄道的概念不仅用于天文学，还与古代的占卜等密切相关。古人认为，太阳的运动与人间的吉凶祸福息息相关，因此，黄道的变化被视为天意的体现，影响着政治和社会生活。

▶ 在古人眼中，“五星连珠”有什么特殊意义？

“五星连珠”是指金、木、水、火、土五大行星在天空中同时现于一方的罕见天象。古人认为，这种天象具有特殊的寓意。它通常被视为吉兆，象征国家将进入太平盛世或有重大喜事发生。因此，“五星连珠”不仅是天文学家研究的对象，也是政治家和民众关注的焦点，影响了古代社会的政治和文化。

▶ 为什么古人将北极星视为天帝的象征？

古人将北极星视为天帝的象征，是因为它在北天极附近，几乎不动，被众星环绕，如同帝王被臣民所拥戴。在古代，天帝被视为主宰宇宙和人间的神，北极星的这一特性使其成为天帝在天空中的代表。此外，北极星还与导航和定位有关，对农业社会的季节判断也具有重要意义，这进一步强化了其在古人心目中的神圣地位。

▶ 古人是如何计算“回归年”的？

我国古代的天文学家通过观测太阳的运动来计算回归年，即太阳连续两次通过春分点所需的时间。他们利用圭表等工具记录正午时分的日影长度，测量连续两次日影最短的时间间隔。通过长期观测和记录，古人发现一个回归年约为 365.2425 天。这一结果与现代科学测定的回归年时间非常接近，反映了我国古代天文学研究的精确性和先进性。

▶ 冬至为何被称为“阳气始生”的日子？

冬至是一个重要的节气，通常在每年的 12 月 21 日、22 日或 23 日。这一天，北半球的白昼时间最短，黑夜最长。在我国古代，冬至被视为阴阳转换的关键点，因为从这一天开始，白昼逐渐变长，黑夜逐渐缩短，意味着“阳气”开始萌生，自然界开始从冬季的沉寂中复苏。因此，冬至也被称为“阳气始生”的日子，象征着新生和希望。在古代，冬至还有着重要的文化意义，人们会举行各种庆祝活动，祭祀祖先，祈求来年的丰收和吉祥。

▶ 中国古代天文台是如何进行天象观测的？

中国古代天文台通过建立观测点，利用简仪、浑仪等仪器进行天象观测。这些仪器能够测量天体的位置、运行轨迹和运行周期。天文学家们记录天象，如行星的运行、恒星的亮度变化，以及日食、月食等。观测数据被用来编制历法、预测天气，以及占星。这些观测活动对于农业、航海和国家祭祀活动都具有重要意义。

▶ 中国传统历法中，如何确定闰年？

中国传统历法中，闰年的确定主要基于阴历与阳历之间的关系。阴历以月相变化为基础，全年约354天，明显少于一个回归年的天数。为了防止阴历与季节脱节，古人采用了“置闰”的方法。通常，每两到三年就会增加一个闰月，以调整阴历与阳历的差距。具体的置闰规则依赖于天文观测和历法计算，古代天文学家会根据太阳的运动和节气变化来决定何时置闰。通过这种方式，传统历法能够与自然季节相协调，确保农业生产和节庆活动的顺利进行。

▶ 古人如何通过观察月相来指导日常生活？

古代中国人通过观察月相来指导日常生活。月相从新月到满月再到新月，一个完整的周期大约为29.5天，古人根据这一周期来安排节日、农业活动和一些社会活动。例如，满月时适合收获和庆祝，新月则被视为播种的好时机。月相的变化还与潮汐相关，影响着渔民的出海时间。此外，月相与人体生理周期的关联也被用来指导医疗和养生。通过观察月相，古人能够将自然规律与日常生活紧密结合，体现了对自然规律的尊重和顺应。

▶ “四象”中的朱雀代表什么？

在中国古代的星宿体系中，“四象”是指东方青龙、西方白虎、南方朱雀和北方玄武，它们分别代表东、西、南、北四个方向的一组星宿。朱雀代表的是南方的星宿，属火，象征着夏季。朱雀的形象也常出现在古代的天球图和星宿图上，是古人对宇宙秩序的一种象征性表达。

▶ 古人为什么要“夏至祭地”？

夏至是重要的节气之一，是一年中白昼最长的一天。在这一天，太阳直射北回归线，北半球的日照时间达到最长。夏至不仅是一个节气，也是一个重要的祭祀节日。古人认为夏至是阳气最盛的时候，需要通过祭祀来祈求丰收和平安。在这一天，皇帝会率领文武百官举行祭地仪式。民间也有各种庆祝活动，如吃夏至面等，以示对自然的敬畏和对丰收的期盼。“夏至祭地”体现了古人对自然规律的尊重和对和谐生活的向往。

▶ 古人如何通过天象预测未来？

古人认为，天体的变化与人间事务密切相关，会通过天象预测未来。古代天文学家会记录天体的运行轨迹和变化，分析其对国家、社会和个人命运的影响。例如，某些天体的出现被视为战争、丰收或灾难的预兆。此外，古人还会通过观察日食、月食等天文现象来预测未来。这些现象被认为是上天对人间的警示，通常会引发政府和社会的反思与变革。通过这些方法，古人试图解读宇宙的奥秘，并以此指导国家治理和个人决策。

▶ 中国传统的岁时历法是如何制定的？

中国传统的岁时历法是将长期天文观测的结果和农业活动经验相结合而制定的。古人观察太阳在黄道上的运行规律，确定了春分、夏至、秋分、冬至等基本节气，并逐渐细化为二十四节气。这些节气反映了一年四季的气候变化和物候特征，为农业生产提供了时间上的指导。同时，历法中还融入了阴历的月相变化，形成了阴阳合历。古人通过观测月相确定朔望月，又结合太阳年制定闰月规则，以保证历法年与太阳年同步。岁时历法的制定体现了古人对自然规律的深刻认识，为国家治理和社会生活提供了重要依据。

▶ “七曜”是指哪些天体？

“七曜”是中国古代天文学中的一个概念，指的是太阳、月亮以及金星、木星、水星、火星和土星五大行星。这些天体因为容易被肉眼观测到，所以被赋予了特殊的地位。在古代，它们还与历法编制、占卜预测等活动紧密相关。“七曜”的运行周期和相互关系，对古人来说是研究宇宙秩序和解释自然现象的重要依据。

▶ 为什么中国传统历法要与农业周期紧密结合？

中国传统历法与农业周期紧密结合，是因为农业是社会的基础，而农业生产高度依赖季节变化。古人通过观察太阳和月亮的运行，确定了二十四节气，这些节气指示了播种、耕作、收获的最佳时期。例如，立春标志着春季的开始，是播种的时节；而立秋预示着收获的季节。历法的这种安排有助于农民合理安排农事，提高农作物的产量，推动社会稳定。此外，与农业周期同步的历法也有助于节日的安排，强化了人们对自然规律的尊重和顺应。

▶ 二十八宿在中国古代的实际意义是什么？

我国古代天文学家把天空中可见的星分成28组，叫作二十八宿，东西南北四方各七宿。这些星宿不仅用于导航和确定时间，还与农业生产、宗教仪式和皇权象征紧密相关。古人通过观察星宿的位置和变化来预测天气、安排农事，以及解释各种自然现象和社会事件。对二十八宿的观测体现了古代中国人对宇宙秩序的认识和对天文规律的应用。

▶ 为什么火星逆行在古代被视为不祥之兆？

在古代，火星又被称为“荧惑”，火星逆行被视为不祥之兆，主要是因为逆行现象的罕见性和不可预测性。火星通常在天空中沿着固定轨道运行，当它逆行时，古人便认为这是天意的警示，可能预示着战争、动乱。火星的红色也常与火灾、暴力和冲突相关联，因此其逆行被解读为不祥之兆。古代天文学家会记录这一现象，并结合历史事件进行分析，为封建统治者的政治决策提供参考。这种对天象的解读反映了古人对自然与人事之间关系的理解。

▶ 什么是“浑仪”？

浑仪是中国古代一种用于测定天体位置的仪器。它由多个刻有度数的同心圆环组成，如赤道环、黄道环等，代表天球的不同层。其上附有绕中心旋转的窥管，用以测量天体坐标等。古代天文学家利用浑仪进行天文观测，以研究和解释天文现象，预测日食、月食等重要天象。浑仪的设计体现了我国古人对宇宙结构的理解和精湛技艺。

▶ 古人如何预测彗星的出现？

古人称彗星为“扫帚星”。中国古代天文学家通过对天象的长期观察，逐渐掌握了彗星出现的一些规律。他们注意到某些彗星的周期性。此外，古代天文学家还会根据天象变化与地球上的自然现象、政治事件之间的关联进行预测。例如，他们可能会记录下彗星出现时的季节、位置以及伴随的天象变化，如日食或月食，并试图从中找出规律。

▶ 中国古代占星术中的“分野”是什么？

“分野”是中国古代占星学中将地上各州郡邦国与天上一定的区域相对应的一种概念。古人根据天上星辰的位置，将天空划分为若干区域，并与地上各州郡邦国相对应。这种划分基于天人合一的思想，认为天象与人间事务息息相关。这样的对应关系被用来预测和解释各地的吉凶祸福。例如，某个星宿若在特定季节出现在某个地区上空，就可能被解释为对该地区有特定的影响或预兆。这体现了古代中国人对宇宙秩序和地理之间联系的理解。

▶ 月食在中国古代文化中有何象征意义？

在我国古代，月食被认为是不祥之兆，象征着阴阳失衡。古人认为天象与人间事务紧密相连，月食常被解释为对帝王统治的警告，或是重大社会变动的前兆。因此，月食时会举行仪式，敲锣打鼓以“驱邪”，试图恢复天象的平衡。

这类解释和应对措施反映了古人对宇宙秩序的敬畏和对天人感应的信仰。

▶ 古人为什么用“参商”比喻人分离后不得见面？

杜甫曾在诗中写道：“人生不相见，动如参与商。”其中的“参”与“商”指的就是二十八宿中的参宿与心宿，二者不能在同一时间被同一地点的人观测到，所以才有了这种比喻。有时，“参商”也比喻感情不和睦。

▶ 为什么大寒是一年中最冷的时候？

“大寒”通常是每年的 1 月 20 日或 21 日，是二十四节气中的最后一个节气。此时，地球在公转轨道上的倾斜角度导致北半球接收到的太阳辐射量少，尽管冬至时太阳直射点最南，但地表吸收热量需要时间，再加上大寒时冷空气频繁活动，所以大寒一般是我国一年中气候最冷的时候。这也标志着冬季的严寒即将结束，春季的回暖即将到来。

▶ 中国古代对太阳黑子的记录可追溯至什么时候？

中国古代对太阳黑子的记录可追溯至汉代。据《汉书·五行志》记载，公元前 28 年，即汉成帝河平元年，“三月乙未，日出黄，有黑气大如钱，居日中央。”这被认为是最早的太阳黑子记录。此后，历代史书中都有太阳黑子的观测记录，如《宋史》《明史》等。这些记录对研究太阳活动历史具有重要价值。

▶ 为什么立春是中国传统历法中极为重要的节气？

立春是每年的 2 月 3 日、4 日或 5 日，是二十四节气中的第一个节气，标志着春季的开始，象征着万物复苏。中国古代是农业社会，立春的到来预示着农事的启动，因此被赋予极高的文化和实践意义。在传统历法中，立春常常是制定和调整历法的重要参考点，因为它关系到农业生产的安排，对预测气候变化、指导农事等有着重要作用。此外，立春在传统文化中也占有重要位置，常伴随着各种庆祝活动和仪式，以祈求丰收和吉祥。

第八章
礼仪、称谓

▶ "祖"和"宗"有什么区别？

尽管如今"祖宗"是作为一个词来指代我们的祖先的，但在传统意义上"祖"和"宗"并不是一回事，它们所指的是两个不同的概念。

在上古时期，"祖"一般特指始祖或是比较尊贵的祖先。但随着时代的发展，到了中古时期，"祖"就拓展为了祖先的泛指。而"宗"的本义是"宗庙"，是祭祀祖先的地方，后来引申为始祖之后的祖先。在更广泛的概念里，"宗"是对"宗族"的代指，指的是同一父系的家族。

▶ "家"和"族"有什么区别？

在古代，"家"和"族"是一对相似而又不同的概念。尽管两者都是传统的社会组织单位，但两者的组成方式是截然不同的。

从传统意义上讲，"家"是指以血缘关系为纽带的群居单位，往往是以整个父系氏族为一家。在先秦时期的文献里，"家"往往特指卿大夫的家族。到了后来，随着小农经济下一家一户的耕作形式逐渐兴起，"家"也就逐渐演变为指代结构简单、容量较小的"家庭"概念了。

"族"在早期特指军事组织单位。随着社会的不断发展，宗庙的出现让"族"有了新的意义，即"祭祀同一宗庙的家族"，一般也以血缘关系为纽带，但"族"的范围要比"家"大得多。在"家"成为一个简单组织的特指之后，"族"就相对应地成了"家族"的泛指，一家可能只有十几口或几十口人，但一族可能有着成百上千的子弟。

▶“姓”和“氏”有什么区别？

每个人都有着自己的姓氏，在日常生活中，我们也常常用姓氏来称呼一个人，但在古代“姓”和“氏”有着非常大的区别。

“姓”产生于母系社会，是表明母亲身份的标识，具有“别婚姻”的作用，所谓“同姓不婚”就是这一作用的体现。而“氏”产生于父系社会，是“姓”的分支，具有辨明族系、分别亲疏尊卑的作用。正如造字法所表明的那样，“姓”由“女”和“生”组成，意味着它与女性相关，是为了表明“生身”，表明“女子所生的子女”。

然而，在战国以前，只有具有一定身份的人才拥有姓，普通百姓并没有姓，后来随着社会的发展，姓才逐渐成了人人都有的身份标识。氏作为姓的分支，在具体使用上也有着标明分支的意味。一族人可能同姓，但因为不同氏，其身份地位、等级尊卑也就有所不同，所以氏是族发展壮大到一定程度的产物。在战国以前，也有着女子称姓、男子称氏的传统。

▶“名”和“字”有什么区别？

尽管今人将“名”“字”混为一谈，但在古代，“名”和“字”是不同的两个概念。例如，著名诗人李白，姓“李”，名“白”，字“太白”；诗人杜甫则是姓“杜”，名“甫”，字“子美”。

“名”和“字”的最大区别有两点，一是获得的时间，二是代表的意义。从获得时间来讲，“名”是孩子出生时父母或其他长辈所取。而“字”一般是在成年时所取，男子要行过冠礼，女子则要及笄。

由获得时间我们也能看出两者代表意义的区别，“名”是每一个人从出生就拥有的基本称谓，是与他人分别的标识；而“字”证明人已成年，可以入仕或者婚娶。在大多数情况下平民就只有“名”，高门大户的子弟才会取“字”。

▶“考”和“妣”分别指什么？

“考”，本义是“老”，后来被借代使用，作为对父亲的尊称，特指已故的父亲。墓碑上经常看见的“先考”一词就是说明这块墓碑是为了纪念立碑者逝去的父亲所立。但在生活中，“考”也常常被作为一个语素使用，例如，用“祖考”泛指父祖之辈。

“妣”则与“考”相对应，是对母亲的尊称，特指已故的母亲；也指女性祖先。

▶“六亲不认”中的“六亲”指的是哪些人？

关于“六亲不认”中的“六亲”指的是哪些人，历代有不同的说法，但是最具代表性的说法主要有三种。

一是《老子》里的说法，以父、子、

兄、弟、夫、妇为六亲；二是《左传》里的说法，以父子、兄弟、姑姊（父亲的姐妹）、甥舅、昏媾（妻的家属）及姻亚（夫的家属）为六亲；三是《汉书·贾谊传》里颜师古注引应劭注，以父、母、兄、弟、妻、子为六亲。后人大多比较赞同第三种说法，因为从血缘和婚姻关系角度，这种说法里的人是最亲近的。

另外，《史记·管晏列传》载："上服度则六亲固。"唐代张守节对此做了解释："六亲，谓外祖父母一，父母二，姊妹三，妻兄弟之子四，从母之子五，女之子六也。"

如今，"六亲"多泛指亲属。

▶"株连九族"中的"九族"指的是哪些人？

"株连九族"是中国封建社会中的连坐制度。那么，所谓的"九族"具体指哪些人呢？

"九族"具体所指一般有两种说法。一是上自高祖、下至玄孙，也就是高祖父、曾祖父、祖父、父、自身、子、孙、曾孙、玄孙。二是父族四、母族三、妻族二。父族四是指自己一族、出嫁的姑母及其儿子、出嫁的姐妹及外甥、出嫁的女儿及外孙；母族三是指外祖父一家、外祖母的娘家、姨母及其儿子；妻族二是指岳父一家、岳母的娘家。

到现在，"九族"基本上就是泛指一切沾亲带故的人。

▶ 古代的"三姑六婆"指的是哪些人？

中国古代女性的地位较低，一般都是在家里相夫教子，但还是有一部分职业需要女性去从事。"三姑六婆"这个词在古代其实就是指一些由女性从事的职业。

"三姑"就是尼姑、道姑、卦姑。尼姑是相对于和尚而言的，和尚指遁入空门的男性，尼姑指皈依佛门、出家修行的女性。道姑则是相对于道士而言的，指道教修行的女性。卦姑相对比较少见，其实就是靠算命、占卜为生的女性，类似于神婆。

"六婆"则是指牙婆、媒婆、师婆、虔婆、药婆、稳婆。牙婆是买卖人口的中间人（在古代，牙婆是合法职业）；媒婆是为婚姻之事牵线搭桥的女性，由于古代的合法婚姻讲究"父母之命，媒妁之言"，所以催生出媒婆这样的职业；师婆就是巫婆；虔婆就是鸨母——古代青楼的掌权人；药婆主要指女大夫，有时也指利用药物害人的女性；稳婆就是古代的接生婆。

▶ 我国古代的丧服制度是怎样的？

我国古代的丧服制度为五服制，以五种丧服为象征，规定亲疏不等的亲属为死者服丧的五个等级，由重到轻分别为：斩衰、齐衰、大功、小功、缌麻。

斩衰是用不缝边的极粗生麻布制成的丧服，用来表达最深沉的悲痛之情。这是儿子为逝世的父亲、妻子为过世的丈夫、诸侯为驾崩的天子而穿的丧服。斩衰的服丧期为三年。

齐衰是夫为妻、孙为祖父母服丧的丧服。齐衰的“齐”是指丧服可以缝边，麻布也稍微细一点。

大功、小功、缌麻所用的麻布依次越来越细，服丧者与死者的关系依次越来越疏远，其服丧期也依次越来越短。

▶ “五礼”分别指的是什么？

“五礼”指的是吉礼、凶礼、军礼、宾礼和嘉礼。

吉礼是五礼之冠，主要是对天神、地祇、人鬼的祭祀典礼。如郊天、大雩、大享明堂、祭日月、大蜡、祭社稷、祭山川、籍田、祭先蚕、祭天子宗庙、禘礼、功臣配享、上陵、释奠、祀先代帝王、祀孔子、巡狩、封禅、祭高禖等。

凶礼是哀悯、吊唁、忧患之礼。包括丧礼、荒礼、吊礼、禬礼、恤礼。

军礼是师旅操演、征伐之礼。如《周礼》所举大师（天子率兵征伐之礼）、大均（校正户口、调整赋税之礼）、大田（天子、诸侯亲自参加四时田猎及操练、检阅士兵之礼）、大役（国家为建筑王宫、城邑等工程项目而征调徒众之礼）、大封（以武力校正封国疆界之礼）等。

宾礼是诸侯朝见天子之礼。此外，士之间的相见礼仪，也属宾礼。

嘉礼是和合人际关系、沟通、联络感情之礼，包括饮食、昏冠、宾射、飨燕、脤膰、贺庆等礼，后世专指婚礼。

▶ 什么是冠礼？

冠礼，是古代男子的成年礼，嘉礼的一种。古代男子到20岁时才由长辈为其结发加冠，表示已经成年，可以婚娶了。天子和诸侯的冠礼可提前到12岁。

冠礼的流程虽然因时代不同而略有差异，但一般都有如下三个环节：一是冠礼之前的筹备，主要是筮日（占卜吉日）、戒宾、筮宾、宿宾、为期等。二是冠礼的举行，包括陈设礼器、祭物与相应服饰，迎接主宾及赞者，三“加冠”、三“易服”和三“致辞”，宾醴冠者，冠者见母，字冠者等。三是正礼后之诸仪，包括冠者见家人、尊长，主家醴宾等，以示谢意。

《礼记》认为冠礼是礼仪的起点，是男性成年后第一次践行华夏礼仪，代表男子从“孺子”转变为正式跨入社会的成年人。儒家将冠礼定位为“礼之始”，给了它极高的文化地位。

▶ 什么是笄礼？

笄礼，是古代女子一生中具有重大

意义的成年礼，与冠礼同为嘉礼的一种。“笄”是女性用来束发的簪子。笄礼一般在女子年满15岁时举行，主要内容是改变幼年的发式，将头发绾成一个髻，然后用一块黑布将发髻包住，再插入发簪固定发髻。其流程主要是：迎宾、就位、开礼、笄者就位、宾盥、初加、一拜、二加、二拜、三加、三拜、置醴、醮子、字笄者、聆训、笄者揖谢、礼成。

在宋朝以前，女子年满15岁，需要被许嫁，才能举行笄礼。但是宋朝之后，女子即使未许嫁他人，也可以举行笄礼。

在古代，虽然男子的冠礼与女子的笄礼都表示行礼者已成年，但两者的意义是不同的。男子行冠礼表示已经可以婚娶，承担社会责任，参加各项活动；而女子行笄礼表示女子已经可以结婚生子，更强调家庭责任。

▶ 为什么把原配夫妻称为“结发夫妻”呢？

“结发”一词与古代的成人礼有关。在古代，男子成年行冠礼，女子成年行笄礼，都要结发、改变装扮。

到唐宋时，婚礼中也要行男女并坐束发合髻之仪。新郎新娘各自剪下一绺头发，将两人的头发相互绾结缠绕起来，有牢固、结合、结伴之意，以表示结发同心、生死相依，也寓意新婚夫妇恩爱缠绵、白头偕老。

因此原配夫妻也被称为“结发夫妻”。

▶ 中国古代婚嫁主要有哪些流程？

中国古代婚嫁流程讲究“三书六礼”。

所谓“三书”是指聘书、礼书和迎书。“六礼”是指纳采、问名、纳吉、纳征、请期、亲迎。

纳采就是今天的提亲，即男家请媒人带着礼物去女家求婚。女家同意后，再收纳男家送来的订婚礼物，谓之纳采。

问名就是男家请媒人去女家，问女方的姓名、八字，看二人合不合，也就是所谓的“合八字”。

纳吉就是在问名得到了吉兆后，男家备礼通知女家，决定缔结婚姻。

纳征就是男家正式送聘礼到女家，若其接受聘礼，婚姻即告订立。

请期就是男家择定婚期，备礼告知女家，求其同意。

亲迎就是新郎前往女家迎娶。

▶ 什么叫作“刑不上大夫”？

人们常常对“刑不上大夫”有一种误解，以为古代的贵族和官僚阶层享有不受法律约束和刑罚惩处的特权，其实并非如此。

“刑不上大夫”最早见于《礼记·曲礼上》，这里的刑就是指法度。然而，殷商和周朝的史籍中不乏大夫甚至比大夫地位高的人被判刑甚至处死的记载，比如，商纣曾醢（hǎi）九侯、脯鄂侯、剖比干的心，周公曾杀管叔，春秋战国时大臣被诛戮的事例更是屡见不鲜，可见贵族与官僚并非不加限制地享有法外特权。“刑不上大夫”主要表现在他们可以不出庭受审；可以用财物赎罪；可以酌情减刑，有的应处死刑的可予以放逐，即使判处死刑，在行刑时也会尽量采用比较体面的方式保护他们的尊严。

▶ 古代的“避讳”是怎么回事？

避讳是封建社会的一种基本礼节，为了维护等级制度的尊严，在说话或写文章时遇到君主或尊亲的名字时都不直接说出或写出。

避讳的方法有改字法、空字法和缺笔法。改字法就是用同义或同音字代替本字；空字法就是将本字空而不写，或写成“某”“□”；缺笔法就是用本字而省缺笔画。

总的说来，避讳属于封建糟粕，不仅戕害人的思想，而且使很多文献变得非常混乱，为相关研究造成了一定的障碍。随着封建社会的灭亡，避讳制度也基本成了历史的陈迹。

▶ 古人对“死”的称呼有哪些？

古人对“死”的称呼有着严格的规定，死者的身份、地位不同，对于其死亡的叫法也各不相同，绝对不能混淆。

据《礼记·曲礼下》记载：“天子死曰崩，诸侯曰薨，大夫曰卒，士曰不禄，庶人曰死。”

到唐代时，三品以上官员死称薨，五品以上称卒，自六品至庶人称死。清代皇室成员中，皇帝、皇后和皇太后等身故称崩。

此外，按照死亡时的年龄，又分别有如下称呼。未成年死亡称“夭”。老年人自然死亡称“寿终”，若在家中自然死亡，男加“正寝”，女加“内寝”。后世“寿终正寝”多无男女之别，也泛指事物的消亡。

▶ 为正义事业而献身为什么叫作“牺牲”？

现在我们往往用“牺牲”来表示为正义事业而献身或舍弃自身利益，其实，“牲”在古代指的是用于祭祀的禽畜，通常是指马、牛、羊、鸡、犬、豕等，也就是后世所称的“六畜”，而其中最常用的是牛、羊、豕三牲。

在古代，“国之大事，唯祀与戎”，所以古人对祭祀非常重视，不但制定了严格、复杂的礼制，对于祭品也有着严格的规定：只有纯色、完整的牲畜，才能叫作“牺牲”。如《国语·周语上》记载：“使太宰以祝、史帅狸姓，奉牺牲、粢盛、玉帛往献焉，无有祈也。”《左传·庄公十年》也有：“牺牲玉帛，弗敢加也，必以信。”

正因为牺牲最初是用作祭祀的，这些祭品舍弃了自己的生命而为大家祈福，所以后来牺牲一词也就逐渐有了为造福大众而自我奉献的意思。

► 什么是“纨绔子弟”？

古代有钱人为了保暖，会在腿上套穿一种叫作“绔”的没有前后裤裆的裤子。由于绔的主要功能是保暖，通常穿在里面，外面会罩有长衫或裙子，所以大多都用比较便宜的面料制作。但是有世家子弟竟然非常奢侈地用一种叫作“纨”的白色丝织面料来制作绔，这些穿着纨绔的世家子弟大多仗着家里有钱有势，成天不学无术、不务正业，只知道挥霍享受，世人将其称为“纨绔子弟”。

这个词最早出自《汉书·叙传上》：“出与王、许子弟为群，在于绮襦纨绔之间，非其好也。”后来这个词就用来形容那些权贵人家出身却不学无术、不务正业、只知道挥霍享受的子弟。

► 什么是“布衣之交”？

“布衣之交”是指平民之间交往，也指显贵者与无官职的平民之间平等而诚挚的交往。

布衣是用麻布或葛布制成的衣服。在棉花传入我国之前，人们所用的衣料主要是麻、葛及丝织品，但是丝织品做成的衣服一般只有贵族和官员才能穿得起，平民百姓都只穿麻布、葛布制成的衣服，也就是所谓“布衣”。西汉桓宽在《盐铁论》中写道：“古者，庶人耋（dié）老而后衣丝，其余则麻枲（xǐ）而已，故命曰布衣。”所以“布衣”就成了“庶人”的代称，而读书人在入仕之前也称“布衣”。

布衣之交因此就有了平民之间、显贵与平民之间往来的含义。如《战国策·齐三》中写道：“卫君与文布衣交，请具车马皮币，愿君以此从卫君游。”

► 冕、冠、巾有什么区别？

古代的冕、冠、巾都属于帽子，但是代表着佩戴者不同的身份。

冕是最高级的礼冠，古代帝王、诸侯及卿大夫才可以戴，用于祭祀、飨射等大礼，必须跟配套的冕服一起穿着。

冠是士以上的身份才能戴的帽子，它的作用主要有三：一是约束和固定头发；二是在各种礼仪场合彰显身份；三是在仪容仪表上起到装饰的作用。

巾是庶人、卒隶裹在头上的头巾，分为软硬两种，区别在于有没有桐木内衬。软的直接包裹头发，打结固定；硬的是在桐木内衬之外覆盖一层纺织品，形成一定形状。

► 花甲、古稀、耄耋、期颐分别指多大年纪？

花甲是指人 60 岁。这与我国古代干支纪年有关。每一干支代表一年，60 年形成一循环，故称为“六十花甲子”。在《西游记》第二十回中，三藏问老者“年寿几何”，老者道：“痴长六十一岁。”行者道：“好！好！好！花甲重逢矣。”

古稀是指人70岁。语出杜甫《曲江》诗：“酒债寻常行处有，人生七十古来稀。”

耄（mào）是指人八九十岁。《礼记·曲礼上》写道：“八十、九十曰耄。”耋则是指七八十岁的年纪。《毛传》写道：“耋，老也，八十曰耋。”《左传》杜预注：“七十曰耋。”今人顺应双音词的语言习惯，把两个字合在一起，用耄耋泛指年纪很大的人。

期颐则是指人满百岁。《礼记·曲礼上》写道：“百年曰期，颐。”这句话是指百岁高龄的人需要颐养，后来就用期颐指人满百岁。

▶ 女子的豆蔻年华、碧玉年华、桃李年华、花信年华分别指多少岁？

豆蔻年华是指女子十三四岁。唐代杜牧《赠别》诗曰：“娉娉袅袅十三余，豆蔻梢头二月初。”

碧玉年华是指女子16岁。这个说法出自唐代李群玉《醉后赠冯姬》诗：“桂形浅拂梁家黛，瓜字初分碧玉年。”

桃李年华是指女子20岁。桃李比喻女子正值青春，风华绝代，语出明代徐渭《又启严公》：“誓将收桑榆之效，以毋贻桃李之羞，一雪此言，庶酬雅志。”

花信年华是指女子24岁，同时也泛指女子正处在年轻貌美之时。花信即花期，古人曾说一年有“二十四番花信风”，又以花信形容女子如花绽放。

▶ 古人是怎么给家中孩子排行的？

现代人给家中孩子排行一般用老大、老二、老三、老四表示，既简单又明了。但是古人为家中孩子排行可就讲究多了，他们按照从大到小的顺序分别以“伯”“仲”“叔”“季”为孩子排行。“伯”就是老大，也可以用“孟”表示；“仲”是老二；“叔”是老三；“季”是最小的。古人在“字”前常加排行的次序。大家都知道我国古代大教育家孔子字仲尼，他在家就是排行老二。下一辈称呼上一辈时，如果是父亲的哥哥，就称其为伯父，这和我们现代的称呼是一致的；父亲的大弟弟称为仲父；仲父下面的弟弟称为叔父；父亲最小的弟弟称为季父。

▶ “令兄”“令妹”的“令”是什么意思？

中国自古就是礼仪之邦，在称谓上，中国人一般遵循对自己用谦辞、对别人用敬辞的原则，于是就有了“家”“舍”“令”等这样加在称谓前面的词。

“令”，意为美好，所以中国人在称呼别人的家人时前面习惯加上“令”字，以示尊敬。如称呼别人的父母为“令尊”

“令堂”，称呼别人的兄弟姐妹为“令兄”“令妹”，称呼别人的子女为“令郎”“令爱”。古代曾有过第一和第三人称的用法，如《孔雀东南飞》中“直说太守家，有此令郎君”就是用于第三人称的例子。现在“令”字常用于第二人称，相当于“您的”，这已经成为一个固定用法。

▶ 古人对长幼有何特殊称谓？

在中国古代，年长者被称为“长辈”或“尊长”，年幼者则被称为“晚辈”或“小辈”。对于长辈，晚辈须用敬语，如“您”“尊驾”等，以示尊敬；长辈对晚辈则可直呼其名或使用昵称，以示亲切。这些称谓反映了古代社会的礼仪规范。

▶ 古代夫妻间有哪些亲昵称谓？

古代夫妻间的称谓充满了文化气息，随着时代发展，这些称谓也经历了变化。最初，妻子可以称呼丈夫为“良人”。随后，夫妻间又有了“郎君”“娘子”这种称谓。妻子在别人面前谦称自己的丈夫为“外子”；相对应地，丈夫谦称妻子为“内人”或“内子”。这些称谓不仅体现了夫妻关系的亲密，也反映了古代社会的礼仪和文化。

▶ 为什么古人称妻子为“内人”？

在中国古代，夫妻之间的称谓在一定程度上体现了礼仪规范。其中，“内人”是丈夫对外人提及自己妻子时的谦称，体现了古代家庭中的内外有别和男尊女卑的观念。“内”字在这里指的是家庭内部，暗示妻子主要负责家庭内部事务，丈夫则负责对外的事务。这种称谓也反映了古代社会对女性的角色定位，即女性主要扮演内助的角色，辅助丈夫处理家庭事务。同时，“内人”这一称谓也在一定程度上体现了对妻子的尊重和对家庭的重视。

▶ 为什么古人称丈夫为“良人”？

在古代，丈夫被尊称为“良人”，这一称谓体现了对配偶的美德和品质的认可。“良”字有优秀、善良之意，用以称呼丈夫，意味着他是一个品德良好、值得信赖的伴侣。这一称谓在不同朝代和地区有所变化，但其尊重丈夫和肯定丈夫品德的内涵一直延续。

▶ 古代的官员如何称呼皇帝？

在中国古代，官员对皇帝的称谓极为讲究，体现了皇权的至高无上。一般官员称皇帝为“陛下”，这个称谓源自皇帝宝座前的台阶，原指站在台阶下的侍者，官员进言时，不能直呼天子，必须先呼台阶下的侍者告之，后来“陛下”就成了对皇帝的敬称。官员还可能会使用“圣上”或“皇上”等称谓，这些称谓都表达了对皇帝的尊敬和皇帝神圣不可侵犯的地位。此外，还有“万岁”等称谓，用来表达对皇帝的祝福和崇敬。这些称谓随着朝代的更迭和礼仪的变化而有所不同，但总体上都是为了体现皇帝的权威和尊严。

▶ 古人如何称呼皇后？

古人对皇后的称谓体现了其尊贵地位，主要包括：皇后、王后、皇孋、元后、女主、君妇、梓童、中宫、国阴、天下母、娘娘、坤极、椒房等。这些称谓不仅显示了皇后在后宫中的至高无上，也表明了她在国家中扮演了重要角色，如天下母和坤极强调了其母仪天下的地位。梓童则是皇帝对皇后的亲昵称谓。

▶ 为什么古人称呼老师为“夫子”？

在古代，老师被尊称为“夫子”，这一称谓蕴含了深厚的敬意。“夫”字在古代常作为指示代词使用，相当于现代汉语中的“这”或“那”，而“子”是对有道德、有学问的人的尊称。因此，“夫子”意味着“这样的先生”，表达了对老师学识和品德的认可。孔子作为伟大的教育家，其弟子及后人尊称其为“夫子”。这一称谓后来泛化，成为对所有老师的尊称，体现了对老师传道授业解惑的尊重。

▶ 古人如何称呼祖父母和外祖父母？

在中国古代，对祖父母和外祖父母的称谓体现了尊敬和亲近。祖父可能被称为“大父”“阿翁”“公”“太公”，祖母可能被称为“大母”“阿婆”等。而外祖父母分别被称为“家公”“家母”。在更正式或书面的语境中，也可能会使用“王父”“王母”来尊称祖父母。对于外祖父母，有时也会用“外王父”“外王母”来尊称。这些称谓不仅表达了对长辈的敬意，也反映了古代社会对家族关系的重视。在不同的朝代和地区，这些称谓可能还会有一些变化，但总体上都是为了体现对长辈的尊重和孝顺。

▶ 古人对兄长和弟弟有何不同称谓？

在中国古代，兄长通常被称为“兄”“家兄”或“长兄”，弟弟则被称为“弟”“舍弟”。其中，“家兄”和“舍弟”中的“家”和“舍”都是用来表示谦虚的字眼，显示了说话者对听者的尊敬。这些称谓反映了古代社会对家庭关系的细致划分和文化礼仪。

▶ 古代的朋友之间如何互称？

在古代，朋友之间的称谓既体现了友谊也彰显了礼节。平辈之间，朋友常以“兄”“弟”相称，以示亲近与尊重。若有字，也常以字相称，如李白被称为

"太白"。文人之间还可能互称"先生"或"子"。朋友之间也常用"足下"作为尊称。此外，还有"仁兄""贤弟"等称谓，用以表达对朋友品德和才华的赞赏。这些称谓不仅体现了古代人与人之间的和谐关系，也反映了深厚的文化底蕴。

▶ 为什么古人称父亲为"家严"？

在古代，父亲被称为"家严"，这一称谓体现了父亲在家庭中的权威和尊严。"严"是严格、威严之意。古人认为父亲应当严格教育子女，维持家庭秩序，因此用"家严"来表达对父亲角色的尊重。同时，这一称谓也反映了古代社会对父权的重视。此外，"家严"也常用来表达对已故父亲的怀念和敬意，体现了孝道文化的深远影响。

▶ 古人对儿女的称谓有哪些讲究？

在古代，儿子通常被称为"男""子"，女儿则被称为"女""姑娘"。对于儿女，还有根据排行来称呼的习惯，如"长子""次子""长女"等。在正式场合，对方的儿女可能会被尊称为"令郎""令爱"，这些称谓带有敬意，表明对方儿女的优秀。此外，父母在提及自己的儿女时，可能会使用谦辞，如"小儿""小女"，以示谦虚。这些称谓不仅体现了亲情，也反映了古代社会对性别和年龄的敏感性以及对礼仪的重视。

▶ 为什么古人将母亲称为"慈母"？

在古代，母亲被赋予了"慈母"的称谓，这一称谓蕴含了深厚的文化情感和道德期望。"慈"字意味着慈爱、温柔和怜悯，反映了母亲对子女的无条件爱护和关怀。古代社会强调母亲在家庭教育中的作用，认为母亲应以慈爱来教育和呵护子女，塑造其品德。"慈母"一词不仅表达了对母亲角色的尊重，也体现了对母性的赞美。此外，这一称谓还隐含了对母亲在家庭中包容和支持作用的认可，是中华文化中对母性的一种理想化表达。

▶ 古人如何称呼师兄弟？

在古代，对师兄弟的称谓体现了严格的师门辈分关系。对于师傅的师傅，通常尊称为"师祖"。对于师傅的师兄、师姐，不论性别，统一称为"师伯"。而对于师傅的师弟、师妹，统一称为"师叔"。与自己同辈的师兄弟中，排行在前的称为"师兄"，排行在后的则称为"师弟"。这些称谓不仅体现了师兄弟间的关系，也反映了尊卑有序的师门礼仪。

▶ 古人对贵族与平民的称谓有何区别？

在古代，对贵族与平民的称谓反映了他们的阶级和地位。贵族通常拥有与他们地位相符的头衔，如皇帝、皇后、太子、公主、王爷、侯爵、伯爵等，这些称谓标志着他们的血统和政治地位。此外，官员的妻子可被封为诰命夫人，根据丈夫的官职品级，享有相应的尊称。平民的称谓则相对简单，通常直接与他们的职业或社会角色相关，如百姓、庶人、农夫、农妇、工匠、商人等。这些称谓反映了他们在社会中的普通地位。在古代，奴隶或仆人被称为隶人、奴婢等，显示了他们在社会中处于最底层的地位。这些称谓随着时间而演变，但它们总体上揭示了古代社会的结构和等级划分。

▶ 古人如何称呼官员的妻子？

在古代，官员的妻子有多种称谓，这些称谓往往与官员的官职品级有关。唐代开始，对高官的母亲或妻子会有“诰命夫人”的封号，这种封号按照丈夫的官品来定，如一品为“国夫人”等，体现了尊荣与礼仪。此外，官员的妻子还可能被称为“淑人”“硕人”“令人”“恭人”“宜人”“安人”等，这些称谓在宋代被明确为不同品级的官员妻子的封号。明清时期，这些封号的使用更加规范，与官员品级直接相关。在明代，一品、二品官员的正妻封为“夫人”，三品为淑人，四品为恭人，五品为宜人，六品为安人，七品及以下为孺人。这些称谓不仅是对官员妻子的尊称，也是对其夫在朝廷中地位的认可。

▶ 古人如何称呼年轻未婚男女？

古人对年轻未婚男女的称谓体现了当时的文化和礼仪。年轻未婚女性常被称为小姐、姑娘、淑女、闺女或者千金，这些称谓不仅表明了她们的未婚状态，往往还带有对她们身份和品德的暗示。例如，小姐和千金常用来称呼出身较好的家庭的未婚女性。年轻未婚男性则常被称为士或郎，这些称谓体现了对他们的品德和修养的期望。这些称谓在古代社会中具有重要的文化含义，反映了对未婚男女的不同期待。

▶ 古代帝王有哪些自称？

古代帝王的自称随着历史时期和文化背景的不同而有所变化。秦始皇统一六国后，将“朕”定为皇帝的专用称谓，用以彰显其至高无上的地位，此前“朕”只是普通的第一人称代词。除了“朕”，帝王们还可能使用“寡人”和“孤”这样的谦称，前者表示“寡德之人”，后者则是自嘲孤立无援的状态。此外，帝王还有如“不谷”“予一人”“予小子”等不同自称，这些多带有自谦的意味。不同朝代的皇帝可能会根据个人偏好或时代特征选择不同的自称，如汉朝的皇帝有时也用“予”，唐朝的皇帝在非正式场合可能用“吾”。这些自称不仅体现了皇帝的地位和权威，也反映了他们的自我认识和对臣民的态度。

▶ 古代官职称谓有哪些讲究？

古代官职称谓中的讲究体现了当时的社会等级和礼仪规范。官员间的称谓严格遵循等级制度，下级对上级要用尊称，同级官员之间则以官职或字号相称。避讳制度要求在提及尊贵人物时不能直接说出其名字。官员们在称呼自己时通常要用谦辞，自称“下官”或“学生”。官场交往中，礼尚往来非常重要，官员们要注意使用适当的尊称，并在被称呼时表达感激与敬意。官职的任免升降也有严格的礼仪要求，如“拜”“除”“迁”“谪”“黜”等，都有其特定的礼仪和程序。这些讲究不仅反映了古代官场的等级秩序，也是当时社会文化和价值观念的体现。

▶ 为什么古人称士人为“君子”？

在古代，士人泛指读书人，而“君子”是对有学问、有道德的人的高度赞誉。“君子”一词源自先秦典籍，原指统治者和贵族，后泛指品德高尚、行为端正的人。士人以学识和道德自律，追求仁爱和中庸之道，故被尊称为“君子”。这一称谓体现了对他们个人品质的认可，也寄托了社会对士人群体的期望。随着儒家文化的传播，“君子”成为士人追求的理想人格，代表了学识、道德与礼仪的典范。这一称谓至今仍被用来赞誉那些德才兼备的人。

▶ 为什么古人称女子为“闺秀”？

“闺秀”这一称谓在古代用以形容出身名门且有教养、才艺的女子。“闺”原指女子居住的内室，引申为女子的代称；“秀”则有优秀、出众之意。二者结合，即指女子德才兼备、温婉贤淑。这一称谓体现了古代对女性美德的推崇。“闺秀”，是衡量女性教养的标准。随着时间的推移，“闺秀”一词逐渐成为对有教养、有才华女性的泛称，蕴含着对女性内外兼修的赞美。

▶ 古代的“郎君”指代谁？

在古代，“郎君”是对年轻男子的尊称，尤其是对有一定社会地位或官职的青年男性。这个称谓蕴含了对男性的期待和尊重，既表示其年轻有为，又暗示其具有一定的社会地位。在不同的历史时期，“郎君”的具体指代略有差异。例如，在唐代，人们称新进士为“新郎君”。此外，“郎君”也用来称呼贵族或官员家中的年轻男性成员。随着时间的流逝，“郎君”一词的使用逐渐泛化，但始终保持了对年轻男性的敬意和期待。

▶ 为什么古人称男孩为“小郎”？

在古代，“小郎”是对男孩的一种亲切称谓，其中“小”字表示年龄小，“郎”字则有多种含义。在早期，“郎”字可以指代官员或有地位的男子，后来逐渐演变为对年轻男子的泛称。称呼男孩为“小郎”体现了他们年轻有活力，同时也暗示了他们未来可能成为社会中的“郎”——即有地位、有作为的男子。随着时间的推移，“小郎”一词更多地被用来表达与男孩关系亲昵。

▶ 古人如何称呼有才华的女子？

古人对有才华的女子有多种尊称，如“扫眉才子”指有文才的女子，这个称谓源自唐代女诗人薛涛，她因才华出众被时人称为“扫眉才子”。还有“不栉进士”指才华横溢的女子，这个称谓出自《谐噱录》。这些称谓体现了古代社会对女性才华的认可和尊重。

▶ 为什么古人称兄弟为“手足”？

在中国古代文化中，兄弟关系被看作最为亲密的关系之一，因此用“手足”来形容兄弟，意在表达其血脉相连。“手足”这个称谓强调了兄弟间如同手和脚一样相互依赖和协作，共同维护着家族的荣誉和利益。古人认为，兄弟应当相互扶持，共同面对生活的挑战，就如同人的手和脚一样，互相配合，才能更好地行走于世。这种称谓体现了中国古代对家族和血缘关系的重视，以及对兄弟和睦相处、团结互助的期望。

▶ 古人如何称呼有功之臣？

古人对有功之臣的称谓通常体现了对他们贡献的认可和尊敬。这些称谓包括“柱国”“功臣”“元勋”等，其中“柱国”意味着国家的支柱，用以称呼那些为国家立下汗马功劳的重臣；“元勋”则指那些对国家开创或建设有极大功绩的人。这些称谓不仅彰显了功臣们的功绩，也反映了古代社会对于忠诚与贡献的高度评价。

▶ 为什么古人称夫妇为“伉俪”？

“伉俪”这一称谓用以形容夫妇关系和谐，相亲相爱。其中“伉”意味着对等、相称，而“俪”指配偶。这个称谓强调了夫妻双方在地位、情感上的平等与契合，表达了对夫妻关系的美好祝愿。在古代文献中，“伉俪”一词常用来赞颂那些相敬如宾、携手共度人生的夫妇，体现了人们对忠诚、和谐婚姻的推崇。

▶ 古代的宦官有何特殊称谓？

在古代，宦官，即宫廷中受过阉割的男性，负责宫廷内务，有一些特殊的称谓。常见的有“太监”，这是对高级宦官的称谓，他们常在皇帝身边侍候，有时还能参与政务。另外还有“寺人”“黄门”等称谓，其中“黄门”指的是宦官机构黄门署，也用来代指宦官。这些称谓反映了宦官在古代宫廷中的特殊地位和作用，同时也揭示了他们的社会身份和生活状态。

▸ 古人如何称呼同学？

在古代，同学通常被称为“同窗”，这个称谓形象地表达了同学们共同在一扇窗户下学习的情景。还有“学侣”“砚友”等称谓，其中“学侣”强调了共同学习的关系，“砚友”则是因共同使用砚台研磨墨汁而得名，这些称谓都体现了古人对同学情谊的珍视。此外，古代还有“朋辈”“朋侪”等词，用来泛指朋友或同辈人，也可用于称呼同学。这些称谓不仅体现了古代文人对学问的尊重，也反映了他们对同窗之情的重视。

▸ 古人如何称呼邻居？

在古代，邻居之间通常会以“邻里”“邻舍”等词来互相称呼。这些称谓体现了古代社会中邻里间和睦相处和相互帮助的美德。还有“邻家”“邻翁”等称呼，其中“邻家”指的是邻居的家，而“邻翁”是对年长邻居的尊称。这些称谓不仅表达了对邻居的友好和亲近，也反映了古代社会对邻里关系的重视。通过这些温馨的称呼，古人传达了对邻里之间相互尊重、和谐相处的期望。

▸ 古代的侠士有何专门称谓？

古代的侠士通常被称为“侠客”或“游侠”，这些称谓体现了他们行侠仗义、扶危济困的形象。侠士们往往不依附于权贵，而是以个人的力量帮助弱小，因此受到人们的尊敬和赞扬。他们的行为符合古代社会对于侠义精神的推崇，即重视正义、勇敢和忠诚。此外，侠士们还常常被称为“剑客”，因为他们常常携带剑作为武器，这一称谓体现了他们的武艺和战斗精神。这些称谓不仅描绘了侠士们的生活方式，也反映了他们在当时社会中的特殊地位。

▸ 古人对皇子的称谓有哪些？

古人对皇子的称谓随着朝代的更迭有所变化。常见的称谓有“王爷”或“殿下”，这些称谓强调了他们与皇权的紧密联系。在清朝，皇子还被称为“阿哥”。不同的称谓反映了皇子在家族和社会中的地位，以及不同时代对皇族成员的称呼习惯。

第九章
传统节日

▶ 为什么春节有贴窗花的习俗？

贴窗花是春节期间的重要习俗之一，代表了人们对美好生活的向往。窗花的图案通常寓意吉祥如意，如“福”字、鱼、花卉等，象征富贵、平安和幸福。春节期间贴窗花有装饰家居的作用，也能营造节日的喜庆氛围。根据民俗学家的说法，人们相信窗花的红色可以驱邪避灾，带来好运，使家庭在新的一年里平安顺遂。这种习俗传承至今，仍然深受人们喜爱。

▶ 除夕夜的守岁传统是怎么起源的？

除夕夜守岁起源于古人对新年的美好期待和对邪祟的防范。此外，守岁也有为家人祈福的意义，人们希望通过守岁迎来新年的好运和幸福。随着时间的推移，守岁逐渐成为一种团圆和辞旧迎新的象征，代表着人们对新年新希望的向往和对家人平安的祝愿。

▶ 元宵节猜灯谜是从什么时候开始的？

元宵节猜灯谜起源于南宋时期，最早是民间娱乐活动的一部分，后来逐渐成为元宵节的传统习俗。灯谜通常写在灯笼上，供人们猜解，也叫“灯虎”。这一活动不仅为节日增添了趣味，还能让人们比拼智慧，吸引了众多人参与。通过猜灯谜，人们可以在欢声笑语中共同庆祝节日，增进邻里之间的互动和友谊。

▶ 为什么正月初五被称为“破五”？

正月初五被称为“破五”是因为之前诸多禁忌过此日皆可破，人们可以恢复正常的生活。传统上，春节期间有许多禁忌，如不动用剪刀、不打扫等，而到了初五，人们可以放鞭炮、祭财神、赶走穷鬼，以祈求新年顺遂、财运亨通。因此，这一天也成为一个庆祝解禁、迎接新生活的日子。

▶ 为什么二月二要“剃龙头”？

二月二“剃龙头”的习俗源于“龙抬头”的传说，象征着好运和新生。二月二是“龙抬头”的日子，意味着春回大地，万物复苏。民间认为这天理发能带来一年的好运，尤其是对小孩子而言，剃龙头能保佑其健康成长，福气满满。因此，很多人在这一天带孩子去理发，以祈求龙神赐福、驱邪避灾。

▶ 清明节为什么要“踏青”？

清明节“踏青”是为了亲近自然，放松身心，同时也寓意着对生命的热爱和对春天的欢迎。清明时节，万物复苏，气候宜人，古人会趁着祭祖扫墓的机会，到郊外踏青、赏花，感受大自然的生机。这一习俗不仅是对祖先的缅怀，更是对新生的赞美，体现了人们对美好生活的向往。

▶ 端午节除了吃粽子、赛龙舟还有哪些习俗？

除了吃粽子、赛龙舟，端午节还有许多习俗，如挂艾草和菖蒲、佩香囊、饮雄黄酒等。挂艾草和菖蒲是为了驱邪避疫，保佑平安；佩香囊则用来驱虫避邪；饮雄黄酒在一些地方被认为可以避蛇虫。不同地方的习俗各有特色，但都包含着祈福、驱邪、保健康的共同愿望。

▶ 立夏的传统习俗有什么？

在古代，立夏不仅是二十四节气之一，标志着夏季的开始，也是一个重要的节日。人们会在这一天举行各种庆祝活动，如祭祀、游园、赏花等，以祈求平安、健康和丰收。

立夏的传统习俗包括“称人”、吃立夏饭等。“称人”是为了祈求健康，希望夏天不消瘦；而立夏饭多由新鲜蔬菜和豆类制成，吃立夏饭寓意着迎接夏天、强健体魄。此外，立夏还有“斗蛋”的习俗，这一习俗尤其受到小朋友的喜爱，象征着好运和力量。

▶ 为什么六月初六要“晒伏”？

六月初六“晒伏”，是因为这一天阳光充足，适合晾晒各种物品。古人相信，此时的阳光有助于除湿防霉，因此会在这一天晒书籍、衣物、被褥等，既能防止虫蛀，还可以去除积存的霉气。同时，这一天也有晒粮食的习俗。这种习俗流传至今，寓意健康和丰收。

▶ 七夕节的“拜织女”仪式是如何进行的？

七夕节的“拜织女”仪式源于对织女星的敬仰，主要是由年轻女性进行的。在这一天晚上，姑娘们会摆设瓜果、花草等供品，焚香祭拜织女，祈求灵巧手艺和美满姻缘。此外，她们还会穿针引线，比拼谁的手最巧，这被称为“乞巧”。这一传统表达了对美好爱情的向往和对灵巧手艺的憧憬，至今仍在一些地方保留。

▶ 为什么中秋节有“团圆”的象征意义？

中秋节象征“团圆”是因为此时的圆月格外明亮，寓意着圆满。因此中秋节也成为家人团聚、共享月饼和赏月的重要节日。人们在这一天借助圆月，表达对家庭团圆、幸福的祝愿，这也是中秋节的核心意义。

▶ 十月初一的寒衣节是为了纪念谁？

十月初一的寒衣节是为了纪念逝去的亲人。这一天，人们会为逝去的亲人烧纸做的寒衣，象征给逝者送去温暖的衣物，表达对他们的关怀与思念。寒衣节又被称为“十月朝”，与清明节和中元节一样，是中国重要的祭祖节日，既体现了对先人的孝道，也有助于家族情感的传承。

▶ 为什么腊月要进行“扫尘”？

腊月进行“扫尘”是为了辞旧迎新，寓意着除旧布新、驱除晦气。古人认为“尘”与“陈”同音，扫尘就是把旧的、不好的东西扫出家门，以迎接新年的到来。腊月扫尘的习俗包含了对清洁环境的重视，也寄托了人们对新一年顺遂平安的期望，因此家家户户在春节前都会彻底打扫卫生。

▶ 为什么正月初七被称为“人日”？

正月初七被称为“人日”，源于古代的创世传说。据说女娲在造万物时，第七天创造了人类，因此这一天被称为“人日”，即人类的生日。在这一天，人们会庆祝自己的诞生，祈求新年平安顺遂，民间也有吃七宝羹等习俗，寓意健康和福寿。人日的庆祝活动表达了对生命的珍视和对美好生活的向往。

▶ 社日节有哪些传统习俗？

社日节是我国春天里的一个传统节日，在阴历的二月初二，与“龙抬头”是同一天，又称春耕节、农事节、青龙节、春龙节等，民间认为这一天是土地公的诞辰，所以这一天最重要的事情是祭祀土地公，人们要去土地庙烧香祭祀，敲锣鼓，放鞭炮。

同时这一天也是一年里第一次理发

的日子，叫作“剃龙头”，预示一年有好的开头。这一天的食物也大多与“龙”字关联，称为“吃龙食”，寄托了人们祈龙赐福的强烈愿望。

▶ 上巳节有哪些传统习俗？

上巳节俗称“三月三”，在阴历的三月初三，相传这一天是黄帝的诞辰，中原地区有“二月二，龙抬头；三月三，生轩辕”的说法。

上巳节很早就已成为我国大规模的民俗节日，人们在这一天结伴去水边沐浴，以除凶去垢，称为“祓（fú）禊（xì）”。此后上巳节又增加了祭祀宴饮、曲水流觞、郊外游春等活动。古人还会在这一天互赠香草，因为他们认为香草于身体大有裨益。

此外，民间还会在上巳节期间射雁，即利用一种带丝线的箭射击野雁，射中后就索丝而取雁。这种雁与其说是猎物，不如说是最好的礼品。南方的劳动妇女则开始育蚕。

上巳节同时又是“女儿节”，也叫“桃花节”，人们一般在这个日子为少女举行笄礼。

▶ 寒食节有哪些传统习俗？

寒食节在冬至后 105 天或 106 天，即清明节前一天或前两天。

据史籍记载，寒食节源于春秋时期晋文公重耳与大臣介子推的故事。介子推在重耳遭难时不离不弃，甚至“割股啖君”，却在重耳登上国君之位时功成身退，归隐绵山。重耳感念他的情义，同时也不愿埋没这个人才，便用放火烧山的方式逼迫他出山入仕，谁知他竟然宁死不出，最后被焚烧而亡。重耳悔之晚矣，只能为他修祠立庙，并在每年的这一天用禁火寒食的方式来寄托哀思。

所以寒食节的主要风俗就是吃冷食和祭祀，后来又加入了踏青等活动。

这是一个绵延了两千余年的传统节日，曾被称为中国民间第一大祭日。

▶ 中元节有哪些传统习俗？

中元节，民间又称“七月半”“鬼节”，在阴历的七月十五日。

中元节的习俗大多与祭祀祖先和亡魂有关。虽然有着鬼节之称，但中元节全然没有阴森恐怖之意，反而是一个敬祖孝亲、追怀先人的节日。

▶ 重阳节有哪些传统习俗？

重阳节在阴历的九月初九。“九”在《易经》中是阳数，“九九”两阳数重合，故而称为重阳节。古时人们认为双九重合是一个非常吉祥的日子，在这一天有饮宴祈寿和登高祈福等习俗。

因为秋季正是菊花盛开的日子，重阳节在出游登高之外也有了赏菊和饮用菊花酒的习俗。此外，还有采中草药、插茱萸、摆敬老宴、吃重阳糕、祭祖、晒秋等活动。南方还有放纸鸢的习俗。著名诗人王维的《九月九日忆山东兄弟》一诗中就提到了在重阳这天插茱萸的习俗。

不论以什么样的方式庆祝重阳节，其敬老爱老、赏秋享秋的精神内涵是一以贯之的。

▶ 冬至有哪些传统习俗？

冬至是二十四节气之一，也是我国一个重要的传统节日，在古代民间有“冬至大如年”的说法。这一天是太阳直射南回归线的日子，也是北半球白昼最短的日子。

在冬至这一天，吃食的传统极为丰富，在我国北方人们会吃饺子，在江南地区人们则会吃汤圆，还有的地方人们会吃馄饨。此外，饮冬酿酒、吃赤豆糯米饭也是一些地区冬至的重要传统。

当然，冬至的传统并非仅限于吃。具有家国情怀的中国人在冬至也不会忘记祭祀祖先。对于孩童，长辈会为他们准备一双新鞋作为礼物。

第十章
饮食文化

▶ 面条是怎么来的？

面条，是可以水煮的面食，古称汤饼。宋代黄朝英《缃素杂记》云：“余谓凡以面为食具者，皆谓之饼。故火烧而食者呼为烧饼，水瀹（yuè）而食者呼为汤饼，笼蒸而食者呼为蒸饼，而馒头谓之笼饼宜矣。”汤饼最早见于史籍是在北魏时期，它是将面粉掺水和匀后，撕成片状，扔入汤内煮，而这种面是死面，比较硬，所以古代又叫“汤中牢丸”。此外，汤饼又叫“托”，其意是一手托着面，一手往锅里撕片，所以，它实际上是一种面片汤。到了唐代，就不用手托了，而是直接用刀切，故此时汤饼又叫“不托”。现在山西的刀削面，就是由“托”转为“不托”的过渡形面条，是古代饮食文化的宝贵遗产。

宋代称面条为“索饼”“索面”“湿面”。宋代时已出现了挂面，挂面的做法是用和好的面，揉搓成多根细圆条状，黏附在圆棍上，然后挂在木架上，拉伸而成。之后，人们在此基础上，逐步提高技术，加入适量的盐后，面条越抻越细，终于制成线面。

▶ 什么是茶文化？

茶文化，指的是制茶、泡茶、饮茶等一系列与茶有关的活动所形成的特殊文化。最早的茶文化源自中国，现在日本的茶道等茶文化基本上都是中国茶文化的传承与发展。

就中国茶文化而言，核心在于“品茶”。中国人对“品茶”是十分讲究的，因此，茶文化的内涵也就包含多个维度：种植茶树的方法，采摘茶叶的时节和手法，制茶的工艺，泡茶和品茶的器具，泡茶所用的水源，沏泡的技艺，饮茶的时节、地点、环境、礼仪等均有涉及。

目前国内流传下来赫赫有名的茶文化就是潮汕的工夫茶文化，其深厚的精神内涵、端庄的品茶礼仪、精湛的沏泡技艺等都是如今中国茶文化留存的绚烂瑰宝。

▶ 茶在历史上有哪些别称？

茶在历史上被文人雅士赋予了诸多别称。

在唐代陆羽的《茶经》问世以前，茶就已经有了荼、槚（jiǎ）、蔎（shè）、茗、荈（chuǎn）等别称。后来，陆羽在《茶经》中分别称茶为"嘉木""甘露"；诗人杜牧在《题茶山》中赞誉茶为"瑞草魁"；唐宪宗时的状元施肩吾在诗中称茶为"涤烦子"；五代时郑遨在《茶诗》中称茶为"草中英"；北宋陶谷在《清异录》一书中对茶有"苦口师""水豹""森伯""清人树""不夜侯""余甘氏""冷面草"等多种称谓；黄儒在《品茶要录》中称茶为"云腴"；苏轼为茶取名"叶嘉"，并著《叶嘉传》；苏易简在《文房四谱》中称茶为"清友"；杨伯岩在《臆乘·茶名》中喻称茶为"酪苍头"；元代杨维桢在《煮茶梦记》中称茶为"凌霄芽"。

此外，历史上人们对茶产品也有很多称呼，如唐宋时的团饼茶被喻称为"月团""金饼"，清代阮福在《普洱茶记》中所记载的"女儿茶"等。

▶ 宋代的点茶和斗茶指的是什么？

宋代有着极为丰富的茶文化，点茶和斗茶都属于茶文化的一部分。其中，点茶指的是宋人的饮茶方式，而斗茶则指的是点茶比赛，是一种茶道比试方式。

宋代的点茶法源自唐代的煎茶法，即先将茶叶制成茶粉放入茶盏中，然后用茶筅击拂入水中，随后反复点拂，直到浓度适中，乳花汹涌而止，方可饮用。点茶实际步骤烦琐，共有"列具、炙茶、碾茶、罗茶、烧水、熁（xié）盏、置茶、候汤、调膏、点汤击拂、鉴赏汤花、闻香尝味"十二道工序。传统做法一般要求在调膏和击拂的过程中注水七次，而且每次注水的量和击拂的力度都有讲究，极其考验点茶者的技巧和经验。若想评判不同点茶者技艺的高低，就可以通过斗茶来进行。在宋代，对点茶者技艺的评判主要就是在点茶的"鉴赏汤花"和"闻香尝味"两个步骤做出的。评判标准有"汤色""水痕""茶味"三项，要求茶色纯白，汤花均匀且保留时间长，水痕（汤花消散后所留的痕迹）出现晚，茶汤味香、润口、回甘。

▶ 茶文化中的茶具指什么？

茶具在古代亦称"茶器"或"茗器"。在我国历史上，广义的茶具涉及面非常广泛，而且没有固定的说法；狭义的茶具则是指茶杯、茶壶、茶碗、茶盏、茶碟、茶盘等饮茶用具和茶筒、茶匙、茶漏、茶则、茶夹、茶针（茶通）、茶船、茶叶罐等茶道配件。

茶具是茶文化历史长河中最重要的载体，为我们解读古人的饮茶生活提供了重要的实物依据。其制作材料非常丰富，有瓷、陶、紫砂、竹木（包括漆器）、玉石、木鱼石、金属、玻璃等。制作工艺也多种多样，呈现出多姿多彩的艺术美感。

“美食不如美器”历来是中国人的器用之道，人们在品茶过程中十分在意茶具的美感和价值，因此孕育出了大批制作茶具的工艺大师。茶具在中国源远流长的茶文化中堪称点睛之笔。

▶ “五谷不分”中的“五谷”指什么？

“谷（穀）”原来是指有壳的粮食，如稻、稷、黍等。“五谷”具体指什么，在古代说法并不统一。

汉代之前，认为五谷是指稻、黍、稷、麦、菽（shū，豆的总称）；汉代之后，认为五谷是指麻、黍、稷、麦、菽。两者的区别是：前者有稻无麻，后者有麻无稻。

随着社会经济和农业生产的发展，“五谷”的概念也在不断演变。现在所谓的“五谷”，实际上是粮食作物的总称，或者泛指粮食作物。

古时还有“六谷”之说，是指稻、黍、稷、粱、麦、苽（gū）六种农作物。《周礼·天官·膳夫》：“凡王之馈，食用六谷。”汉代经学家郑玄注“六谷”为：稌（tú）、黍、稷、粱、麦、苽。其中，稌即稻，苽即苽米。

▶ “五味俱全”中的“五味”指什么？

“五味”是指酸、甜、苦、辣、咸五种味道。另一种说法是，五味是指酸、甘、苦、辛、咸五种味道。其实，甜就是甘，辣就是辛。

《礼记·礼运》：“五味六和十二食，还相为质也。”郑玄注：“五味，酸、苦、辛、咸、甘也。”《周礼·天官·疾医》：“以五味、五谷、五药养其病。”郑玄注：“五味：醯、酒、饴蜜、姜、盐之属。”贾公彦疏：“醯则酸也，酒则苦也，饴蜜即甘也，姜即辛也，盐即咸也。”由此可知，郑玄和贾公彦所说的并不矛盾，后者不过是指代表五味的五种调味品而已。

此外，佛教教义中也有“五味”，是指涅槃经所举的譬喻，即乳味、酪味、生酥味、熟酥味、醍醐味，以此比喻华严、阿含、方等、般若、法华涅槃五时之教。

▶ 古代中国的主食有哪些？

古代中国的主食主要有稻米、小麦、小米、高粱、玉米等。其中，稻米和小麦是最主要的粮食作物。在南方，由于气候湿润，稻米是主要的主食；而在北方，由于气候较为干燥，小麦成为主要的粮食来源。小米和高粱在北方尤其是黄河流域也有广泛的种植，而玉米则是明代以后从美洲传入中国的，并逐渐成为一些地区的主食之一。这些主食不仅为古人的生存提供了必要的能量，也构成了中国饮食文化的基础。

▶ 古人如何保存食物？

古人保存食物的方法比较多样，主要有干燥法、腌制法、发酵法等。干燥法是通过去除食物中的水分来抑制微生物的生长，如晒制肉干、果蔬干。腌制法则是通过高盐分渗出食物中的水分，如腌菜、腌肉。发酵法则是利用微生物发酵产生酸性环境，以抑制有害菌，如制酱和酿酒。此外，还有冷藏法，如在冬天将食物储存在冰窖中。这些方法在不同程度上延长了食物的保质期。

▶ “八珍”指的是什么？

“八珍”是中国传统烹饪中对八种珍贵食材的统称，这个概念最早见于《周礼·天官冢宰》：“食医，掌和王之六食、六饮、六膳、百馐、百酱、八珍之齐。”八珍的具体内容历代说法不一，但通常都包括熊掌、燕窝、海参、鱼翅等稀有而珍贵的食材。这些食材不仅味道鲜美，而且常被认为具有较高的营养价值和保健作用。在古代，八珍通常是在宫廷盛宴或富户宴席上才会出现的高档食物。

▶ 古代宫廷的饮食有何特别之处？

古代宫廷的饮食不仅在食材选择上极为讲究，选用珍稀昂贵的原料，如“八珍”中的淳熬、炮豚等，而且在烹饪技艺上也追求极致，注重色、香、味、形的完美结合。宫廷御膳往往由专门的御厨负责，他们精通各种烹饪技法，如炖、烧、烤、蒸等，以满足皇室成员的口味和养生需求。此外，宫廷宴席上常常会有歌舞表演，这增加了宴会的文化氛围和娱乐性。宫廷饮食还非常注重仪式感和等级制度，不同身份的皇室成员所享用的饮食规格和礼仪都有所不同。同时，宫廷饮食还强调时令和养生，根据季节变化调整食材和菜单，以达到食疗和养生的效果。

▶ 为什么在古代粥被称为“糜”？

粥在古代被称为“糜”，这主要是因为粥的质地较为浓稠。在古代，煮米使其糜烂即成粥，六谷皆宜。煮粥时，还可加他物于粥中同煮。此外，粥也具有一定的药用价值，常被用来调养身体或作为病人的食物。在不同的地区，粥的浓稠度也有所不同，北方的粥通常较为清淡，而南方的粥则更为浓稠且添加了多种配料。总的来说，粥这一称谓反映了它在古代作为一种基本食物的特点和价值。

▶ 茶叶是从什么时候开始普及的？

茶叶的普及始于汉代，到了唐代达到高峰。唐代陆羽《茶经》的出现标志着茶文化的形成，茶成为人们的日常饮品。宋代时，茶已成为我国普及性非常强的饮品，茶道、茶艺也在此时得到发展。明清时期，散叶茶迅速发展，多茶类结构逐步形成，饮茶方式也从点茶发展成为泡茶，茶馆文化得到发展。茶叶的普及与茶文化的传播，对中国乃至世界各国的饮食文化产生了深远影响。

▶ “满汉全席”包含哪些菜？

满汉全席是清朝时期的一种豪华宴席，它汇集了满族和汉族的饮食精华，体现了我国传统烹饪的高超技艺。满汉全席的菜品数量众多，通常有上百道菜，分为满族和汉族两大类。满族菜擅长烧烤，如烤全羊、烤鹿肉等；汉族菜则以烹饪技法多样著称，包括炖、炒、炸、蒸等多种方式。宴席中有燕窝、鱼翅、海参、鲍鱼等珍贵食材，以及各地的特色名菜，如北京烤鸭、四川宫保鸡丁、广东烤乳猪等。满汉全席不仅在食材选择上极尽奢华，而且在餐具、摆盘和礼仪上也极为讲究，是中国古代宴席文化的代表之一。

▶ 豆腐的起源与哪些历史人物有关？

豆腐起源于中国，其发明被广泛归功于汉代的淮南王刘安。据传，刘安在炼丹过程中偶然发明了豆腐，不过这一说法一直存在争议。有观点认为，豆腐的制作技术可能早在刘安之前就已经存在。豆腐的制作涉及浸泡黄豆、磨浆、煮浆、凝固和压榨等步骤，最终形成嫩滑的豆腐。随着时间的推移，豆腐成为中国饮食文化中不可或缺的一部分，并传播到世界各地。豆腐富含蛋白质，对健康十分有益。

▶ 古人如何制作酱油和醋？

古人制作酱油和醋的过程体现了我国古代的发酵技术。酱油通常由大豆、小麦和盐经过发酵制成。首先将大豆煮熟，与压碎的小麦混合，接种曲霉进行制曲，然后在曲上加盐水，放入缸中暴晒发酵数月，其间不断搅拌，最终得到色泽红亮、味道鲜美的酱油。醋通常以粮食或果品为原料，通过酒曲和醋酸杆菌的发酵作用，将酒精转化为醋酸，再经过陈酿和调配，制成酸味醇厚的食醋。这些传统的酿造方法至今仍被一些传统作坊所沿用。酱油和醋不仅为食物增添了独特的风味，还富含多种氨基酸和微量元素。

▶ 糖醋鱼的历史可以追溯到什么时候？

糖醋鱼的历史可以追溯到唐代，早期的鱼类菜肴中就有类似的做法。随着时间的推移，糖醋鱼逐渐演变成一种经典的中式菜肴，特别是在江南地区，因其独特的酸甜口味而受到人们的广泛欢迎。元代时，糖醋鱼的做法开始为文人雅士所推崇，成为宴席上的常见菜品。到了明清时期，糖醋鱼的制作工艺不断完善，成为家常菜和宴席上的必备佳肴。其色泽金黄、外酥里嫩、酸甜可口的特点，使其在中国饮食文化中占据了重要地位。

▶ 为什么叫“松鼠鳜鱼”这个名字？

“松鼠鳜鱼”是一道传统的江苏菜，其名称来源于这道菜的烹饪方法和最终的呈现形态。这道菜选用鳜鱼为主料，经过精心改刀和油炸，使得鱼肉呈现出蓬松、翻开的状态，再浇上酸甜口味的酱汁。当酱汁遇上热腾腾的鱼肉时，会发出类似松鼠叫声的“滋滋”声，同时鱼肉翻开的形状很像松鼠的尾巴，因此得名“松鼠鳜鱼”。这道菜色泽鲜艳，外酥里嫩，酸甜可口，是江南地区非常受欢迎的一道菜。

▶ 中国八大菜系的代表菜有哪些？

中国八大菜系各具特色，其代表菜如下：

鲁菜：以山东菜为代表，注重原料的新鲜和烹饪技法，代表菜有“九转大肠”“糖醋黄河鲤鱼”。

川菜：以四川菜为代表，以麻辣著称，代表菜有“宫保鸡丁”“麻婆豆腐”。

粤菜：以广东菜为代表，讲究原料的本味和烹饪技法的精细，代表菜有“白切鸡”“烧鹅”。

苏菜：以江苏菜为代表，口味清淡，注重汤的烹饪，代表菜有“清炖蟹粉狮子头”“松鼠鳜鱼”。

闽菜：以福建菜为代表，擅长烹饪海鲜，味道鲜香，代表菜有“佛跳墙”“荔枝肉”。

浙菜：以浙江菜为代表，注重原料的新鲜和烹饪技法的精细，代表菜有“西湖醋鱼”“龙井虾仁”。

湘菜：以湖南菜为代表，以酸辣为主，代表菜有“剁椒鱼头”“腊味合蒸”。

徽菜：以安徽菜为代表，擅长烹饪山珍野味，口味偏重，代表菜有“毛豆腐”“火腿炖甲鱼”。

这些菜系代表了我国各地的饮食文化和风味，是中华美食的瑰宝。

▶ 古代有哪些特别的节日食品？

古代的节日食品往往与特定的节日习俗和文化寓意紧密相关。例如，春节时，人们会吃饺子，象征财富和好运；元宵节要吃汤圆或元宵，寓意团圆和美满。端午节则有吃粽子的习俗，粽子的三角形形状和里面的糯米以及各种馅料也寓意着丰收和富饶。中秋节时，月饼成为必不可少的节日食品，象征团圆和圆满。重阳节时，有登高和插茱萸的习俗，同时也会食用菊花酒和重阳糕，寓意避邪和长寿。这些节日食品不仅丰富了节日的文化内涵，也为节日增添了仪式感和趣味性。

▶ 古人制作菜肴时如何调味？

古人调味讲究五味调和，即酸、甜、苦、辣、咸的平衡。他们使用的调料有盐、酱油、醋、糖、姜、葱、蒜、花椒、八角等。例如，《齐民要术》中就记载了多种菜肴的制作方法，强调了调料的使用。古人还会根据季节变化调整食物的味道，如《礼记·内则》中提倡的“春多酸，夏多苦，秋多辛，冬多咸”，体现了古人顺应四时的饮食观念。此外，古人也注重食物的色、香、味俱全，通过不同的烹饪方法和调料搭配来丰富味道的层次。在古代，调味品不仅用于增加食物的风味，还与养生保健相结合，体现了中医“药食同源”的理念。

▶ “桂花糕”是怎么来的？

桂花糕是一种具有悠久历史的传统糕点，它起源于中国，尤其是江南地区。这种糕点通常在秋季桂花盛开时制作，以新鲜的桂花和糯米粉、糖等为主要原料。制作时，将桂花洗净晾干后，与糖混合制成桂花糖馅，再与糯米粉一起蒸制成糕。桂花糕色泽金黄，口感软糯，带有浓郁的桂花香气，是秋季时令美食的代表之一。它不仅美味，还寓意着吉祥和富贵，常在节日庆典中被当作点心享用。

▶ “四喜丸子”的由来是什么？

“四喜丸子”是一道经典的中国传统菜肴，其历史可以追溯到唐代。四喜丸子通常由四个色香味俱佳的肉丸组成，寓意人生的福、禄、寿、喜四大喜事。其色泽金黄，味道鲜美，肉质鲜嫩，口感丰富，是宴席上常见的佳肴。这道菜不仅美味，还承载着丰富的文化寓意，体现了中国人对于吉祥和幸福的追求。

▶ 为什么中国传统菜肴多以炒为主？

中国传统菜肴多以炒为主，这与炒锅的发明和普及有着密切的关系。炒锅非常适合快速翻炒，能够在短时间内将食材烹饪至熟透，保留食物的营养成分和口感。炒制的菜肴色泽鲜亮、口感脆嫩，能够迅速锁住食材的鲜味，同时通过高温快速烹饪，也有助于杀菌和去除食材中的不良成分。此外，由于炒制这种方法简单快捷，适合家庭日常烹饪，因此它在我国各地的饮食习惯中占据重要地位。炒制技术的发展也促进了我国烹饪技艺的多样化，如急火快炒、慢火慢炒等不同的火候控制，使得菜肴风味各异，丰富了我国的饮食文化。

▶ 古人如何烹制海鲜？

古人烹制海鲜的方法多样，十分注重海产品的鲜美。常见的方法有清蒸、煮、烧、烤等。清蒸能最大限度地保留海鲜原本的味道，如清蒸鱼；煮食则简单快捷，适合各种贝类和蟹类；烧制时加入姜、葱等调料，可以去腥增香，如红烧海参；烤制则风味独特，如烤鱼。古人还会根据海鲜的种类和季节变化，选择不同的烹饪方法，以达到最佳的食用效果。此外，海鲜也常被用于炖汤，以提取其精华，滋补养生。古人对海鲜的烹饪，既讲究口味，也注重营养和健康。

▶ “三鲜”指的是什么？

“三鲜”通常指的是三种新鲜的季节性食材。在中国烹饪中，“三鲜”这个概念并没有固定的定义，不同的地区和时期可能会有不同的解释。一般而言，“三鲜”由地三鲜、树三鲜、水三鲜组成。例如，在一些地区，“三鲜”可能指的是虾仁、海参和干贝，而在另一些地区则可能是指竹笋、蘑菇和豆芽。“三鲜”的组合往往根据季节和当地可获得的食材来确定，旨在通过食材的新鲜和多样性来提升菜肴的风味和营养价值。在我国传统节日中，如春节，“三鲜”菜肴也常作为节日餐桌上的重要美食，象征新鲜和吉祥。

▶ 端午节粽子有哪些不同的做法？

端午节粽子的做法多种多样，主要根据包裹的叶子和内馅的不同而有所区别。常见的粽叶有箬叶、荷叶、芭蕉叶等，它们带有天然的香气，能够增加粽子的风味。粽子的内馅可以是甜的，如豆沙、枣泥、莲蓉等；也可以是咸的，如猪肉、咸蛋黄、火腿、香菇等。在南方，咸肉粽较为流行，而在北方，甜粽更受欢迎。此外，还有白粽，即不加任何馅料，仅用糯米制作的粽子，食用时可蘸白糖或蜂蜜。不同地区的粽子形状也有所不同，有三角粽、四角粽、长粽等。无论哪种做法，端午节吃粽子据说都是为了纪念爱国诗人屈原。

▶ 古人如何制作豆腐脑？

豆腐脑是一种传统的中式小吃，主要由豆浆凝结而成。古人制作豆腐脑的过程包括：首先，将黄豆浸泡几小时；然后，用石磨或水磨将其磨成豆浆；接着，将豆浆煮沸，去除表面的浮沫。其中最关键的一步是点卤，即在热豆浆中加入盐卤或石膏，使其凝结成豆腐脑。点卤的量和时机决定了豆腐脑的质地，过多会使豆腐脑变硬，过少则无法凝结。凝结后的豆腐脑质地细腻，口感滑嫩。食用时，人们通常会加入酱油、醋、辣椒油、葱花、蒜末等调料，增添风味。豆腐脑深受人们喜爱，既可作为早餐，也可作为小吃。

▶ 火锅的起源是什么？

火锅在我国有着悠久的历史，最早的火锅形式出现在战国时期，当时的火锅被称为“古董羹”，因投食物入沸水时发出“咕咚”声而得名。到了汉代，火锅的使用更加普遍，还出现了被称为“染炉”的三脚火锅，用于涮煮肉类和蔬菜。火锅在宋代被称为“暖锅”，并在明清时期得到进一步发展。清代火锅种类繁多，有“白肉火锅”“羊肉火锅”等，且常在冬季食用，以驱寒暖身。火锅不仅是一种烹饪方式，也是一种饮食文化，体现了中国人对美食的热爱。火锅的共享性和多样性也体现了中国饮食文化的丰富性和创新性。

▶ “糖葫芦”是怎么发明的？

“糖葫芦”又称冰糖葫芦，是一种传统的中国小吃，其起源可以追溯到宋代。据传，糖葫芦的发明与南宋的一位贵妃有关。这位贵妃生病了，不思饮食，御医们都束手无策。一个江湖郎中建议贵妃多吃山楂，因为山楂具有健胃消食的功效。但山楂太酸了，贵妃难以入口。于是，这个郎中将山楂与冰糖混在一起煎熬，贵妃食用后觉得美味，后来病也痊愈了。此后，这种做法流传到了民间，老百姓把它们串起来卖，糖葫芦便流传开来，成为民间广受欢迎的小吃。这种小吃不仅酸甜可口，而且具有一定的药用价值。

▶ 为什么古人认为食补可以延年益寿？

古人认为食补可以延年益寿，这一观念源于中医的“药食同源”理论。中医认为食物具有不同的性味归经，能够调和人体的阴阳五行，从而达到养生的效果。例如，枸杞、人参等食材被认为能够滋补强身、增强体力。古代文献如《黄帝内经》中就有关于食疗养生的记载，强调通过合理饮食来达到预防疾病、延缓衰老的目的。此外，古代的食疗文化还强调顺应四时变化，选择适合当季的食物，以及根据个人体质来制定饮食方案。这些观念影响了后世的饮食习惯，形成了丰富的食补文化，至今仍对人们的健康观念产生深远的影响。

▶ 古代百姓如何获取盐？

盐是人们生活中不可或缺的重要调味品。在古代，由于自然条件和制盐技术的限制，人们获取盐并不容易。古代的人获取盐的主要方式是通过开采盐矿或利用海水、盐湖水进行日晒结晶制盐。在沿海地区，人们通过建立盐田，利用潮汐将海水引入盐田，经过蒸发而得到盐晶。在内陆地区，则多依赖盐矿的开采。古代还有通过熬煮盐水或使用盐井水来提取盐的方法。盐作为重要的物资，其生产和销售往往受到政府的严格控制，有时甚至会成为政府重要的财政收入来源。因此，盐的获取和分配在古代社会中具有重要的经济和社会意义。

▶ 古代饮食文化中有哪些禁忌？

古代饮食文化中有许多禁忌。例如，进餐时长辈未动筷子，晚辈不得先吃；用餐时不可大声咀嚼或吧唧嘴，以示对他人的尊重。此外，筷子不应竖在饭中，因为这一行为被视为不吉利，象征着祭奠死者的香炉。古人还忌讳用筷子指人，认为这是对他人的不尊重。在食材方面，某些肉类在特定场合被禁用，如祭祀时须用特定的食材供奉神灵。这些禁忌不仅反映了古人的饮食习惯，也体现了他们对传统文化和道德的重视。总之，古代饮食文化中有不少禁忌，影响了人们的日常生活和社交礼仪。

第十一章 车马服饰

▶ 中国古代的盔甲都有哪些种类？

中国古代的盔甲种类丰富，随着时代的进步和战争需求而不断演变。主要有布甲、皮甲、鱼鳞甲、锁子甲和明光甲等。布甲和皮甲是最早的盔甲类型，利用布料和皮革制成，轻便且便于活动；鱼鳞甲则用铁片像鱼鳞一样覆盖在衣服上，防御能力较强；锁子甲由金属环编织而成，灵活且防护力强；明光甲则在重要部位加装金属护板，既能防御又有威慑力。各类盔甲的设计方式不仅体现了古代战争对盔甲的需求，也展示了当时的制造工艺和金属加工技术的进步。

▶ 秦汉时期的车马和隋唐时期的有什么不同？

秦汉时期的车马以战车和礼仪用车为主，车轮一般为两轮或四轮，车厢较为简陋，装饰以木材和铜铁为主。秦代的车马主要用于战争，讲究速度和实用，汉代则逐渐注重豪华装饰，礼仪车马成为身份的象征。隋唐时期，随着社会繁荣，车马的种类和用途进一步丰富。隋唐时期出现了供官员和贵族乘坐的“辇车”，以装饰豪华和舒适为主，同时唐代的“胡车”则融入了西域的装饰风格，体现了中外文化交流。总体而言，隋唐时期的车马设计更加精美，功能也更加多样，象征了繁荣和开放的社会风貌。

▶ 在古代，士人常穿的“长袍”有哪些讲究？

古代士人穿的长袍不仅是日常服饰，更是一种身份和礼仪的象征。长袍的布料、颜色和装饰等都有严格规定。士人多穿素雅的颜色，以显庄重，尤其是以黑色、深蓝色等颜色为主。长袍的长度一般到脚踝，以示端庄稳重。袖子宽大，象征包容和文雅。长袍上通常会有简单的刺绣花纹，反映了穿着者的身份和地位。士人在正式场合常穿长袍，以示尊重，平日家居时则会穿稍短的便袍。总体来看，士人穿长袍不仅是一种服装的选择，更是一种文化素养的体现。

▶ 明代的“蟒袍”是什么人穿的？它象征什么？

明代的蟒袍是皇室成员和官员穿的特殊服饰。蟒袍上的主要装饰图案为蟒龙，这种图案象征权力，但不等同于皇帝的龙袍。蟒龙为四爪，与皇帝龙袍上的五爪真龙有所区别。蟒袍多用于礼仪场合，只有皇亲国戚、朝廷的高级官员和一些军功显赫者才有资格穿戴。蟒袍象征穿戴者的地位、权力和荣誉，是身份的象征。穿蟒袍不仅显示了明代严格的服饰等级制度，还反映了人们对权力象征的重视。

▶ 清代皇帝的“龙袍”和“吉服”有什么区别？

清代皇帝的龙袍和吉服是两种不同用途的服饰。龙袍是皇帝的正式礼服，是其吉服之一，常用于重要典礼和朝会，龙袍上绣有五爪龙，象征至高无上的皇权。穿龙袍时，必须戴吉服冠，束吉服带及挂朝珠。龙袍颜色多为明黄色，面料为高级丝绸，上面装饰有祥云、山川、海水等图案，寓意江山永固。而吉服则是皇帝与贵族在较为正式但非典礼场合穿着的，如祭祖或祭祀宗庙。吉服的装饰较为简朴，通常绣有吉祥图案，颜色多为红色或蓝色，象征喜庆与吉祥。总体来说，穿龙袍时的场合更为庄重和严肃，代表着最高权力，而吉服则适用于不那么庄重和严肃的场合。

▶ 中国古代女性佩戴的首饰有哪些讲究？

中国古代女性佩戴首饰有着严格的等级与礼仪规定。不同身份的女性佩戴的首饰材质和样式各异。贵族妇女多佩戴由金银、玉石、珍珠等制成的首饰，象征财富和地位。常见的首饰有发簪、步摇、耳环、手镯等，发簪用于固定发型，步摇则用来增添美感，行走时使人摇曳生姿。耳环和手镯则讲究对称与华丽。民间女性多佩戴木簪、铜簪等较为简单的首饰。在古代，首饰不仅是装饰品，更是身份、地位和文化修养的象征。

▶ 为什么胡服可以在唐代流行？

胡服之所以在唐代流行，原因在于中外文化交流的频繁和开放包容的社会氛围。唐代是中国历史上开放程度最高的时期之一，丝绸之路的繁荣使得来自中亚、西域的胡人带来了独特的服饰风格。胡服轻便贴身，适合骑马和户外活动，这种设计很快受到唐代贵族和皇室的欢迎，尤其是在女性服饰中，胡服元素的引入带来了新的时尚潮流。胡服的流行不仅仅是服饰风格的变化，更体现了唐代包容、多元和自信的文化态度，反映了当时中外文明的碰撞与融合。

▸ 古代马车的主要构成部分有哪些？

古代马车的主要构成包括车轴、车轮、车厢和驾具等部分。车轴是支撑车体的重要结构，通常由一根大圆木制成，负责承载车辆的重量。车轮则是圆形的，安装在车轴上，可以转动以推动车行进。车厢是乘坐或装载货物的部分。驾具则用于控制马匹，确保行驶的安全与顺畅。这些构件的设计体现了古代工匠的智慧和技术水平，反映了古代交通工具的复杂性和实用性。

▸ 古代车轮是如何制作的？

古代车轮的制作涉及复杂的机械设计和工艺。车轮通常呈圆形，安装在车轴上以实现转动。制作车轮时，工匠使用火烤制木料后将其輮（róu）成弧形，并拼接成圆形。车轮中心是毂（gǔ），呈纺锤形，中有圆孔使轴可以穿过，表面有榫眼用来插辐条。辐条是支撑轮圈的木条。此外，车轮的重要部位还会装有青铜件，用以加固和装饰。例如，战国时期就已开始在轴毂之间装置铁锏，以减少轴毂的摩擦。

▸ 车马的使用在古代社会有哪些等级区分？

在古代，车马不仅是交通工具，更是社会地位和权力的象征。车马的使用有着严格的等级区分，这些区分主要体现在车辆的装饰、马匹的数量和品质上。周朝时，辂（lù）车是天子的专用车，有玉辂、金辂、象辂、革辂、木辂五种类型。秦朝时，“温凉车”是秦始皇的专用车，其设计既考虑了舒适性，也体现了皇权的威严。汉朝以后，历代帝王多使用玉辂、金根车、步辇等交通工具。此外，对于王公大臣和有“骑乘权”的庶民，历代车舆典制对其用车也有相应的规定。例如，北齐时，正一品官员可乘通幰车，车内可用黄金装饰；七品以上官员可乘偏幰车，车内可用黄铜装饰。隋朝时，三品以上官员可乘通幰车，五品以上官员可乘亘幰车，六品以下官员或有“骑乘权”的人所乘车辆不准拖幰。这些规定体现了古代社会等级制度的严格性和车马作为社会地位标志的重要性。

▸ 古代的马如何分类？

古代的马主要根据其用途、品质和外观特征分类。周朝时，将马分为六类：

种马、戎马、齐马、道马、田马、驽马。种马指用于繁殖的公马，戎马是战马，齐马用于仪仗，道马用于驿传，田马用于耕作，驽马则是老弱不堪大用的马匹。此外，这些马还可以根据毛色、体型等特征进行细分。

▶ 古代皇帝的御用马车有什么特殊设计？

古代皇帝的御用马车设计精美且功能独特，体现了皇权的威严与地位。以秦始皇的“温凉车”为例，这种车有四个轮子，车体大且结构复杂，上面有顶盖，四面设有帷幕，车后有门，车窗可开可关，以适应不同的气候。车内的装饰常用金银饰品，极其奢华。车的设计还考虑到舒适性和安全性，车轮和车轴的制作精良，确保能平稳行驶。此外，御用马车通常配备专用的驾具和马匹，马匹的选择也极为讲究，常用优质的战马，以确保皇帝出行的威仪和安全。这些设计不仅是实用功能的体现，更是古代文化中对皇权的崇拜。

▶ 战国时期的战车在战争中的作用是什么？

战国时期的战车是军队的主要装备之一，在战争中扮演了极其重要的角色。战车通常由四匹马牵引，车上站立三位甲士，分别负责驾驭、远射和近战。战车的设计使其在战场上具有高度的机动性和冲击力，能够快速部署和集中兵力，给敌方造成突然的打击。使用战车时，要求有高度的战术配合和指挥能力，因此在战国时期的战争中，战车的存在往往意味着国家军事力量的强大。随着战术的演变，战车从最初的单一角色，逐渐演变为能够执行多种任务的军事单位，如侦察、追击和支援步兵等。尽管后来战车被骑兵所取代，但在战国时期，战车无疑是战争中的关键部分。

▶ 古代交通工具如何影响贸易的发展？

古代交通工具对贸易的发展起到了至关重要的推动作用。以马车、船舶为代表的运输工具，极大提升了货物运输的效率和距离，使得商品能够在更广阔的区域内流通。例如，丝绸之路的开辟，将骆驼和马匹作为主要的交通工具，促进了东西方文化的交流和商品的交易。此外，古代的驿站为商旅提供了休息和换马的场所，保证了长距离贸易的顺利进行。随着交通工具的不断改进，如车轮的标准化和船只的设计优化，运输成本降低，贸易规模扩大，进而推动了古代经济的繁荣和社会的发展。

▶ 古代车马如何在沙漠中行进？

古代车马在沙漠中行进需要特别的准备和技巧。首先，选择适合沙漠环境的马匹和骆驼非常关键，因为它们能够忍受干旱和沙地。马车通常会配备宽大的车轮，以减少陷入沙漠中的风险。其次，在行进时，车马须沿着前人留下的车辙走，以利用较为坚实的路面。商队还会在夜间利用星象导航，白天则依靠路标和地形特征。为了抵御沙尘和酷热，人和马匹都会进行适当的防护。最后，商队要携带足够的水源和食物，并在绿洲处补充供给，以满足长途跋涉的需求。这些措施使得古代车马能够在恶劣的沙漠环境中顺利行进。

▶ 古代的赛马是如何进行的？

古代的赛马活动在不同时期有不同的形式。在中国，赛马可以追溯到古代的田猎活动，后来演变为皇室成员和贵族们经常玩的娱乐项目。赛马通常在平坦的场地或特定的赛马场上进行，参赛的马匹通常由骑手驾驭，围绕赛道竞速。胜出的马和骑手会获得荣誉和奖励。赛马不仅是体育竞技，也是展示马的品种和骑术的重要场合。在某些文化中，赛马还具有宗教意义。

▶ 古代贵族如何选择马匹？

古代贵族在选择马匹时会考虑马的品种、血统、体格和速度。他们偏好那些血统纯正、体型健硕且跑得快的马。例如，汉朝时期，贵族们偏爱来自西域的大宛马。大宛马因其耐力和速度而闻名。贵族们还会关注马的外貌，如毛色和身高，以及马的驯服程度。对于马的装饰，如马鞍、缰绳和马镫，也会精心挑选，以彰显主人的身份和品位。在某些文化中，马的蹄质和步伐也是重要的考量因素。总的来说，贵族们选择马匹是一个综合考量其实用性和象征性的过程。

▶ 古代女子乘坐的交通工具有哪些？

古代女子乘坐的交通工具会受到社会地位和文化习俗的限制。在一些文化中，贵族女性可能会乘坐装饰精美的马车或轿子，这些交通工具通常有帷幕以保护乘坐者的隐私。对于平民女性来说，她们可能会骑驴或乘坐简朴的牛车。在某些地区，如江南水乡，平民女性也可能会将小船作为日常的交通工具。这些交通工具的设计和使用都体现了当时的性别角色和社会规范。

▶ 古代对于抬轿子的人数有什么规定？

在封建社会的等级制度下，对于轿子的使用有着严格的等级规定。比如，明清时期，三品以上大臣乘坐的轿子是银顶皂色盖帷，在京时轿夫四人，出京时轿夫八人；四品以下官员乘坐的轿子是锡顶，轿夫二人。而在轿帷上，明清时期的一般官吏，只能用蓝色或绿色，所以他们的轿子又被称为“蓝呢官轿”或“绿呢官轿”。

由于抬轿人数不同，二人抬的轿子

称为“二人小轿”；四人抬的称为“四人小轿”；八人以上抬的则称为“大轿”。

由于八抬大轿多用于娶亲，旧时的婚嫁讲究明媒正娶，即夫家用八抬大轿迎娶新娘。后来，“八抬大轿”也多用来表示邀请的态度诚恳，仪式隆重。

▶ 古代人如何保养和照顾马匹？

古代人对马匹的保养和照顾非常重视，因为这关系到马匹的健康和性能。他们会定期对马匹进行身体清洁，使用刷子去除灰尘和污垢，保持皮毛的洁净和光泽。此外，还会检查马蹄，进行修剪和钉蹄铁，以防磨损和损伤。他们对马匹的饮食也很关注，会提供充足的草料和水，有时还会补充谷物以增加营养。古代人还会对马匹进行定期训练，以保持其体能和灵活性。在医疗方面，如果马匹受伤或生病，会有专门的马医进行治疗。古代人通过细致的照料，确保了马匹的良好状态，以适应不同的工作和骑乘需求。

▶ 古代马鞍的设计有什么特点？

古代马鞍的设计考虑到了骑乘的舒适性和马匹的负重平衡。马鞍通常由木材、皮革和布料等材料制成，其结构包括鞍座、鞍桥、鞍翅和鞍垫等部分。鞍座是骑手坐的地方，设计成凹形以适应骑手的坐姿；鞍桥位于马鞍的中央，有助于骑手保持平衡；鞍翅则是马鞍两侧的延伸部分，用于将马鞍固定在马背上；鞍垫则放在马背上，以保护马匹免受摩擦和压力的伤害。此外，马鞍上常有精美的装饰，如雕刻、镶嵌或刺绣，这些装饰不仅美观，也体现了骑手的社会地位。

▶ 古代的车轴是如何制作的？

古代的车轴制作是一个涉及木工和金属工艺的复杂过程。车轴通常由坚硬的木材制成，如橡木或榆木，这些木材耐磨且不易变形。制作时，木匠会将原木切割成合适的长度，然后通过手工或使用车床将其旋切成圆柱形。车轴的中心需要钻孔，以便穿过车轮的轴孔。这些孔须精确对齐，以确保车轮能够平稳转动。车轴的表面会经过打磨和光滑处理，以减少摩擦并提高耐用性。在某些情况下，车轴的两端会装有金属套，以增加它的强度和耐磨性。这些金属套通常由青铜或铁制成，通过铸造或锻造的方式制作，然后固定在车轴的两端。制作车轴时，不仅需要精湛的工艺，还需要对材料的性质充分了解，以确保车轴坚固和车辆行驶稳定。

▶ 古代丝绸之路的交通工具有哪些？

古代丝绸之路的交通工具有很多种，分别适应不同的地理环境和满足不同的运输需求。主要的交通工具有马匹、骆驼、马车和船只。马匹因其速度和耐力，适合短途和中途的快速运输。骆驼被称为“沙漠之舟”，特别适应沙漠环境，能够携带大量货物穿越干旱地区。马车则用于装载大量商品，适合在路况较好的地区进行长途运输。在丝绸之路的某些河段，如黄河和长江流域，船只也是重要的运输工具，能够承载大量货物并利用水路进行运输。这些交通工具的选择和使用，体现了古代商人对不同地形和气候条件的适应能力，以及对效率和成本的考虑。

▶ 古代战车的轮胎由什么材料制成？

古代战车的轮胎主要由木材和金属制成。车轮的主体通常由坚硬的木材制成，以提供足够的强度支撑车厢和乘坐者的重量。为了增加轮胎的耐磨性，防止木材在使用过程中快速磨损，战车的轮缘通常包覆一层金属，最常用的是铜或铁。这些金属轮毂不仅能增加轮子的耐磨性，还能在战斗中提供更好的稳定性和速度。这样的设计使战车在各种地形，特别是在复杂地形中保持坚固耐用，便于军队快速移动。

▶ 古代人如何防止马车在雨天行走时打滑？

为了防止马车在雨天行走时打滑，古代的人们采取了多种措施。首先，将车轮包上铁制或铜制的轮毂，以增加摩擦力和耐用性，避免马车在湿滑路面上打滑。其次，马蹄铁也起到了关键作用，不仅能保护马蹄，还能提供额外的抓地力。最后，在泥泞路段，车夫会铺设石块或木板以增强稳定性，确保马车可以顺利通过。此外，车夫在雨天行车时会减慢速度，并选择更加平稳的路，避免车轮陷入泥中。这些方法可以有效避免马车在恶劣天气中打滑和倾覆。

▶ 古代商旅如何穿越山区？

古代商旅穿越山区时面临复杂的地形和恶劣的自然环境，但他们会通过多种方式克服这些困难。首先，商旅们通常会选择骡马作为主要交通工具，因为骡马耐力强且善于在崎岖的山路上行进。其次，商旅们会避开危险的路段，选择好走的山道或驿路。这些道路通常会经过修整，以便人们更安全地通行。在行李运输方面，他们会将货物放置在轻便的驮具上，以便马匹在山路上能够保持平衡。最后，商旅们还会随身携带足够的食物和水，并在途中利用山间的驿站或休息点补给物资。这些策略可以帮助古代商旅顺利完成长途的山区旅行。

▶ 古代马匹的运输路线如何规划？

古代马匹的运输路线会根据地形、目的地和安全性进行精心规划。主要路线包括驿道和官道，这些道路通常设置在平坦地带，会避开险峻的山路和水路，以确保运输通道的顺畅。驿站是马匹运输网络中的重要节点，商旅和官员可以在驿站更换马匹和补给物资。规划路线时还会考虑到气候条件，北方寒冷地区和南方湿热地区的道路设计有所不同。此外，运输路线还需要避开盗匪频繁出没的区域，保证运输安全。驿站之间的距离和马匹的休息时间也被严格控制，确保马匹在长途运输中保持良好的状态。

▶ 古代贵族如何装扮他们的马匹？

古代贵族对马匹的装扮极为讲究。因为对马匹的装扮不仅体现了他们的身份和地位，还体现了他们的财富与权势。首先，马匹的鞍具和马鞭上会有精美的装饰，如镶嵌金银和宝石的马鞍、用锦缎或丝绸制成的马鞯（马鞍下的垫子），以彰显奢华。其次，马匹的头部和颈部往往配有精致的马笼头和马饰，通常用金、银、铜等贵重金属制成，并雕刻出复杂的图案或镶嵌宝石。最后，贵族们还会为马匹佩戴饰带、铃铛等装饰物，在仪仗和庆典场合，装扮华丽的马匹是身份尊贵的一种象征，显示其威严与荣耀。

▶ 古代服饰上的图案象征着什么？

古代服饰上的图案不仅具有美学价值，还具有象征意义，代表了不同的身份和地位。龙纹、凤纹等神兽图案通常见于帝王和皇后的服饰，象征至高无上的权力和尊贵的身份。牡丹花纹则象征富贵，常出现在贵族和富商的衣服上。祥云纹代表吉祥如意，多见于重要场合的礼服。动物图案如虎、鹿等也有特殊寓意，虎纹象征威猛与勇武，多见于将军或军官的服饰，而鹿纹则象征长寿和福禄，常见于长者的服饰。服饰上的不同图案体现了穿戴者的社会等级、身份地位，以及对美好生活的祝愿和追求。

▶ 汉代与唐代的服饰有何不同？

汉代与唐代的服饰风格和设计有显著差异。汉代服饰以宽袍大袖为主，强调简洁和庄重，服饰的颜色也较为素雅，常见的颜色为黑、白、红三色，体现了儒家思想中的礼仪和节制。男子多穿深衣，女子穿襦裙，领口较高，整体设计得比较保守。唐代服饰则更加多样和华丽，尤其在女子服饰上表现出了大胆的设计。唐代女子服饰的领口较低，袖口宽大，并大量使用绣花、锦缎等材料，颜色鲜艳。唐代服饰由于受到西域文化的影响，出现了胡服和胡帽等新样式，体现了开放包容的文化氛围。这些变化反映了唐代的社会繁荣与文化自信。

▶ 古代织锦的技艺是如何发展的？

古代织锦技艺发展迅速，尤其在汉代和唐代达到了巅峰。织锦起源于战国时期，随着织机技术的进步，织锦工艺逐渐成熟。汉代是中国织锦技艺发展的重要时期。长沙马王堆汉墓出土的丝织品，图案精美，色彩丰富，表现了当时织锦的高超技艺。唐代则是中国丝绸文化的鼎盛时期，织锦工艺更为繁复，出现了多种技法，如“缂丝”和“经锦”。唐代时期制作出的锦缎不仅质地细腻，还常常绣有各种图案。丝绸之路的开通促进了中国织锦技艺的传播，使其影响遍及亚洲和欧洲，成为古代中国文化输出的重要部分。

▶ 唐代的服饰如何反映社会地位？

唐代的服饰会通过颜色、材料和装饰反映出穿戴者的社会地位。皇室和高官通常穿着鲜艳的紫色、红色等象征权力和地位的服饰，而普通百姓则限制使用这些颜色，主要穿着蓝色、绿色、灰色等较为朴素的颜色的服饰。此外，贵族和高官的服饰材料更加奢华，多使用丝绸、锦缎等高档织物，并配有精美的刺绣图案，如龙凤纹、祥云纹等，象征权势和吉祥。相比之下，普通百姓的服饰多为粗布麻衣，缺少华丽的装饰。官员的品级也通过衣物上的纹样和佩饰加以区分，朝廷规定了不同等级的官员可以使用的装饰细节，如衣袍上的禽兽纹样，明确了社会阶层的等级差异。

▶ 宋代服饰的审美标准是什么？

宋代服饰注重简约、朴素，体现了儒家礼仪，崇尚自然与内在修养的结合。相较于前朝的华丽繁复，宋代服饰追求朴素端庄，强调服饰的实用性和得体性。服饰颜色主要以淡雅为主，常见的颜色有白色、淡蓝色、淡绿色等，体现了宋代文人士大夫阶层的内敛和文雅。宋代服饰的裁剪注重简洁，没有过多的装饰，但注重细节的精致，如衣领、袖口的设计体现了儒家的中庸之道。宋代服饰呈现了端庄、儒雅、含蓄的特点，反映了当时社会的文化追求。

▶ 古代刺绣在服饰中的重要性体现在哪些方面？

古代刺绣在服饰中具有重要的文化意义和象征意义。作为一种工艺，刺绣不仅增加了服饰的美观性，还体现了穿戴者的身份、地位和品位。刺绣图案的选择常常蕴含吉祥的寓意，如龙凤、祥云、花卉等，尤其在皇室和贵族服饰中，龙凤纹样象征皇权和地位。刺绣工艺的精湛程度也显示了织造技术的高度发达，不同的朝代有不同的刺绣风格和技术，如唐代的缂丝、宋代的苏绣等，皆为当时顶尖的刺绣工艺。此外，刺绣也在婚礼、丧礼等重要场合的服饰上扮演重要角色。

▶ 古代男子的礼服有哪些？

古代男子的礼服主要包括深衣、朝服、祭服等，不同场合有不同的着装规范。深衣是一种常见的礼服款式，由上衣和下裳相连，适用于正式场合。朝服是官员和贵族在朝廷中穿的礼服，通常以黑色为主，配有腰带、玉佩等装饰物，官员的品级一般通过朝服上的纹样和颜色加以区分。祭服则是用于祭祀祖先或重要典礼的服饰，常见的颜色为白色、黄色或红色，服饰上有专门的图案，如日月星辰等元素。此外，婚礼或丧礼等特殊场合也有专门的礼服要求，礼服的设计和装饰反映了穿戴者的社会地位和场合的严肃性。

▶ 清代官员佩戴的朝珠是什么？

朝珠是清代官员在朝会时佩戴的装饰物，象征身份和地位。朝珠通常由 108 颗珠子组成，是从佛教的“念珠”衍化而来的，寓意除去烦恼、保持正心。朝珠的材质因官员品级不同而有所差异，其材质通常有珍珠、玛瑙、珊瑚、翡翠等。佩戴时，朝珠绕颈一圈，前面垂下一根长链，链上还有装饰挂件，如碧玺、珊瑚等，显示出官员的等级和品位。皇帝和高级官员的朝珠往往更加华丽，常配有其他装饰物，象征其尊贵的地位。朝珠不仅是一种礼仪性的装饰，也承载着文化和象征意义。

▶ 古代的礼帽是如何设计的？

古代的礼帽是身份和地位的象征，其设计主要根据不同场合和身份来确定。明代以后，乌纱帽被定为“官帽”，其形状呈扁平状，两侧有宽大的展翅，象征官员的威仪。“冕冠”由玉或金等贵重材料制成，上面装饰着象征权力的珠玉和冠缨，皇帝的冕冠前有十二串珠子垂挂，象征天子至高无上的地位。礼帽的材质也因地位不同而有差别。皇室和高官的礼帽多用丝绸、锦缎等高档材料，装饰精美，普通百姓在正式场合则佩戴简单的布质礼帽，设计较为朴素。礼帽不仅是身份的象征，也是礼仪体系的重要组成部分，反映了古代社会的等级观念。

▶ 古代有哪些特殊的婚礼服饰？

古代的婚礼服饰极具象征意义，反映了婚礼的庄重与神圣。在不同朝代，新娘的服饰有所差异。明朝时，新娘头戴凤冠，冠上镶嵌金银珠宝，身着霞帔，帔是用锦缎制成的长袍，上面绣有精美的龙凤图案，寓意福运绵长。新郎则身穿长袍，颜色为红或紫，腰间佩戴玉带。不同的地区也有不同的婚礼服饰，如南方地区的新娘多穿着带有刺绣花纹的长裙，而北方地区则多穿着富有层次感的裙褂。婚礼当天，新娘还需盖头巾，通常是红色的绸缎，直到洞房时才揭开，象征婚姻的神圣和神秘。人们通过设计精美的婚礼服饰，表达了对婚姻幸福美满的期盼和祝愿。

▶ “汉服”指的是什么？

很多人以为“汉服”指的是汉朝时期的服饰，其实不然。“汉服”实际上是指“汉民族传统服饰”，是汉族人民以华夏民族文化为背景，区别于其他民族，通过自然演化而形成的有着独特文化、风格、制式的传统服饰。汉服不仅体现了中国“衣冠上国、礼仪之邦”的文化传统，也展现了汉族的纺织、刺绣工艺以及对美的理解。

汉服的制式主要有深衣、上衣下裳、襦裙等，深衣是有官衔或者士族人士日常所穿的服饰；上衣下裳属于朝服，是帝王到百官举行仪式时所穿的礼服；襦裙是当时妇女喜欢穿的一种服饰。一套完整的汉服通常有三层：小衣（内衣）、中衣、大衣。

《史记》认为汉服最早始于黄帝时期，而最早的汉服制度是在殷商时期建立起来的。殷商之后冠服的制度逐渐被完善起来，到了周朝时期已经基本成形，发展出了以“天子冠服”为核心的冠服制度。此后，直到清朝推行剃发易服的政令，汉服才逐渐被替代，但其影响力根深蒂固，汉服的基本元素并未消失。

▶ 为什么说中国古代是“衣冠上国，礼仪之邦”？

中国又称“华夏”，到底何为“华夏”呢？《春秋左传正义》疏曰：“中国有礼仪之大，故称夏；有服章之美，谓之华。”由此可见，华夏文明有两个核心构件：一为礼仪，二为服饰。两者相辅相成、互为依托。

我国汉民族的传统服饰充分体现了中国传统文化所蕴含的宇宙观念、哲学思想、礼仪法度、审美品位等。

“上衣下裳”是我国最古老也是最基本的服饰形制，体现了古代“天在上，地在下”的宇宙观；深衣（袍服）是最具代表性的汉服形制之一，体现了古代“天地人合一”的哲学思想、“以右为尊”（据《周礼·春官宗伯》记载，古人尚右，认为右方为上位，这主要体现在官职、车骑以及座位的安排上。而在一些特定的仪式中，如丧礼等，则以左为尊，这与古人对生死观念的理解和表达有关。）的传统观念和中正公平的道德准则；襦裙衣袂飘飘，显得温婉大气，与中国审美文化中“美由气生”的传统观念相得益彰，不仅体现了华夏民族的独特审美取向，也传达着中华民族含蓄隽永和追求精神自由的情怀。

由于汉服承载了汉民族的礼仪，彰显了汉文化的美好，所以说中国古代是“衣冠上国，礼仪之邦”。

▶ 古代的衣和裳有什么不同？

我们现在的“衣裳（yī shang）”一词是衣服的通称，一般都是连在一起用的。但是在古代，衣和裳（cháng）是不一样的，衣指的是上装，裳指的是下装。“上衣下裳”是我国古代的一种服饰制度，指的是上体穿衣，下体穿裳。

上衣跟现代一样有长有短，古代的短上衣称为“襦”，长上衣就是“深衣”，是一种中长款的袍服。

下裳则分为裳、绔、裈（kūn），裳有时也写作“常”，其样式就是裙子，古代男女皆可着裙；绔和裈都是裤子，但是绔没有前后裤裆，只有两个裤筒，类似开裆裤，主要作用是保暖，绔的外面还会穿裙或深衣。而裈则是有裆的裤子，一般是短裤，可以外穿，方便劳作和运动。

▶ 古代的步摇和发簪有什么区别？

古代的步摇和发簪都属于头饰，都有固定头发的作用，但是步摇上悬有垂珠，走动的时候垂珠会不断摇摆，因此取名为步摇，样式也相对繁复、华美，有凤、蝶、花卉等多种形状，多为女性使用；而发簪则是没有吊坠的短小棍状物，样式通常比较简单，起初是古人用来固定发髻或连冠于发的一种长针，男女皆可使用，但是女性年满15岁，举行成人礼时才开始使用发簪，女性的成人礼被称为及笄礼。

步摇的制作材料一般是金、玉、珍珠等。早期的步摇是皇室贵妇专用的，除了有装饰作用，更多的是身份尊贵的象征。但是，到了后来使用范围越来越广泛，逐渐流传到民间。而发簪的制作材料则十分丰富，有骨、石、陶、蚌、竹、木、金、银、玉等多种材质，所以发簪从一开始就被各阶层人们普遍使用。

第十二章
艺术常识

▶ 汉字是如何起源与演变的？

汉字的起源可以追溯到商朝时期的甲骨文。汉字的发展大致经历了以下几个阶段：最早的甲骨文主要用于占卜记事，字形较为简单、直观。金文出现在商周时期，多铸刻在青铜器上。随后发展出了篆书，特别是小篆，在秦始皇“书同文”后成为官方标准字体。东汉时期，隶书开始流行，字体更为简化，便于书写。楷书则在魏晋南北朝时期兴起，逐渐成为规范字体。

▶ 古代书法家如何评判字形是否美观？

古代书法家强调字形的“形神兼备”，即字形的结构要均匀、平衡，同时要表现出文字的精神气韵。例如，书法家注重字的间架结构，要求左右、上下比例协调，不可过于紧密或松散。此外，笔画的轻重缓急、提按变化也是字形美观的重要因素。王羲之、颜真卿等书法家在字形美观的要求上各有主张，但都强调自然流畅与精神气韵的统一。

▶ 古代书法中的“飞白”是什么？

“飞白”是一种独特的书法技巧，最早见于东汉时期。其特点是笔画中带有明显的“空白”部分，似有“飞白”之感。飞白书法既能体现字体的韵律感，又能增加视觉上的变化和艺术感，因而被古代书法家视为创新性的表现手法。这种表现手法尤为适合表现豪放、洒脱的情感。

▶ 秦始皇的“书同文”对汉字有何影响？

秦始皇实行“书同文”政策，将小篆作为官方文字，统一了各地的文字规范。这一举措消除了战国时期各国文字的差异，便于中央集权的巩固和政令的传达。虽然小篆在后来的日常书写中被隶书取代，但“书同文”却奠定了汉字在全国范围内统一的基础，促进了文化交流和文化认同，对中国文字的发展产生了深远影响。

▶ 甲骨文如何反映古代的占卜文化？

甲骨文是商朝时期用于占卜的文字，刻在龟甲或兽骨上，主要用于记录王室祭祀和重大决策中的占卜结果。甲骨文通过刻字记载了当时的占卜问题、预言和实际结果，反映了古代统治者对天命和神灵的信仰。甲骨文不仅是早期汉字的雏形，也是研究古代社会政治、文化、宗教的重要资料，揭示了商朝时期的占卜文化与王权的关系。

▶ 汉字中的部首是如何形成的？

汉字中的部首最初源于象形文字中的基本元素，用以表示字义的类别或与该字相关的含义。随着汉字的演变，部首逐渐成为分类和构造新字的基础。例如，“水”部首常用于与水有关的字，如“河”“海”。东汉许慎编撰的《说文解字》将汉字分为540个部首，奠定了部首在字典中的重要地位。部首不仅能帮助人们辨别字义，也便于查阅和学习汉字。

▶ 书法作品中的印章有何作用？

书法作品中的印章不仅能起到签名的作用，还有艺术装饰的作用。印章常刻有书法家的姓名、字号或斋号，标明作品的归属。印章的红色与书法的墨色形成对比，增添了作品的视觉美感和艺术价值。印章的布局也十分讲究，需与作品整体章法协调，避免喧宾夺主。不同风格的印章体现了不同作者的个性与风格。

▶ 古人如何在竹简上书写？

古人在竹简上书写时，首先将竹简削成合适的形状，打磨光滑。书写时使用毛笔和墨汁，将字写在竹简的表面。竹简上的字通常是竖排书写，从上往下。由于竹简较重且不便携，古人通常将竹简用绳子编连起来，形成书册。竹简在秦汉以前被广泛使用，是书写和记录的重要载体。

▶ 书法作品中的“落款”是什么？

书法作品中的“落款”是指除正文以外的书写内容，通常包括姓名、字号、斋号、创作时间、地点等信息。落款不仅表明了作品的归属，还反映了书法家当时的心境和创作背景。落款的布局和书写风格要与作品相协调，避免破坏作品的整体美感。落款常与印章搭配使用，形成完整的书法作品格式。

▶ 古代书法作品的收藏有哪些讲究？

古代书法作品的收藏讲究保护书画的完好性和美观。收藏者通常会将书法作品装裱成卷轴或册页，便于保存和展示。存放时尽量避免潮湿、虫蛀，保持存放地通风干燥，以防损坏。古代收藏家十分注重作品的真伪鉴定，常邀请知名鉴赏家或学者进行题跋或加盖印章，以提升作品的收藏价值，突出其历史意义。

▶ 古代的雕版印刷是如何进行的？

古代的雕版印刷首先由工匠将文字或图案刻在木板上，形成反向的印刷版。刻好后，工匠会在木版上涂上墨汁或颜料，然后将纸张按在版上进行印刷。雕版印刷工艺在唐代开始广泛应用，极大地提高了书籍和文献的传播速度与规模，特别是在佛经、文学作品和官方文件的印刷中，具有重要的历史意义。

▶ 金文和甲骨文有何不同？

金文和甲骨文是我国早期两种重要的文字形式。甲骨文主要刻在龟甲或兽骨上，多用于占卜记事，字形较为简洁、线条细密。而金文则铸刻在青铜器上，字体较为粗壮、圆润，线条流畅，多用于铭文记载重要事件或祭祀。金文的使用场合更加庄重，反映了当时社会的礼制和宗教文化，并且形式上更加艺术化。

▶ 楷书为什么被称为“正楷”？

楷书之所以被称为“正楷”，是因为它的字形端正、结构严谨，笔画清晰可辨，适合用于正式书写。楷书的规范性使其成为人们学习书法的基础，也被广泛应用于官方文书、教育和日常书写。由于楷书符合标准化要求，字形工整，成为历代书法家和书写者推崇的正体字，被誉为书法中的“正书”。

▶ 书法作品中的章法是指什么？

书法作品中的章法是指字与字、行与行之间的布局安排。章法讲究整体协调，既要保证字形端正，又要体现行气流畅。书法家会根据内容和风格选择不同的排列方式，如横排、竖排、斜排等，确保作品具有美感和艺术性。章法合理的作品不仅能展现文字的美，还能表达作者的情感与气韵。

▶ 古人如何将书法与绘画结合？

古人常常通过“书画同源”的理念将书法与绘画结合起来，以表达艺术的统一性。书法中的笔法与绘画中的线条运用原理相通，两者都讲究用笔的力度、节奏和韵律。许多画家在绘画作品中题字或题诗，使书法成为绘画中的重要组成部分，增强了作品的文化内涵和艺术层次。文人画尤其注重书法与绘画的融合，强调意境和整体的美感。

▶ 汉字在海外传播过程中有哪些变化？

汉字在海外传播过程中，由于各国文化背景和语言习惯不同，发生了多种变化。例如，日本采用汉字与假名相结合的方式，形成了独特的书写体系。韩国曾使用汉字，后来逐渐被韩文替代，但仍保留部分汉字词汇。越南也曾使用汉字，后被拉丁字母替代。汉字在海外的传播和演变，体现了我国与其他国家文化交流的过程。

▶ 古人如何用书法表达情感？

古人通过书法的笔法、字形和章法来表达情感。书法中的笔势和力度可以传达书写者的情绪，如柔和的笔触代表内心平静，刚劲有力的笔触则表现出了激情。字与字、行与行之间的布局，也可体现书法家的思想感情。书法不仅仅是一种书写艺术，更是文人抒发内心情感的艺术形式。许多名家通过书法表达了个人的思想与心境。

▶ 篆刻艺术起源于何时？

篆刻艺术起源于春秋战国时期，最初用于印章制作。早期制作的印章多为官印。随着秦汉时期篆书的普及，篆刻成为一种艺术形式。印章采用篆书雕刻，通常用于书法作品的印记或鉴定。篆刻不仅体现了文字的美感，还融合了雕刻技艺，成为古代文人雅士表达个性和身份的重要方式，在艺术领域具有重要地位。

▶ 笔墨纸砚对书法风格的形成有何影响？

笔墨纸砚作为书写用的工具，对书法风格的形成产生了重要影响。不同种类的笔，如硬毫或软毫，会影响书写时的笔锋和力度，进而影响字形的表现力。墨的浓淡、干湿也会直接影响书法的表现效果，浓墨使字形显得稳重厚实，淡墨则显得轻盈灵动。纸的吸水性和质地决定了墨迹的扩散速度，宣纸吸墨性强，适合表现细腻的笔法。砚台的研墨效果决定了墨汁的质感，优质的砚台能使墨色鲜润持久。笔墨纸砚的选择和使用，不仅会影响书法的视觉效果，还会影响书法家的创作心境与风格。

▶ 书法中的“提按”是什么意思？

“提按”是书法中的一种重要的用笔

技巧，是指在书写时对笔锋的控制，通过提起或按下笔尖来表现线条的轻重、粗细和力度变化。提笔时，笔画轻盈，线条细而柔和；按笔时，笔画沉稳有力，线条粗壮。“提按”技巧能够使书法作品呈现笔势的流动感和丰富的韵律，使字形更加生动、富有层次感。

▶ 古代的碑刻艺术对书法有何影响？

古代的碑刻艺术对书法产生了深远的影响。碑刻不仅是一种记录历史事件的方式，也为书法提供了长期保存的载体。许多书法家从碑刻中汲取灵感，学习篆书、隶书的笔法与结构。碑刻的广泛应用还促进了书法的普及和传播，特别是在隶书和楷书的推广过程中，碑刻起到了重要作用。

▶ 书法作品如何体现作者的个性和风格？

书法作品通过笔法、字形、章法等多方面体现作者的个性和风格。笔法的轻重缓急、起伏变化传达了作者的情感和性格特质；字形的大小、疏密反映了作者的气质与审美倾向。章法的布局是否规整、是否留白、行距如何排列，皆表现出创作者独特的思维与情感。不同的书法家通过作品展现其内心世界，形成各具特色的书法艺术。

▶ 什么是“君子六艺”？

“六艺”起初是西周学校教育的内容。周朝很重视贵族子弟的教育，从幼童开始，就要教以礼、乐、射、御、书、数等基础知识和基本技能，称为“六艺”。后来，“六艺”成为古代文化人必修的六门课程，具体指五礼、六乐、五射、五御、六书、九数。

- 五礼分别是吉礼、凶礼、军礼、宾礼、嘉礼。
- 六乐分别是六套歌舞，即《云门》《大咸》《大韶》《大夏》《大濩》《大武》。
- 五射分别是五种不同的射箭方式，即白矢、参连、剡（yǎn）注、襄尺、井仪。
- 五御分别是驾车时的五个技巧，即“鸣和鸾”“逐水曲”“过君表”“舞交衢”“逐禽左”。
- 六书分别是象形、象事、象意、象声、转注、假借，但此处泛指书法。
- 九数分别是方田、粟米、差分、少广、商功、均输、方程、赢不足、旁要。后增加了重差、夕桀、勾股。

▶ 什么是“文房四宝”？

文房四宝指的是“笔、墨、纸、砚”这四种书写用的工具。是读书人相当珍视的文化用具，具有悠久的历史。

据考证，“笔墨纸砚”的合称最早起源于魏晋南北朝时期。从南唐时期开始，“文房四宝”里的笔墨纸砚逐渐有了专指，“笔”特指安徽宣城诸葛笔，“墨”特指安徽徽州李廷圭墨，“纸”特指安徽徽州澄心堂纸，“砚”特指安徽徽州婺源龙尾砚。到了宋代，安徽宣城的宣笔、安徽徽州的徽墨、安徽宣城的宣纸、安徽徽州的歙砚等名品成了文人墨客更加追捧的“文房四宝”。到了元代，浙江湖州的湖笔则逐渐取代宣笔的地位，成了“四宝”中“笔”的代称。到了今天，“文房四宝”已经不再有所专指，而是成为古代书写工具的代表，各家名品也是百花齐放，各有韵味。

现如今，文房四宝已经成为我国重要的文化遗产，其中蕴含的文人精神也成了中华民族优秀而宝贵的精神财富。

▶ 我国的四大名笔指的是什么？

我国的四大名笔指的是安徽宣城的宣笔、浙江湖州的湖笔、山东广饶的齐笔和河北衡水的侯笔。这四种笔都有着悠久的历史，也有着各自不同的特色。

宣笔的历史最为悠久，名气最盛。它选材讲究，必须选用本地野生的雄兔毛制作，成品须达到“尖、齐、圆、锐”的标准。

湖笔起步稍晚，至元代时才取代了宣笔的地位。因其具有“颖”的特点，所以又称“湖颖”。所谓“颖”，其实指的是笔尖有一点透明而尖锐的锋颖。湖笔的这种特色十分不易得到，除了需要用到特殊的工艺，还需要使用上等山羊毛制笔，这也是湖笔区别于其他三大名笔之处。

齐笔的知名度相对较低，其制作工艺精良但选材并不讲究，在选材方面没有什么明确规定。

侯笔，相传是秦国大将蒙恬制作的，因而又称蒙恬精笔，其笔杆是重点制作对象，拥有极高的艺术性。

毛笔作为我国传统的书写工具，其制作工艺复杂，外形美观，意味深长，是我国传统文化的重要组成部分。

▶ 什么是徽墨？

徽墨是我国传统书写工具中“墨”的一个代表性产品。其产于安徽徽州府，现在一般也将当年徽州府所辖的歙县作为其产地，在宋代十分有名。

徽墨根据其制作工艺分为多个品种，人们一般会根据其在窑中的烧制位置和最终成色为其定级。就制作工艺而言，比较常见的徽墨有松烟墨和油烟墨两种，原料分别为松枝和桐油。这两种墨各有特点，松烟墨浓黑无光，入水易化；油烟墨则更有光泽，浓淡层次分明，对美术家而言，在绘画的不同位置和阶段会分别使用这两种墨，以达到更好的艺术效果。除了这两种主要的墨种，徽墨还包括漆烟墨等多种类型。

作为“墨”的重要代表，徽墨是我国重要的传统制品，其制作工艺也是我国重要的文化遗产，对于徽墨的研究和保护仍然是我们今天的重要课题。

▶ 什么是宣纸？

宣纸产于安徽宣城泾县，有着一千多年的历史。历史上，宣纸的制作工艺十分神秘。其制作原料以皮为骨干，草为肌肉，选用的是质量上乘的青檀皮和沙田稻草。制作工艺包括煮、搅、切、漂、晒等多个步骤，工艺复杂，每一步都要求极高。成品具有质地绵韧、光洁如玉、不蛀不腐、墨韵万变的特色，在宣纸上完成的画作和书法作品会显得格外层次分明、意味深远。

宣纸因其悠久的历史，复杂的工艺，精致的出品和丰富的意蕴而有着“千年寿纸”的美名。

宣纸作为中国的国宝之一，一直以来都广受国内外艺术家的喜爱。直到今天，宣纸的生产还在继续，尽管制作方式随着现代科技的出现而发生了巨大的变化，但蕴含其中的祖先的智慧仍旧熠熠生辉。

▶ 我国四大名砚指的是什么？

一般而言，我国的四大名砚指的是甘肃洮州的洮河砚、广东肇庆的端砚、安徽歙县的歙砚和山西新绛的澄泥砚。

洮河砚原料采于洮河东岸的喇嘛崖岩层之中，其石以绿色为主，兼有黄、紫两色，但近年来因为原料逐渐耗尽已经趋于停产。

端砚是四大名砚中名气最大的一种，以石质坚实、润滑、细腻、娇嫩而出名，因其中上品无论寒冬，以手按砚心，可见湛蓝墨绿，水气久久不干，所以有“呵气研墨”之说。

歙砚的原产地并不在安徽歙县，而是在江西婺源县，后来才转到安徽。其花纹丰富，雕工精美，南唐后主李煜曾称赞“歙砚甲天下”。

与其他三大名砚不同，澄泥砚不是用石材制成的，而是用泥烧制而成的，质地细腻，有“非石而坚于石，非玉而美于玉”之称。

四大名砚有着悠久的历史和独特的工艺，不仅是中国传统优秀的手工艺品，也具有相当浓厚的文化底蕴。

▶ 古汉语中的“信”和“书”有什么区别？

“信”在古汉语中主要是指信使，即送信的人。如《世说新语·雅量》中“外启信至，而无儿书”，就是说外边的人报告使者到了，却没有看到儿子的信。“东信至，传淮上大捷”中的信也是信使的意思。

“书”在古汉语中才是书信的意思。唐朝杜甫《春望》中的“烽火连三月，家书抵万金”，家书就是家信。《世说新语》中的“谢万寿春败后，还书与王右将军云：惨负宿顾”，“还书”就是回信的意思。这样的例子还有很多。不过，“信”在古代有时也作书信讲，如《梁书·到溉传》有：“研磨墨以腾文，笔飞毫以书信。”此处的“书信”就是写信。

随着时代的发展，“书”“信”的含义逐渐发生了变化。“书”在现代汉语中指的就是书本，而“信”的含义比较丰富，在不同的语言环境中，可以指“信息、书信、相信、信用”等。可见，“书”和“信”的现代含义与古代含义是有很大区别的。

▶ 中国古代“文人四艺”指的是什么？

中国古代“文人四艺”指的是琴、棋、书、画这四种技能，即弹琴（古琴）、弈棋（围棋或中国象棋，一般指围棋）、书法和绘画（国画）。

古琴，亦称瑶琴、玉琴、七弦琴，是我国最古老的弹拨乐器之一，有文字可考的历史已达四千余年。古琴的背后是深厚的文化底蕴，古代文人逸士常常以琴会友觅知音。

围棋和中国象棋都是策略性的二人棋类游戏。下棋讲究棋品，而棋品往往能体现棋手的性格、修养和智慧。

书法是按照文字特点及其含义，以其书体笔法、结构和章法写字，使之成为富有美感的艺术作品，被誉为“无言的诗、无形的舞、无图的画、无声的乐”，是中国文化的符号。

国画是指水墨丹青，讲究全面的文化修养，画作中往往融汇了人品、才情、学问、思想等。

“文人四艺”是古代文人所推崇和需要掌握的四种艺术技能。

▶ 中国象棋棋盘上的“楚河汉界”是怎么来的？

中国象棋棋盘上的“楚河汉界”来源于秦朝末年刘邦、项羽的楚汉之争。

历史上的“楚河汉界”是指河南荥阳黄河南岸广武山上的鸿沟。沟口宽约800米，深约200米，是古代的一处军事要地。楚汉之争时，汉高祖刘邦和西楚霸王项羽仅在荥阳一带就爆发了“大战七十，小战四十”，但始终久战不下，于是双方达成和谈，“中分天下，割鸿沟以西为汉，以东为楚”，鸿沟便成了楚汉的边界。现在，鸿沟两边还有当年两军对垒的城址，东边是霸王城，西边是汉王城。

象棋中很多规则也来源于楚汉之争，两边棋盘分别有九条直线、五条横线，竖九横五组合成了“九五”至尊，双方的棋子分别为黑红两色，为“九五”（皇权）而战，战局中斗智不斗力，通力擒拿敌军的将帅，但将帅并不照面等规则，都蕴含着楚汉之争的文化底蕴。

荥阳也因在中国象棋发展史上的特殊地位而赢得了“象棋之都”的美誉。

▶ “书法”与“法书”有什么不同？

中国的书法并不是单纯地写字，而是根据汉字的造型规则，以毛笔、宣纸为主要工具，运用点画手法构成各种章法形态，表现书写者的精神、气质、学识和修养，并从中获得一种精神上的享受与满足。

书法包含三个基本要素：笔法、笔势、笔意。其作品不仅仅要表现客观事物的动态美，更要展露书写者的思想情感与审美趣味、学养气度等，从而构成某种美的理想境界。

而法书指的是可以取法借鉴、能够作为楷模的书法佳作。古人对于法书非常珍惜，南宋虞龢《论书表》记载：“桓玄爱重书法，每宴集，辄出法书示宾客。客有食寒具者，仍以手捉书，大点污。后出法书，辄令客洗手，兼除寒具。”

此外，古人也会出于尊重而将别人的书法作品称为法书。

▶ 什么是篆书？

篆书是大篆、小篆的统称，是一种象形性较强的字体。从广义来讲，大篆包括甲骨文、金文、籀文、石鼓文等。从狭义来讲，大篆就是籀文。

甲骨文是中国现存最古老的一种成熟文字，又称“契文”“龟甲文”“龟甲兽骨文”。金文是泛指在三朝（夏商周）青铜器上铸铭的文字，因为先秦称铜为金，所以青铜器上的文字被称为“金文”。籀文又叫“籀书”，泛指除金文以外的周朝文字。石鼓文是先秦文字，因留于石鼓而得名。

小篆又称秦篆，是由大篆改变而来的一种字体，产生于战国后期的秦国，通行于秦朝和西汉前期。中国文字发展到小篆阶段，在轮廓、笔画和结构等方面逐渐定型，象形意味削弱，使文字更加符号化，在中国文字发展史上有着重要的意义。

▶ 什么是隶书？

一般认为隶书的由来是“奏事繁多，篆字难成，即令隶人佐书，曰隶字”。“隶人”不是囚犯，而是指“胥吏”，即掌管文书的小吏。这句话的意思是，当时要处理的公文非常多，而小篆字形繁复，书写起来很不方便，所以掌管文书的小吏们就创造出了隶书。

相传隶书是秦末的程邈在狱中所整理的。他将小篆去繁就简，字形变圆为方，笔画改曲为直，改“连笔”为“断笔”，从线条到笔画，更加便于书写。据说，当时在下层官吏、工匠、奴隶中较为流行。

隶书盛行于汉朝，成为当时主要的书体。同时，又派生了草书、楷书、行书等各种书体，为书法艺术发展奠定了基础。

▶ 什么是楷书？

楷书又称正书，或称真书，是在隶书的基础上发展而来的，是隶书的变体。《辞海》里说它："形体方正，笔画平直，可作楷模。"因为这个特点，所以叫作楷书。

楷书始于东汉，盛行于东晋并一直沿用至今。按字体大小，楷书分为大楷、中楷、小楷。又因为历代科举考试，试卷都必须用小楷书写，所以从前的读书人必先学小楷。小楷的创始者是三国时期魏国的钟繇，他原是一位杰出的隶书大师，虽然他的书法还有不少隶书的风格，但已经基本具备楷书的特点了。到了东晋时期，王羲之的小楷书法达到了尽善尽美的境界。

狭义的楷书是指唐代以后逐渐成熟起来的唐楷，其代表人物有初唐时期的欧阳询、虞世南、褚遂良、薛稷，中唐时期的颜真卿，晚唐时期的柳公权。我们常说的楷书四大家"颜柳欧赵"，前三个就在唐代。

▶ 什么是行书？

行书出现在汉末，是介于楷书和草书之间的一种字体，是楷书的草化。它是为了弥补楷书书写速度太慢和草书难以辨认的缺点而产生的。它的笔势不像草书那样潦草，也不要求像楷书那样端正。行书点画常常强调游丝引带、笔锋使转、遒丽明快、活泼自然，如行云流水一般。

据张怀瓘《书断》说："行书者，乃后汉颍川刘德升所造，即正书之小讹，务从简易，故谓之行书。"孙过庭《书谱》："加以趋变适时，行书为要；题勒方幅，真乃居先。"即"行书"是由"正书"演变而成的，接近楷书的称为"行楷"，接近草书的则称为"行草"。

行书也被称为押书，起初由画行签押发展而来。行书由于书写方便快捷，因此一直通行至今。

▶ 什么是草书？

草书有章草、今草、狂草之分。

章草最早形成于汉代。当时通行的是草隶，又名"隶草""古草"，后发展成为"章草"。章草具有隶书的形式，字字区别，不相纠连。正如刘熙载《艺概·书概》所说："解散隶体，简略书之，此犹未离乎隶也。"

至汉末，张伯英（即张芝）把章草里面的隶书笔意省去，使上下字体之间笔势连带、偏旁连接，从而创造出了"今草"。今草不拘章法，笔势流畅。但也有一种说法是今草源于东晋王羲之、王洽。说今草源于张伯英，是从新体的萌芽来看的；说今草源于二王，则是着眼于典型的形成。

到了唐代，以张旭、怀素为代表，在今草的基础上，写得更加狂放不羁，称为“狂草”，成为完全脱离实用的艺术创作。

▶ 碑和帖有什么区别？

碑和帖的区别主要有如下几点：

一、功用不同。碑是为了追述世系，表功颂德或祭祀、纪事用的，以期达到“托坚贞之石质，永垂昭于后世”的愿望。帖是专为书法研习者提供历代名家书法的复制品。

二、文字内容不同。碑是为了表功颂德追述世系，故有一定的文字格式和内容；帖无内容和格式的限制，仅以书法优劣为选择标准。

三、书体不同。碑的字体在隋代以前以篆、隶、楷书为主，至唐太宗作《温泉铭》，以行书书丹（书丹是指用朱砂直接将文字书写在碑石上），始有行书之碑。草书除武则天作《升仙太子碑》外，绝少有之。帖的字体没有限制，以信札为主。

四、形制不同。碑是竖立在地面上的石刻，高辄丈余，形制以长方为主，也有其他形状，往往四面刻字。帖为横石，一般高不过盈尺，只正面刻字。此外，帖有木刻，碑则基本没有。

五、上石法不同。碑是用刀直接镌刻或者书丹上石；帖是模勒上石，就是用油素纸覆在真迹上，把真迹复制下来，然后在纸的背面用朱墨双钩一遍，再将朱墨双钩粘于石上，刻工再依次镌刻。

六、刻法不同。碑刻有时因循刀法与书丹相同或有所出入；帖则必须忠于原作，力求所刻与原貌完全一样。

▶ “书圣”指的是哪位书法家？

“书圣”指的是东晋书法家王羲之。他小的时候就师从当时著名的女书法家卫夫人学习书法。后来又博采众长，草书师法张芝，楷书得力于钟繇。观摩学习“兼撮众法，备成一家”，达到了“贵越群品，古今莫二”的高度。

但是在早期书法史上，王羲之的名气并不是很大。直到唐朝时，由于唐太宗极度推崇王羲之，认为王羲之“尽善尽美”，从此王羲之在书法史上至高无上的地位才被确立并巩固下来。

宋、元、明、清诸朝的读书人，无不尊崇“二王”。唐代欧阳询、虞世南、褚遂良、薛稷、颜真卿、柳公权，五代杨凝式，宋代苏轼、黄庭坚、米芾、蔡襄，元代赵孟頫，明代董其昌，历代书法名家无不推崇王羲之。清代虽以碑学打破帖学的范围，但王羲之的书圣地位仍未动摇。世人常用曹植的《洛神赋》中“翩若惊鸿，婉若游龙，荣曜秋菊，华茂春松。仿佛兮若轻云之蔽月，飘摇兮若流风之回雪”来赞美王羲之的书法之美。

▶ 什么是“颜筋柳骨”？

颜真卿、柳公权的楷书是人们学习

楷书的最佳范本。人们评颜真卿的字多“筋”，柳公权的字多“骨”，故有“颜筋柳骨”之说。那么，“筋”“骨”又是指什么呢?

我国古代的先哲们习惯于形象思维，特别善于联系生活，认为书法要和人一样，苏轼在《论书》中说道：“书必有神、气、骨、肉、血，五者阙一，不为成书也。”“筋”的含义有很多，或指筋脉相连的势，或指线条的弹性和韧性，“筋”书通常柔中带刚，润中带涩。

柳公权醉心于骨力，精心于中锋逆势运行，细心于护头藏尾，端正笔锋，如“锥画沙”“印印泥”。颜、柳书法相比，颜书筋肉多，但也并非无骨；柳书骨力深，但也并非无肉。

▶ “颠张醉素”分别指谁?

所谓“颠张”“醉素”分别指的是唐代两位著名的草书家张旭和怀素。

张旭的母亲陆氏是初唐书法家陆柬之的侄女、“初唐四大家”之一虞世南的外孙女。陆氏世代以书法闻名，张旭耳濡目染，早有熏陶。由于他是一位极有个性的草书大家，每作草书必激情澎湃，甚至达到癫狂的程度，且嗜酒成性，常常喝得大醉，呼叫狂奔，然后落笔成书。有时竟以头发濡墨为书，酒醒之后，连自己都觉得不可置信，故人们称他为“颠张”。

怀素出身贫寒，早年出家为僧。他性情爽朗，嗜酒如命，陆羽《僧怀素传》里说他“饮酒以养性、草书以畅志”，故人称“醉素”。怀素继承和发展了张旭的草书，他的书法既有张旭的癫狂怪奇之气势，又有圆转玲珑的气韵，他把禅佛之学熔铸到作品之中，达到“字字欲仙，笔笔欲飞”的境界，故人们将他与张旭并称为“颠张醉素”。

▶ 书法“宋四家”指的是谁?

书法“宋四家”指的是北宋苏轼、黄庭坚、米芾、蔡襄（一说为蔡京）。他们将宋代书法推向了巅峰。

苏轼，字子瞻，号东坡居士。他的书法从“二王”入手，后从颜真卿、柳公权、褚遂良、徐浩、李北海、杨凝式等各家吸取长处，在继承传统的基础上努力革新。他长于行书、楷书，笔法肉丰骨劲，跌宕自然，给人以“大海风涛之气”“古槎怪石之形”的艺术美感。

黄庭坚的书法初以周越为师，后取法颜真卿及怀素，受杨凝式影响，尤得力于《瘗鹤铭》，笔法以侧险取势，纵横奇崛，字体开张，笔法瘦劲，自成风格。

米芾潜心魏晋，以晋人书风为指归，寻访了不少晋人的法帖，对古代大师的笔法、章法及气韵都有深刻的领悟。苏轼赞誉他的书法“超逸入神”。

蔡襄的字浑厚端庄，淳淡婉美，自成一体。沈括在《梦溪笔谈》中评论蔡襄的草书曰：“以散笔作草书，谓之散草，或曰飞草，其法皆生于飞白，自成一家。存张旭怀素之古韵，有风云变幻之势，又纵逸而富古意。”

▶ “瘦金体”是谁创立的？

“瘦金体”是宋徽宗赵佶创立的书法字体，也有“鹤体”的雅称，是楷书的一种。宋徽宗早年学习褚遂良、薛稷的书法，而后融会贯通，变化两家法度，形成了自己独特的艺术风格。其书法瘦劲挺拔、笔力深厚，笔画如“铁画银钩”，横画收笔时常常带有钩挑，竖画收笔时多带点，顿挫分明，起伏较大，撇如剑，捺如刀，竖钩细长。有些字点画之间连绵不断，运笔快捷，笔迹瘦挺，瘦而有肉，骨而含筋。起笔、转折之处可明显见到藏锋、露锋等运转提顿的痕迹，接近行书。其笔画和用笔之法取法于褚遂良、薛稷，然而又超过了褚、薛，写得更加瘦劲，筋力俱佳，故称“瘦金体”。

宋徽宗流传下来的瘦金体作品很多，比较有名的有《楷书千字文》《秾芳诗帖》等。

▶ “六分半书”是谁的书法字体？

“六分半书”就是“板桥体”，是“扬州八怪”之一的清代书画家郑板桥的书法字体。他的书法艺术在中国书画史上独树一帜、自成一格，人称“板桥体”。他则戏称自己的书法是“六分半书”，并且解释说：“板桥既无涪翁之劲拔，又鄙松雪之滑熟，徒矜奇异，创为真隶相参之法，而杂之以行草。”从他所创作的书法作品来看，所谓“真隶相参之法”，实际上就是将隶书的写法加入行楷之中，同时又用写行草的运笔之势来写隶书。

郑板桥的书法是典型的以碑破帖，他在《署中示舍弟墨》中自云“字学汉魏，崔、蔡、钟繇。古碑断碣，刻意求索”。此外，他还以兰草画法人书，形成了有行无列、疏密错落、潇洒自然、变幻莫测的书法风格，体现了独特的审美情趣。

▶ 为什么绘画又叫“丹青”？

朱砂和石青是我国古代制作绘画颜料的主要材料，制作出来的颜料颜色为朱砂红和青色。这是早期中国画最常用的两种颜色，所以丹青逐渐成为绘画的代称，后来又引申为画工和画家。

早在汉魏时期，史书就已经有了关于丹青的记载，《汉书·苏武传》记载：“竹帛所载，丹青所画。”

又因为朱砂红和青色不易褪色，所以史家用丹青来比喻一个人业绩卓著，又因为丹册多记勋，青册多记事，故“丹青”意同史册。北宋王安石《读史》有云：“糟粕所传非粹美，丹青难写是精神。”

同时，也因为朱砂红和青色不易褪

色，所以丹青也被用来比喻坚贞，如“丹青不渝”。

▶ 中国画的“画分三科”指的是什么？

中国画的“画分三科”表面上是指按照题材内容将中国画分为人物、山水、花鸟三类，但实际上是用国画艺术表现宇宙和人生的三个方面。人物画以历史现实或神话中的人物故事和人物活动为题材，所表现的是人类社会，以及人与人的关系；山水画以描写山川和自然景色为主题，将人的情感与自然景观相融合，所表现的是人与自然环境的关系；花鸟画则以花、鸟、虫等植物和动物为描绘对象，体现了自然生物与人的和谐相处。

总之，中国画是通过绘画艺术来体现古人对自然、社会和与之相关的政治、哲学、宗教、道德、文艺等方面的认知。

▶ 什么是工笔画？

工笔画，也称“细笔画”，属于中国画技法类别的一种，与“写意画”相对应，崇尚写实，追求形似。

以线造型是工笔画的基础和骨干，在用色方面一般设色艳丽、沉着、明快、高雅，排除了自然界中光源色的影响，强调物象的固有色，对色彩的运用带有强烈的感情色彩。在处理画面的时候，不像西洋画那样注重光感和立体感，不太考虑空间的透视关系，采用的是散点透视，对物象进行高度概括、简化、提炼，并用相对单纯的色彩来表现绘画对象，使画面具有平面装饰的趣味。装饰性强是中国工笔画的明显特征。

工笔画的题材多为花鸟、人物、社会风情等。代表作品有东晋顾恺之的《女史箴图》、唐代张萱的《捣练图》、唐代阎立本的《步辇图》、五代西蜀黄筌的《写生珍禽图》、北宋崔白的《双喜图》、北宋宋徽宗的《听琴图》、南宋李迪的《红白芙蓉图》、明代仇英的《清明上河图》等。

▶ 什么是写意画？

所谓写意，就是“以意写之”，用粗放、简练的笔墨画出绘画对象的形神，着重于表达意境，属于中国画技法类别的一种。写意画与工笔画相对应，主张神似，以形写神，以神写意。在用墨上讲究墨色的变化，用浓、淡、干、湿、焦等不同墨色来表达不同物象，使之产生回味无穷的感觉。

由于写意画着重表现画家赋予物象的主观意识、审美观、感情旨趣，所以往往将诗、书（书法）、画、印融为一体。尤其是文人参与绘画，对写意画的形成和发展起到了积极的作用。

写意画的代表作品有五代南唐董源的《潇湘图》、北宋米芾的《春山瑞松图》、南宋梁楷的《泼墨仙人图》、明代徐渭的《墨葡萄图》、明代林良的《秋鹰图》、明清时期朱耷的《眠鸭图》等。

▶ 什么是青绿山水画？

青绿山水画是用矿物质石青、石绿作为主色的山水画，源于佛教盛行的魏晋南北朝时期的青绿佛画，分为式笔青绿和意笔青绿。

唐代李思训、李昭道父子首创了“青绿为质，金碧为文”“阳面涂金，阴面加蓝”的大青绿山水画和金碧山水画。到了元代，青绿山水画开始向水墨山水画过渡，但宋、元时期同时也是青绿山水画的鼎盛时期，这个时期的代表作是北宋王希孟的《千里江山图》，南宋赵伯驹的《江山秋色图》也是青绿山水画中极具代表性的作品。

在两宋相交时期，青绿山水画分成了金碧山水、大青绿山水、小青绿山水三个门类。金碧山水画重在金碧辉煌，大青绿山水画长于灿烂明艳，小青绿山水画妙在温蕴俊秀。

到了明代，董其昌的“南北宗”学说给了青绿山水画致命一击，从此青绿山水画与水墨山水画开始互不相容，随后，青绿山水画逐渐走向没落。

▶ “青藤白阳”指的是哪两位画家？

“青藤白阳”指的是明代水墨大写意花鸟画的代表画家徐渭（自号“青藤居士”）和陈淳（自号“白阳山人”），他们是中国大写意花鸟画的开山鼻祖。

徐渭的水墨大写意，大量运用了泼墨的技法，用笔狂放，洒脱自如，经常在画作中赋予花卉强烈的主观情感，托物言志，抒发胸中愤世嫉俗的不平之气，对后世画家产生了极大的影响。清代郑燮（郑板桥）就曾经特意刻过一方“青藤门下走狗”的印章，以示敬服。其代表作品有《墨葡萄图》《牡丹蕉石图》《山水人物花鸟》。

陈淳的绘画风格隽雅，反映了花鸟画由精工细描到水墨大写意的过渡过程，他的没骨写意花鸟画，颇具特色。其代表作品有《牡丹图》《花卉卷》。

▶ “吴带当风”是形容我国古代哪位画家的画风？

“吴带当风”是对盛唐时期杰出的画家吴道子人物画风格的概括性描述。

吴道子被世人称为“画圣”，是绘画创作领域的多面手，人物、山水、鸟兽、草木、楼阁、宗教画等，样样精通，并且在绘画艺术上不落俗套，大胆创新，尤其擅长画佛像、壁画和人物画。

他创造了一种波澜起伏、错落有致的“莼菜条”式的描法，增强了描摹对象的分量感和立体感，笔势圆转，栩栩如生。他创作的人物画形象鲜明，真切感人，人物身体的比例十分精确，穿着的衣服飘带仿如迎风飘扬，被人们誉为“吴带当风”。吴道子的人物画代表作有《送子天王图》《八十七神仙卷》等。

▶ “扬州八怪”指的是哪些人？

“扬州八怪”是清代中期活动于扬州地区的几个风格相近的书画家的总称，也称“扬州画派”。扬州那时不仅是东南部的经济中心，也是艺术文化中心。活动于扬州地区的扬州八怪是中国美术史上浓墨重彩的一笔，对后世的影响非常深远。

但是关于扬州八怪的具体成员，一直以来众说纷纭，现在美术史上一般以清末李玉棻（fēn）在《瓯钵罗室书画过目考》中提出的“八怪”为准，分别是汪士慎、郑燮、高翔、金农、李鱓（shàn）、黄慎、李方膺、罗聘。他们大多清高狂放，书画风格异于常人，不落俗套，有着非常鲜明的个性，在审美和创作上具有创新精神，倡导“师造化”“用我法”，反对“泥古不化”，打破了当时画坛僵化的风格，为其带来了新的生机。

加之他们的创作数量非常庞大，流传广泛，故而对后世书画家的影响极为深远。

▶ 古文中常见的“绢帛”是什么？

绢帛是古代丝织物的总称。具体而言，绢是生丝织成的丝织品，不仅用于制作衣物和日用品，还常常用于绘画和书法。战国时期楚墓的帛画和稍晚些时候的马王堆汉墓帛画，都是画在较为细密的单丝绢上；隋代展子虔的《游春图》卷、唐代周昉的《挥扇仕女图》卷、五代黄筌的《写生珍禽图》卷、北宋宋徽宗赵佶的《祥龙石图》卷、北宋黄庭坚的《华严疏》等都创作于绢上。帛则是包括绢在内的通用于古代各个时期的丝织物的总称。

在古代各个时期，绢帛还兼有货币职能，可以代替货币进行商贾贸易和缴纳税款，因为绢帛是农村家庭手工业和城市手工业普遍生产的东西，人们一般都知道一匹绢的劳动价值。因此，在铜钱流通受到限制的情况下，绢帛则适宜于体现社会劳动。而且，封建朝廷为了征收绢帛，很久以来就规定了匹绢的长度、宽度、重量、质量，因此绢帛有一个全国性的统一标准。

总之，绢帛对于保存历史，展现历史进程具有重要意义。

▶ 绮、绫、锦有什么区别？

绮、绫、锦均为彩绸，但又各不相同。

绮是平纹地起斜纹花的提花织物。绮的斜纹显花组织有两种：一种是由提花经线浮线形成的斜纹组织，另一种是斜纹和平纹的混合组织。

绫是斜纹地起斜纹花的丝织物，是

在绮的基础上发展起来的。与绮不同的是，绮为经线显花织物，绫为纬线显花织物，绫比绮的花样和颜色变化要多很多。古书《释名·释采帛》有“绫，凌也，其纹望之如冰凌之理也”的说法。冰凌的纹理与山形斜纹相似，富有光泽，用它来形容绫的风格特点极为贴切。

锦是用联合组织或复杂组织织造的多重经线或纬线的多彩提花丝织物。简单的织物只需一套经线与一套纬线相互交织就够了，而锦要用到多套经线或纬线，称为“重组织”。

“锦”字由“金”和“帛”组合而成，表明它是古代最贵重的织品。它工艺复杂，费工费时，故而价格昂贵，古代只有富贵人家才能穿得起。织锦技术的高低，反映了各朝代或各地区的纺织技术水平。

▶ 中国“四大名绣”分别指什么？

中国“四大名绣”指的是汉族刺绣中的苏绣、湘绣、粤绣、蜀绣。

苏绣是以苏州为中心的江苏地区刺绣产品的总称。其主要艺术特点为：山水能分远近之趣，楼阁具现深邃之体，人物能有瞻眺生动之情，花鸟具有绰约亲昵之态。苏绣的仿画绣、写真绣以逼真的艺术效果名满天下。

湘绣是以长沙为中心的带有鲜明湘楚文化特色的湖南刺绣产品的总称。其主要艺术特点为：构图严谨，色彩鲜明，通过丰富的色线和千变万化的针法，使绣出的人物、动物、山水、花鸟等具有特殊的艺术效果，曾有“绣花花生香，绣鸟能听声，绣虎能奔跑，绣人能传神”的美誉。

粤绣是广绣和潮绣的总称，以广州和潮州为生产中心。粤绣在创作设计方面注重意义，善于把寓意吉祥和美好的愿望融入绣品中。

蜀绣是以成都为中心的四川刺绣产品的总称。蜀绣作品的选材非常丰富，有花草树木、飞禽走兽、山水鱼虫、人物肖像等。其以针法之多位居四大名绣之首，据统计，蜀绣针法有 12 大类、130 余种，而 70 余道衣锦线更是蜀绣独有的绣制方法。

第十三章
戏曲歌舞

▶ 中国戏剧的雏形是什么？

有学者认为中国戏剧发端于汉代时的“百戏”节目之一“东海黄公”。这是一个典型的角抵奇戏，讲的是东海有一位会法术的黄姓老头，年轻时能够制服蛇虎，但因为饮酒过度，法术失灵了，又加上年纪大了，体力不支，在一次与白虎的搏斗中丧身。但它在表现人虎搏斗时，不像一般的角抵戏那样，由两个演员上场竞技，以强弱决定输赢，而是以表演故事的姿态出现。在表演上既有吞刀、吐火及立兴云雾等幻术，又有人与虎斗的角力，使各种艺术熔于一炉，并塑造了黄公这个有戏剧性的人物，这就说明当时的“百戏”技艺，已借故事的情节，由单纯趋向复杂，使形式服从于内容，所以有学者认为：“后世戏剧，是于此发端，确有直接渊源。”

▶ 为什么把戏曲界称为“梨园行”？

旧时称戏曲界为“梨园行”。

唐明皇李隆基精通音律，酷爱歌舞，曾经在皇家苑囿中一处遍种梨花的梨园内集中培训了三百名艺人，文人张岱所著《夜航船》一书第九卷“礼乐部”中记载：“唐明皇酷爱法曲，选坐部伎子弟三百人，教于梨园，谓之梨园子弟，居宜春北苑。时有马仙期、李龟年、贺怀智洞知音律。安禄山自范阳入觐，亦献白玉箫管数百事，皆陈于梨园，自是乐响不类人间。”梨园可能是历史上最早也是最为著名的一处培训戏曲歌舞演员的场所了。因为这个渊源，后来的戏曲界便被称为“梨园行”了。

因为戏曲界被称为“梨园行”，所以戏曲界从业人员中的后生晚辈就被称为“梨园子弟”，几代人都从事戏曲行业的家族，便被称为“梨园世家”。过去还把戏曲艺人的行会组织称为“梨园公会”。

▶“粉墨登场”中的“粉”和“墨”指的是什么？

“粉墨登场”原意是指戏曲演员化妆上台演戏。“粉”是指化妆时用来搽脸的白粉；“墨”是指化妆时用来描眉的黛墨。

戏曲演员的化妆除达到美化的效果之外，也是对剧中人物不同的性格、身份、年龄、境遇的具体表现。中国传统戏曲的服装是夸张的，表演是虚拟的，境界是写意的，与之相应的化妆也是夸张和写意的，源于生活而高于生活。现实生活中的人物面貌以白色的皮肤和黑色的眉眼为主要的特征，所以在戏曲舞台化妆时便首先突出这两部分颜色，用施粉的方式使白色更白，用涂墨的方式使黑色更黑。妆化好了，也就可以上台表演了，所以人们把演员们登台演戏称为“粉墨登场”。

▶为什么把曲艺中的笑料叫作“包袱”？

把曲艺中的笑料叫作“包袱”是一个极其形象的比喻。把笑料比作包袱，那么酝酿、组织笑料就是“系包袱”，迸发时称为“抖包袱”。

抖包袱是相声、独脚戏、山东快书、评书、数来宝等曲艺形式的主要艺术手段。通常于刻画人物、评析世态时，通过冷嘲热讽营造喜剧情境，借此调节演出气氛，引发观众的欣赏情趣。

包袱要想抖响，灵活运用语言的技巧很重要。艺谚中素有“铺平垫稳”之说，只有悉心揣摩观众的心理状况，适时地、耐心巧妙地用语言一层层系好包袱，才能取得骤然抖开满堂皆响的艺术效果。抖包袱、送笑料，既要多种多样、不拘一格，又要把握好分寸，谑而不虐者方为最佳。

▶传统评书是如何分类的？

一般来说，传统评书可以分为三类：长枪袍带书、侠义公案书和鬼狐神怪书。

所谓长枪袍带书，指以历史战争故事为题材的书目。书中主要人物，或是骑马打仗的武将，或是帝王将相、达官显贵，长枪袍带书根据其主要人物手使的长枪、身穿的蟒袍、腰横的玉带等标志性物件而得名。《三国演义》《隋唐演义》《杨家将》《明英烈》等都属于长枪袍带书。

所谓侠义公案书，指以古代剑侠武士江湖传奇及清官断案等故事为题材的书目。书中主要人物多是江湖侠义之士和历代清廉官员。《三侠五义》《雍正剑侠图》《施公案》等都属侠义公案书。

所谓鬼狐神怪书，指以神灵魔怪互相斗法厮杀、鬼狐显灵等故事为题材的书目，内容大多荒诞离奇，但也有借谈狐说鬼手法，批判社会阴暗面之意，在一定程度上反映了人们的美好愿望。书中主要人物多是天界神仙、妖魔鬼怪。《西游记》

《聊斋》《济公传》等都属于鬼狐神怪书。

▶ 京韵大鼓有哪些流派？

京韵大鼓艺术在发展过程中，曾出现过各种不同的风格流派，其中最初形成的是刘、白、张三大派系。

刘派的创始人是刘宝全，他把京剧、马头调等表现手法融入京韵大鼓的唱腔和表演之中，借鉴京剧老生的唱法，真嗓假嗓兼用，娴熟自如地运用胸、脑后等部位共鸣达到了“低音珠圆玉润，高音响遏行云”的妙境。骆玉笙、小黑姑娘、林红玉、良小楼、孙书筠、小岚云等皆是刘派的翘楚。

白派的创始人是白云鹏，他演唱的特点是依字行腔，运用和缓、低回的唱法，他基本不用高腔起唱，特别善于演唱大段的排比句，句子虽多，但唱腔却不重复。白派的优秀传人有阎秋霞等。

张派的创始人是张筱轩，其唱腔特点是音宽气足，激昂奔放，于粗犷中显气魄，高亢处见精神，尤其擅长表现战斗场面，一气呵成，酣畅淋漓。可惜后继无人。

▶ 中国古代的“傩戏”源自何时，具有什么特点？

傩戏，是起源于中国古代的一种原始宗教仪式，最早可以追溯到先秦时期。它最初作为一种驱鬼避邪的仪式，被认为可以通过表演和面具驱逐邪恶和疾病。傩戏具有强烈的宗教色彩，演员通常佩戴夸张的面具，模仿神灵或鬼怪的形象，表演内容以祭祀、祈福、除灾为主。在历史的发展中，傩戏逐渐融合了舞蹈、歌唱和武术的元素，形成了一种独特的表演艺术。虽然在后来逐渐演变为戏曲的一部分，但它依然保留了宗教祭祀的核心特质。在一些少数民族地区，傩戏至今仍作为传统文化的象征被保存和表演。

▶ 戏曲中的“五声”和“五腔”分别指什么？

“五声”是戏曲音乐中的五个基本音阶，分别为宫、商、角、徵、羽，类似于现代音乐的五个基本音阶。这五个音阶构成了戏曲的音乐基础，用来表达不同情感和气氛。“五腔”则是戏曲中的五种主要唱腔，常见的说法中包含昆腔、高腔、梆子腔、皮黄腔、弋阳腔。每种腔调都有其独特的风格和韵味，如昆腔以柔美著称，高腔则较为高亢激昂。五声与五腔使戏曲音乐具有丰富性和多样性。

▶ 京剧中的老生和小生有何区别？

京剧中的生行分为老生和小生。老生通常扮演年长的男性角色，形象沉稳，如帝王、官员、儒士等，唱腔稳重大气，表演风格端庄内敛。小生则扮演年轻英俊的男性角色，通常是年轻书生、侠士、王子等，表演上注重青春活力，唱腔轻盈灵动。两者的服装、妆容和表演风格有明显区别，反映了角色的年龄和身份差异。

▶ 哪个剧种被誉为南戏之母？

被誉为南戏之母的是宋元时期的《琵琶记》。它是南戏发展的重要里程碑，标志着戏剧从歌舞杂耍向完整戏曲的演变。《琵琶记》由高明创作，叙述了蔡伯喈与赵五娘离合悲欢的故事，因细腻的情感描写和生动的语言广受欢迎。《琵琶记》的结构、表演方式和音乐对后来的南方戏曲影响深远，成为南戏的代表作之一。南戏在之后逐渐演变为昆曲和其他地方戏剧种。

▶ 昆曲的水磨调指的是什么？

昆曲的水磨调是一种以细腻、婉转、柔美著称的唱腔风格，因其音调如水般流畅且精雕细琢而得名。昆曲以其优美的音乐和精致的表演闻名，而水磨调则是昆曲中最具代表性的唱腔之一，尤其适合表现细腻的情感和复杂的心理活动。唱词讲究押韵，对演员的嗓音控制和表演功底要求极高。水磨调使得昆曲在声腔上既富有节奏感，又充满韵味，是昆曲艺术的重要特色之一。

▶ 京剧中旦角的不同类型有哪些？

京剧中的旦角是扮演女性角色的行当，分为多个类型，常见的有青衣、花旦、刀马旦、老旦和武旦。青衣是端庄、稳重的女性角色，通常是贤妻良母等形象；花旦则表现活泼、机智的年轻女子；刀马旦以武功见长，多扮演女将或侠女；老旦则饰演年长的女性，声音低沉；武旦擅长打斗场面，扮演武艺高强的女性。各类型的表演风格和唱腔都有显著区别。

▶ 京剧中的髯口道具有什么象征意义？

髯口是京剧中代表男性角色胡须的道具，通常用于生行和净行角色。不同长度和颜色的髯口象征着人物的不同年龄、身份和性格。例如，黑色髯口常代表角色是壮年男子，白色髯口则由年长角色佩戴。髯口不仅是人物外形的一部分，还用于表现情感和动作。演员通过甩髯口的动作，展示人物的气势、愤怒或激动情绪，增加表演的视觉效果。因此，髯口在京剧中具有重要的象征和表现功能。

▶ 在戏曲表演中，演员如何通过“台步”表达情感？

“台步”是戏曲表演中演员在舞台上行走的步伐，具有极强的表现力。通过不同的台步，演员能够传达人物的情感状态、身份地位，从而带动情节发展。

例如，平稳的台步可以表现角色的从容淡定，而快速而凌乱的步伐则表达紧张或慌乱。圆场步可以表现人物的庄重与威严，细腻的步伐则用来表现角色的柔美或悲伤。台步不仅是戏曲演员的基本功之一，还赋予了表演独特的艺术美感。

▶ 传统戏曲中的“文场”和“武场”分别指什么？

在传统戏曲中，“文场”和“武场”分别指两种不同的音乐伴奏形式。文场主要负责为文戏伴奏，常用乐器包括胡琴、笛子、箫等，以细腻柔和的旋律为主，表现人物的情感变化和情节发展。武场则用于武戏伴奏，主要使用打击乐器，如大锣、小锣、堂鼓等，以激烈、紧凑的节奏烘托出武打场面或激烈的情绪。文场和武场相辅相成，共同构成戏曲音乐的完整表现体系。

▶ 昆曲最早起源于何时？

昆曲，最初被称作“昆山腔”，也称“昆腔”，是中国一种古老而珍贵的戏曲声腔体系和剧种，现今又被称为“昆剧”。作为汉族戏曲中历史最悠久的剧种，昆曲在戏曲领域独树一帜，被誉为百戏之祖。昆曲起源于 14 世纪中国的苏州昆山，后在魏良辅等艺术家的精心改进下，逐渐流行至全国各地，并从明代中期开始，引领中国戏曲风骚近 300 年。

▶ 戏曲中的“唱念做打”是指什么？

“唱念做打”是戏曲表演的四项基本功，分别代表了戏曲表演中的四种核心技艺。“唱”指唱腔，演员通过演唱表达人物的情感和情节；“念”是指念白，利用台词展示人物的性格和身份；“做”指形体动作，包括走路、表情等，表现角色的举止风度；“打”则指武打场面，强调武术技巧和身手的灵活性。这四者相互配合，共同构成了戏曲的表演体系，展现出戏曲艺术的综合性和高难度。

▶ 戏曲中末行代表的是什么角色？

末行是戏曲角色行当之一，通常指中老年男性角色。末行的角色往往是年长的配角，性格沉稳、智谋深厚，如臣子、长辈或重要的辅助人物。与生行不同，末行的戏份和性格更为多样，但不会有过于突出的主角光环。末行在戏曲中起到推动剧情发展、衬托主要角色的重要作用，表演方式相对稳重、含蓄。

随着戏曲的发展，末行逐渐并入生行。

▶ 京剧的“四大须生”分别是谁？

京剧的“四大须生”指的是 20 世纪 20 年代最活跃、最炙手可热的四位著名的老生演员，分别是马连良、谭富英、杨宝森和奚啸伯。他们以各自独特的唱腔和表演风格，在京剧界享有崇高声誉。

马连良以文雅端庄著称，谭富英继承谭派，嗓音浑厚；杨宝森嗓音苍劲，擅长表现深沉的角色；奚啸伯则以细腻、感情充沛的表演见长。他们的艺术成就不仅影响了当时的京剧舞台，也为后世京剧演员树立了表演典范。

▶ 哪个剧种以高腔为主要唱腔？

赣剧是以高腔为主要唱腔的剧种之一。高腔源于明代南戏，是一种以领唱和帮腔形式为特色的唱腔，具有音调高亢、激昂奔放的特点。高腔没有固定的伴奏曲调，演员唱词的节奏和旋律随表演者的情感变化而自由发挥。除了赣剧，高腔还广泛存在于川剧、湘剧等多个南方戏曲剧种中，对中国传统戏曲的多样性发展起到了重要的推动作用。

▶ 戏曲表演中使用的水袖有什么讲究？

水袖是中国传统戏曲中常见的表演道具，主要用于表现人物的内心情感和戏剧情节。演员通过水袖的挥动、抖动和甩动，可以表达出细腻的情感变化，如悲伤、喜悦、愤怒或惊讶。水袖的使用有严格的技艺要求，必须与身体动作和表情相配合，以展示人物的优雅和气度。水袖不仅增强了舞台表现力，还具有象征性，尤其在旦角和生角的表演中，能展现人物的高贵、温柔或愁怨。

▶ “连台本戏”在传统戏曲中是什么意思？

“连台本戏”是指连续演出的长篇戏剧，通常分为多个独立但连贯的部分，类似于现代的连续剧。每一部分的故事情节相对独立，但整体上构成一个完整的故事。连台本戏通常讲述历史故事或神话传说，如《封神演义》和《岳飞传》。这种形式在清朝和民国时期尤为流行，演员需要掌握多场戏中的角色变化，表演难度较大，也极具观赏性。

▶ 戏曲脸谱中的红色代表什么人物特质？

在中国传统戏曲的脸谱中，红色通常代表忠诚、正直和勇敢的人物性格。画红色脸谱的角色往往是历史或传说中的英雄人物，如关羽，他因忠义无双而广为人知，脸谱常以大红色来表现他的忠诚与正义。红色也传达了角色的正直和刚烈，是一种象征高尚品质的颜色，观众通过红色脸谱能快速识别出这一类正面人物。

▶ 昆曲中的“北曲”和“南曲”有何不同？

昆曲中的北曲和南曲是两种不同的曲调风格。北曲源自北方，节奏较为明快，音调高亢，表现力度强，通常用于表现雄壮激昂的情感。南曲则源自南方，曲调婉转柔和，节奏缓慢，更适合表现柔情似水、细腻悠长的情感。这两种曲调各具特色，经常在昆曲中交替使用，丰富了昆曲的表现力，使其在音乐上更加多元化和生动。

▶ 京剧中的武生通常使用哪些武器？

京剧中的武生是以武打动作为主的男性角色。武生使用的武器种类繁多，常见的包括刀、枪、剑、棍等。其中，刀和枪最为常用，用以展示角色的英勇善战与高超的武艺。此外，武生还会根据不同剧目的需要，使用特殊武器，如长鞭、双刀等。演员不仅要熟练掌握武器的使用，还需通过动作表现出角色的气概与英雄气质。

▶ 场面调度在戏曲演出中的作用？

场面调度是戏曲演出中对演员、道具、舞台布景等的综合安排和布局，目的是让演出更具观赏性和戏剧张力。通过合理的场面调度，演员的走位、动作及舞台上的空间利用更加协调，能够强化情节的表达、提升观众的视觉体验。此外，场面调度还能帮助演员更好地表达人物内心情感和剧情发展的关键转折，使得戏曲表演更加生动和引人入胜。

▶ 京剧中的念白如何区分角色身份？

京剧中的念白是指演员的台词。不同行当的念白方式也有所不同。生、青衣等角色通常使用韵白，声音柔和、抑扬顿挫，展现角色的高雅与端庄；花旦、丑角则常使用京白，语调活泼、通俗直白，带有浓厚的市井气息。此外，年长或地位高的角色念白较为缓慢、沉稳，而年轻或身份低微的角色则语速较快，比较灵动。

▶ 戏曲演员的基本功吐字有何特殊要求？

戏曲演员的基本功吐字要求字正腔圆，发音清晰、准确，确保观众能够听清每一个字。演员在表演时要通过腹式呼吸，保持气息稳定，增强声音的穿透力。吐字时还要注重情感的表达，通过不同的音色、语调来表现人物的性格和情绪。此外，吐字要与戏曲的音乐、节奏相契合，使得台词和唱腔流畅连贯，提升表演的艺术感染力。

▶ 传统戏曲中的“锣鼓经”是什么？

“锣鼓经”是指传统戏曲中用锣、鼓等打击乐器配合表演，它不仅是伴奏音乐的重要组成部分，还起着提示动作、渲染气氛的作用。锣鼓经分为多种节奏和套路，根据不同的表演场景或情节变化，选择适合的锣鼓节奏来烘托气氛，比如战斗场景使用的激烈节奏、抒情场景使用的缓慢节奏等。锣鼓经通过复杂的节奏变化，为戏曲表演增添了丰富的层次感。

▶ 在戏曲表演中，花旦和青衣分别有什么特点？

在戏曲表演中，花旦和青衣是旦角的两种主要类型。花旦通常表现性格活泼、外向的年轻女性，动作夸张、戏剧性强，常见于喜剧场景，表演风格灵活多变，注重身体动作的展示。而青衣则是表现端庄、文静的中年女性或贤妻良母形象，动作柔美含蓄，讲究唱腔和身段的优雅，表演风格细腻，注重情感的深刻表达。

▶ 京剧的“跌扑”技巧指什么？

“跌扑”是京剧表演中的一项重要武打技巧，指的是演员在表演武打场面时通过摔、滚、跳等动作展现出跌倒、扑倒的情景。跌扑动作要求演员具备极强的身体灵活性和控制力，以确保在剧烈的动作中保持平衡，并且要符合剧情的需要，使动作看似惊险，实则安全。通过跌扑技巧，演员能增强表演的视觉冲击力，烘托出戏剧情节的激烈与紧张。

▶ 戏曲中的念白如何表达不同人物的性格？

戏曲中的念白是通过语调、语速、节奏等方式来展现人物的性格特征的。正面角色通常使用稳重、庄重的念白，语速较慢，表达出端庄、优雅的气质；反面角色或丑角则使用快速、夸张的念白，带有滑稽和戏谑的成分，体现出诙谐或狡诈的性格。此外，念白的强弱、高低变化也能传达人物的情感起伏，帮助塑造角色的复杂性。

▶ 中国传统舞蹈扇舞的历史渊源是什么？

扇舞是中国传统舞蹈中的一种，历史可以追溯到汉代。它最初起源于宫廷舞蹈，后来逐渐传播到民间，成为庆典或节日中常见的表演形式。扇舞以扇子为主要道具，通过挥舞、开合等动作，表现出柔美、优雅的舞姿。扇舞不仅具有极强的观赏性，还象征着吉祥与美好，常用于表达祝福与喜悦，至今仍广泛流传于中国各地的传统文化活动中。

▶ 戏曲中的空翻有什么作用？

戏曲中的空翻是一种技巧高超、富有视觉冲击力的动作。空翻通过复杂的肢体动作和精准的控制展现演员的身体素质和技艺，是戏曲中武打场面的一大亮点，能更好地展现戏曲的人物特点和戏剧性。常见的空翻如京剧中的“吊毛”“台漫”等。昆曲中的武戏也有类似的高难度技巧，通过翻滚、跳跃等动作增强戏剧张力和视觉效果。

▶ 戏曲表演中的龙套指什么？

龙套指的是戏曲表演中随从、士兵、宫女等次要角色，也指扮演这些角色的演员。他们通常没有台词，负责在舞台上完成背景性的演出。尽管龙套角色不起眼，但他们的存在为戏剧的场面调度、氛围烘托等起到了重要作用，尤其在大场面、战争或仪式场景中必不可少。

第十四章

科技发明

▶ 鲁班锁是一种什么样的发明？它的原理是什么？

鲁班锁，又称为八卦锁或孔明锁，是一种古代中国的木质拼接玩具。它由几块木条或木块通过独特的结构相互咬合而成，不使用钉子或胶水。鲁班锁的设计原理是利用榫卯结构，即每个部件都有特定的凹凸口，相互咬合形成稳定的整体。拼装时需按照特定顺序，否则无法成功。鲁班锁不仅是古代工匠智慧的结晶，也是一种锻炼空间想象力和逻辑思维的工具，体现了古代人在木工结构上的高超技艺和巧妙心思。

▶ 古代中医的“悬丝诊脉”是怎么回事？

“悬丝诊脉”传说是古代中医用于诊断妇女病症的一种特殊方法。医生通过一根丝线连接到病人的手腕，感受脉搏的跳动，从而判断病情。这种方法要求医生有极高的诊脉技巧和敏锐的触觉，能够通过细微的脉搏变化做出判断。那么“悬丝诊脉”到底是真是假？近代中医临床家、教育家施今墨先生认为“悬丝诊脉亦真亦假”，虽确有其事，但纯粹为一种形式。

▶ 明代郑和的船队为何能够远航至非洲？

郑和船队远航至非洲，得益于多方面的原因。首先，郑和的宝船设计先进，船只规模庞大，最大的宝船长达 100 多米，配备有多层甲板和充足的储物空间。其次，明代拥有发达的航海技术，包括使用罗盘、星象导航以及精确的航海图。

郑和的船队还携带了大量补给，确保了长途航行的物资需求。最后，明朝政府的大力支持和外交政策的开放，为郑和下西洋提供了强大的后盾，使其能够顺利与非洲各国建立贸易和友好关系，达成外交和经济目的。

▶ 古代炼丹术对化学发展的贡献有哪些？

古代炼丹术虽然主要目的是追求长生不老，但在这一过程中积累了大量化学知识。炼丹术促进了冶金技术的进步，如金、银、铜等金属的提炼和合金的制作技术。炼丹术士在实验中发现了火药的成分，这对兵器发展产生了深远影响。此外，炼丹术士炼丹过程中研究了矿石的烧炼、结晶、溶解和分离等化学反应，形成了早期的化学理论。炼丹术虽然带有迷信成分，但它推动了中药炮制、化学实验方法等领域的发展，是古代科学与文化融合的产物。

▶ 中国古代的兵器制造技术达到了何种水平？

中国古代的兵器制造技术发展迅速，达到了相当高的水平。从早期的青铜器时代到铁器时代，中国人不断改进冶炼和铸造技术。春秋战国时期的青铜剑具有高硬度和锋利度，汉代则开始普遍使用钢铁兵器，如铁剑、长矛等。唐宋时期，刀剑制造技术达到了顶峰，刀身薄而坚韧，切割力强。明清时期，火药武器如火铳、火炮等的发明和应用，标志着兵器技术向近代化方向发展。古代兵器制造不仅反映了工艺水平，也展示了古代战争科技的智慧。

▶ 中国古人如何炼铁，发展出“生铁”与“熟铁”？

中国古人在春秋战国时期已掌握了炼铁技术。生铁和熟铁的区别在于碳含量不同。炼生铁时，采用高温鼓风炉，使铁矿石与木炭充分反应，得到含碳量较高的生铁，生铁质地坚硬但脆弱。生铁再经反复锻打和高温煅烧，去除多余的碳元素，变成碳含量较低的熟铁。熟铁柔韧性较好，适合制作刀、剑等兵器。中国古代的灌钢法和炒钢法，进一步提高了铁器质量，中国是世界上最早使用生铁和熟铁并加工成钢的国家之一。

▶ 中国古代是如何进行河道治理的？

中国古代的河道治理主要依靠修筑堤坝、疏浚河道、修建水库和引水工程等手段。早在新石器时代晚期，人们便开始建造堤坝，如大禹治水以疏导为主，修建堤防，疏通水道。秦汉时期，治理黄河和长江成为重点，组织人力疏通淤积，修建水利工程，如秦国的都江堰，不仅防洪，还能引水灌溉，造福百姓。唐宋时期，运河系统得到发展，开凿大运河，既改善了水路交通，又利于排水和灌溉。明清时期，政府设有专门的河道管理机构，官员定期检查河道，进行维护和疏浚。通过这些措施，中国古代有效控制了洪涝灾害，保障了农业生产，促进了经济发展。这些治理经验，至今仍为现代水利工程提供了宝贵参考。

▶ 中国古代的“空调”是如何工作的？

中国古代的“空调”被称为“冰鉴”，是一种利用冰块降温的设备。据《西京杂记》记载，早在西汉时期，皇宫中就使用冰鉴来降低室内温度。夏季，宫廷会将冬天储藏的冰块放入专门的容器中，这些容器通常是木质或铜质的，底部铺上稻草或布，起到保温的作用。冰鉴被安置在室内，通过冰块自然融化带来的凉爽空气降温。此外，冰鉴常与扇子结合使用，手动加速冷空气的流动，达到更好的降温效果。

▶ 世界上最早的印刷术是哪个国家发明的？

世界上最早的印刷术发明于中国。隋唐时期，中国发明了雕版印刷术，在木板上雕刻文字或图像，涂上墨，再印刷到纸上。宋朝毕昇进一步发展了活字印刷术，使用可以移动的陶瓷活字排版，极大提高了印刷效率。这一技术的发明推动了知识的传播，也对文化交流和社会发展产生了深远影响。中国的印刷术比欧洲的古腾堡活字印刷早了数百年。

▶ 钟表是由谁发明的？

中国古代钟表的发明者是苏颂，他在北宋时期（11 世纪）设计并制造了世界上最早的水运仪象台。这是一种复杂的机械钟，结合了水力驱动和齿轮传动系统，用来展示天象并测量时间。这一发明是古代天文学和机械工程的杰作，被认为是现代钟表的先驱，对后来机械钟的发展产生了深远影响。

▶ 中国古代的望远镜叫什么？

中国古代没有现代意义上的望远镜，但类似的光学器具被称为“远视镜”或“千里镜”。明朝末期，耶稣会士利玛窦将西方的望远镜技术引入中国，起初这种器具被称为“西洋千里镜”。这种早期望远镜被用于军事侦察和天文观测，为中国古代的天文学和军事技术的发展提供了新的工具和思路。

▶ 凉席是谁发明的？

凉席的发明者无法准确考证，但早在中国古代，凉席就已经广泛使用，尤其是在炎热的夏季。凉席通常由竹子或草编织而成，以其清凉透气的特性受到欢迎。据文献记载，凉席在汉代已有使用，到了唐宋时期，竹凉席更加普及，成为百姓家中常见的日用品，尤其是在南方地区，更是必备的夏季寝具。

▶ 中国古代的“计算器”叫什么名字？

中国古代的“计算器”叫“算盘”。算盘是由木框和珠子构成的简易工具，用于进行加、减、乘、除等基本运算。它的发明可以追溯到汉代，但在明清时期得到普及，并成为日常商业和贸易活动中重要的计算工具。算盘不仅简便实用，还代表了中国古代精巧的数学思维方式，被称为“东方的计算机”。

▶ 造纸术是谁改进的？

造纸术是由东汉时期的蔡伦改进的。据《后汉书》记载，蔡伦在105年总结和改进了前人的造纸经验，利用树皮、麻头、破布和渔网等废旧材料，成功制造出了质地轻便、易于书写的纸张。这项发明极大地推动了中国文化和文字的传播，被列为中国古代四大发明之一，对世界文明产生了深远的影响。

▶ 古代航海指南针是谁发明的？

古代航海指南针的发明无法明确归功于某一个人，但指南针的原型——司南，最早出现在战国时期。指南针的应用在北宋时期逐渐推广到航海领域，帮助航海者准确判断方向，尤其是在海上没有明显标志物时。指南针的发明和应用极大地推动了中国航海事业的发展，也为后来的世界航海时代的到来奠定了技术基础。

▶ 石磨是如何发明的？

石磨起源于中国古代，石磨的雏形可以追溯到新石器时代。最初，人们使用简单的石器进行谷物的碾磨，后逐渐发展出利用圆形石盘的石磨。石磨由两块圆形石头构成，利用人力或牲畜推动上石盘旋转，将谷物碾成粉末或浆液。这一发明极大提高了谷物加工效率，成为农业文明的重要工具之一。

▶ 竹简书写工具是由谁改进的？

竹简是中国古代书写的重要载体，最早出现在战国时期。汉代，随着书写需求的增加，书写工具也有所改进。相传，秦朝丞相李斯对竹简书写工具进行了改良，推广了更为规范的隶书，以适应官文书的书写和传播。这一改进提升了书写速度和效率，也使书法逐渐向更加简便的方向发展。

▶ 最早的火药是在哪个朝代发明的？

最早的火药发明于唐代。根据史书记载，唐代的炼丹家在尝试炼制长生不老药时，意外得出了火药的配方——硫黄、木炭和硝石。最早的火药主要用于军事用途，制造出火药武器如火箭、火炮等。火药的发明不仅在军事上产生了深远影响，也推动了后来的科技和文化发展。

▶ 中国古代战车的发明者是谁？

中国古代战车的发明者并没有确切的记载，但战车的使用可以追溯到中国的殷商时期。战车最早用于军事作战，主要用于战争中搭载士兵和武器。到了周朝，战车成为贵族战争的象征，战车技术也逐渐成熟，推动了早期军事战术的发展。战车的发明和广泛应用标志着中国古代军事技术的进步。

▶ 我国古代如何制造玻璃？

我国古代的玻璃制造技术起源较早，最早可追溯到西周时期。据传，我国古代玻璃的制作技术可能是由原始瓷釉技术演变而来。古代玻璃主要采用高温熔化硅砂、石灰和碱等原料，经过复杂的工艺步骤制成。最初，玻璃多用于装饰品和宗教器物，后来逐渐应用于日常器皿。唐宋时期，玻璃制作技术有了较大进步，玻璃器皿的种类和用途也逐渐增加。

▶ 指南车是何时发明的？

指南车最早的记载可追溯至三国时期。据史书记载，三国时的机械工程师马钧改进并完善了指南车。指南车是一种利用齿轮机械原理保持指向的车辆，无论车子如何转动，车上的人偶总是指向固定的方向。指南车最早用于军事、仪式和导航，展示了古代中国在机械工程和方向指引上的卓越智慧。

▶ 孔明灯和诸葛亮有关系吗？

孔明灯古称“飚灯”，又称“天灯”，其燃料多用松脂，也叫“松脂灯”。说起“孔明灯”，可能很多人会以为是三国时诸葛亮发明的，其实至今没有发现相关史料。从字面来理解，“孔明”二字也非源于诸葛亮的字，而是因为这种灯使用方式时四周要围挡起来，从孔洞泄光。孔明灯在早期被用于夜间军事活动传递信息或测定风速风向，后来慢慢演变为“许愿灯”，寄托着人们对美好生活的向往与祝福。

▶ 高脚杯是谁发明的？

高脚杯的发明者并没有明确的记载，但高脚杯的使用在中国古代有悠久历史，尤其是在宴会和礼仪场合中。在唐代的宫廷和贵族宴会上，高脚杯作为一种精美的酒器已广泛流行。其高脚设计不仅便于拿取，也有助于保持酒的清洁，防止酒渣沉积在底部。高脚杯是古代饮酒文化中的重要器具。

▶ 古代的磨坊技术是谁设计的？

古代的磨坊技术源于中国早期农业文明。在东汉时期，发明家杜诗改进了水力磨坊技术。他利用水力驱动磨盘，大大提高了谷物加工的效率。这种水磨技术被广泛应用于农业和手工业，为中国古代的粮食加工和生产带来了巨大的便利，也推动了农业生产力的发展。

▶ 古代测量土地的工具叫什么？

古代测量土地的工具叫“规矩”。规矩由“规”和“矩”组成，分别用于测量圆形和方形。此外，还有一种常用的测量工具叫作“绳墨”，它利用拉直的绳子和刻度来进行距离测量。早在周代，测量土地已成为国家管理的重要工作，帮助古代政府分配土地和计算赋税，推动了农业和社会的稳定发展。

▶ 中国古代的雨水测量工具是什么？

中国古代的雨水测量工具叫“漏壶”或“水钟”。据记载，早在汉代，人们就使用漏壶来测量时间和雨水量。通过漏壶中水位的变化，能够精确记录雨量。这种工具帮助古代人了解降雨情况，辅助农业灌溉和水资源管理，对古代农业社会的水利工程建设和作物生产具有重要意义。

▶ 中国古代水利工程有什么杰出代表？

位于成都平原的都江堰由战国时期的秦国蜀郡太守李冰设计并建造。都江堰利用水力自然调节流量，不仅解决了成都平原的旱涝问题，还大大提升了农业生产力。李冰设计的都江堰至今仍在发挥作用，是中国古代水利工程的杰出代表。

▶ 太阳能技术的雏形来自哪个发明？

太阳能技术的雏形可以追溯到中国古代的“阳燧”。阳燧是一种利用凹面镜聚焦太阳光来点火的工具，最早用于军事和祭祀活动。它通过聚集太阳的热量，将光线集中于一点来引燃火种。这一发明是古人利用太阳能的早期尝试，展示了中国古人在光学和热能方面的智慧。

▶ 中国古代的战争用火器是谁发明的？

中国古代的战争用火器是由炼丹家发明的。在唐代末年，火药开始被用于军事，最早的火器武器是用于放火的火箭。到了宋代，火药武器的使用更为广泛，出现了火炮、突火枪等。

▶ 纺车是在哪个朝代普及的？

纺车在中国古代的普及可以追溯到汉代。汉代是中国历史上一个重要的时期，许多重要的发明和创新都在这个时期出现或得到发展和普及。纺车作为一种纺织工具，它的普及极大地提高了纺织品的生产效率，促进了纺织业的发展。汉代的纺车已经有了较为成熟的结构，通过脚踏板驱动纺轮，可以同时进行纺纱和绕线的工作，这在当时是一种非常先进的技术。纺车的普及，不仅提升了生产力，也对当时的社会经济和文化发展产生了深远的影响。

▶ 木船制造技术早期是如何演变的？

木船制造技术最早可追溯至上古时期，从最初的浮具如葫芦、树干，发展到筏、独木舟，再到木板船。古人“观落叶以为舟”，逐步发展出丰富多样的船型。早期的独木舟通过挖空树干制成，而木板船则由多块木板拼接，使用榫卯结构增强稳固性。

中国古代木船制造技术包括选材、设计、制造、防水和测试等多个环节，其中水密隔舱技术是福建沿海木船制造的重要技艺，对提高航海安全性发挥了重要作用。此外，中国古代的木船制造还涉及风帆的使用，以及船尾舵的发明，这些都是造船史上的重要里程碑。

▶ 轮椅是何时发明的？

轮椅发明时间较难确定，但据史料记载，我国古代的“椅轿”或可视为轮椅的雏形。《明史》中提到过一种名叫“倚床”的器具，它有靠背和踏板，可以由人推动行走，为行动不便者提供便利。这种器具在明清时期较为常见，尤其在贵族和老年人群中使用较多。

▶ 古代的天文观测仪器有哪些？

古代的天文观测仪器包括浑仪、简仪、仰仪、复矩、方正案、牵星板等。浑仪用于测量天体坐标和角距；简仪是浑仪的简化改良版；仰仪通过小孔成像观测太阳；复矩用于测量地理纬度；方正案是便携式观测仪；牵星板用于航海中测量天体高度和角距。

▶ 瓷器是什么时候发明的？

瓷器是由中国发明的，中国是瓷器的故乡。瓷器的发明不晚于商代。经过长时间的技术发展，东汉时期，浙江的越窑烧制出了成熟的青瓷。随后，南北朝、隋唐时期瓷器工艺继续发展，宋代达到鼎盛，出现了五大名窑，明清时期瓷器艺术更是达到了高峰。中国瓷器对世界文化产生了深远影响。

第十五章
工艺建筑

▶ 陶器与瓷器有什么区别？

陶器与瓷器看起来比较相似，但实际上并不相同，两者的区别主要有以下几方面：

第一，两者出现的年代不同。陶器早在新石器时代的早期就已经出现了，而瓷器的出现要比陶器要晚。第二，两者制作时的烧造温度不同。瓷器的烧造温度较高，一般为1200～1300摄氏度；陶器的烧造温度较低，一般为800摄氏度左右。第三，两者的使用原料不同。瓷器的原料是高岭土，也就是瓷土，瓷土并不像陶土一样到处都有，受地理条件的制约较大；陶器的原料是陶土，陶土随时可取，不受地理条件的制约。第四，两者密度不同。瓷器的胎体密度大，胎骨坚硬致密；陶器的胎体密度小，胎骨较为粗松。因此，瓷器质地坚硬，陶器质地疏松。第五，瓷器的胎体呈半透明状，陶器的胎体呈不透明状。第六，两者的吸水率不同，瓷器几乎不吸水，而陶器的吸水率则比较高。第七，瓷器由瓷胎和瓷釉组成，上釉时对釉料非常讲究，要求很高；而陶器大多不上釉，即使上釉，对釉料的要求也不高。

▶ 中国瓷器的五大名窑通常指什么？

中国古代瓷器五大名窑通常指哥窑、钧窑、汝窑、定窑和官窑。这五大名窑都成名于中国瓷器巅峰的时期——宋代。五大名窑的瓷器各具特色，各有格调。

哥窑在宋代官方史书记载中少有出现，但在民间却有着极为神奇的传闻。其最大的特点就是其釉面有着美观的裂纹，产品主要是光釉，色彩丰富。

钧窑被认为是中国传统瓷文化的正

宗，其受理学影响深重，力求用色均匀，但也有部分产品因出现意外而产生了所谓的“走泥纹”。钧窑的最突出的技艺就是其实现了窑变可控。

汝窑被称为五大名窑之首，在中国陶瓷史上素有“汝窑为魁”的说法。汝窑瓷以珍贵玛瑙为釉，表面有蝉翼纹的细小开片，有“似玉，非玉，而胜玉”的特点。

定窑的瓷器以白出名，其土胎瓷化程度很高，釉色有些许闪黄，故而也有“泪釉”的美称。

官窑相对而言突出度不高，指的就是皇家的御制瓷窑，产品以青瓷为主，有“粉青紫口铁定”的特点。

▶ 什么是景泰蓝工艺？

景泰蓝，学名“铜胎掐丝珐琅”，是我国古代著名的特种金属工艺制品，因在明景泰年间达到巅峰被称作景泰蓝，其制作工艺被称为景泰蓝工艺。

景泰蓝工艺以铜为主要材料。匠人们要先将细铜丝轧平后手工制成丰富的图案，再将其焊接到铜胎上，随后以五彩珐琅釉点在花纹当中，后经烧制、打磨、抛光、镀金等工艺后才能得到一件精美的景泰蓝制品。

虽然名叫景泰蓝，但其实景泰蓝并不只有蓝色，而是五彩斑斓、十分华美的，只是景泰年间的制品往往喜欢以蓝色作为主色调，所以人们才将其称作景泰蓝。景泰蓝是十分珍贵的艺术品，在古代是皇家专用的制品，是身份和地位的象征。

▶ 为什么说漆器是中国古代在化学工艺及工艺美术方面的重要发明？

用漆涂在各种器物的表面上所制成的日常器具及工艺品、美术品等，一般被称为“漆器”。漆器在中国有七千多年的历史，中国古代的漆器工艺，早在新石器时代就已经出现了。绚丽多彩的漆器工艺是中华民族文化宝库中一朵美丽的奇葩。

中国是世界上最早认识漆的特性并能将漆调成各种颜色，用作美化装饰的国家。商周时期，人们已开始种植漆树，生漆是从漆树上割取的天然液汁，用它做涂料，具有耐潮、耐高温、耐腐蚀等特殊功能，又可以配制出不同色漆，光彩照人。

制作漆器的工艺步骤分为制胎、采漆、髹漆、描绘纹饰、剔刻、推光。技法上又分为描金、填漆、螺钿、点螺、金银平脱、堆漆、雕漆、斑漆、平漆、戗金、堆红。

春秋战国时期，漆器工艺已经蓬勃发展。到了唐代，漆器大放异彩，呈现出华丽的风格。明代以后，工艺美术方面跨入新的阶段，官方设厂专制御用的各种漆器，并由著名的漆艺家管理，民间漆器生产也遍及大江南北，江南漆器制作领域名家辈出。直到今天，漆器仍是我国民间传统工艺的重要组成部分。

▶ 什么是中国的“玉文化”？

“玉文化”就是以玉为主体的文化。它是中华民族传统文化中极为重要的组成部分，在政治、文化、道德、信仰等方面都占有着重要的地位。

玉文化起源于新石器时代，有着八千多年的悠久历史。在新石器时代，玉主要用于制作生产生活的工具，这个时期被称为器玉时代；后来玉被视为沟通天地的神物，用于制作各种祭祀用品，这个时期被称为神玉时代（又名巫玉时代）；进入封建社会之后，玉逐渐成为礼器，一方面用来与他国进行社交，彰显本国的经济实力，另一方面，玉也成了身份和地位的象征，这个时期被称为礼玉时代。

人们普遍认为玉象征君子气节，是高尚品德的代名词。所谓“君子无故，玉不去身，君子与玉比德焉”。

同时，玉也是身份、地位、权力和财富的象征。古人佩玉十分讲究，有固定的规矩，不同质地和形貌的佩饰，往往具有区分身份等级的作用。每个朝代的统治者，对持何种礼器、佩戴何种玉石都有明确、严格的规定，也往往以玉器来彰显权威。比如，“传国玉玺”就是由玉制作而成的。

▶ 我国传统的祭祀建筑有哪几类？

我国传统的祭祀建筑主要有如下几类：

一是坛，东汉郑玄在注解《礼记·祭法》时提到“封土为坛”，意思是用土石堆砌成一个高出地面的祭坛。依据祭祀对象不同，坛有不同的形状：祭天用圆坛，古称“圆丘”（更古老的称呼是“圜丘”，圜丘与圆丘最初有不同的定义和用途，后逐渐统一为“天坛”）；祭地用方坛，古称“方丘”。例如，北京的天坛和地坛。

二是庙，庙最初是为祭祀先祖而建造的，包括宗庙、祖庙等，但后来逐渐有了许多祭祀神灵的庙，如土地庙、龙王庙、城隍庙等。

三是坟墓，坟墓用于祭祀专人，就是专门祭祀埋葬于坟墓中的人。古人认为，到坟墓祭祀离埋葬于其中的先人最近。

▶ 墓、坟、茔有什么区别？

墓、坟、茔都是指坟墓，但具体所指各不相同。

墓原本是指地下的葬室，后来在广义上也可作为坟、陵等的总称，但狭义上依然是专指地下的葬室。“墓”与“无”同声源，墓者，无也，意思是埋在地下，地面上没有什么。

坟是指墓上的封土，它的本义是土

堆，引申为墓葬之上的封土。墓上起坟是为了起到标识作用，以便于找到所在地点并区别于其他坟墓。在古代，坟的高度有等级差别。形状也曾经有彰显身份的作用，唐代之前皆以方形为贵，只有皇族陵墓的坟才可以使用方形。直到明太祖营建孝陵，使用了圆形的坟，从此以后无论皇族还是庶民，坟头皆是圆锥形或馒头形。

茔是指坟墓所在的地域，《说文解字》中段玉裁注："茔之言营也。营者，帀居也。经营其地而葬之。故其字从营。从土、营省。"所以"茔"着重指坟墓所在的地域。

▶ 古代的床与榻有什么区别？

古代的床与榻都是坐卧两用的家具，但两者还是存在很大区别的。

床的起源时间很早，大约在商朝时期就已经有了，起源形态类似炕，床比榻更高、更宽敞，周围有围栏，可设置帐幔进行遮挡。

榻的起源则是席子，这个席子并不是我们现在铺设在床上纳凉的席子，而是古人放在地上的坐垫。在椅子出现之前，古人都会在地上铺设一张座席，人再坐到席子上。古代的贵族们为了体现自己的特殊地位，逐渐将座席向精细化发展。到了西汉时期，这种经过精心加工而成的坐具就被称为"榻"。榻相比于床，比较低矮、窄小，没有围栏，在秦汉时仅供人坐，有独坐和两人坐等形式，后来用途逐渐拓展，演变为可坐可卧。

床是摆放在卧室里用于晚上正式睡觉的家具，具有一定的私密性；而榻一般是摆放在厅堂用于白天坐、卧、小憩的家具，其功能类似现代人摆放在客厅里的长沙发，不过也有将榻放在卧室床边的情况，但即使是卧室里的榻也不具备床的私密性特征。

▶ 古代的几、案、桌分别指什么？

在春秋战国时期，几是凭靠之物，它的作用仅仅是人们坐着时用来倚靠身体。到了汉代，它开始用来放置文书等物件。

案在最初是供食的托板，类似现代餐馆里上菜时的托盘。后来发展为餐桌（食案），再后来又进一步用于读书写字（书案）、办公理事（奏案）等。

桌是由几和案增高演变而来的，从外形上看，桌与案的区别主要在于腿的位置，腿的位置顶住四角为桌，缩进来一部分则为案。隋唐时，桌已经广泛应用于生活的各个方面，从形状而言，有方桌、长桌、圆桌等；从用途而言，有供桌、炕桌、棋桌、茶桌、饭桌和书桌等。宋代之后，桌越来越趋于实用，而案的实用功能降低，陈设功能逐渐增强。

▶ 古代建筑中的亭、台、榭、廊分别指什么？

我国古代有着丰富的建筑文化，为了应对生活中各个方面的使用需求，古人设计了各种不同的建筑样式，其中亭、台、榭、廊是极具代表性的建筑样式。

亭，语源为“停”，是一种供人们短暂停留的高建筑物，其种类繁多，有街亭、路亭、凉亭等，常建于台上，形制多样，后世园林中的亭逐渐发展为以有屋顶而无墙壁为突出特点的建筑，是古代建筑的重要代表。

台，就是夯土所筑的四方形高台，形式简单，往往作为建筑物的台基使用，也可单独作为建筑物使用，用于观赏、娱乐等用途或是成为宫殿等建筑的附属建筑。

榭，指在台上建造的木构的房屋。上古时期基本指的是一层台上建造的单层木质建筑，常用于观望。自中古时期以后，园林建筑逐渐兴起，榭就演化为了一种临水的建筑，呈长方形，有顶无墙，因为必然临水，又有“水榭”之称。

廊，是连接两个建筑物的通道，上有顶棚，用柱子支撑，行人穿行其间既可避免日晒雨淋，也可游玩赏景。

▶“登堂入室”中的“堂”和“室”分别指什么？

在汉代之前，堂指的是修筑在方形夯土台基上的主体建筑物，是威严的场所，不是一般人能享用的地方。到了汉代，堂往往与殿连用，指殿堂级的场所。汉代之后，堂开始逐渐用于各种场所，指建筑物的前部中央坐北朝南的部分。堂前没有门，但是有两根楹柱，并且有两个台阶，所以进入堂内叫作“登堂”。堂一般用于举行庆祝活动、接见宾客和日常生活起居，但是不用于寝卧。

室则是供人居住寝卧的房间，位于堂的后方，有户（门）与堂相通，要想入室必须先登堂，所以才有了“登堂入室”的说法，比喻学问或技艺由浅入深，发展到了很高的境界，或事物发展到了新阶段。

▶“雕梁画栋”中的“梁”和“栋”分别指什么？

我国古代常用“雕梁画栋”形容精美的建筑，其原因就在于古代建筑的木质结构精巧，不需一颗钉子就能让房屋美观耐用，其中梁、栋是建筑结构中相当重要的部分。

梁，指房屋的大梁，是横跨房屋南北的顶端的全木，一般被加工成截面呈长方形，在南方也可以见到以圆木为梁的房屋。大梁是重要的承重结构。

栋和梁一样，指的是房屋上方的承重横木，但不同的是，栋特指房屋的正梁，是屋脊下方最高的东西向大木，通常位于房屋的正中央，同样是房屋非常重要的承重结构。到了后世，“梁”和“栋”在称呼上逐渐趋于模糊，人们在这二者的叫法上不再刻意区分南北和东西，也不再过于强调“栋”的正梁特指，而是将二者作为木质建筑结构顶端横木的统称，展现中华传统建筑的精巧设计与丰富文化。

▶ 门、户、扇、扉、阖有什么区别？

门、户、扇、扉、阖其实都是门，但是在古代，它们不可以混为一谈。

门是指设置于整个建筑物出入口的双扇对开大门，对于制作材料没有特定要求，可以是木质、铁质或其他材料所制。它的作用是隔绝内外，所以它指的是通向外面的大门。《玉篇·门部》对其作用的解释是“人所出入也”。

户一般指内室之门，是单扇的门，不过门槛、门闩等附属设施都是有的。户阖连用可作为门的泛称，但它不可单独用于指外门。《礼记·礼器》曰：“未有入室而不由户者。”

扇原本指用细竹或苇草编织的门帘，后来引申作内外门扇的泛称。

扉是指木质的独扇外门，一般都比较小。

阖原本是指木质的两扇对开的门板，后来引申为木质的外门，一般都比较高大。

▶ “街坊四邻”中的“街”和“坊”分别指什么？

古代的街就是城内纵横交错的道路，这些道路将城市划分为不同的板块区域，区域被高墙围起来，有些用于建筑房屋，是人们生活居住的地方，被称为“里坊”；有些用作商业和手工业场所，被称为市坊。坊是城市建设当中的一个基本单位，“街坊”的关系一般很亲近。

坊出自古代的里坊制度。汉代发明了一种城市管理的方法，就是把城市划分为大小不一的板块区域，这是里坊制的最初形式。区域四周有围墙，中间有交叉街。每一片区域的每一边墙都开了一扇门，门在夜间关闭，早上再打开。里坊制的极盛时期是在三国至唐朝。唐朝的长安城就是里坊制成熟的实例。

▶ 什么是匾额？

中国是匾额文化的发源国，匾额的历史源远流长，是古建筑的必然组成部分，一般悬挂在门上方、屋檐下，既作装饰之用，同时也是反映建筑物的名称和性质，表达人们义理、情感的一种文学艺术形式，是一种将汉语言、汉字书法、中国传统建筑、雕刻、绘画等融于一体，集思想性、艺术性于一身的综合艺术作品。其制作材料通常是金属、石材和木料，以木料居多。

匾额的应用范围十分广泛，关隘城堡、宫阙王府、园林名胜、坛观寺庙、名门宅第、工商店铺等，几乎无处不在。匾额既是彰显地位的门脸，也是表达道德修养、思想情感、处世哲学、精神寄托、目标追求的宣言，同时也反映了当时的政治、经济、文化、艺术、民俗民风等，在一定程度上起到了补史、正史的意义。

总的说来，匾额是中华民族独特的民俗文化精品。

▶ 什么是楹联？

“楹”是堂前大柱的意思。楹联就是或挂或贴或刻在楹上的对联。

楹联是中国最独特的文学形式，其结构包括上联、下联和横批。上下联要字数相等，相互对仗，一般要内容相关，有时还要上下衔接；横批一般是四个字，也有两个字、三个字、五个字或七个字的。

楹联有的用于庆贺，比如，春联、婚联、寿联、新居联等；有的用于吊唁、缅怀、评价亡人，称为挽联；还有的是张贴、悬挂、雕刻于风景名胜处的对联，其内容大多是题写、评价该名胜景观的特点，或者与它相关的人和事等；也有一些是针对某一行业、部门或领域的对联。

总的来说，楹联是一种兼容民俗性、文学性和艺术性的独特文学艺术，不仅在中国灿烂的文化艺术宝库中占据一席之地，而且在世界文学艺术殿堂上也放射着奇光异彩。

第十六章 思想学说

▶ 春秋战国时期的“百家争鸣”是怎么回事？

在中国历史上，春秋战国时期是思想和文化群星闪耀、璀璨辉煌的时代。这个时期的知识分子纷纷著书讲学，进行思想输出和传播，不同学派和不同思想流派之间彼此论战，相互争鸣，呈现出百花齐放、盛况空前的学术局面，在中国思想发展史上占有非常重要的地位。

所谓“百家”指先秦时代各种思想流派。诸子百家中流传最广的是儒家、法家、道家、墨家、阴阳家、名家、杂家、农家、小说家、纵横家、兵家、医家。

至汉武帝时，推行“罢黜百家，独尊儒术”的政策，结束了百家争鸣的局面，从此以孔子、孟子为代表的儒家思想成为统治阶级的思想正统，统治中国思想文化两千余年。

▶ 儒家的思想是怎样的？

儒家学派是孔子所创立的一种学术流派，后来由孟子进一步发展，又经荀子集大成，被历代文人儒客所尊崇，成为影响了中国几千年并流传到其他东亚、东南亚国家的思想、哲理与文化体系，一直以来儒家思想都是中国社会广大民众的主流价值观，至今依然具有相当强盛的生命力。

儒家学派的主要特征是：以孔子为先师和思想领袖；以四书五经为经典；在思想上提倡仁与礼；主张内圣而外王，通过内体心性成就外王事功；尤其注重人与人之间的伦理关系，并将之运用到政治实践中。

其代表人物主要有孔子、孟子、荀

子、董仲舒、程颐、朱熹、陆九渊、王守仁等。

▶ 法家的思想是怎样的?

法家是中国历史上提倡以法治为核心的重要学派，它成形很早，最早可追溯至夏商时期的理官，到了春秋战国时期被称为刑名之学，经过管仲、士匄、子产、李悝、吴起、商鞅、慎到、申不害、乐毅、剧辛等人的大力发展，逐渐成为一个学派。法家学派曾经分为商鞅主导的法治派、慎到主导的势治派、申不害主导的术治派三大派别，法是指健全的法制；势是指君主的权势，主张君王独掌军政大权；术是指驾驭群臣、掌握政权、推行法令的策略和手段。后经战国末期法家思想集大成者韩非子的整合，提出了三者结合的思想。

总的说来，法家认为人都有“好利恶害”或者“就利避害”的本性，所以主张用赏赐、刑罚诱使、驱使人们“耕”“战”“告奸”，认为耕战是“治国之要”。其最核心的思想就是强调“法”作为规范社会的统一标准，对任何人都应当做到一视同仁、公平执法。

▶ 道家的思想是怎样的?

道家用“道”来探讨自然、社会和生活的关系，主张遵循自然规律，无为而治，与自然和谐相处。春秋时期，老子建立了完整的道家理论体系，表明道家学派已经正式形成。其核心思想就是认为“道”是最高哲学范畴，是世界的最高真理，是宇宙万物的本源，是宇宙万物赖以生存的依据。

道家学派主要的代表人物是老子、庄子、列子等。老子著有《道德经》(也名《老子》)，该书被称为“万经之王”，其主题思想就是“道法自然”；庄子的代表著作是《庄子》(又名《南华经》)，其内容非常丰富，博大精深，涉及哲学、人生、政治、社会、艺术、宇宙生成论等诸多方面；列子的代表著作是《列子》，但一般认为《列子》的原著在西汉以后便已失传，现存的《列子》已经不是原著。

▶ 农家的思想是怎样的?

诸子百家中奉神农为祖师的农家是先秦时期反映农业生产和农民思想的学术流派，其核心思想是推行耕战政策，奖励发展农业生产，研究农业生产问题。其代表人物是战国时的楚国人许行，他与孟子可能是同时代的人，其生平事迹大多反映在《孟子》一书中。

农家主张顺应民心，要求统治者体恤民间疾苦，不可巧取豪夺；还非常关注农业灾害问题，提出“修饥谨(馑)，救灾荒”；力主“农本商末”，主张重农抑商，其影响十分深远，中国传统社会千百年来一直秉持“农本商末”的原则，这一价值观得到社会的普遍认同。

农家著作有《神农》二十篇，《野老》十七篇，《宰氏》十七篇，《董安国》十七篇，《尹都尉》十七篇，《赵氏》十七篇等，均已失传，现在无一留存。

▶ “兼爱、非攻”是谁的思想？

“兼爱、非攻”是墨家学派的主要思想观点。墨家学派是战国时期由墨子创立的中国古代主要哲学派别之一。它的社会伦理思想以“兼爱”为核心，“非攻”及其他主张都是从“兼爱”衍生出来的。

墨子提出“兼相爱，交相利”的思想，其核心是既爱自己也爱别人，与人交往要互惠互利，这就类似我们现在所认同的“共赢”思想。“非攻”则提出了“大不攻小，强不侮弱”的主张，这个主张可谓历史上最早的国与国之间的关系准则。“非攻”的思想虽然反对战争，但是不主张放弃抵抗，所以“非攻”反对的是侵略战争，而不是自卫战争。墨家认为，自卫是反侵略的一个重要的组成部分，不自卫就等于不反侵略。

“兼爱”与“非攻”是相辅相成的，只有“兼爱”才能做到“非攻”，也只有“非攻”才能保证“兼爱”。

▶ 什么是“合纵连横”？

“合纵连横”是战国时期的两种军事外交策略。

合纵就是相对势弱的韩、赵、魏等国向南联合楚国，同时向北联合燕国，这样使地理位置上南北纵列的国家都联合起来，共同对付强国，阻止强国兼并弱国，也就是“合众弱以攻一强”；连横就是相对势弱的国家向东投靠强大的齐国为靠山或者向西投靠强大的秦国为靠山，帮助强国吞并其他国家以求自保，也就是“事一强以攻众弱”，实际上是强国迫使弱国帮助它实行兼并。南北相连为纵，东西相连为横。

战国后期，秦国独强，山东六国合力攻秦为合纵；秦国拆散合纵联盟、联合弱国称连横。从事合纵连横活动的谋士称为纵横家，代表有张仪、苏秦。六国合纵攻秦屡屡失败，秦国却通过连横增强了实力。合纵连横是战国时期战略成熟化的突出表现。

▶ 什么是“天命史观”？

天命史观是中国古代的一种唯心主义历史观。其萌芽于殷周时期，将宇宙和人类社会的最高主宰称为“天”，把支配社会生活的力量称为“命”，认为历史发展是按照天的旨意和命令进行的，社会生活中的一切现象都是命运安排。

基于此，统治者自称“受命于天”，把自己的意志假托为上天的指示，用作对人民进行统治和压迫的合理根据。中国古代农民起义也常常以“天命”作为发动群众、组织群众的思想武器，借此证明推翻封建王朝斗争的合法性，如黄巾起义提出的“苍天已死，黄天当立”等口号。

▶ 什么是阴阳五行说？

阴阳五行说是中国古代的一种哲学思想，产生于西周时期，它用阴阳对立和相互作用来说明自然现象变化，把金、木、水、火、土五种物质作为构成天地万物的基本要素，所谓“五行”就是指金、木、水、火、土，阴阳五行说认为这五种物质相生相克。

五行相生是指：木生火，火生土，土生金，金生水，水生木；五行相克是指：木克土，土克水，水克火，火克金，金克木。

战国时期，以邹衍为代表的阴阳家以阴阳五行为基础，来比喻和解释自然与社会现象，形成了五德终始说。西汉董仲舒将儒学与阴阳五行学说相结合，形成了“天人感应”理论体系。宋明理学家以阴阳五行为基本观念，融合佛道，构成理学体系。阴阳五行学说对我国古代政治、文化、历数、医学等产生了巨大影响。

▶ “玄学”指的是什么？

玄学，是魏晋时期出现的哲学思想潮流，是对《老子》《庄子》和《周易》的研究和解说。“玄学”之名出自《道德经》第一章：“道可道，非常道；名可名，非常名……此两者，同出而异名，同谓之玄，玄之又玄，众妙之门。”

“玄学”到底指的是什么？概括而言，它是用思辨的方法讨论关于天地万物存在根据的问题。广义上来说，所有科学解释不了的东西，都可被归入玄学。从狭义上来说，是指道家五术：山、医、命、相、卜，也就是修仙、医术、算命、看相、占卜算卦。

从哲学的角度，魏晋玄学是一种思辨性很强的哲学，它比较注重对抽象理论的探讨，而抽象理论则需要通过一系列哲学概念以及这些概念间的逻辑关系表现出来。玄学使当时一批知识分子跳出“修身、齐家、治国、平天下”的传统思维模式，开始对宇宙、社会、人生进行哲学反思。玄学的出现相当于对僵化了的传统经学的一次修正。

▶ 什么是“孔孟之道”？

“孔孟之道”就是指儒家学说。儒家以六艺为法，以仁礼为核心，以大同社会为理想，尊孔子为圣人，孟子为亚圣。

孔子（公元前 551—公元前 479）名丘，字仲尼，儒家学派创始人，春秋时期鲁国人，思想家、政治家、教育家。孔子精通六艺，掌握了《诗》《书》《礼》《易》《春秋》等文献；他周游列国推行他的政治主张，还致力于教育传承，相传有弟子三千，弟子将他的言论整理成《论语》，该书是儒家的重要经典。

孟子（公元前 372—公元前 289）名

轲，战国时期邹国人，思想家、教育家。推崇孔子的仁政、王道思想，提出“民为贵，社稷次之，君为轻”的思想。主张“富贵不能淫，贫贱不能移，威武不能屈”。其论述集为《孟子》。

儒家集大成者还有荀子（公元前313—公元前238），荀子名况，字卿，主张“学以致用，礼法并施，制天命而用之”，其思想著作是《荀子》。汉朝汉武帝采纳董仲舒（公元前179—公元前104）“罢黜百家，独尊儒术”的主张，使儒家从此成为中国社会正统思想，孔孟之道得以持续推行两千多年。

▶ 什么是“三纲五常”？

“三纲五常”是儒家传统的伦理道德准则。三纲即“君为臣纲，父为子纲，夫为妻纲”，“纲”在此处是做表率的意思；五常即仁、义、礼、智、信。三纲、五常最早由董仲舒在《春秋繁露》中提出，他认为君臣、父子、夫妻存在着天定的、永恒不变的主从关系，即三纲；而五常之道是处理君臣、父子、夫妻、上下尊卑关系的法则。但是董仲舒没有将“三纲”和“五常”相提并论，首次将其相提并论的是东汉后期的经学家马融。这种相提并论意味着封建思想家终于把封建纲纪和处理这种纲纪的道德原则结合为一体，构成了一个完整的政治伦理道德体系。后来南宋朱熹又把三纲五常与天理联系在一起，违反纲常伦理即被视为名教罪人。

三纲五常是儒家宗法等级思想的典型表现，巩固了封建统治的同时也束缚压抑了人性。

▶ 什么是宋学？

宋学又称道学、新儒学，是宋代以阐释发挥儒家经义名理为主要特征的学术流派。派别非常多，包括程朱理学派，以陆九渊为代表的心学派，以叶适、陈亮为代表的浙东事功学派。从北宋中期起，儒学出现新现象，表现为汉唐学者专事经学笺注的传统遭到废弃，对以《五经正义》为代表的经学旧说产生怀疑，开创了以己意解经的新时代，形成了带有两宋鲜明时代特征的新儒学。这个思想体系虽仍然以儒家礼法、伦理为核心，却因其融合佛道思想精粹而区别于原始儒学。

清朝时儒学文人推崇汉代考据学，对宋代理学家空疏解经的弊病进行攻击，并称之为“宋学”以示与“汉学”相区别。宋学使儒学开始哲学化，并超越了单纯研究经典的范围，成为包括经学、文学、史学、哲学在内的一门新的学问。

▶ 什么是宋明理学？

宋明理学是宋明时期具有思辨性的儒学派别，也被称为义理之学。是北宋诸儒以传统的儒学理论为基础，同时积极吸收佛教、道教的理论思维而形成的新的儒学思想体系，是中国封建时代后期的统治思想。

宋代理学以周敦颐、张载、二程（程颢、程颐）为代表，随后朱熹集理学之大成，与此同时陆九渊创立心学，以心为本体，认为“理”就在我心中，只要省察内心，就可以认识“理”。南宋末年理学开始官学化。

到了明代中叶，王阳明继续阐发心学。但他的心学是从朱熹的理学思想体系出发，扬弃陆九渊的思想而来的，主张“理”是万物的本原，并从宇宙本体论（天）的角度论证了儒家的人伦纲常（理），其本质是一种道德理性主义，把儒家的伦理看成永恒的绝对的最高原则，以此维护社会的等级秩序。理学丰富了中国传统思想，但在明清逐渐走向空谈，严重束缚了人们的思想。

▶ 什么是“程朱理学”？

“程朱理学”也被称为“程朱道学”，是两宋时期形成的正统官方哲学，同时成为儒家神权和王权的理论依据。其发端于北宋周敦颐，奠基于程颢、程颐，完成于南宋朱熹。因为是以二程、朱熹为代表，以理为核心，所以被称为程朱理学。程朱理学认为“理”是宇宙万物的起源，认为“宇宙只是一理”，认为理或天理是自然万物和人类社会的根本法则，宣扬伦理纲常是“理”的表现，主张以天理来克制人欲，要“去人欲，存天理”；在认识方法上，强调格物致知，即物穷理（所有事物都是“理”的表现，要依据具体事物穷究其“理”）。程朱理学以儒学为核心，糅合佛、道而三教归一，建立了一个以“理”为核心的客观唯心主义体系。

▶ 什么是“理学四派”？

“理学四派”是宋代理学的四个派别。北宋诸儒讲求性理之学，著名的有周敦颐（濂溪先生）的濂学、张载的关学、二程（程颢、程颐）兄弟的洛学，后来洛学由朱熹发扬光大，在福建创立闽学。濂、洛、关、闽四学派被称为理学四派。

理学四派强调天理，维护儒家伦理纲常和社会等级秩序，适应了统治阶级的政治需要，同时致力于在现实社会中达到崇高的精神境界，具有理论性和思辨性。其中，程朱理学在明清时期成为官方的理学正统思想，朱熹编著的《四书章句集注》，成为后世科举考试依据的教科书，使儒家文化得以传承。理学四派作为宋代理学的代表性流派大力推动了宋代理学的繁荣和发展。

▶ “北宋五子”指的是谁？

“北宋五子”是北宋哲学家周敦颐、邵雍、张载、程颢、程颐的合称。

周敦颐是宋代理学的开山鼻祖，其学说糅合了道家的无为思想和儒家的中庸思想，他的《太极图说》是理学初期的代表作，提出了“无极而太极”的宇宙生成论。

邵雍根据周易和道教思想，创立了先天象数学，把宇宙运转的过程归结为神秘的“象”和“数”的演化过程，提出以太极为本原的宇宙构造图式。

张载认为物质性的“气”是万物本原，发展了“气一元论”的思想，为中国古代辩证法“两一”学说的集大成者。

程颢、程颐曾就学于周敦颐，提出了以绝对精神性实体的“理”为核心的天理论，是北宋理学的奠基者。

北宋五子均是理学的主要创建人，多通过阐述易学命题和拓展易学论域进行本体论建构，为理学形成做出了重要贡献。

▶ 什么是“荆公新学”？

“荆公新学”是以北宋王安石为代表的学术派别。被称为“新学”主要是相对于两汉以来代表大地主阶级利益的守旧、迂腐的思想学说和“二程理学”沉闷的思想统治而言的。

王安石概括了北宋蓬勃发展的自然科学成就，继承了李觏的唯物主义思想，提出“万物一气”的命题，建立了以“气一元论”为基础、以“天人不相干”的思想为核心的唯物主义自然观，认为万物皆变，并且天才地猜测宇宙的起点不是在空间上相互间断的物质微粒，而是一种绵延连续的物质——“元气”。他所描述的“元气—阴阳—五行—万物”的宇宙生成理论，不仅在哲学上而且在自然科学上都有很高的价值。

在他执政期间，设经义局训释经义，并撰成《三经新义》，颁行学校使之成为法定教材。新学一改汉儒章句训诂之学，以义理解经，极富革新精神，主要是为改革提供理论依据。但在其罢相后，新学也随之式微。

▶ 什么是泰州学派？

泰州学派是明代王艮创立的哲学派别，是中国历史上第一个真正意义上的思想启蒙学派，它发扬了王守仁（即王阳明）的心学思想，反对束缚人性，引领了明朝后期的思想解放潮流。

王艮，泰州人，师从王阳明。回到泰州后，长期在下层百姓中讲学并自立门派。他创立的泰州学派反对理学对人性的束缚，认为人欲就是“天理”，肯定饮食男女是人之天性，主张圣人之道应该是百姓日常生活所需，提倡做学问要解决人民生计问题。在政治上，主张仁政；经济上，提出“务本而节用”。

泰州学派信徒众多，何心隐、李贽等人皆属此派，是晚明的显学。因其强烈的批判性和平民精神，屡遭统治者的打压，其启蒙性色彩对明末清初的“经世致用”思想及近代改良思想都有积极影响。

▶“明末清初四大启蒙思想家”指的是哪四位？

“明末清初四大启蒙思想家”指的是黄宗羲、顾炎武、王夫之和唐甄。

黄宗羲主张以“天下之法”取代皇帝的“一家之法”，从而限制君权，保证人民的基本权利。哲学上反对宋学中“理在气先”的理论，认为“理”并不是客观存在的物质实体，而是“气”的运动规律，具有唯物论的特色。

顾炎武是明末清初思想家、学者，强调学以经世，自一身以至天下国家之事，都应探究原委，反对明末空谈心性的空疏学风。后人概括其思想主张为“天下兴亡，匹夫有责”。著有《日知录》《音学五书》《天下郡国利病书》《肇域志》《亭林诗文集》等。

王夫之是朴素唯物主义思想家，他反对专制，反对禁欲主义，认为气是唯一实体，反对“生而知之”的先验论，提出理势合一的历史观。他被人称为“真正百科全书式的学者”。

唐甄批判“君权神授”，反对儒者空谈误国，把能否救民视为儒者的标准，梁启超认为其政治思想“不能不说是特识”。

第十七章

政治制度

▶ 什么是井田制？

井田制由原始氏族公社土地公有制发展演变而来，是西周时期的土地国有制。

“井田”一词，最早见于《穀梁传·宣公十五年》：“古者三百步为里，名曰井田。”西周井田制是将一里见方的900亩地以“井”字形状划分为9份，每份100亩。其中一份为公田，其余8份为私田，私田分给8家耕种。凡领种私田的人家，必须助耕公田，公田的收获归国家所有。

私田不归耕者所有，年老身死要交还，还会定期交换份地。正所谓“溥（普）天之下，莫非王土。率土之滨，莫非王臣”，周朝一切土地都是属于周王所有的。所以这种土地国有制实质上是君王代表整个奴隶主阶级占有全国所有土地，然后分配给大小奴隶主使用的土地私有制。

西周晚期以后井田制逐渐衰落，战国商鞅变法时被废除。

▶ 什么是禅让制？

禅让制是中国古代氏族公社部落联盟最高首领更替与继承的一种制度。“禅”意为“在祖宗面前大力推荐”，“让”指“让出帝位”，但起初是指“让出部落联盟首领之位”。

尧舜时，按照传统，部落联盟的首领须通过一定的民主形式，由众多部落的首领共同推举，得到氏族成员的承认才能确立。如尧将联盟首领之位禅让给德行杰出的舜，舜则禅位给治水有功的禹。尧舜时期的禅让须经“四岳十二牧”的同意，“四岳十二牧”实际上就是联盟议事会成员，他们有权推举部落首领。

禅让制的传说反映了我国上古时代原始社会氏族成员相互平等、首领由部落大会选举的民主制度。

▶ 什么是宗法制？

宗法制是西周时期以血缘关系划分宗族系统的制度，由氏族社会父系家长制演变而来。其核心是嫡长子（正妻所生育的第一个儿子）继承制，即嫡长子继承父亲的地位和财产等，其余的儿子则向下分封。如周王的嫡长子继承王位，其余的嫡子（正妻所生育的儿子）和庶子（妾室所生育的儿子）则分封到地方为诸侯，以此类推。

宗法制适用于同姓贵族，与异姓贵族的关系则以婚姻为纽带联结。总的说来，宗法制以血缘关系为纽带，确立了一整套土地、财产、政治地位的分配与继承制度，保障了各级贵族的特权，有利于凝聚亲族，防止内部纷争，强化王权。这种制度把国与家密切联系在一起，成为巩固分封制的重要手段。

后来，历代统治者对宗法制加以改造，逐渐建立了由政权、族权、神权、夫权组合而成的较完备的封建宗法制。

▶ 什么是分封制？

分封制，就是古汉语“封建”的原始含义，古文献中的“封建”就是“分封制”。这是一种中国古代分封诸侯的制度，发端于商朝，实行于周朝。

商朝时已经开始分封诸侯，称号有侯和伯。西周灭商后，开始大规模地分封诸侯，其目的是控制广大征服地区和拱卫王室。受封者主要有周王同姓（姬姓）亲属、功臣及古帝王之后三类。天子授予诸侯爵位、土地、人口；诸侯隶属于天子，有镇守疆土、拱卫王室、交纳贡税、朝觐述职等义务。诸侯在诸侯国内同样实行分封，诸侯国内的层层分封是与宗法制度相结合的。周初较重要的诸侯国有齐、鲁、宋、卫等。分封制使周天子确立了天下共主的地位，西周的统治范围大大扩大。

但是随着血缘的疏远和生产力的发展，分封制最终导致了诸侯混战。

▶ 商朝的分封制和周朝的分封制有什么不同？

分封制是氏族政权的军事扩张能力与实际统治条件不相匹配的折中制度。

夏朝不是通过军事手段征服建立的，在文献记载中存在明显的氏族联盟特征，所以分封特征不明显。而商朝是通过战争达成朝代更替而建立的，今天大多数学者认为商朝是分封制形成的开始（也有学者认为分封制起源于更早的原始社会时期、虞夏时期，或更晚的周朝）。但在商初期分封制并没有大规模实行，而是集中于豫西、晋南地区。在后来的扩张中商朝继续进行分封，较为集中的分封有两次，分别在仲丁至河亶甲时期和武丁时期。总的说来，商朝的分封发展不连贯、不成熟。直到商朝后期，分封制才成为其统治的重要模式。

周朝的分封则不同，周朝不仅完全取代商朝，而且同时消灭了许多地方势力，甚至施行人口大迁移，在接受了商朝疆域和制度的基础上，进行了较为集中的分封，周人得以“制五等之封，凡千百七十三国”，使分封制最终完善。

▶ 什么是礼乐制度？

我国古代的礼乐制度是西周的政治制度之一。

西周初期，在周公主持下制定了《周礼》，这是一部通过官方制度来表达治国方案的典制，内容极为丰富，涉及社会生活的方方面面，其中包括对后世影响深远的吉、凶、军、宾、嘉五礼：吉礼是关于祭祀的礼仪，在五礼中最为重要；凶礼主要指丧葬礼仪；军礼指与战事有关的礼仪；宾礼指诸侯对王的朝觐、各诸侯之间的聘问和会盟等礼仪；嘉礼指婚礼、冠礼等礼仪。

礼乐制度的核心内容是区别亲疏、贵贱、尊卑上下。严格贯彻宗法等级制的礼仪体系，维护了宗法分封制下的社会秩序，巩固了王朝统治，对后世也产生了长期而巨大的影响。

▶ 什么叫作“溥天之下，莫非王土”？

“溥天之下，莫非王土”的出处是《诗经·小雅·谷风之什·北山》：“溥天之下，莫非王土，率土之滨，莫非王臣。”

这句话讲的是周天子通过分封，把西周的土地在贵族统治阶层的宗族范围内实行层层封赐，最后形成多层次宗族贵族占有土地的制度。这句话表面的意思是“普天之下皆是王的土地，四海之民皆是王的臣民”，但实际上有双重含义：一是阐述一种全天下都是君王辖地的“大一统”思想，表达了封建宗法制下王权的至高无上以及封建制度下严格的等级划分；二是表示君王要对天下人负责，只有对天下人负责的人才可以成为王者。

▶ 为什么有“百代皆行秦政法”的说法？

秦始皇吞并六国，一统江山之后，迅速地废除分封制，立郡县，统一文字、货币及度量衡，修驰道，使车同轨，道同距，这些都大大地加强了华夏民族的认同感和凝聚力，强化了统一意识。同时在中央设置丞相、太尉、御史大夫，分别执掌行政、军事和监察，相互制约。在地方也如法炮制，同样将这三方面的权力拆分给不同的官员负责，使其相互牵制。用这样的方式来保障皇权不会受到威胁和挑战。

在国家制度建设上，秦始皇相当于搭好了大厦的梁柱和框架，奠定了专制制度的基础，“自秦以来，其制未变”，此后两千多年皇权时代的中国，在政治制度上基本是沿袭了秦朝的制度，所以后世便有“百代皆行秦政法，万年咸用始皇心”的说法。

▶ 揭竿而起是怎么回事？

公元前 209 年，秦朝廷派官差押送 900 多名壮丁去渔阳戍边，官差选陈胜、吴广做领队的小头目，走到大泽乡遇到大雨，不能如期到达，按秦朝法律规定这些人全部会被处死。于是陈胜、吴广相互商议之后，杀掉了押送的官差，打着秦朝先太子扶苏和原楚国将军项梁的旗号，拿起木棒做刀枪，砍下竹子当旗杆，定国号为张楚，正式发动了一场轰轰烈烈的农民起义。

由于秦朝统治者施行暴政，早已导致天怒人怨，所以这场起义一呼百应。又因为起义开始的信号是当场砍下竹子当旗杆，所以被称为“揭竿而起”。

▶ 什么是什伍制？

什伍制是中国古代的基层组织制度。什伍制源于西周，产生于春秋。战国时期商鞅变法时秦国正式确立并推行什伍制，即在基层登记居民户籍，将百姓按军事编制组织起来，每五家为一伍，二伍组成一什。伍设伍长，什设什长。什长和伍长承担着大量基层行政事务，负责乡里的治安，一旦发现形迹可疑者要及时上报，使“奔亡者无所匿，迁徙者无所容”（《管子·禁藏》）；什伍之内邻里互相监督、互相纠察、互相揭发，一家有罪，什伍连坐同罪。

什伍制的实行瓦解了基层原有的宗族组织，加强了国家对基层老百姓的直接控制，在这种严密的居民组织系统之下，人们的自由流动几乎不可能发生。通过这样的人身控制，人们被严格地束缚在一定的土地范围之内，这样不仅保证了社会秩序的稳定，也使赋税、徭役、兵役政策落到了实处。后世里甲制即由此发展而来，并长期作为国家对基层老百姓进行人身控制的形式。

▶ 什么是世兵制？

世兵制是中国古代的一种军民分离、军户世袭为兵的制度。汉末战乱频繁，豪强纷纷建立起私属武装。在军者终身为兵，父死子继，兄终弟及，年老之后也不能退役，改为从事后勤运输方面的工作；其家编入军户或士家，脱离民籍，世袭为兵，不隶属郡县，非有特殊功勋者不得更籍，不准改行转业。起初军户社会地位很低，不仅必须世代为兵，而且婚配只限于同类，不得与民间通婚；士兵逃亡，家属要遭受严酷的惩罚。魏、晋士家制，东晋、南北朝之军户制，及元、明的军户制和清代的八旗制，均属此制。

世兵制是对于东汉募兵制、征兵制并行制度的重要变革，并逐渐取代了前者，虽然有效保证了兵源，但也影响了军队的战斗力。

▶ 征兵制、府兵制和募兵制有何区别？

征兵制是强制符合条件的男子入伍的兵役制度，在我国唐代之前，基本上实行的都是征兵制，将入伍作为一项义务分派到各家各户，兵农合一、战时征发。

府兵制创立于西魏时期，北魏分裂为东西两魏后，西魏权臣宇文泰于西魏大统年间创立“府兵制”，府兵由六等以上农家精壮子弟组成，平时务农，战时出征。府兵家可免除各项赋税役，但其所需军服、兵器、马匹、粮食等军用物资均需自备。由于均田制的推行，府兵可以负担此项支出，从而节省国家养兵费用。后来府兵制历经北周、隋，至唐代趋于完善，是唐代前期的主要兵制。

募兵制是政府花钱招募，个人凭自愿报名参加的兵役制度，自唐五代以后，募兵制取代征兵制，成为封建时代兵役制的一大变革。宋代时已经成为主要的兵役制度，灾年招募流民和饥民当兵，是宋代一项传统国策，统治者认为，将壮健者招募当兵后，老弱者就不可能揭竿反抗，这是防止灾年爆发农民起义的一项对策。

▶ “与民休息”指的是西汉时期推行的什么政策？

“与民休息”指的是西汉时期推行的休养生息政策。西汉初期，由于刚刚经历了反秦农民战争和楚汉争霸战争，所以新政权面临一个严峻的问题，就是如何尽快愈合战争创伤，重建社会秩序，恢复、发展凋敝不堪的社会经济。统治者审时度势，采取了“与民休息”的政策。其核心是宽刑薄赋，保养民力，鼓励和促进人口生育，还在建国初期为了增加社会劳动力而大赦天下，除死囚犯外，一律赦免其罪，使其归乡务农。总之采取了种种宽仁治国的措施，以达到恢复和发展经济、稳定统治的目的。

这一政策确实取得了良好的实际效果，使西汉的经济逐步得到了恢复和发展，人民的生活水平也得以提高，国家的财政收入也迅速得到了增长。

▶ 什么是推恩令？

推恩令是西汉时期汉武帝为了巩固中央集权、削弱诸侯王势力范围而颁布的一项重要政令。这项政令规定：诸侯王死后，除嫡长子继承王位外，其他子弟也可分割王国的一部分土地成为列侯，新封侯国不再受原诸侯国管辖，直接由各郡来管理，地位相当于县。这样一来，诸侯国就被越分越小，虽然没有名义上的削藩，但诸侯国再也无力与中央抗衡，汉武帝再趁机削弱其势力，中央集权得到有力的巩固。

推恩令是汉武帝时期思想变革与政治变革统一的标志。它表明汉武帝不仅正式采用了儒家思想治国，而且取得了成功，从而完成了汉代分封制向郡县制的过渡。该措施被称为历史上“第一阳谋”。

▶ 什么是租庸调制？

租庸调制是唐前期在均田制基础上实行的赋税制度。其内容是：每丁每年要向国家交纳粟二石，称作租；交纳绢二丈、绵三两或布二丈五尺、麻三斤，称作调；服徭役 20 天，闰年加二日，是为正役，国家若不需要其服役，则每丁可按每天交纳绢三尺或布三尺七寸五分的标准，交足 20 天的数额以代役，这称作庸，也叫“输庸代役”。如果政府额外加役，15 天免调，30 天租调全免。若出现水、旱、霜等严重自然灾害，也会减免租调。

隋和唐前期推行租庸调制，使农民生产时间较有保证，赋役负担相对减轻，政府的赋税收入有了保障，府兵制也得到巩固。但随着历史的发展，租庸调制就逐渐变得不合时宜了，因此，780 年租庸调被两税法取代。

▶ 什么是军户？

军户是古代特定的户籍制度。东晋、南北朝时，士兵及其家属的户籍属于军府，被称为“军户”，入军户后，世代为兵，社会地位低下。到元明清时，军户制度略有不同。

元朝规定：军户世袭；其后代永为军人；军户有土地，在四顷之内，可以免交税粮，并免除其他各种差役；战时一切军需如鞍马、盔甲、器械等皆需自备。因为军户要自备军需，所以按照制度，军户由“殷实人户”充当。元朝军队成分复杂，与之相应，军户也有蒙古军户、探马赤军户、汉军户和新附军户之分。汉军户实行正、贴军户制，几户合并正军一名，丁力强者出兵，称正军户；弱者出钱，称贴军户。明朝因袭，卫所军士均入军户，世袭为兵。

▶ 什么是世官制？

世官制是先秦时期在选官用人方面所实行的一项重要制度，是一种贵族世代为官的制度。这个制度基于分封制体系，人们保持着牢固的宗族血缘联系，人群基本以族区分，并得到宗法封建制的制度上的保证，从而自然形成了各级宗族长同时也就是各级官长，家国一体、家国同构的统治模式。

世官制给贵族和官吏以充分共享政权的机会，使他们与王朝形成共存共荣的关系，使他们效忠君主，有效地维护了君主的统治。

世官制是特定时代的产物，到战国中后期时基本已经衰亡。

▶ 什么是察举制？

察举制是汉代选官制度之一。汉武帝在元光元年（公元前 134 年）采纳董仲舒的建议开始确立执行。察举制不同于先秦时期的世官制和后来的科举制，它的主要特征是由地方长官在辖区内随时考察、选取人才并推荐给上级或中央，被推荐者经过试用考核再任命官职。具体做法是由郡国每年推举孝廉各一人，“孝”是指孝敬父母，“廉”是指清廉勤政。被“举孝廉”者，往往前程远大，升迁较快。“孝廉”出身的官吏，更被认为是“正途”“清流”，很被看重。

除孝廉一科为察举取士的主要科目，汉武帝还不定期设立茂才、贤良方正、文学等科察举取士，以广泛地吸收地方上的优秀人才。这些被察举到中央的人员，一般都在郎署供职，由郎官再逐渐升职。

察举制有利于招徕各类人才，提高官员素质。但是地方察举亦被世族掌控，被举者常常名不副实。察举制客观上推动了东汉后期世家大族的形成。

▶ 什么是九品中正制？

九品中正制是魏晋南北朝时期的选官制度。曹丕称帝后，采纳陈群的建议，制定了该制度，具体内容为：由中央政府统一设立中正官及其属吏品评人才，以家世、道德和才能作为品评人才的标准，将人才划分为上上、上中、上下、中上、中中、中下、下上、下中、下下九个等级，以此作为官员选拔任用的依据，将据此选拔的人才推荐到各级行政机构任职做官。这一制度的实行一方面解决了选拔官吏无标准的问题，使当时一时间吏治澄清，另一方面缓解了中央政权与世家大族的紧张关系，为后来魏晋的统一打下了坚实的基础。

九品中正制初行时，以“唯才是举”为原则，后来中正（指掌管对某一地区人物的品评的负责人，即中正官）多为世家豪族把持，评定人物重视家世，“计资定品”，形成“上品无寒门，下品无势族”的局面。九品中正制上承两汉察举制，下启隋唐科举制，在中国古代政治制度史上占有十分重要的地位。

▶ 科举制是什么时候创立的？

科举制是中国古代通过考试选拔官吏的制度。其首创时间史学界存在争议，有汉朝、隋朝、唐朝多种说法，现在一般采用从隋朝开始创立科举制的说法。

科举制是封建时代所能够采取的最公平的人才选拔形式，它扩展了封建国家任用人才的社会层面，吸收了大量出身中下层社会的人才进入统治阶级。动摇了门阀制度，扩大了统治基础，推动了文化的发展。特别是唐宋时期，科举制度日趋成熟，显示出生机勃勃的进步性，形成了中国古代文化发展的一个黄金时代。

但在宋朝以后，随着封建专制的非人道发展，科举制使儒学成为统治者奴化臣民的工具，出现了科举制的政治化，还造成了师门关系的盛行。科举制消极作用的加剧，带来了诸多官场的黑暗和社会的混乱。

▶ 什么是士族？

士族指的是魏晋隋唐时期以宗族为纽带形成的封建贵族特权集团。与庶族相对，亦称世族、门第。最早是在东汉时期初步形成的。魏晋时，士族凭九品中正制世代为官；通过占田制占有大量土地；通过合法荫客占有依附农；学术上以经学礼法传家；标榜门第，不与庶族通婚。这样就在统治阶级内部构成了一个门阀贵族阶层，并逐渐形成了一整套的特权制度，即“门阀政治”，时称“上品无寒门，下品无势族”（“势族”亦写作“世族”）。至东晋时期形成门阀政治的鼎盛局面，因为东晋王朝是依靠南北士族的支持才得以存在的，这一时期门阀士族轮番把控朝政。

东晋后期到南朝时期，士族制度逐渐走向衰落，寒门庶族的一些人才开始脱颖而出，以军功崛起，打破了门阀贵族一统天下的局面。虽然北朝关陇士族崛起，至隋唐时仍有相当的地位，但后来因科举制兴起和唐末农民起义的打击，士族制度在唐末五代时终结。

▶ 北魏孝文帝改革有何历史意义？

北魏中期，民族矛盾和阶级矛盾十分尖锐，为巩固统治，孝文帝推行了一系列政治、经济改革。其主要内容是：整顿吏治，制定俸禄制，杜绝官吏贪赃枉法；实行均田制和租调制，以利于农业生产的恢复和发展，保证赋税收入和徭役征发；废宗主督护制，实行三长制，抑制豪强隐匿户口和逃避租调徭役；迁都洛阳，进一步加强对中原的统治；学习汉族文化，礼敬孔子，仿照汉人的典章制度和生活方式，提倡说汉话，改鲜卑复姓为汉字单姓，禁穿胡服，仿南朝改革官制，提倡与汉族通婚。

孝文帝改革有利于缓和阶级矛盾，为社会经济的恢复和发展发挥了积极作用，推动了北魏封建化进程，促进了北方各民族的大融合，对北魏社会政治生活乃至整个中国历史产生了深远的影响。

▶ 什么是“三公九卿”和“三省六部”？

“三公九卿”又称“三公列卿”，九为虚指，是秦朝的官员制度，是中央集权制三级管理的雏形。

“三公”“九卿”的称谓在先秦就有，但是从管理结构上来讲，却与秦朝时作为官制的“三公九卿”有着本质的不同。秦朝“三公”中，丞相为最高行政长官，辖列卿；御史大夫监察百官；太尉为军事长官。三公分权，彼此制约。列卿是三公之外高级官吏的统称，主要有：奉常、郎中令、廷尉、典客、宗正、卫尉、太仆、典属国、主爵中尉、少府、将作少府、治粟内史等。

“三省六部”是指古代中央官僚机构，在隋朝确立，也能体现中央三级管理架构。三省指中书省、门下省、尚书省，六部指尚书省下属的吏部、户部、礼部、兵部、刑部、工部，每部各辖四司。在各个朝代，无论是“三公九卿”还是“三省六部”，具体名称都有所不同，或有“二府三司制”等过渡形式，但其层级架构，直到明朝废除宰相和中书省，六部直接对皇帝负责，才发生实质改变。

▶ 御史台是什么机构？

御史台是中国古代中央的监察机关。御史台掌纠察弹劾百官、保存图籍秘书并有部分审判权，是御史治事之所，一般以御史大夫或御史中丞为长官。

其名称也多有变更，秦、西汉称御史府，东汉称御史台，魏、晋、南朝宋改称兰台，南朝梁、陈和北朝又皆称御史台。唐宋以来，御史台下设台院、殿院、察院三院，职掌各有侧重。唐朝贞观之前，御史台仅有风闻奏事权，没有司法权力。贞观年间，御史台设置台狱，受理特殊的诉讼案件。后来，凡重大案件，御史台须和刑部、大理寺组成三法司联合审理。大理寺负责审讯人犯、拟定判词，刑部负责复核，同时报御史台监审。

到了元朝设御史台纠察百官，并置派出机关行御史台，掌地方监察。明初改御史台为都察院，御史台之名废除。

▶ 什么是“中书门下”？

“中书门下”是唐宋时宰相办公的机构，又称政事堂。唐初确立三省制以后，由于三省事权分立，往往产生弊端，尤其是掌握出令权的中书省和掌握政令审核的门下省不时因政见不同而互相扯皮、推诿搪塞。因此唐太宗决定设政事堂于门下省，让三省长官（中书令、侍中、尚书左右仆射）在政事堂合署办公。后来，裴炎自侍中迁中书令，于是将政事堂移到中书省。开元十一年（723 年），中书令张奏改政事堂为中书门下，下设吏、枢机、户、兵、刑礼五房，分主政务，成为宰相治事机构。

北宋前期沿袭了这一机构，设于禁中朝堂以西，又称中书门下内省，与枢密院分掌军政大权。后来宋神宗元丰年间进行官制改革，撤销中书门下，以尚书都堂为政事堂，作为宰相办公处。

▶ 翰林院是什么机构？

翰林院始设于唐代，起初是宫廷供奉机构，安置文学、经术、卜、医、僧道、书画、弈棋人才，统称翰林院，并非正式官署。

后来唐玄宗因中书省不能及时草诏而设置学士院，供职人员称翰林学士。自此，学士院成为专门起草机密诏制的重要机构，有“天子私人”之称。在院任职与曾经任职者，被称为翰林官，简称翰林。

宪宗时设翰林学士承旨，时称院长、翰长，为翰林院首脑。分翰林学士和中书舍人为内、外两制，各置六员，当时内制重于外制，凡是皇帝看重的大诰令、大废置和密谋策划，翰林学士承旨得专受专对，负责草拟各种制诰、诏令、赦文。翰林院成为设置于内廷的正式决策机构。

宋代有翰林学士院，掌草诏之事。明清时翰林院成为外朝官署，负责修书撰史、起草诏书、进讲经史等。

▶ 什么是二府三司制？

二府三司制是北宋的中央行政体制，是宋代削弱相权，加强君权的重要举措。二府指中书门下（政府、东府）和枢密院（枢府、西府）。三司指盐铁、度支和户部。另有台谏作为全国最高的监察机关。

宋初三省虚置，另设中书门下处理政事，其长官称同中书门下平章事，掌握行政权，相当于宰相，下设参知政事为副相以分割相权。枢密院掌军政。三司掌财政，长官为三司使，时称计相。这样使政务、军事、财政、监察四权并立，各部门直接向皇帝负责，宰相只能事事按旨行事，权力大大削弱。但同时，政事由多个部门互相掣肘，政出多门，以致行政效率低下。

到宋神宗时进行元丰改制，将二府三司制改为三省枢密院体制，标志其终结。

▶“水能载舟，亦能覆舟”是谁的思想？

“水能载舟，亦能覆舟”出自《荀子·哀公》：“君者，舟也；庶人者，水也。水则载舟，水则覆舟……”是说统治者如船，老百姓如水，水既能让船安稳地航行，也能将船推翻吞没，沉于水中。表达了民心对于维护统治的重要性，类似“得民心者得天下，失民心者失天下”。后来这句话被唐朝魏徵用于著名的《谏太宗十思疏》：“怨不在大，可畏惟人。载舟覆舟，所宜深慎。”唐太宗对荀子和魏徵的这一观点十分欣赏，在与朝臣们讨论国家的治理问题时，多次引用和发挥了这一观点。他在《论政体》一文中说：“君，舟也；人，水也；水能载舟，亦能覆舟。”

总的说来，“水能载舟，亦能覆舟”体现了矛盾对立统一的哲学原理，告诫统治者要重视和善待国民。

▶ 谁提出的“民为贵，君为轻”？

“民为贵，君为轻”是战国时期儒家学派的重要代表人物、被称为亚圣的孟子提出来的，出自《孟子·尽心下》：“民为贵，社稷次之，君为轻。”

此后，“民贵君轻”成为后世广泛流传的名言，一直为人们所引用，这也是孟子民本思想最为典型、最为明确的体现。但是他这种思想与现代的民主思想有着本质的区别，受时代的限制，他并没有跳出君王封建统治的社会结构，并不是在为人民谋求政治权利，他只是看到了立国之本在于人民，如果没有了人民和社稷，那么也就无所谓君王了。所以孟子是站在统治阶级的立场上提出了一种通过调和君民矛盾而实现社会稳定的合理化统治方案。

▶ 为什么我们要“以史为鉴，以人为镜”？

“以史为鉴，以人为镜”出自《旧唐书·魏徵传》：“夫以铜为镜，可以正衣冠；以史为镜，可以知兴替；以人为镜，可以明得失。”这是记录的唐太宗李世民说的话，意思是：用铜做镜子，可以端正衣冠；用历史做镜子，可以知道国家兴亡的道理；用他人做镜子，可以明白自己的得失。

通过历史的经验积累少走弯路，获得正确的方向和更好的方法，同时吸取历史错误的教训，时时警醒，不要再犯同样的错误，所以应该“以史为鉴”。要从他人身上去学习优秀的地方，看到他人不足之处时时警醒，反思是否自身也存在同样的不足，经他人提醒，可及时认识并修正自身已经存在的短处，所以应该“以人为镜”。

▶ “藩镇割据”里的“藩镇”是什么？

“藩镇割据”通常指的是唐朝中后期幽州、魏博等藩镇的将领拥兵自重，在军事、财政、人事方面不完全受中央控制的局面。

藩镇是唐朝中后期为防止边陲各异族的进犯而设立的防戍军镇。藩是“保卫”的意思，镇是指军镇。藩镇的最高指挥将领称为节度使。藩镇节度使掌握地方兵权，符合唐朝在远离中央的地方进行军事驻防的需要，因为远离中央，所以藩镇节度使拥有辖区数州的行政、财政、人事管辖权，可更有效地执行军事任务。

但是到了唐玄宗末期，节度使权限过大，还有一人身兼数镇的情况，很快就酿成了安史之乱的大祸。

▶ 什么是“台谏合一”？

“台谏合一”是宋代监察制度中的一项重要措施。台是指御史台，长官为御史大夫，下设台院、殿院、察院，掌管纠察百官。谏是谏官，指谏议大夫、拾遗、补阙等官员，主要职务是侍从规谏，宋代设置谏院，掌管谏诤。

宋代台谏有合二为一的趋势，两者事权相混，具体表现在台官具有言事权，谏官拥有对百官的监察权，以及台谏官可以互相兼领。台谏合一使得谏官和御史两支监察队伍共同监督包括宰相在内的百官，从而进一步加强了皇权，但因共任言责，也对皇帝形成约束，并且在当时的政治生活中空前活跃，作用非常大。其中著名的案例是张尧佐事件，宋仁宗宠爱张美人，破格提拔张美人叔父张尧佐，对此台谏官员纷纷谏诤，并在朝廷上与宋仁宗争得面红耳赤，最终以张尧佐主动辞去高级职务而告终。由此可见，台谏制度对专制权力的制衡起到了积极的作用。

▶ 什么是两税法？

两税法是唐德宗时代的建中元年（780 年）由宰相杨炎建议推行的新税法。其主要内容是：取消租庸调和杂税；不分主、客户，一律以现住地为准，登入户籍纳税；改用按资产和田亩征税；每年分夏秋两季征税。所谓“两税”主要是指每年分夏秋两季征税。

此后，宋、元、明历代田赋均为夏秋两季征收，亦沿用“两税”的说法，只是具体内容各不相同，一直到明代张居正推行一条鞭法才结束“两税”的说法。

总之，两税法是与当时土地高度集中以及商品经济不断发展的情况相适应的，它承认田土自由转移与庶民阶层的分化，不再按人头纳税，而是按照每户的资产和田产来作为纳税的标准，确立了纳税货币化的税制，是中国古代赋税制度变革的一个里程碑。

▶ 什么是榷盐法？

榷盐法是唐中期实行的食盐专卖制度。

唐代食盐专卖始于肃宗，乾元元年（758 年）唐肃宗任命第五琦为盐铁铸钱使。第五琦建议实施榷盐法，即在产盐区设盐院，居民凡以产盐为业者，免除徭役，隶属盐铁使；食盐产销均由国家经营，严禁私人制盐、贩盐；提高盐价到每斗 110 文。上元元年（760 年）刘晏任盐铁使后，又进行改革：撤销非产盐区盐官；在产盐区设置监院，督促盐户自行生产；将盐税加在盐价中售给商人，听凭商人运销；将政府从烦琐的食盐运销事务中解脱出来。榷盐法使政府财政收入大为增长。

▶ 什么是常平法?

“常平”是调节粮价的意思，常平法是唐代著名理财专家刘晏推行的稳定市场、增加财政收入的政策。

安史之乱后，社会经济遭到严重破坏，商贾趁机操纵市场，导致许多地方粮价飞涨，广大百姓苦不堪言。唐代宗任命刘晏为东都京畿、河南、淮南、江南东西道、湖南、荆南、山南东道常平使，负责这些地区平抑粮价的工作。刘晏在各道设巡院，以勤廉干练者为知院官，让其随时上报当地物价的涨落，政府遇贵则卖，遇贱则买；同时还让其每旬每月上报各州县的雨雪丰歉情况，在丰收地区以高于市价的价格收买粮食，歉收地区以低于市价的价格出卖粮食。常平法使政府能够及时调整物价，稳定市场，还间接增加了国家的财政收入。

▶ 什么是“五等版籍”?

“五等版籍”是宋代的户籍制度。

建隆元年（960 年），宋太祖令各州县重新编造版籍，每逢闰年修造一次，称闰年图。宋代户籍划分为主户和客户。主户指占有土地并交纳两税的人户，客户则指无地的佃户。主户按照土地的多少，分成五等：一等户，占田 400 亩以上，属于大地主；二等户，占田 150 ~ 400 亩，属于中等地主；三等户，占田 50 ~ 150 亩，属于小地主和自耕农中的富裕农民；四等户，占田 30 ~ 50 亩，属于自耕农（大都可以自给自足）；五等户，占田小于 30 亩，一般都是半自耕农。一等、二等户土地田亩多，称上户；三等户称中户；四等、五等户田地产业少，称下户。

由于赋役繁重和不均，地主和富裕农民往往通过将资产寄托于享有免赋役特权的官户名下，或分散到佃户名下等方式逃避赋役。而贫苦农民因赋役繁重，最后沦为没有土地的佃户。

▶ 什么是“初税亩”?

“初税亩”是春秋时期的鲁国在公元前 594 年开始实行的按亩征税的田赋制度，其内容是：“公田之法，十足其一；今又履其余亩，复十取一。”即不分公田、私田，一律按亩纳税，税率为亩产量的十分之一。

一般认为，初税亩表明鲁国正式宣布废除井田制，承认私田的合法性且一律收取税赋。初税亩增加了国家的财政收入，加速了井田制的瓦解，从律法的角度肯定了土地的私有制，使我国历史从奴隶社会向封建社会的发展迈出了关键的一步，同时使生产关系发生了变革，使其更加适应生产力的发展，是历史进步的表现。

▶ 什么是“六学二馆”?

“六学二馆”是唐代中央官学的概

称。唐在隋的基础上，从中央到地方形成了相当完备的官学教育体系，六学二馆组成了中央官学的主干。六学指国子监下辖的国子学、太学、四门学、律学、书学和算学；二馆指门下省下辖的弘文馆和东宫所属的崇文馆。六学中前三学类似大学性质，学习儒家经典，后三学类似专科性质。

二馆招收皇亲、三品以上官员子孙；国子学收三品以上官员子孙；太学收五品以上官员子孙；四门学收七品以上官员子孙。这些机构入学有严格的等级限制，上述馆学以学习儒家典籍为主要内容。此外，律学学习律令，书学研究书法，算学研习历算，为专科性质的学校，收八品以下官员子孙及庶人通读学习。六学二馆是唐代的最高学府，反映了社会政治经济影响和制约着受教育权的分配。

▶ 中国古代刑法制度中的“五刑”是什么？

中国古代刑法制度中的“五刑”是指古代官府对犯罪者所使用的五种主要的刑罚，秦朝之前的五刑是指墨（在罪人面上或额上刺字并染墨）、劓（割去鼻子）、刖（砍去手或足）、宫（损伤生殖器）、大辟（死刑）。汉代经过刑制改革，肉刑逐渐废除。以后随着流放刑罚的不断发展，其地位不断提升，至南北朝时期流刑正式纳入正刑“五刑”之中。到隋朝时，刑律正式形成了笞、杖、徒、流、死的新五刑体系。唐朝时五刑基本定型，成为后来刑罚制度的蓝本。

从五刑的具体内容来看，笞是指用竹条或竹片抽打；杖是指用大木板或者木棍殴打；徒指的是将犯人固定在某一个地方为奴，“徒者奴也，盖奴辱之”。流指的是流放；死就是处死，但是根据处死方式上的不同，又可以分列出不同的刑罚。五刑并不一定单独执行，也可以多项叠加在一起共同执行，排列组合的变换可以衍生出更加严酷的刑罚。

▶ 什么是“八议”？

“八议”其实就是电视剧里经常提到的法外开恩，具体指的是议亲（皇亲国戚）、议故（皇帝的故旧）、议贤（德行修养非常高的人）、议能（才能卓越的人）、议功（功勋卓著的人）、议贵（三品以上的官员和有一品爵位的人）、议勤（特别勤谨辛劳的人）、议宾（邦交国宾或前朝国君的后裔中被尊为国宾的人），这八类人或因身份，或因贡献而地位超然，所以他们如果犯了死罪（十恶除外），法司不能定罪，只能上奏，由皇帝定夺，一般均可免死。

在《周礼》中，八议被称作八辟，汉代时候正式改名为“八议”。魏晋南北朝时期的魏国首次将“八议”制度正式列入国家法典，使封建贵族官僚的司法特权逐步法律化、制度化。此后“八议”

成为后世历代法典中的一项重要制度一直沿袭下来。其实质是中国古代法律伦理化、儒家化进程的体现，用以维护封建专制制度和等级制度。

▶ 什么是“十恶”？

十恶俗称“十恶不赦”，是中国古代十种不能赦免的重罪，即谋反、谋大逆、谋叛、恶逆、不道、大不敬、不孝、不睦、不义、内乱。

谋反，指图谋推翻封建王朝的统治，即危害皇帝的政权。谋大逆，指毁坏皇帝的家庙、祖墓及宫殿的行为。谋叛，指叛逃到其他敌对国家。恶逆，指殴打及谋杀祖父母、父母等长辈和尊亲。不道，指灭绝人道，如杀死一家三口，或用肢解、蛊毒等手段杀人。大不敬，指对皇帝不尊敬的言行，如偷盗皇帝祭祀的器具、伪造御用药品等。不孝，指对直系尊亲有忤逆言行，如咒骂、控告祖父母、父母，或在给父母守丧期间嫁娶作乐等。不睦，指谋杀或出卖亲属，殴打或控告丈夫、长辈等。不义，指殴打、杀死长官，或丈夫死后不举哀并作乐、改嫁等。内乱，指与祖父、父亲的妾通奸等违反伦理的行为。

十恶是直接危害君主统治、破坏纲常伦理的大罪，所以不能得到赦免。《唐律疏议》称：“五刑之中，十恶尤切，亏损名教，毁裂冠冕，特标篇首，以为明诫。”

▶ 唐代的“南衙北司之争”是怎么回事？

“南衙北司之争”是唐后期中央政府内部朝官和宦官间的政治斗争。南衙指位于宫城以南以宰相为首的政府机构，北司指宫禁以北宦官所在的内侍省。

玄宗、肃宗、代宗时期，宦官的权力只是刚刚起步，对朝政影响不大，南衙对北司具有压倒性的优势。

从唐德宗时期开始，北司的势力超过南衙。德宗设左、右神策军护军中尉典领禁军，宪宗设枢密执掌机要，均由宦官充任，形成宦官专权的局面，引起朝官不满，双方斗争日趋激烈。直到昭宗时，宰相崔胤勾结朱温引兵入关，打败岐王李茂贞，尽诛宦官，才结束了南衙北司之争。此时唐朝也随之灭亡。

▶ 什么是“遣唐使”？

“遣唐使”是日本国派遣出使唐朝的使团。

隋唐时，日本正处于社会大变革时期。为了学习中国文化，日本从隋朝时起，即不断派人到中国学习，到唐朝时达到高潮，先后向唐朝派出十几次遣唐使团，每次派出的使团多达百人以上，有时500多人。其中尤以阿倍仲麻吕、吉备真备随行的第八次遣唐使团最为著名。

他们引进唐朝典章律令，推动日本

社会制度的革新，汲取盛唐文化，提高日本文化艺术水平，还有中国的许多科学技术以及风俗习惯等，也通过他们传入日本，对日本的社会发展产生了很大影响，同时还促进了中日的贸易往来。

▶ 北宋时的新旧党争是怎么回事？

北宋时的新旧党争是围绕王安石变法进行的一场党争。熙宁二年（1069年），宋神宗重用王安石变法。围绕变法的执行，朝廷分为新、旧两党。新党支持变法，以王安石、章惇为代表；旧党反对变法，以司马光为代表，还包括韩琦、欧阳修、苏轼等非常有影响力的人。新旧党争最初因为政见不同而起，后来演变成排除异己的夺权之争，前后达50多年，对北宋的政治产生了很大的影响。

元丰八年（1085年）三月，神宗病逝，哲宗即位，高太后听政，起用旧党，废除新法，史称“元祐更化”。但是后来哲宗亲政后，又重用新党，史称“哲宗绍述”。徽宗时，蔡京以恢复新法为由打击异己，石刻309位新旧党人姓名，颁之天下。新旧党争过程中两党相互攻击，执政更迭，加剧了北宋政局的动荡。

▶ 什么是“南北面官”？

“南北面官”是辽代的中央官制。创立于辽太宗时期，耶律德光取得幽云十六州后，按照“以国制治契丹，以汉制待汉人”的原则，对契丹和汉人实行南北分治。

治理汉人的官署位于皇帝行宫的南面，故称南面官，其设置按照唐制，设三省六部，沿用汉人习俗，以考试等方法选拔士人担任，官吏亦多用汉人，管理汉人州县租赋之事。

治理契丹的官署位于皇帝行宫的北面，故称北面官，官员主要由契丹贵族担任，但不世袭，而是因才而举，其地位比南面官要高，管理宫账、部族、属国之事。南北面官制有效解决了南北差异的问题，有利于加强皇权和社会经济的发展。

▶ 宋代的“岁币”是什么？

“岁币”是宋代每年缴纳给外族政权的财物，最早出现在北宋真宗时期的“澶渊之盟”后。1005年宋辽达成澶渊之盟，两国为兄弟之国，宋朝每年给予辽国银10万两、绢20万匹，称岁币。

此后，宋朝和西夏及金朝议和，也都规定每年宋朝给予西夏及金朝一定数量的岁币。和平时期，宋朝会按时缴纳岁币，不过如果双方交战，宋朝就不再给予了。

岁币以每年缴纳财物的方式，维持了宋朝与周边政权之间的和平，客观上有利于政权之间的经济、文化交流，但加重了宋朝百姓的负担。

▶ 什么是千户制？

千户制是蒙元时期一种军政合一的制度，是打破旧有的部落组织而建立起来的，其特点是，将全部牧民用军事方式编制起来，使之隶属于各个千户那颜。每个千户，既是军事单位，又是基层社会组织。

成吉思汗统一蒙古后，将蒙古人编为十户、百户、千户，全国共有 95 个千户，成吉思汗将其分别授予开国有功的功臣和贵戚，任命他们为千户那颜，世袭管理领户。领户由领主指定牧地，平时从事畜牧业生产，定期向领主服役、纳贡，战时自备鞍马、兵器和粮食，随从领主出征，履行兵役义务。这是一种基于蒙古人游牧生活方式建立的以地域划分的、具有军政合一特点的军事行政制度。千户制的推行促进了蒙古封建化的进程和蒙古民族共同体的形成。

▶ 什么是行省制？

行省制是 13 世纪以来中国的主要行政模式，始于元朝，明、清两朝得到发展，最终影响了现代中国的行政体制。行省制度的创立，方便对辽阔疆域进行有效管辖，历经明朝、清朝，并且为我国现今省级行政区的设立奠定了基础，是自秦朝郡县制后，地方行政体制的一次重大变革，影响深远。元人称此制："都省握天下之机，十省分天下之治。"

行省划分时在地理上犬牙交错，割裂各地，使地方难以形成割据政权。在行省制下，行中书省最初是中央中书省派出的机构，但后来实际上成为地方最高府衙机构。行省除了有地方行政权，还兼有军政权与财政权，即行省可统辖地方军队，地方财税可自留三成于本行省。行省内部存在分权制衡。元朝中央朝廷为了防止行省长官权重难制，采取分权制衡的策略，实行群官圆署会议制度。高级官员主要有左丞相、平章及左、右丞及参知政事等。

行省制度意义深远，既有利于对辽阔疆域的管辖，特别是对边疆的有效管辖，同时也促进了统一多民族国家的发展，有利于化解民族矛盾，加强民族融合。

▶ 什么是驿传？

驿传是中国古代接待往来官员和进行文书传递的邮驿制度。古代驿站一般备有人夫、车马，并提供口粮等物资供传递文书的人员及过境官员使用。

其最早始于殷商，在甲骨文中有"骑士""车""驿传"等记载。到了春秋战国时期已经出现供邮驿使用的传舍。秦统一后，广建驿道，邮驿发展迅速。汉承秦制，在通路上每三十里置一驿所，供停留；各地设传舍，供歇宿。唐有车、马、船之分，设水驿、陆驿、水陆兼办三种驿传，由兵部统辖。宋代时设驿传为三等，即步递、马递、急脚递。元代普遍设置驿传，明代分水马驿、递运所，以及急递铺。清代仍设置，但改差役为雇役，清末随着新式邮局的建立，驿传逐渐被废止。

什么是坊市制？

坊市制是中国古代官府规划城区和管理市场的制度。唐前期城市住宅区（坊）都是和商业区（市）严格分开的，住宅区内禁止经商；市内店铺按商品种类区分，并且对交易的时间和地点进行严格控制，官府专设官员进行管理。唐代中期，随着农业、手工业的不断发展，商业出现了新的繁荣局面，单靠白天的市场交换商品显然已不能适应，于是夜市正式出现。至唐代后期，有小手工业者在作坊前设店售货及从事其他商业活动，坊市间的限制有所突破。至北宋中叶，坊市限制以及营业时间的限制被完全打破。商人在交纳住税的条件下，可随处设店、自由经营，形成了繁华的商业区，并出现流动商贩，以及专业性的批发交易市场。

坊市分离反映了当时商品经济发展程度较低，随着商品经济的逐步发展，坊市制失去了赖以存在的基础，中国传统城市随之进入了开放式的发展阶段。

市舶司是什么机构？

市舶司是宋元明时期在各海港设立的管理海上对外贸易的官衙，相当于海关。是中国古代管理对外贸易的机构。它的前身是唐玄宗开元年间在广州设立的市舶使，当时一般由宦官掌管，总管海路邦交外贸。

宋朝于开宝四年（971 年）在广州设市舶司，后来又在杭州、明州、泉州、密州、秀州增设。其长官初时多由知州兼任，后改设专职官员。国内商船出海须向市舶司申请，外国商船到达港口后，须向其申报并接受检查，市舶司另征收货物十分之一的人口税，称之为抽解，还负责收购政府专卖品和管理外商等事务。清代废除市舶司，以海关代之。

市舶司的设立，使海外贸易趋于制度化。它作为中国古代的外贸机关，见证了中国宋、元、明三朝的海上贸易之繁荣。

什么是榷场？

榷场是宋与辽、西夏、金、元等接境地区所设的互市市场。北宋于镇、易、雄、沧等州设榷场与辽互市；又在保安军设榷场与西夏互市。南宋时，宋沿淮河一线设 20 多处榷场与金互市。榷场有固定的贸易场所和管理条例，地点、货物、交易方式都受官府严格管控，官府享有贸易优先权；官府设专职官员负责稽查货物、征收商税。

宋朝主要输出农产品及手工业制品。辽、金、西夏主要输出牲畜、皮货、药材等。榷场的设立适应了各地区的经济交流需要，具有控制边境贸易、安边绥远的作用。

榷场贸易的存在减少了两国商人的奔波，也利于两国的往来交流，但是其设置因各政权间政治关系的变化而兴废无常。榷场贸易的兴衰与国家商税收入紧密相连。

▶ 明代的两京制是怎么回事？

明代的两京制是北京顺天府和南京应天府两京并存的制度。

洪武元年（1368 年），朱元璋在应天（南京）称帝，建都于此。建文四年（1402 年），朱棣起兵推翻朱允炆，在南京登基称帝，但是他的根基和统治中心在北方，所以迁都北京势在必行。

永乐元年（1403 年），明成祖将北平升为北京顺天府，公元 1421 年正式迁都北京，自此北京取代南京成为朝廷驻地。因为南京是朱元璋定下的都城，而明朝又标榜以“孝”治天下，所以南京的都城地位是不能取消的。

此后应天改称南京，并保留了一套中央机构，仍设六部、五府等，其官员级别与北京相同，但设员较少，管辖仅限南直隶。北京被称为“行在”，而南京被称为“都城”，也就是说北京尽管是真正的权力中枢，但名义上是“临时都城”，而南京名义上仍旧是大明王朝的“正式都城”。明末党争时，两党各据一京，互相贬斥。

两京制促进了南北经济、文化的交流，巩固了统治秩序，对南明政权的存在具有重要作用。但加重了财政负担，加剧了明末党争。

▶ 明清时的“内阁”是什么机构？

“内阁”是明清时期的中枢机构。

明太祖朱元璋废丞相，六部直属皇帝，政务繁巨，故设殿阁大学士以备顾问。明成祖时，阁臣（殿阁大学士和以翰林学士身份入职内阁的大臣）入职文渊阁，参与机务、起草诏书，称为内阁。宣德初，阁臣用小票墨书对奏章的处理意见，称为票拟，然后呈给皇帝换成朱批。内阁制在最初的时候只是皇帝秘书性质的机构，但是到了大明宣德朝内阁权力开始上升（三杨辅政），到了大明成化、弘治朝，内阁已经成为足以对抗皇权的文官政府代表。阁臣多尚书、侍郎等高官，内阁实际成了宰相机关，内阁首辅掌握大权。大明万历朝早期可能是内阁权力极盛的时期，张居正改革让内阁成为政府运转的中枢。总的说来，明朝内阁的设立强化了君主专制。

清朝沿袭明制度，内阁名义上仍然是最高官署，但实权由议政王大臣会议和军机处先后掌握，内阁作用仅限于传达谕旨、公布文告。

▶ 什么是“票拟”？

“票拟”是明代内阁处理奏章的一种方法。宣德初，对于来自全国各方面的奏章，在送呈皇帝批示以前，由内阁学士“用小票墨书”，即把批阅建议写在纸上并贴在奏章上，进呈给皇帝裁决，称为票拟，皇帝酌定票拟作为自己的批示，用红笔批写在奏章上，批红即作为皇帝谕旨下达。由于阁臣的票拟只有经过皇帝朱批之后才能生效，所以国家事务的实权仍旧在皇帝手中，但是不可避免地会受到内阁诸臣票拟意见的限制。

正统初，内阁票拟制度化。后来票拟权为内阁首辅独揽，如三杨辅政时所拟的“票拟”，万历前期张居正所拟的“票拟”，差不多都转化为“批朱”的蓝本。

清初曾经沿用票拟制度，军机处设立后，重要事务多用奏折直呈皇帝，票拟制度逐渐废除。

总的说来，票拟制度有效提高了行政效率，加强了专制皇权。

▶ 什么是“批红”？

“批红”是明清时期批写在奏章上的皇帝谕旨。

奏章经内阁票拟后呈皇帝御览，皇帝酌定票拟作为自己的批示，用红笔批写在奏章上，批红即作为皇帝谕旨下达。宣德以后，皇帝宠信宦官，批红时仅亲批数本，其余的就由司礼监的秉笔、掌印、随堂太监分别批红，批红权落入宦官之手，使其借机擅权干政。内阁的职权自此受到宦官的钳制，导致实际上存在着内阁与司礼监双轨辅政、互相制约的局面。

清朝时严禁宦官干政，皇帝将批红权掌握在自己手中，批后由宫中批本处（属内阁）用朱笔誊写于本章的右上角，故批阅过的奏章又称红本。每日由六科给事中到收发红本处领出，抄发各衙门，年终送还内阁，存放在库房里。

批红是国家最高权力行使的一种形式，加强了专制皇权。

▶ 什么是“二十四衙门”？

“二十四衙门”是明代时由宦官任职的宫廷服务机构。具体是十二监：司礼监、御马监、内官监、司设监、御用监、神宫监、尚膳监、尚宝监、印绶监、直殿监、尚衣监、都知监；四司：惜薪司、钟鼓司、宝钞司、混堂司；八局：兵仗局、银作局、浣衣局、巾帽局、针工局、内织染局、酒醋面局、司苑局。各衙门都置有掌印太监，管理本衙门的所属事务。司礼监又置秉笔太监、提督太监，由于司礼监掌奏章机要，历来由皇帝心腹宦官任职。明中后期，随着票拟制度的形成，皇帝在章奏上朱笔批写的裁定意见逐渐由秉笔太监代批，秉笔太监有时利用职权之便擅自改动内阁的票拟，权力甚至高于内阁。秉笔太监中受皇帝宠幸者，往往兼掌东厂。由于宦官接近皇帝，形成明代宦官专权的局面。

▶ 明代的司礼监是什么机构？

司礼监是明代宦官机构之一。始置于明太祖洪武十七年（1384 年），永乐时成为主管宦官机构的领导机关。设提督太监一员，管理大小宦官；掌印太监一员；秉笔、随堂太监无定员。

司礼监由太监掌管，在明初并没有太大的权力。到了中后期，由于皇帝怠政厌政以及年幼等原因，皇帝经常让司礼监代帝批红。司礼监利用这一机会，不断扩大自己的权力，干预明朝的中央决策，给明朝政治、经济、军事、司法造成了恶劣的后果。历史上闻名的权宦如刘瑾、魏忠贤等，权力甚至高于内阁。另外，秉笔太监中受皇帝宠幸者，往往兼掌东厂。司礼监的设置开明代宦官专权之先河，是明代专制皇权发展的象征。

▶ 明代统领军队的最高军事管理机构是什么？

明代统领军队的最高军事管理机构是五军都督府。洪武初年，由大都督府的大都督节制中外诸军事。洪武十三年（1380 年）正月，明太祖朱元璋以“权不专于一司，事不留于壅蔽”为由将大都督府一分为五，改大都督府为中、左、右、前、后五军都督府，分领在京的除亲军以外的各卫所和在外的各都司。五军都督府与兵部共掌兵权。五军都督府主管军籍和军政，不能任命将领及调遣军队。兵部虽是任命将领、发布调遣命令的机构（调兵必须奉旨），但不直接统率军队，统兵权与调兵权分离。二者互相钳制，使最高军事指挥权掌握在皇帝的手中。

▶ 什么是卫所制？

卫所制是明初军队的基本组织制度，为明太祖所创立，其构想来自隋唐时代的府兵制。

明初军队设卫、所两级。卫设指挥使司，统兵 5600 人，每千户所 1120 人，每百户所 112 人。卫隶属于各省都指挥使司，都指挥使司又隶属于五军都督府，并听命于兵部。

卫所军官品级如下：卫有指挥使（正三品）、指挥同知（从三品）、指挥佥事（正四品）、卫镇抚（从五品），其下属有经历（从七品）、知事（正八品）、吏目（从九品）、仓大使、副使等；千户所有正千户（正五品）、副千户（从五品）、所镇抚（从六品），其下属为吏目；百户所有百户（正六品）、总旗、小旗。

自卫指挥使以下军官都是世袭的，另立户籍，称军户，世袭为兵，平时屯田或驻防。军饷主要由屯田收入支给。每逢战事，任命将军统率卫所士兵出征；战事结束，将归于朝，兵还于卫所。明中叶以后，军屯制破坏，卫所败坏，遂改世兵制为募兵制。卫所制是明代从军事上加强皇权的重要举措。

▶ 都察院是什么机构？

都察院是明清时期主掌监察的中央机构，由前代的御史台发展而来，与六科（六科给事中，简称六科，掌侍从、规谏、补阙、拾遗，分察吏、户、礼、兵、刑、工六部之事，纠其弊误）合称科道。

洪武十五年（1382 年），明太祖将御史台改为都察院。其职责是：纠劾百司，辨明冤枉；会同吏部考核、进退官吏；遇有大狱要犯，则会同刑部、大理寺共同审理，合称三司会审。宣德十年（1435 年），分省设十三道监察御史，巡按州县，考察官吏。

清初改以左都御史、左副都御史为主官，右都御史、右副都御史专作总督、巡抚的加衔。雍正元年（1723 年），六科给事中并入都察院。

作为明清监察制度的主要实施者，都察院在维护封建统治正常秩序和保障封建国家机器平稳运转方面起到了重要的作用。

▶ 什么是三法司？

三法司是明清司法机构刑部、都察院、大理寺的合称。其制源于唐代的三司推事，唐代对于大案、要案，由大理寺卿、刑部尚书、御史中丞共同审理，称为三司推事。明清两代以刑部、都察院、大理寺为三法司，遇到大案发生的时候，由三法司会审。其中，刑部负责审理案件；都察院负责纠察；大理寺负责对冤案、错案进行驳正。三法司会审得出的判决由皇帝最后裁决。

清代承袭明代三法司体制，审判机关仍为刑部、大理寺、都察院，但此时它们的职权已经与明代大不相同。清代的刑部仍为中央审判机关，但职权范围远远超过明代，不仅享有审判权，还享有复审与刑罚执行的权力。清代的大理寺地位远不如前代，其职责主要是复核刑部拟判死刑的案件。都察院是法纪监督机关，既审核死刑案件，又参加秋审与热审（秋审是古代复审死刑案件的一种制度，在秋季进行。热审指明清时期每年从小满后十日起到立秋前一日止，以天气炎热之由对流徙、笞杖之刑减等处理），还监督百官。1906 年，三法司体制被废除。

三法司体现了职权分离、相互牵制的特点。三法司的设立，意味着完备的司法体系的建立。

▶ 大理寺是什么机构？

大理寺是南北朝到清朝的中央审判机关，相当于现代的最高法院。北齐始设，沿袭至清朝，其职责是负责审核刑狱案件。唐代大理寺是中央最高审判机关，负责审理中央百官犯罪及京师徒刑以上案件。遇到重大案件，大理寺卿与刑部尚书、侍郎会同御史中丞会审。宋代，大理寺分左、右寺，左寺复审各地方的奏劾和疑狱大罪，右寺审理京师百官的刑狱。大理寺设大理寺卿和少卿为正、副长官。明清时，大理寺与刑部、都察院合称三法司。凡属重大司法案件，在京大理寺要会同刑部、都察院会审，地方要报请三法司会核。

1906年，大理寺改称大理院，这个名称一直沿用到民国初期。

▶ 明代的厂卫是什么机构？

厂卫是明代的特务侦查机构，类似现代的反贪局、情报局和国家安全局。厂是指东厂、西厂，卫是指锦衣卫。两者合称厂卫。

东厂设于明成祖时，其任务是缉访谋逆等。西厂建于明宪宗时，权出东厂之上，但存在时间不长。锦衣卫建于明太祖时，原为内廷亲军，是皇帝的卫队，后来逐渐演变为皇帝的私人警察，除缉访百姓及众官外，还兼管刑狱。

一般厂由宦官主持，卫则由武将掌领。厂与卫的职权基本无差别，但由于锦衣卫属于外官，奏事需用奏疏，还有勋戚及其子弟参加，不如东厂太监与皇帝亲近，所以厂的势力实际要大于卫。锦衣卫侦察一切官民，厂则侦察官民和锦衣卫，西厂有时还监视东厂，内厂（由太监刘瑾设立的特务机关）则监视官民和厂卫，而皇帝直接领导与监督所有侦查机关。

厂卫可以不通过司法机构，直接奉诏行事，任意逮捕吏民。厂卫的设立加强了皇权，是明代专制主义统治加强的重要表现。

▶ 巡按制度是怎么回事？

巡按制度是明朝至清初时期中央派遣监察御史到地方巡视考察的制度。

明代在都察院设十三道监察御史以加强对地方的监察，派出巡察地方的称巡按御史。明成祖后成为定制，一省为一道，分道出巡，一年一代，如无特殊情况及朝廷特准，不得再巡。巡按御史平时归都察院管理，履职时直接对皇帝负责。其品级虽低，却代天子巡狩，在地方考察民情，监督吏治，大事奏裁，小事立断，事权极重，为维护中央集权、澄清地方吏治做出过较大的贡献。

清初沿设巡按御史，顺治十七年（1660年）废止。

巡按制度强化了中央对地方的监督，对地方政治、经济和社会的发展都产生了重要影响。

▶ 国子监是什么机构？

国子监是中国古代最高学府和教育

管理机构。

西晋时始设国子学，隋代改为国子监。唐、宋时期，国子监作为国家教育管理机构，统辖其下设的国子学、太学、四门学等，各学皆立博士，设祭酒一人负责管理。明洪武十五年（1382年）置国子监，设祭酒、司业、博士、助教学正等学官。在国子监读书的学生称为“监生”，分为官生、民生。官生指品官子弟、土司子弟和外国留学生；民生是由地方推举的俊秀。功课有四书五经、大明律令和《御制大诰》及刘向的《说苑》等。洪武时监生结业后可直接任官，有时衔命出使，如巡行府县、稽查百司案牍、督修水利等。

国子监不仅接纳全国各族学生，还接待外国留学生，为培养国内各民族人才、促进中外文化交流曾起到积极的作用。科举成为入仕正途后，国子监的教育职能逐渐衰败。

▶ 古代科举的院试、乡试、会试、殿试分别指什么？

明清科举考试共分为四级：院试—乡试—会试—殿试。

院试未考中前叫“童生”“童子”。考中后称“生员”“秀才”。

乡试由天子钦命的主考官主持，每三年考一次，参考者为秀才，考中之后成为举人，第一名称解元。考期在八月，所以又称“秋闱”。

会试于乡试的第二年春天举行，由礼部主持，各省的举人及国子监监生皆可应考。又称“礼闱”“春闱”，地点在京城礼部官衙，考中后称“贡士”，第一名叫“会元”。

殿试又称“廷试”“廷对”等，是科举考试中的最高一级，由皇帝主持考试，考中了就叫进士。贡士才有参加殿试的资格。殿试分三甲（三等）录取。一甲三人，称状元、榜眼和探花，赐进士及第；二甲若干名，赐进士出身；三甲若干名，赐同进士出身。二甲、三甲的第一名皆称传胪。

殿试后，进士及第的三人立即授职，状元授翰林院修撰，榜眼、探花授翰林院编修；其他进士，按殿试、朝考名次，分别授以庶吉士、主事、中书、行人、评事、博士、推官、知州、知县等职。

▶ 什么是八股文？

八股文是明清科举考试所规定的一种应试文体，源于宋代的经义文，明清时成为定制。

明代科举考试以四书五经的文句命题，以程朱的解释为依据，用朱熹的《四书章句集注》作为标准答案，不许超出这个范围发挥。八股文的格式由破题、承题、起讲、入手、起股、中股、后股和束股八个段落组成，所以称为八股文。每个段落规定在固定的格式里面，连字数都有一定的限制，尤其是起股、中股、后股、束股的部分要求严格对仗，类似骈文，写作难度非常高。清末废科举，八股文始废。

八股文题目、内容、格式都限制太严，过于死板，严重束缚了人们的思想，成为一种空洞的文字游戏，标志着科举制走入没落阶段。

▶ 里甲制度和保甲制度有什么区别？

里甲制度是明朝的基层组织制度，也是明朝政府推行黄册制度的基础之一。保甲制度是始于宋朝的带有军事管理功能的户籍管理制度。

里甲制是每 110 户编为 1 里，由丁粮最多的 10 户担任里长，余下的 100 户为 10 甲，每甲 10 户，皆置甲首。以里甲为单位所服的徭役就是里甲正役，包括：到各级官衙服役；催征钱粮；协助调查本里各户人丁事产，根究逃亡；支付各种杂项费用。服役办法为 10 年一轮，每年由里长 1 人、甲首 1 人，率领一甲应役。10 年之后，再查算各户丁粮的消长，重新编审里甲，如前面所述轮流当役。

保甲制以“户”（家庭）为社会组织的基本单位，每户设户长；10 户为甲，设甲长；10 甲为保，设保长。各保就该管区域内原有乡镇界址编定，或并合数乡镇为一保，但不得分割本乡镇一部分编入他乡镇之保。

▶ 鱼鳞图册和黄册分别是什么？

鱼鳞图册是中国古代政府编制的土地登记簿册。因所绘田亩依次排列，状如鱼鳞，所以叫鱼鳞图册。南宋始造鱼鳞图册，是民间田地之总册，按照随粮定区的原则，以税粮万石为一个编造单位，称一区。按田地的形状绘制成图，标明四边所至、地形、面积、土质及田主姓名，一式四份，分送各级政府，作为征税、派役依据。凡是图册上的土地买卖，要向地方政府办理田赋过割手续。

黄册是明朝为核实户口、征调赋役而制成的户口册。明初，朱元璋命令各府县编制户口册，册上载明各户的姓名、籍贯、丁口、年龄等。鳏、寡、孤、独者附在册后，不派徭役。县、府、布政使司层层造册，最后上报户部。因送到户部的户口总册封面用黄纸，所以称为黄册。

▶ 什么是“茶马互市”？

“茶马互市”是中国古代中原地区与边疆少数民族地区之间以茶马交易为中心的贸易往来。

茶马互市形成于唐代，唐玄宗时期设马市，以绢帛等物换马。后来随着饮茶之风盛行，连周边少数民族也把饮茶当成必不可少的生活内容，于是茶叶也成为换马之物。

宋朝茶叶生产大为发展，为朝廷开拓茶马互市贸易提供了丰富的物质基础。

朝廷设置了茶马司对茶马互市进行专门管理。后来明清两朝沿袭宋朝做法，并进一步完善了茶马互市的规则。清朝中后期逐渐废止了茶马互市。

总的来说，茶马互市为中原政权提供了重要的战马来源和丰厚的茶利收入，是唐朝以后中原地区同边疆少数民族地区商业贸易的重要形式，加强了中原和边疆地区各民族之间的经济文化联系。

▶ 什么是一条鞭法？

一条鞭法是明中期张居正实行的赋役制度改革。万历九年（1581 年）推行全国。

一条鞭法的主要内容是：合并赋役，将田赋和各种名目的徭役合并，一起征收，同时将部分丁役负担摊入田亩。将过去按户、丁出办徭役，改为据丁数和田粮摊派徭役；赋役负担除政府需要征收米麦以外的，一律折收银两；农民及各种负担力役户可以出钱代役，力役由官府雇人承应；赋役征收由地方官吏直接办理，废除了原来通过粮长、里长办理征解赋役的“民收民解”制，改为“官收官解”制。

一条鞭法改变了以前赋和役分开征收的办法，使两者合而为一，使税制化繁为简，是我国赋税制度的重大改革；促进了商品经济的发展，增加了政府的财政收入，缓和了政治危机。

▶ 清朝的剃发令是怎么回事？

剃发令是清初强迫汉人按照满人习惯剃发的法令。

满人的发型与汉人迥异，男子把前颅头发剃光，后脑头发编成一条长辫垂下。

顺治元年（1644 年）五月，多尔衮进入北京后，即宣布京城内外军民人等尽行剃发以示归顺，但遭到京畿各地的强烈反对，不久被迫停止。顺治二年（1645 年）五月，清兵进入南京，弘光政权灭亡，清廷于六月再次颁布剃发令，规定京城内外以十日为限，各省地方在接到命令后也以此为限，所有文武官民都要剃发，衣冠服饰也要遵从清制，以此作为归顺的标志，违抗者杀无赦。

剃发令在清初各地引起了极大的震动，它激起了汉族各阶层人士的强烈反对和反抗，以至于大规模的武装斗争遍及全国，导致了长期政局不稳，但最后还是在全国范围内强制执行了。剃发令的颁布及强制执行加剧了清初的民族矛盾。

▶ 什么是更名田？

更名田是清初将明朝宗室、藩王所遗田产改归原耕种佃农所有的土地制度。

清初，原明朝“藩封之产”，或因战乱荒芜，或因藩王勋戚逃亡，而为农民所占有，也有不少田土为当地豪强侵占。为恢复和发展农业生产，康熙八年（1669 年），清政府下令，将这些明朝宗室、藩王庄田一律改归民户所有，田地为农户世业，编入所在州县，由国家向农民征收赋税，通过更名田形式把一部分藩产无偿地交与原耕佃农承种，使其成为拥有合法土地所有权、只缴纳封建国家赋税的自耕农民。更名田主要分布在直隶、山西、山东等省，总数约 17 万顷。更名田制度承认了农民对这些土地的所有权，有利于清朝前期农业的恢复和发展，也增加了国家的赋税收入，在一定程度上缓和了清朝前期尖锐的阶级矛盾和民族矛盾。

▶ 什么是逃人法？

逃人法是清初惩处八旗奴仆逃亡的法令。满清早在入关前就有此法令。入关后，八旗贵族和官兵圈占大量土地建立庄田。强迫治下汉人百姓投充为庄田中从事生产的壮丁，成为农奴。沦为农奴的汉人不但遭到残酷的剥削和奴役，从事繁重劳动，而且没有人身自由，所以引起大量逃亡。这些逃亡的人被称为逃人。

为保护八旗贵族利益，防止农奴的逃亡，以及更有利于缉捕逃人，统治者严申逃人法，对逃人与窝藏逃人者严加处分，包括在逃人脸上刺字，甚至杀头、罚没窝藏者的家财、人丁充军等。逃人法激化了阶级矛盾和民族矛盾，引起北方民众的反抗。

康熙以后随着旗地农奴制经营逐渐被封建租佃关系所代替，逃人问题逐渐缓和，法令随之放宽。

▶ 清朝时期的“包衣”指的是什么？

“包衣”是满语音译，意为家奴。但包衣并非身份低贱的奴隶，而是专门服务高等皇族的一种特殊旗人。入关后，上三旗（正白、镶白、正黄旗因归皇帝统领，被称为上三旗）包衣隶属内务府，多充骁骑、护军、前锋等营兵卒；下五旗包衣分隶王府，皆为世仆。总之，包衣是清代八旗制度下世代服役于皇帝、宗室王公之家的一个奴仆群体，他们以一个奴仆阶层的形象出现在历史之中。后来包衣的待遇得到改善与提高，他们可以入官学和参加科举考试，以功名跻身显贵者非常多，如江宁织造曹寅。也有不少受封世爵世职之家。所以总体而言，包衣虽然是奴仆，但并不是贱民，其奴仆身份仅仅相对于皇室、宗室王公而言，在社会上他们基本与八旗中的一般旗人处于同一等级。

▶ 什么是清初的内三院？

清初的内三院是三个中央枢要机构的合称。

天聪三年（1629 年），皇太极设文馆。天聪十年（1636 年），改文馆为内三院，此机构正式升为国家机构，并且扩大了职能：内国史院负责记注政事、纂修国史、撰拟命；内秘书院负责撰拟外交文书、敕谕、祭文；内弘文院负责注释古今政事得失，为君主进讲。从文馆到内三院，此机构发生了阶段性的变化，机构的规范化、权责的明确化为其迈向成熟提供了制度保障。内三院给汉文臣提供了参与政治的机会，尽管内三院确立的官阶较为低微，但官阶的出现确立了人员的地位，地位的确立尤其对汉文臣来说是种身份的象征，也是对他们才能的肯定。

顺治十五年（1658 年），改内三院为内阁，后又恢复内三院。康熙九年（1670 年）复设内阁，遂为定制。所以内三院是清代内阁的前身，其设置大大加强了皇权。

▶ 什么是议政王大臣会议？

议政王大臣会议是清代前期满族上层贵族参与处理国政的制度，又称“国议”，它创建于皇太极崇德二年（1637 年），撤销于乾隆五十六年（1791 年），共存在了 155 年。

议政王大臣会议由满族上层贵族组成。入关前，军国大政由其决定。入关后，虽设名义上的最高行政机关内阁，但军国大事不经内阁票拟，而由议政王大臣会议策划方案，皇帝最后裁决。在清王朝统一全国过程中，用兵频繁，军情险急，议政王大臣会议对重大决策曾起过重要的作用。但是随着国家的逐渐统一及封建君主专制制度的加强，象征着亲贵权力的议政王大臣会议制度必然与皇权产生矛盾。所以康熙设南书房撰拟特诏密旨，以削弱其权力。雍正时设立军机处，军机处成为实际的最高的权力机关，议政王大臣会议仅存空名，最后于乾隆五十六年（1791 年）废止。

▶ 军机处是什么机构？

军机处是清代雍正朝设立的处理机要的中枢机构。

雍正七年（1729 年），为处理西北军务设立军机房，后改称“办理军机处”。军机处总揽军政大权，成为执政的最高国家机关，完全置于皇帝的直接掌握之下，等于皇帝的私人秘书处。但是军机处无正式署衙和专职官员，在形式上始终处于临时机构的地位。军机大臣由大学士、尚书、侍郎或京堂（清代各衙门长官）兼任，属官为军机章京。其主要职责是书写谕旨，参赞军事、政治、外交、刑狱大事，对文武官员的任免、奖惩提出意见。宣统三年（1911 年）废除。

军机处是皇帝直接控制下的全国军政要务总汇机关，它的设立是清代统治者在中央行政制度方面的重大变革。皇帝通过军机处，完全控制了全国的军政大权，拥有了“乾纲独揽”的绝对君权。

▶ 内务府是什么机构？

内务府是清朝创设的专管宫廷皇室事务的机构，长官为总管内务府大臣（总管大臣），由满族王公大臣担任，秩从二品，乾隆时改正二品。

内务府职责很广，凡宫廷内部事务均由总管大臣统筹。内务府自成系统，与外廷职官无涉，所属机构达 50 处以上，职官 3000 多人，上三旗包衣之政及宫禁事务，全由其主管，还把持盐政、分收榷关、收受贡品。宫中财政主要来源为内务府所属皇庄的收益和内务府从事官方房产买卖与租赁等商业活动的收益。清代尽收宦官之权于内务府，排除了宦官对皇权的干扰，根绝了宦官专政之祸。

▶ 理藩院是什么机构？

理藩院是清代设立的管理边境少数民族地区事务的中央机构。

1636 年，清朝廷设立蒙古衙门，后改为理藩院，职官有尚书一人、左右侍郎各一人，主要官员由满族人和蒙古人担任。理藩院的设置，使得清代中央政权有了统一管理藩属事务的机构。它不仅与六部并列，而且其管理院务的尚书地位远在六部尚书之上。理藩院的职责是掌管内外蒙古及青海、新疆、西藏等地蒙、维、藏族事务，此外也掌管一部分外交事务，曾经在清代前期充分发扬了大国本色，抵制了沙俄的侵略扩张，维护了清王朝的国家主权和统一，在沙俄屡犯中国边境的情况下，理藩院多次出面交涉，代表清政府指斥沙俄的侵略行径，为雅克萨之战的胜利和驱逐沙俄侵略者准备了条件，维护了中华民族的尊严和中国的主权。

总的来说，理藩院的设立有利于加强中央对少数民族事务的管理，促进了多民族国家的融合统一。

▶ 钦天监是什么机构？

钦天监是明清时期掌管天文历法的机构。

中国古代非常重视天文星象，因为历法关系农时，加上古人相信天象改变和人事变更直接对应，所以各朝都有掌管天文历法的官署，但名称不同。

明太祖洪武元年（1368 年），改太史院为司天监。洪武三年（1370 年），改为钦天监。钦天监承担观察天象、颁布历法之重任，设监正、监副为主官，下设主簿，春、夏、中、秋、冬官正等官。清初沿袭设置，隶属礼部，后成为独立机构。明末清初，西方传教士来华后，德国人汤若望、比利时人南怀仁等多供职于钦天监，他们在向中国传授西方天文学知识、制造天文仪器、修改历法等方面起了重要作用。

▶ 什么是“京察”？

“京察”是明清考核京官的制度。

明代京察每六年一次。四品及以上官员自陈，由皇帝裁定；五品及以下具册奏请。清代吏部设考功清吏司，负责文职官的考核与处分，三年考核一次，对京官的按期考核称京察，对地方官的考核称大计。三品及以上官员由吏部缮写履历清单具题，候旨定夺；四品及以下由其堂官考察注考，吏部会同都察院、内阁大学士会核，缮写等第黄册具题。考察内容为守、才、政、年四格。结果由高到低分为称职、勤职和供职三等，三等之外为不合格，根据结果对官员予以升迁贬黜。

京察与大计制度的存在，本身目的在于奖优惩劣，使各级官员能够恪尽职守，为帝王统治做出贡献。然而正因为涉及官员的奖惩，结果造成徇私舞弊等结党现象十分明显，在实践过程中流于形式，并不能真正实现应有的作用。

▶ 什么是八旗制度？

八旗制度是清代旗人的军事和社会组织形式，也是清代的根本制度，始创于努尔哈赤和皇太极统治时期。

1601 年，努尔哈赤设黄、白、红、蓝四旗，后又增设镶黄、镶白、镶红、镶蓝四旗，为满洲八旗。后来皇太极又设蒙古八旗和汉八旗，旗色同满洲八旗，实际是二十四旗，但习惯上仍称为八旗。旗的基本单位为牛录，一牛录最初为 300 人，后有所调整。其成员平时生产，战时出征，不能随意离开牛录。满清入关后，为加强军事防御，分别令八旗兵在京师与各地驻防，直至 18 世纪中叶，八旗营区终于系统地分布于全国的军事要地，实行永久性的驻扎，编入八旗的“旗人”享受各种优厚的待遇，后来旗人逐渐成为寄生阶层。清亡后，八旗制度完全瓦解。

▶ 什么是绿（lù）营兵？

绿营兵是清朝入关后改编或招募汉人组成的军队，因其旗帜为绿色且以营为基层编制，所以称为绿营兵。

绿营兵的最高武职长官为提督，战略单位为镇，基本编制单位为营。营以上各级均设衙门作为办事机构。在京师的为巡捕营，隶属于步军统领衙门。在各省有督、抚、提、镇诸标，分别由总督、巡抚、提督、总兵等所统辖，皆受总督节制。还有河道总督、漕运总督统辖的河标、漕标。标下有协、营、汛三级。绿营兵主要承担作战、边防、屯戍、漕运等任务。提督以下将领只有统兵权，而无调兵权，其军令受总督和巡抚节制，兵权归于朝廷。绿营兵在康熙、雍正、乾隆的历次用兵中都曾起过重要作用。但是后来营务废弛，日益衰微。到清末时仅存空名而已。

▶ 什么是驻藏大臣？

驻藏大臣是清政府派驻西藏管理西藏事务的最高行政长官。

雍正五年（1727 年）正式设立驻藏大臣衙门，由朝廷派驻藏大臣数员办理西藏事务，此后成为定制。驻藏大臣是清朝中央政府治藏政策的具体实施者，直接传达皇帝旨意。乾隆时提升其职权，规定其与达赖、班禅平等。有关西藏的重要人事、行政、军事、外交、财政等事务，均由驻藏大臣裁定。噶布伦（藏语音译，清代设立的主办西藏行政事务的官员，受驻藏大臣及达赖喇嘛管辖）以下各级官员，皆由驻藏大臣会同达赖、班禅选补，并听命于驻藏大臣的管辖和约束。宗教监管上规定达赖、班禅及以下高僧活佛的转世实行金瓶掣签制，由"驻藏大臣亲往监同抽掣"。军事上规定每年由驻藏大臣"巡视边界，操阅番兵"，奖优罚劣。财政上驻藏大臣严格管理财税，监制钱币，合理摊派租税徭役，等等。驻藏大臣的设置加强了中央对西藏的控制，也促进了西藏地方各项事业的发展。

▶ 什么是土司制度？

土司制度是元、明、清三代在西南等少数民族地区设立的地方政权组织形式和制度。"土司"又称"土官"，是由中国古代中央王朝任命和分封的地方官。元代继承历代"以土官治土民"的办法，授予西南各少数民族首领以宣慰使、宣抚使、安抚使、招讨使等官职，又在各族聚居的府、州、县设土官。文武各职土官皆为世袭，均给符印，并确定承袭、等级、考核、贡赋、征发等原则。

土司除对中央政权负担贡赋和征发之职能外，在辖区之内保留传统的统治方式。明清两代曾在部分地区实行改土归流，废除土官，改由中央委任的流官进行统治。民国时部分地区仍实行土司制度。

土司制度对南方民族产生过很大的影响，促进了南方各民族社会经济的发展，也暂时维护了地方的稳定和巩固了国家的统一。

▶ 明清时期的"改土归流"是怎么回事？

"改土归流"是明清时期在西南地区推行的地方行政区划和地方官吏任命改革。即废除自元朝以来世袭之土官，改设可随时任命的流官。

这一改革从明初时就已经开始实行。在元朝之后，明朝从一开始就只是部分延续了土司制度，相应地设立了土知府、土知州、土知县三种文官职务，这种设置把土司纳入了明朝政府的官员系统，弱化了其地方色彩，强化了其行政色彩，为后来将世袭的土司改为完全由朝廷任命的流动任职的官员创造了条件。至清朝雍正四年（1726年），云南巡抚兼管云贵总督事的鄂尔泰开始在云贵等地进行大规模的改土归流。在改流地区，撤销土司，在原土司地区设府县厅州，实行与汉族地区相同的制度，如清丈土地、编制户口等。改土归流加强了西南地区与内地的联系，加强了中央对边远地区的控制，促进了边远地区经济文化的发展。

▶ 什么是"摊丁入亩"？

"摊丁入亩"是清朝实行的将丁银并入田赋征收的一种赋税制度。

康熙五十一年（1712年）将康熙五十年的丁银作为定额，以后"滋生人丁，永不加赋"。雍正时推行摊丁入亩，将丁银摊入田赋征收，废除了以前的"人头税"；政府放松对户籍的控制，农民和手工业者从而可以自由迁徙，出卖劳动力；各省地方政府，查清各处地亩多少，按亩均摊税赋。地银和丁银合一，叫作地丁银。

摊丁入亩是中国封建社会后期赋役制度的一次重要改革，标志着中国实行了两千多年人头税（丁税）的废除，结束了地、户、丁等赋役混乱的现象。由于征税的对象是土地，政府放松了对户籍的控制，增加了大量可以自由流动的劳动力，对活跃商品经济起了推动作用，促进了社会经济的发展和人口的增长。

▶ 什么是朝贡体系？

朝贡体系是中国古代王朝与周边民族及海外诸国之间形成的一种特有的外交体系。中国历代王朝均把自己作为天下的中心，视周边乃至更远的地区与国家为化外之地，其与中原王朝的关系被限定为自下而上的朝贡关系，即中原王朝把自己当作"宗主"，把对方看作附庸。双方间的商业往来，以"通贡"方式进行。对方用来贸易的商品被称为"贡品"，历代王朝用来交换的东西被称为"回赐"。"厚往薄来""宁厚毋薄"是进行这种商品交换时的指导思想。

朝贡体系在明清时期达到鼎盛，甲午战争后，随着清朝的衰落与近代外交体系的逐渐建立而崩溃。

▶ 清代的闭关政策是怎么回事？

闭关政策是清政府在对外交通、贸易方面实行的一种限禁政策。其中最严重的是海禁，其次为一口通关。

乾隆二十二年（1757年），只准广州一处通商，并由政府特许的"十三行"商人处理对外贸易事务；制定一系列管理、防范外国人的章程，对外国商人在中国的活动做了严格的规定。禁止官民擅自出海贸易，如有将违禁货物贩卖到其他国家，或者制造船只贩卖给其他国家的，均将交给刑部按律治罪。清朝的禁海运动起始于顺治十二年（1655年），终止于康熙二十三年（1684年）。

清朝的闭关政策一直延续至1842年《南京条约》的签订。闭关政策是落后闭塞的自然经济的产物。虽然在面对西方资本主义的侵略时，闭关政策不失为一种自卫措施，但整体上，它对中国社会向近代化的发展起到了严重的阻碍作用。

第十八章
阅读写作

▶ 什么是记叙文？

记叙文作为最常见的一种文体，在生活中应用很广泛。这是一种以记叙、描写为主要表达方式，以记人、叙事、写景、状物为主要内容，真实记录生活的文章。一篇记叙文，必须具备六个要素，即时间，地点，人物，事件的起因、经过和结果。记叙文一般篇幅不长，文章脉络清楚，主要是用来真实记录生活。

▶ 如何概括记叙文的文章内容？

由于记叙文是以记人、叙事等为主要内容的，所以，在概括文章内容的时候，可以从以下几方面入手：（1）扩展标题。标题是“人物”的，补充事件；是“事件”的，补充人物及相关情节；是“中心”的，围绕六要素展开。如《散步》概括内容就是：我们一家人在田野散步，解决分歧的故事。（2）要素串联。提炼出文章的六要素，用“何人 + 在什么情况下 + 做何事 + 结果如何”的句式组合。这两种方法适合对全篇文章内容的概括。（3）句段摘录。抓总起句、总结句、过渡句、概括性语句、议论句、抒情句、主旨句等概括某一段的内容。没有这种句子的话，也可以采用“什么人 + 做什么”的句式概括。（4）段意合并。概括每一段段意，根据文意取主舍次，用过渡词语串联关键句。这种方法适合对某一部分内容的概括。总的说来，概括内容一般采用“什么人 + 什么时间 + 什么地方 + 做了什么事 + 结果怎么样”这种模板。

▶ 如何把握作者的思想感情？

作者的思想感情，包括两个层面，

一是对描写对象的态度或者感情，二是作者对自己人生的态度。把握作者的思想感情，可以从以下几方面入手：（1）从分析文章标题入手。标题是文章的“眼睛”，能使读者获得总的印象。有的文章标题不仅能表明文章的主要内容，也能或显或隐地传达出作者的思想感情。比如《秋天的怀念》就表明了作者的怀念之情。（2）从分析文章关键句入手。一般情况下，文章中的议论句以及抒情句都有画龙点睛的效果，作者常常会在这些句子中直接表达自己的思想感情。（3）从分析文章的写作背景入手。一些文章会有时代的烙印，可从其写作背景入手来分析作者想要表达的思想感情。比如，解读鲁迅的文章就需要结合他所处的时代背景来分析。（4）从分析文中人物形象入手。人物寄托着作者的思想感情，因此分析作者对人物形象的刻画，就可以把握作者的思想感情。

▶ 如何厘清文章思路？

文章思路，是指作者安排材料的先后顺序。要想厘清文章的思路，可以参考以下三个步骤。第一步，划分段落层次。就是按照文章的大概思路，将文章划分为几个层次。划分层次的时候，可以按事情的发展顺序，即“起因—经过—结果”或“开端—发展—高潮—结局”等划分，也可以按时间的推移（关注表示时间的词语）或者空间位置的变化（关注表示地点的词语），也可按心理变化（关注表示心理变化的词语或事件）。第二步，概括层意。就是将每个层次的内容按照“什么人 + 做什么”的模式概括出来。第三步，串联层意。就是采用“本文先写了……再写了……然后写了……最后写了……”的形式将层意串联起来。需要注意：概括时，要从前往后，不要漏掉内容，并一定要用一些表示先后顺序的词语表述。

▶ 如何概括文章主旨？

主旨，又叫中心思想，指的是文章表达的某种观点、认识和情感，通常是文章的核心内容，也是作者的写作意图。要概括文章主旨，可以从以下几方面入手：（1）抓文章标题、开头和结尾。有的文章标题能够或显或隐地传达主旨，有的开篇点明中心思想，有的结尾深化主题。（2）抓关键句，尤其是不能放过那些结构相似、内容相近、反复出现的句子。（3）抓人物、事件。人物寄托着作者的思想感情，因此需要分析作者对人物形象的刻画。（4）结合写作背景，掌握写作意图。写作意图包括两个层次，表层是作品本身表达的主题思想，深层是对作者所处时代、社会和文化环境的反映，要全面考虑。一般可按下面的模板组织语言：“本文通过对……的记叙（描写），表现（揭示）了……抒发了作者……的感情，希望（呼吁、提倡）人们……”需要指出的是，写人的侧重“表现了……精神”，写事的侧重“阐明了……道理”或者“呼吁、提倡……”，写景的侧重“抒发了……感情”，游记侧重“表达了……感情”，而童话或寓言侧重“讽刺了……现象”“揭示了……道理”等。

▶ 顺叙和倒叙各有什么作用？

叙事的手法有顺叙、倒叙、插叙和补叙。顺叙和倒叙是两种最常使用的叙事手法。顺叙指按照事件发生、发展的时间先后顺序进行叙述。结构是：发生—发展—结局。顺叙的作用有：（1）使叙事有头有尾，条理清晰；（2）使文章层次清晰，脉络分明。而倒叙一般运用在文章的开头段落，先交代事件的结果，或者把事件发展过程中最突出的片段提到前面来写，然后再用顺叙写出整个过程。结构是：结局（或最精彩部分）—发生—发展（—结局）。倒叙的作用有：（1）制造悬念，激发读者阅读兴趣，给读者留下深刻印象；（2）增强文章的生动性。

▶ 插叙和补叙如何区别，各有什么作用？

插叙指在叙述中心事件的过程中插入与之有关的另一件事的叙述，叙述完后，再接着叙述中心事件。结构是：发生—发展—其他内容—结局。插叙插入的只是一个片段，不是文章主要内容。而补叙是在叙事结束后，补充交代与主要情节相关的内容。结构是：发生—发展—结局—补充叙述。插叙插入的是中心事件之外的相关情况，去掉后并不影响事件本身的完整性；而补叙补充的是中心事件发展之中的环节，去掉后会影响事件本身的完整性。插叙只能在篇中，不能在篇末；补叙可在篇中，也可在篇末。

插叙的作用是：（1）补充交代了……（概括内容）；（2）解释了……的原因；（3）推动故事情节发展，为下文做铺垫或者埋下伏笔；（4）对主要情节起补充、衬托作用；（5）突出人物性格（或者形象），使人物形象更丰满；（6）突出文章主旨；（7）丰富文章内容，使文章情节完整；（8）使文章结构富于变化，避免平铺直叙。

补叙的作用是：（1）对原有情节起补充交代的作用；（2）丰富叙述内容，使文章结构完整；（3）使情节跌宕起伏，出人意料；（4）使人物形象更丰满；（5）突出文章主旨。

需要指出的是，插叙、补叙的作用很多，但并不是每一个都具备这些作用，一定要根据具体情况进行具体分析，再加以选择。

▶ 如何理解句子的含义？

理解句子的含义，需要注意以下方

面：（1）联系上下文，明确所选句子在情节中的具体作用。比如，描写环境、推进情节、描写人物、设置悬念等。（2）抓关键词，解释句中关键词（代词、形容词、动词、名词等）的本义并理解其语境义，比如，人物的心理、动作，反复出现的词语等。（3）抓修辞，解释句子的本义、修辞义及其抒发的情感。（4）抓句子位置，若为总领句，多从下文寻找相关信息；若为总结句，多从上文寻找相关信息；若为过渡句，则要关注上下文内容。（5）抓内容，结合上下文相关内容或通过解释段意来分析。（6）抓主旨，结合写作背景、写作目的、文章中心思想分析句子含义。

▶ 如何分析段落的作用？

段落的作用，要从段落所处的位置去分析，要从结构和内容两个方面去分析。段落的具体作用如下。（1）开头段的作用。结构上：①开门见山，总领全文；②引出下文；③点题；④为下文做铺垫。内容上：①设置悬念，吸引读者；②奠定文章感情基调；③以故事开篇，引起读者兴趣；④以发问开篇，引发思考；⑤以诗词开篇，增加文采；⑥以环境描写开篇，点明故事发生的时间、地点和人物活动的背景，渲染气氛，烘托情感，推动情节的发展。（2）中间段的作用。结构上：①承上启下；②呼应标题（开头、结尾）；③做铺垫；④推动情节发展；⑤使文章脉络清晰。内容上：①承接上文，引出下文；②强调……点明中心思想；③若为插叙段，补充说明内容；④若为环境描写段，渲染气氛，烘托心情，展现人物性格，暗示人物命运。（3）结尾段的作用。结构上：①总结全文；②首尾呼应；③前后照应；④点题。内容上：①交代结局，揭示真相；②点明主旨，升华主题；③意味深长，发人深省。

▶ 如何赏析词语？

赏析词语，其实就是赏析词语的表达效果，如果没有明确标注，需要赏析的词一般选动词、形容词、副词、叠词，或区别于普通词语，具有自己特色的词。词语可以从以下几个角度进行赏析：（1）词义角度。理解词语本义，揣摩词语语境义，分析其表达的情感。（2）词性角度。动词、形容词：生动形象地表现了事物或人……的特征。副词：准确生动地修饰（限制）了……（词语），形象体现了……的特征，表达了……情感。叠词：音律和谐，渲染气氛，使事物或人的……特点更鲜明。拟声词：使描写生动逼真，让人如闻其声，有身临其境之感，形象写出事物的特点，展现人物的心情（或情绪）。（3）修辞角度。修辞手法—修辞作用—表达情感。（4）感情色彩角度。表达了作者……的情感。（结合文章主旨，特别注意褒贬词反用的情况。）（5）人物描写角度。可从语言、动作、心理描写等角度分析。

▶ 如何分析记叙文标题的作用？

标题的作用又叫标题的妙处、好处、表达效果等。标题的作用主要包括以下方面。(1)结构上：充当文章线索。(2)内容上：交代时间、地点、人物、写作缘由，点明故事的背景，概括主要内容。(3)写法上：运用比喻、拟人、夸张等修辞，双关、象征等表现手法，突出主题。(4)形式上：用词新颖别致；化用古诗词、成语，富有诗意，简洁凝练，含蓄隽永，具有象征意义；疑问句式，引人深思；设置悬念，吸引读者；格式新颖，条理清晰(小标题)。(5)情感上：寄托了……感情；渲染气氛，营造氛围，奠定文章的感情基调。(6)主旨上：文眼，暗示(点明、凸显)文章主旨，对主题的体现起画龙点睛的作用。

▶ 对比和衬托有什么区别？

对比是把两个相反、相对的事物或同一事物相反、相对的两方面放在一起，用比较的方法加以描述或说明。对比分为横向对比和纵向对比。横向对比，就是将不同的人、事、物进行对比；纵向对比，就是将一个(件、类)人、事、物在不同时间点所呈现出来的特征、行为等进行对比。对比的作用在于突出事物本质特征或某一方面的特点，增强文章艺术效果和感染力，强调作者的情感，给读者以鲜明、深刻的印象，更好地表现文章主题。

衬托是以次要的人、事、物陪衬主要的人、事、物，突出主要的人、事、物的感情、性格、思想、特点等。用类似的事物作陪衬叫正衬，用相反、相异的事物作陪衬叫反衬。衬托的作用在于突出表现主要的人、事、物的特点，增强文章的表现力。

不难看出，两者的区别是：对比是两种事物互相比照，以共同表现某种思想或意境，对比双方不分主次；而衬托是以次要事物为陪衬突出主要事物，两者主次分明。

▶ 渲染和烘托有什么区别？

渲染旨在通过对环境，人物的行为、心理等做多方面的正面描写，来突出形象，营造意境，渲染气氛；烘托则有意避开正面描写，而从侧面着意刻画，以使所要表现的人、事、物鲜明突出，达到突出本意的目的，侧重于气氛的烘托，常用感情色彩浓烈的场景描写起到“烘云托月”的艺术效果。这是两种不同的表现手法，但经常被人们混为一谈。渲染属于正面描写，烘托属于侧面描写，这是它们最本质的区别。我们经常说“正面渲染”“侧面烘托”就在于此。

▶ 伏笔和铺垫有什么区别？

伏笔和铺垫都是常用的表现手法，其区别主要表现在：（1）从形式上看，伏笔语句不多，有隐含性，不注意看不出来，所以，伏笔一般是“细节”；铺垫语句较多，可以铺陈，如情节高潮的前奏、一些表现人物的环境描写，它们没有隐含性，一看就知道是为下文所作的铺垫。（2）从运用上看，伏笔与下文所照应的内容有一段距离，甚至可能一个在文首，一个在文尾；铺垫一般是紧接着想引出的内容，如前面写环境、他人，接着就写主要人物。（3）从作用上看，伏笔是谋篇布局，即结构上的技巧，使文章前后照应，结构严谨；铺垫是写作方法上的技巧，主要是对主要内容起烘托作用，比如，推动情节，突出人物，等等。

▶ 首尾呼应和前后呼应有什么区别？

首尾呼应和前后呼应是常用的表现手法。首尾呼应是指文章的开头与结尾提到同一事物或出现相似的语句。也就是说，在文章开头提到一次相应内容，结尾时再呼应一次。首尾呼应的作用是使结构更加紧密、严谨，内容更加完整；强调主题，加深印象，引起共鸣。而前后呼应是指在文章中上文与下文有相似之处或上文设的悬念在下文进行了解答。前面提到的内容，后面有着落；后面讲的情节，前面有交代。首尾呼应可以看作前后呼应的一种特殊情况。

▶ 什么是欲扬先抑？

欲扬先抑又叫先抑后扬，是一种广泛应用的表现手法，一般适用于人物描写。扬，是指褒扬、抬高；抑，是指按下、贬低。作者想褒扬某个人物，却不从褒扬处落笔，而是先按下，从相反的贬抑处落笔。这种手法可以使情节多变，形成波澜和鲜明对比，使读者在阅读过程中，产生恍然大悟的感觉，留下比较深刻的印象。还有一种手法叫欲抑先扬。这种手法是指本来想要贬抑或批判某个人、某个现象或某种倾向，于是先尽量用较多的篇幅描述或勾画他（它）的好处，然后转而表现他（它）的不好，从情节的跌宕中引发读者思考，使其受到启迪。

▶ 什么是托物言志？

托物言志是一种常见的表现手法，也称寄意于物，是指通过描绘客观事物的某一方面的特征来表达作者情感或揭示文章主旨。采用托物言志法的文章特点是：用某一客观事物来比拟或象征某种精神、品格、思想、感情等。要写好这样的文章，就要掌握好客观事物与自己的志向、感情等的内在联系。首先，该事物的主要特点要与自己的志向和感情有某种相同点或相似点。其次，描述时，自己的志向和感情要以该事物的特点为核心，该事物要能表达自己的志向和感情。托物言志最常用的修辞手法有比喻、拟人、象征、对比等。

▶ 借景抒情和情景交融有什么区别？

借景抒情和情景交融都是表现手法。借景抒情，顾名思义是将作者已有的主观感情借助对景物的描写抒发出来。而情景交融是突出表现景中有情、情中有景，客观景物会明显地带有作者的主观情感。二者的共同点是，以抒情为中心。二者的区别是，前者表面写景，实质写情；后者写景、抒情都是明写，只是景为由、情为根而已。

▶ 什么是卒章显志？

卒章显志是一种表现手法，指在文章结尾时，用一两句话点明中心、主题，也叫“篇末点题”。“志”就是指文章的中心、主题，“卒”就是指完毕、结束。恰当运用这种手法可以增加文章的深刻性、感染力和结构美，有“画龙点睛”的艺术效果。一般来说，这种手法几乎在所有文体中均有应用，在散文中应用较多。白居易在《新乐府序》中说：“首句标其目，卒章显其志。”在文章结束时，作者将要表露的胸怀、志向很自然地说出来，会给人一种鼓舞和向上的力量。范仲淹的《岳阳楼记》就是运用这种手法的典范。

▶ 什么是以小见大？

以小见大作为一种表现手法，指对形象进行强调、取舍、浓缩，以独到的想象抓住一点或一个局部加以集中描写或延伸放大，以更充分地表达主题思想。以小见大中的“小”，是描写的焦点，它既是写作创意的浓缩和生发，又是作者匠心独具的安排，因为它已不是一般意义的“小”，而是小中寓大、以小胜大的高度提炼的产物，是简洁的刻意追求。这种以一点观全面、以小见大、从不全到全的表现手法，给作者带来了很大的灵活性和无限的表现力，同时为读者提供了广阔的想象空间，使读者获得生动的情趣和丰富的联想。平凡的事件好像发生在读者身边，容易引起读者共鸣，突出中心，使文章更具震撼力。典型的例子就是杨绛的《老王》和莫怀戚的《散步》。

▶ 如何分析文章的写作特色？

文章的写作特色，又叫写作特点。对一篇文章的写作特色进行分析，如果没有特别标明分析的角度，就需要去选择合适的角度。可以从以下六方面进行分析。（1）记叙的人称选择。（2）写作手法：包括修辞手法、表达方式、表现手法等。（3）选材：典型、真实、详略得当、突出中心。（4）结构：布局合理、巧妙，结构严谨，伏笔照应。（5）语言：朴实或华美，豪放或婉约，清新或凝重，直白或含蓄。（6）立意：深刻、新颖、以小见大、富有哲理等。

▶ 文章的线索有哪些类型？

（1）时间线：以事情的发展、时间的推移为线索，如《伟大的悲剧》。（2）空间线：以方位的变化或地点转换为线索，如《从百草园到三味书屋》。（3）人物线：以人物或人物特征为线索，如《背影》；以人物的行踪或见闻感受为线索，如《孔乙己》。（4）物品线：以某一件具体的物品为线索，如《项链》。（5）事件线：以某一中心事件为线索，如《社戏》。（6）感情线：以思想感情变化发展为线索。（7）景物线：以景物为叙事或抒情的线索。（8）明暗两条线索：一般明线是时间线或者事件线，暗线是感情线，如《藤野先生》，鲁迅先生与藤野先生的交往是明线，而鲁迅先生的爱国主义思想感情是暗线。

▶ 什么是小说？

小说是一种叙事性的文学体裁，通过人物的塑造和情节、环境的描述来概括地表现社会生活，与诗歌、散文、戏剧，并称“四大文学体裁”。人物、情节、环境是小说的三要素。情节一般包括开端、发展、高潮、结局四部分，有的还包括序幕、尾声。环境包括自然环境和社会环境。小说按照篇幅可分为长篇小说、中篇小说、短篇小说等。虽然小说从广义上说属于记叙文，但其具有更多的文学性、艺术性、虚构性。阅读小说的时候，要充分认识到这一点，不断提高自己的文学鉴赏能力。

▶ 小说中的“我”有什么作用？

小说中的“我”，并不是作者本人，而是虚构的人物。用第一人称叙述，可以增强小说的真实性，叙述亲切自然，便于拉近与读者的距离。“我”在文中的作用主要有：（1）以“我”的所见、所闻、所感为线索。如鲁迅的《孔乙己》中的“我”是咸亨酒店的小伙计，就是贯穿全文的线索。（2）通过“我”的见闻感受，表现或烘托人物形象。如鲁迅的《故乡》中通过“我”在“故乡”的见闻和感受，表现了闰土和杨二嫂这两个人物的变化，突出了小说的主题。（3）在“我”的身上寄托了作者的情感（希望）。如莫泊桑的《我的叔叔于勒》中“我”作为于勒的侄子，闪烁着人性的光辉，寄予了作者对人间真情的希望。

▶ 如何分析人物在小说中的作用？

小说中的人物比较多，有主要人物，

也有次要人物，他们各自所起到的作用是不同的。具体说来，主要人物的作用包括：（1）通过人物的活动，表达人物情感，反映人物性格特征，塑造人物形象。（2）揭示人物身份、地位、处境、经历，折射人物所处时代的特点。（3）推动情节发展。（4）表达主题，升华主旨。而次要人物的作用也不容低估。（1）情节方面：为下文做铺垫，推动情节发展，制造波澜，设置悬念。（2）人物方面：与主要人物形成对比，衬托或侧面烘托主要人物。（3）环境、主题、结构方面：交代或暗示环境背景，揭示或暗示主题，充当线索人物。

▶ 小说塑造人物形象的方法有哪些？

小说塑造人物形象的方法主要包括正面描写和侧面描写。具体说来，正面描写有：（1）外貌（肖像）描写，描写人的身材、容貌、打扮以及仪态等；（2）神态描写，刻画人的面部表情；（3）动作描写，描写人的个性化行为、动作；（4）心理描写，描写处在一定环境下人物的心理活动（内心感受、意向、愿望、思想斗争等）；（5）语言描写，描写人物的独白、对话。侧面描写又叫间接描写，是从侧面烘托人物形象，主要的方式包括借助次要人物陪衬、烘托，借助物象陪衬、烘托，借助环境陪衬、烘托。

▶ 如何概括小说的故事情节？

小说的故事情节，一般由四部分构成，即开端、发展、高潮和结局，所以要概括小说的故事情节，需要厘清其行文思路，可以将小说划分为四部分，然后归纳概括每一部分。概括故事情节的时候，一定要看清这一部分写了哪些人，这些人做了什么，或者他们因为什么事件发生了联系，然后按照“什么人 + 做什么”的格式概括。

▶ 如何分析小说中某个故事情节的作用？

小说中某个故事情节的作用，主要可以从以下几方面去分析。（1）对人物的作用：刻画了人物形象或突出了人物的性格特点，交代人物活动的社会环境。（2）对主题的作用：点题和突出、深化主题等。（3）对读者的作用：吸引读者注意力，激发读者的阅读兴趣，引发读者思考等。（4）对结构的作用：为后面的情节发展做铺垫或埋下伏笔；照应前文或推动情节发展；情节反转，使情节跌宕起伏。

▶ 小说中的环境描写有什么作用？

环境描写是指对人物活动的环境和事件发生的背景的描写，根据描写对象可以分成两种，即自然环境描写和社会环境描写。自然环境包括人物活动的地点、时间、季节、气候以及景物等。自然环境描写对表现人物的心情、渲染气氛都有重要的作用，具体来说：（1）交代故事发生的时间、地点及背景；（2）渲染环境气氛；（3）烘托人物心情；（4）烘托人物形象；（5）表现人物性格。

社会环境揭示了种种复杂的社会关系，如人物的身份、地位、成长的历史背景等。作用包括：（1）交代故事发生的时代背景、时代特征、社会习俗、思想观念和人与人之间的关系；（2）渲染环境气氛；（3）烘托人物心情；（4）推动情节发展；（5）深化主题。

▶ 小说的标题有哪些作用？

小说的标题千差万别，其作用也各有不同，具体来说有以下几个方面。（1）以人物为题的作用：①突出人物形象；②交代写作对象及内容；③紧扣中心，突出主题。（2）以物象为题的作用：①隐含比喻，有象征意义；②设置线索，贯穿全文；③概括故事情节；④设置悬念，引发联想，吸引读者；⑤寄托某种情感，突出文章主题。（3）以事件为题的作用：①突出主要故事情节；②紧扣中心、突出主旨；③设置悬念，吸引读者的阅读兴趣。（4）以时间、地点、环境为题的作用：①点明故事发生的时间、地点，以及故事的背景；②渲染环境氛围；③具有隐喻、象征含义。

▶ 如何概括小说的主题？

（1）从题材内容看主题。一是抓标题，有的小说的标题除了表面意思，还有比喻、象征义或双关义，隐含着小说的主题，如《祝福》；二是抓主要事件，小说叙述的主要事件把人物、环境、作者的看法等都包括其中，把握故事的主要事件，也就确定了小说的主题方向。（2）从人物塑造看主题。在小说中，主要人物也就是“主题性人物”。主要人物的际遇、命运归宿常常反映着社会生活的本质，显示着作品的主题。（3）从情节发展看主题。小说的某些典型情节，常常有揭示主题的作用。（4）从环境看对主题的暗示。环境描写常以间接的形式表现主题，有时环境描写可能带有象征或隐喻性质，可以从中揣摩主题。（5）从文中重要语句挖掘主题。阅读时要善于抓标题、开头、结尾及意蕴深刻处，同时圈点勾画出自己认为重要的语句和段落。

▶ 叙述视角的作用有哪些？

叙述视角也称叙述聚焦，是指叙述语言中对故事内容进行观察和讲述的特定角度。同样的事件从不同的角度去看就可能呈现出不同的面貌，在不同的人看来也会有不同的意义。一般说来，叙述视角有两种。一是全知视角（零视角），一般用第三人称，叙述者处于全知全觉的地位，洞悉一切。其作用是便于随时对人物的思想、行为做出解释和评价，对故事情节及人物形象进行加工处理，多角度叙述，客观冷静。二是有限视角，一般用第一人称，从作品中某个人物出发，作者的认知不能超越这个人物的认知。其作用是给人一种亲历的感受，可增加真实性和亲切感，能最大限度调动读者积极性去想象故事背后的故事以及以后的发展。

▶ 什么是说明文？

说明文是一种以说明为主要表达方式的文体。它的中心鲜明突出，内容具有科学性、条理性，语言准确、生动。说明文通过揭示概念来说明事物特征、本质及其规律性。它一般介绍事物的形状、构造、类别、关系、功能，解释事物的原理、含义、特点、演变等。说明文实用性很强，可广泛应用于广告、说明书、提要、提示、规则、章程、解说词等。说明文的特点是“说”，而且具有一定的知识性。这种知识，或者来自有关科学研究资料，或者是亲身实践、调查、考察所得，都具有高度科学性。应用性说明文一般只要求说明事物的特征，阐述性说明文则必须揭示出问题的本源和实质。

▶ 如何辨别说明对象？

说明对象指说明的话题，具体来说有两类，一是具体的事物，包括事物的状态、性质、特征和功能等；二是抽象的事理，包括事物的本质、原理、关系等。要辨别说明对象，可以从以下几方面入手：（1）看标题。一般情况下，事物说明文的标题就是说明对象或者包含说明对象，如《中国石拱桥》；事理说明文的标题有时会暗示说明对象，如《淘米水的妙用》。（2）观首段。无标题或标题没有表明说明对象时，就要看文章的首段，首段的末尾处往往会点出说明对象。（3）找结尾段。标题与首段都找不出说明对象时，文章的结尾往往会揭示说明对象。（4）抓关键句。一般段首中心句或段尾总结句会点明文章的说明对象。（5）归纳总结。如果以上方法都不可行，则须研读全文，逐段分析，归纳总结，最后确定说明对象。

▶ 如何概括说明对象的特征？

说明对象的特征主要表现在构造（包括内部与外部构造）、形态（大小、长短等）、性质（软硬、冷热等）、变化（动静、快慢等）、成因、功用等方面。概括说明对象特征的方法有：（1）看标题，有的标题用生动形象的比喻、拟人的修辞手法说明事物的特征；有的标题在指出文章说明对象的同时，也指出了其特征。（2）分析文章，抓其中的关键句、中心句。这些句子大都放在标题、篇首或段首。（3）借助说明的内容，概括说明对象的特征。可通过研读文章，在分析归纳的基础上去提炼其特征。

▶ 如何辨别说明顺序？

说明顺序主要有三种：（1）时间顺序，即按事物发展过程来说明。主要用于说明生产技术、产品制作、工作方法、历史发展、动植物生长、人物成长等。标志词有月、季节、年、朝代、时代等。（2）空间顺序，即按事物空间结构的顺序来说明，如从上到下、从前到后、从中间到两边、从外到内、从整体到局部等。主要用于介绍建筑物、景点或具体物品。标志词有东西南北中、上下左右、内外前后等。（3）逻辑顺序，即按事物、事理的内在逻辑关系来说明，如从现象到本质，从原因到结果，从主要到次要，从抽象到具体，从特点到用途，等等。主要用于说明事理内部联系、认知规律等。标志词有首先、其次、再次，因为、所以等。要特别说明的是，一篇说明文一般以一种说明顺序为主，同时兼用其他说明顺序。辨别说明顺序也可以从以下三方面考虑：（1）明确说明文类别。事物说明文一般采用时间顺序或空间顺序；事理说明文一般采用逻辑顺序。（2）抓标志词。（3）抓关键句，如过渡句、设问句、段首句等。

▶ 说明方法都有什么作用？

（1）举例子：具体真切地说明了事物的特点。（2）分类别：分门别类、条理清楚地说明了事物的特点，使说明更有条理性，说明的内容眉目清楚，避免重复或交叉的现象。（3）列数字：具体而准确地说明该事物的特点，使说明更有说服力。（4）作比较：突出强调了说明对象的特点（地位、影响等）。（5）下定义：用简明、科学的语言，更科学、更本质、更概括地揭示说明对象的特征或原理。（6）打比方：打比方就是修辞手法中的比喻，生动形象地说明该事物的特点，增强了文章的趣味性。（7）画图表：使读者一目了然，非常直观形象地说明了事物的特点。（8）作诠释：对事物的特征或原理加以具体的解释说明，使说明更通俗易懂。下定义与作诠释的区别是：定义要求完整，而诠释并不要求完整。（9）摹状貌：对事物的特征或原理加以形象化地描摹，使说明更具体、生动、形象。（10）引资料：用引用的方法说明事物的特征或原理，如引用古诗文、谚语、俗话，能使说明的内容更具体、更充实、更有说服力。如用在文章开头，还起到引出说明对象的作用。

▶ 如何理解说明文的内容？

理解说明文的内容，可以按照以下步骤进行：（1）提取要点，即直接找文段的中心句。这种方法适用于中心明确、简洁鲜明的文章。（2）抽象说明，即自己组织语言对文章的主要内容进行揭示。

这种方法适用于评价事理、剖析事理、阐明特性等各类文章。抽象说明的关键在于全面把握文章内容，抓住本质。(3)分层归纳，借助有分层作用的分号、句号等，归纳层意，进行概括整合。

▶ 什么是议论文？

议论文，又叫说理文，是一种剖析事理，论述事理，发表意见，提出主张的文体。作者通过摆事实、讲道理、辨是非、举例子等方法，来确定某观点正确或错误，树立或否定某种主张。议论文具有观点明确、论据充分、语言精练、论证合理、有严密的逻辑性等特点。议论文重在“以理服人”；记叙文重在“以情感人”，用形象生动的记叙描写来间接地表达作者的思想感情；说明文重在“以知教人”，侧重介绍或解释事物的性质、成因、功能等。一篇议论文，必须具备三要素，即论点、论据和论证。

▶ 如何概括议论文的中心论点？

阅读议论文，应该先明确作者表达的观点，即文章的中心论点。中心论点是作者观点的完整表述，在形式上是一个简明的、表肯定或否定意思的判断句。提取或概括议论文的中心论点，可以采用“位置四看法”。一看标题，有的议论文的标题直接揭示中心论点。如议论文《读网，更要读书》，标题就直接揭示了中心论点。二看开头，开篇点题。如吴晗《谈骨气》开头“我们中国人是有骨气的”，就直接点明了中心论点。三看结尾，篇末揭示中心论点。可留意一些标志性词语，如“应该”“必须”“由此可见”“因此”“总之”等，都可能引出中心论点。四看直接表述句，即文章中体现作者中心论点的正面表述句。

▶ 如何概括议论文的分论点？

分论点，是用以补充和论证中心论点的。中心论点是全文的统帅和灵魂，分论点是为论证中心论点服务的。概括分论点，可以采用以下几种方法。(1)位置分析法：一看开头，针对开宗明义、开门见山的写法。二看结尾，针对篇末点题、揭示分论点的写法。可留意一些标志性词语，如“所以”“总之”“因此”“总而言之”“归根结底”等。三看直接表述句，即文章中体现作者观点的正面表述句。(2)词语提示法：从提示性词语中找出分论点，如“可见”“总之”“所以”“归根结底”以及衔接、过渡性的词语和行文中反复使用的词语等。(3)归纳提炼法：概括段落内容，从中提取分论点。

▶ 如何区别论点和论题？

一般情况下，一篇文章只有中心论点，它是作者对所议论的问题持有的见解和主张，大多为表示肯定或者否定的判断句；但是有的文章，在中心论点统领全篇之下，还有分论点支撑中心论点，分论点常在段首，以“首先”“其次”等为标志。而论题是作者要讨论的问题，可能就是文章的题目。论点和论题的区别在于，论题只表述了一个问题、范围、关系等，常是一个短语且作者态度不明；而论点是一个态度明确的判断句。如《敬业和乐业》只阐明论述对象，是论题；而《宽容是时代的必需品》就是论点。

▶ 论据有什么类型和作用？

论据是用来证明论点的材料，包括事实论据和道理论据。事实论据包括典型事例、具体史实、统计数据和亲身经历与感受等，其作用是增强论证说服力；道理论据则包括名言警句、谚语俗语、原理、定律、公式等，其作用是使论证更具概括性，更深入。

▶ 论证方法有什么作用？

常用的论证方法有举例论证、道理论证、比喻论证、对比论证等。如议论文中的叙事大都是举例论证；使用了比喻修辞，那就是比喻论证；引用名人名言属于道理论证；只要从正反两方面进行了比较那就是对比论证，其本身也可以是举例论证和道理论证。各种论证方法的作用如下：举例论证使论证更具体，更有说服力；道理论证中引用了名人名言等内容，更具有权威性和说服力；比喻论证使论证通俗易懂；对比论证中通过事实或道理的对比，更突出地论证了作者的观点。

▶ 议论文有哪几种结构？

议论文的一般结构是：提出问题（引论）—分析问题（本论）—解决问题（结论）。具体有以下几种类型。（1）总分式：包括总分、分总、总分总。往往开头提出中心论点，然后以分论点形式从不同角度来论证。（2）并列式：在几个并列的层次或者段落开头常常标有“第一”“第二”或“首先”“其次”或“从……上看”“从……上分析”等。（3）对照式：把两种性质相反的事物加以对照，或用一种事物来烘托另一种事物。（4）层进式：由浅入深，层层推进，段与段之间常常有一些递进式的标志性语言，如“不仅如此”“而且”等。（5）起承转合式：“起”指开头破题，引出论述的问题；“承”指承接开头，阐述所论述的问题；“转”是递进或转折，从正面或反面立论；最后归纳总结，就是“合”。

▶ 如何理解句子和段落的作用？

句子的作用，可以从三方面考虑，一是论证方法的作用，二是修辞手法的作用，三是承上启下的过渡作用。

段落的作用，需要根据段落所处的不同位置，进行正确的理解。（1）开头段落作用。结构上：①开门见山，提出中心论点或论题，引出下文；②照应标题。内容上：①以名言、事例、故事，或某种社会现象引出中心论点或论题；②作为事实或道理论据论证了论点；③摆出错误的论点和相应论据，为下文批驳竖立靶子；④激发读者的阅读兴趣。（2）中间段落作用。结构上：①引出下文；②总结（照应）上文；③承上启下，承接上文阐述的内容，引出下文的论述。内容上：①其中语句本身可能就是论点；②如果运用了举例或道理论证，段落的作用往往是论证论点。（3）结尾段落作用。结构上：①补充论证，深化中心论点；②照应标题或上文。内容上：①总结全文，提出中心论点；②强调中心论点；③指出议论的意义和作用，号召或启发人们去关注或思考某个问题。

▶ 文言文中，如何划分句子节奏？

划分句子节奏就是标出一句话之中的停顿。划分句子节奏，有多种方法，具体来说：（1）按意义单位划分。（2）按语法结构划分。即按“主语—谓语—宾语”“定语—中心语”“状语—中心语”“动补”来划分停顿。（3）按文言句式特点划分。如倒装句、省略句、判断句、被动句、固定结构句等，划分停顿时须注意古文特点，保持其意义的完整。（4）句首关联词及语气助词“夫”“盖”“且”“若夫”“至若”等，自成音节，专作停顿；虚词“也”用在句中表提示，朗读时应停顿。

▶ 文言文中，如何断句？

断句是把一段话划分成几句话，这是学习文言文的基本功之一，常用以下方法进行断句：（1）借助“曰”“云”“谓”断句，这些表示“说”的词语后往往要断开。（2）借助名词、代词断句。名词或代词常常作句子的主语和宾语，因此找出文中反复出现的名词或代词，就可以确定停顿的位置。需要注意的是，文言文中，人名第一次出现时往往用全称，以后再出现就只提名不提姓了。（3）借助虚词断句。一些虚词，比如，发语词、关联词、语气词等往往用于句首或句尾，是我们断句的标志。（4）借助句式断句。排比、对偶、顶真、反复是文言文常见的修辞手法。句式整齐、四六句多，这是文言文的一大特点。这一特点，又为我们断句提供了方便。

▶ 如何进行文言文比较阅读？

文言文比较阅读，一般要在初读文言文整体把握其主要内容的基础上，根据要求和比较的内容，选择不同的方法来逐项进行“异中求同”或“同中求异”，具体有以下几种情况。（1）比较文章内容：翻译句子，整体感知文意；概括事件，厘清前因后果；明确思路，筛选关键词句。（2）比较主旨情感：议论抒情是重点，文章首尾须看清；人生经历要联系，写作背景来参考。（3）比较人物形象。从正面描写入手，关注以下几方面：与人物关联的具体事件；人物的语言、动作、心理描写等；文段中简洁概括人物特征的语句。从侧面描写入手，关注以下几方面：第三者的语言（评价）；作者的评论等。（4）比较写作手法，如对比、点面结合、动静结合、衬托、托物言志、正侧面描写结合、烘托、渲染、铺垫等。（5）比较启示、感悟异同：首先，要准确、深刻地领会作品的内容、思想和作者的情感倾向；其次，要从作品本身出发比较；再次，启示、感悟一定要联系实际，尽量从自己的真实感受出发，贴近生活，紧跟时代，有新意；最后，要言之有理，言之有据，使观点经得起推敲，令人信服。

▶ 文言文中的词类活用现象有哪些？

词类活用是指某些词临时改变其基本语法功能去充当其他词类或基本功能未改变而用法比较特殊的现象。主要有以下几种类型。（1）名词作动词：本来是名词，在句中当作动词来用，如“公将鼓（击鼓）之”。（2）名词作状语：本来是名词，在句中充当状语，修饰谓语，如“斗折蛇（像蛇那样）行”。（3）动词作名词：本来是动词，在句中当作名词来用，如“虽乘奔（飞奔的马）御风，不以疾也”。（4）形容词作名词：本来是形容词，在句中当作名词来用，如“温故（旧知识）而知新（新知识）”。（5）形容词作动词：本来是形容词，在句中当作动词来用，如“似与游者相乐（嬉戏，逗乐）”。（6）使动用法：如“无丝竹之乱耳”，“乱”可译为“使……受到扰乱”。（7）意动用法：一般可译为“认为……”“以为……”“对……感到……”等，如“渔人甚异之”，“异”原为形容词，这里指“以之为异”，即“认为这件事奇怪”。

▶ 常见的文言文句式有哪些？

常见的文言文句式包括：（1）判断句。基本形式是“……者,……也”，另一种是用“则”“皆”“乃”“为”“即”“非”等判断词表示肯定或否定判断。（2）宾语前置。倒装句的一种，如“何陋之有”即“有何陋”的倒装，可译为“有什么简陋的呢”，“之”在这里是宾语前置的标志。（3）定语后置。倒装句的一种，如“予谓菊，花之隐逸者也”，“花之隐逸者”是“隐逸之花”的倒装，可译为“具有隐逸气质的花”。（4）状语后置。倒装句的一种，介词“以”“于”组成的介宾短语在文言文中大都后置，如“躬耕于南阳，苟全性命于乱世”是“于南阳躬耕，于乱世苟全性命”的倒装。（5）被动句。用“于”“为”“为……所”“见”字表被动句，如“管夷吾举于士”的“举于……”即“在……被举荐”。（6）省略句。省略某个词或某个成分的句式，如“一鼓作气，再（鼓）而衰，三（鼓）而竭”。

▶ 如何描绘诗歌画面？

描绘诗歌画面，就是用自己的语言描写诗歌中的画面，需要从以下方面入手：（1）找全意象。明确全诗出现了哪些意象，并为这些意象加上合适的修饰语。（2）变换角色。再现诗歌情境，假设自己是作者，以作者的角度去观察景物。（3）适当想象。描述时既要忠实于原诗，也要用自己的联想和想象加以再创造，对诗句内容进行丰富和完善。（4）语言优美。用自己的语言再现画面，语言力求优美。（5）结合意境。在画面的描绘过程中，渗透诗歌或诗句所营造的氛围，以准确地体现主人公的心情和景物的特点，如孤寂冷清、恬静优美、雄浑壮阔、萧瑟凄凉等。

▶ 如何赏析诗歌中的字词？

赏析诗歌中的字词，又称为“炼字”，一般要先解释该字或词在诗句中的具体含义。解释的时候，一定要做到“字（词）不离句”。要想准确解释某个字或词的含义，一定不能孤立地看待它，要将它放在具体的语境中加以分析，这样才能做到准确无误。接着看该字或词有没有运用某种修辞手法或者表现手法，如拟人、比喻、双关等，然后展开联想或想象，用生动形象的语言描述该字或词所在诗句的景象，要做到语言简练、信息全面。最后分析该字或词烘托了怎样的意境，表达了作者怎样的思想感情。

▶ 如何分析诗歌中的人物形象？

诗歌中的人物形象有两类，一类是抒情主人公的形象，即诗人自己；另一类是作品刻画的人物形象。鉴赏诗歌中的人物形象，就是分析诗中人物的行为、神态、心理、性格、情感、观点、处境等内容，把握人物的个性特征。具体分析思路与方法如下：（1）知人论世，结合背景了解人物当时的情境；（2）分析人物的行为、语言、心理，把握人物特征；（3）抓住表露人物情感或思想的词句；（4）借助意象和典故，展开联想和想象，感知形象；（5）借助修辞手法、描写方法、表现手法揣摩人物。

▶ 如何分析诗歌中的事物形象？

诗歌中的事物形象即诗歌中描写的具体事物的形象。首先，分析事物形象要捕捉描写物象特征的词语，分析物象的外在特征（形、色、声、态等）、环境特点和内在品性。如马致远《天净沙·秋思》中“古道西风瘦马”的“瘦马”，一个“瘦”字突出马的特征，侧面写出了诗人奔波劳累之苦。其次，借助表现手法，尤其是托物言志，挖掘物象内在的品格、精神，抓住物与志的“契合点”。如于谦《石灰吟》运用托物言志的手法，表现了作者在挫折磨难面前，坚守节操、忠贞不渝的爱国情感。最后，联系诗人自身经历和所处社会环境，揣摩诗人所托之情，所言之志。

▶ 如何领会诗歌意象？

领会诗歌意象，包括两方面。其一是分析意象特点（内涵）。要抓住重点词语，把握意象的外在特点，这些重点词语主要指该意象前面的修饰限制语及后面的描述语，抓住这两类词语，就可以清楚其特点了。另外，要注意意象所处的地域（环境）特征、时令色彩和冷暖色调，尤其是后两者，不同季节、不同色调，传达出的情调是不同的。其二是分析意象作用。主要围绕以下几方面思考：（1）营造意境。诗歌中的意象往往渲染了某种氛围，奠定了某种感情基调。思考的着力点在于营造了什么样的意境，如冷清的意象营造的是凄清的氛围，奠定的是伤感的情调。（2）表情达意。一些传统意象在表情达意上的作用往往是固定的，如“扁舟”“月落乌啼”传达出“诗人的羁旅之苦”，“落花”传达出“作者对国势衰危的哀叹”“一腔爱国情”。（3）衬托人物。一是为人物的活动提供环境和背景，二是衬托人物节操或性格。（4）结构作用。或为前后照应，或为全诗线索。

▶ 如何进行诗歌比较鉴赏？

诗歌比较鉴赏就是将语言、内容、形象、风格、表现手法相近或相反的两首诗放在一起进行比较、鉴别和赏析。比较鉴赏应注意以下两点。（1）要读懂两首诗歌，这是比较鉴赏的前提条件，要明确以下几方面：①描写了什么内容，写出了什么意境；②表达了什么情感；③反映了什么思想；④采用了什么手法，怎么表达和反映的。（2）一般从以下几方面进行比较：①意境的比较；②思想、情感的比较；③遣词炼句的比较；④表达技巧的比较。

▶ 如何区别联想和想象？

联想和想象作为两种思维过程，也是诗歌中常见的两种表现手法。它们往往互相结合，共同发挥作用。联想是由某一事物想到另一事物，内容比较单薄，一般不出现具体的、形象化的情景描写，有的仅仅是一个简单的想法。联想是想象的基础，是想象的初级阶段，是想象的开端。想象是在联想基础上的再创造，是一种更高层次的认识活动。想象虽然也是由具体事物引起的，但设想（假想）出来的内容比较丰富，一般都有具体的、形象化的情景描写，而这些具体的、形象化的情景是眼前看不到却又合情合理的。举个简单的例子，郭沫若的《天上的街市》中，由街灯想到明星属于联想，而想到牛郎一家人提着灯笼在天街闲游就属于想象。

▶ 什么是虚实结合？

虚实结合是诗歌中比较常见的表现手法，就是把具体的描写与抽象的述说结合起来，或者是把眼前现实生活的描写与回忆、想象结合起来。什么是实？什么是虚？实与虚是相对的，一般说来，有者为实，无者为虚；有据为实，假托为虚；客观为实，主观为虚；具体为实，抽象为虚；有行为实，徒言为虚；当前为实，未来为虚；已知为实，未知为虚；等等。“虚实相生”是指虚与实二者之间互相联系、互相渗透与互相转化，从而达到虚中有实、实中有虚的境界，大大丰富诗中的意象，开拓诗中的意境，为读者提供广阔的审美空间。唐代诗人李商隐的《夜雨寄北》就运用了虚实结合的手法，前两句“君问归期未有期，巴山夜雨涨秋池”写的是眼前事、眼前景，是实写；而后两句“何当共剪西窗烛，却话巴山夜雨时”是想象的未来之景，是虚写。

▶ 什么是动静结合？

动静结合是常用的一种写景手法，往往是在一种意境里描写动态与静态，并且往往用以静为主、以动衬静的方式，以达到意境和形象的和谐统一，塑造出栩栩如生的文学场景。具体说来，动静结合的方式主要有以下几种：（1）化动为静。就是把运动的事物当作静止的事物来写，想象并描写出动态事物在静止时的形态和神态。（2）化静为动。就是把静止的事物当作运动的事物来写，想象并描写出静态事物在运动时的形态和神态。（3）动静结合。就是同时描写静态的事物和动态的事物，让静景、动景相辅相成，相得益彰，相映成趣。（4）以动衬静。即通过描写、渲染动态，反衬、突出静态，是反衬手法的一种。（5）以静衬动。即通过描写、渲染静态，反衬、突出动态，是反衬手法的一种。（6）以动衬动。就是用运动的事物来衬托运动的事物（包括把静止的事物当作运动的事物）。（7）动静互衬。就是描写运动的事物又描写静止的事物，使一者衬托另一者。

▶ 如何区别借喻和借代？

借喻和借代作为两种修辞手法，都是隐去本体，只出现客体（喻体或借体），很难将两者区别开来。可以从以下两方面加以区别：（1）看本体和客体之间的关系。借喻的本体和客体之间具有相似性，借代的本体和客体之间具有相关性，没有相似性的肯定不是借喻。如“旌旗十万斩阎罗”“南国烽烟正十年”中“旌旗”和“烽烟”之间没有任何相似性，因此不是借喻。（2）看能否转换成明喻，能转换成明喻的是借喻，不能转换成明喻的肯定不是借喻。如“敌人像狗一样夹着尾巴逃跑了”运用的是明喻，换成借喻就是“这条狗夹着尾巴逃跑了”。在上面两句中，本体是“敌人”，喻体是“狗”，喻词是“像”。由明喻到借喻，只是省略了本体和喻词。因此所有借喻只要增加本体和喻词都可以转换成明喻。

▶ 反问和设问有什么区别？

反问和设问是两种容易混淆的修辞手法。反问是为了加强语气，用疑问句的形式表示确定的意思。反问常用肯定形式表示否定，用否定形式表示肯定。而设问是明知故问、自问自答的修辞手法。设问的基本特点是“无疑而问”，目的在于引人注意，启发思考。不难看出，反问与设问的区别在于：（1）反问明确表明肯定或否定的内容，设问则不表示肯定什么或否定什么。（2）反问的作用主要是加强语气；设问的作用主要是提出问题，引起注意，启发思考。（3）反问句不需要回答，答案已经在句子中体现。设问句一般有两个句子，一个疑问句，一个回答它的陈述句。需要注意的是，后者必须是自己对前面的疑问句的回答。

▶ 对偶和对仗有什么联系？又有什么区别？

对偶是两个字数相等、语义相关和结构相类的语句并列起来，对称地表达相反、相对或相关的意思，形式上整齐和谐、内容上相互映衬，具有独特的艺术效果。对仗是对偶的一种，可以说是严格的对偶。一般认为对仗是骈文及格律诗中的一种特殊表现形式，后来又相继为词曲创作和对联撰写所采用。

二者的联系在于，对仗首先要求具备对偶所具有的特征：（1）要相对的语言形式应该类同，结构对称；句法结构要一致；句式结构不一定相同，但要求字面相对。（2）词语所属的词类（词性）相一致。（3）词语意义要相同或相近。

二者的区别在于，对仗要求上下两句同一结构位置的词语语音上平仄相对，而且上下两句同一位置上的词语形式上避免重复。在六朝至唐宋的骈文中，对仗对上下句中的虚字重复并不避忌，但在格律诗中避免雷同则较为严格。

可以说，一切对仗都是对偶，而只有讲究对应用词和平仄格律的对偶才称为对仗。在词曲、骈文、联句，特别是楹联、对子中都很讲究运用对仗，充分表现出语言文字的整饬美、对比美和节奏感、音乐美。

▶ 比喻和比拟有什么区别？

比喻是用某些有类似点的事物来比方要说的某一事物，以便使表达更加生动鲜明的修辞手法，分明喻、暗喻和借喻三种。比拟是把物拟作人（拟人）或把人拟作物（拟物），即把甲事物当作乙事物来写的修辞手法，分拟人和拟物两种。比喻和比拟可以从以下几方面加以区别：（1）从结构上区别。比喻句，特别是比较复杂的比喻句中只有比喻词，没有其他的动词，陈述主语的动词一般是描写事物的，或者受动者是物。拟人的比拟句中，陈述主语的动词一般是描写人物的。（2）从内容上区别。比喻和比拟都是加强语言形象性的修辞手段。比喻重在“喻”，即以甲事物喻乙事物，甲乙两物有主有从；比拟重在“拟”，即将甲事物当作乙事物，甲乙两事物彼此相融，浑然一体。从内容上看，运用比喻，不管是明喻、暗喻还是借喻，喻体必须出现，不能省略。比拟，本体（被比拟的事物）必须出现，拟体（比拟的事或人物）不出现，一出现就成了比喻。（3）从相比的事物间联系上区别。比喻强调的是甲乙两物的相似性，而比拟却是利用它们之间的不同特性，使两物融为一体，这是区别比喻和比拟最重要的标志。（4）从作用上区别。比喻的作用是化平淡为生动，化深奥为浅显，化冗长为简洁；比拟的作用是色彩鲜明，描绘形象，表意丰富，充满情味。

▶ 如何阅读讽刺作品？

讽刺作品是指用比喻、夸张等修辞手法和讥刺嘲讽笔法对丑恶或落后的人或事进行揭露、批评，暴露讽刺对象的矛盾或缺点的作品。如我们熟知的吴敬梓的小说《儒林外史》就是一部讽刺作品。阅读讽刺作品，需要注意以下几方面：（1）体会批判精神。讽刺作品中，作家塑造人物、叙述故事的目的是以之为典型，针砭时弊，揭露某种社会现象背后的荒谬本质，从而间接地表达对理想的向往。（2）欣赏讽刺笔法。常见手法：①在看似子虚乌有的情节和夸张变形的描写中曲折地揭示现实矛盾；②抓住平常生活中传神的细节，以冷峻的白描直书其事。（3）联系现实深入理解。阅读时，要深入思考讽刺作品的深刻内涵及其现实意义。

▶ 素材和题材有什么联系？

所谓的素材，来源于现实生活，是作者搜集到的原始材料。这些材料没有经过任何加工，零散而缺乏系统性，还没有被作者写进作品中。如果这些材料经过作者的提炼、构思、剪裁、加工等艺术手段进行处理，被写进作品中，那就成了题材。题材有广义和狭义之分：

广义的题材是作者在作品中表现的现实生活的某一方面，如历史题材、神话题材、教育题材等；狭义的题材就是被写进作品里的社会生活。一般说来，叙事类的小说散文等，题材就是由人物、情节、环境等要素构成的反映现实生活的内容；而对诗歌而言，题材指的就是诗歌的内容，例如山水、送别、思乡、边塞、咏物、咏史等。

▶ 什么是文章的体裁？

文章的体裁，其实就是文体，也就是文章的种类和样式。随着社会的发展，在不同阶段产生了不同的文章种类和不同表现形式来反映现实生活，并逐步得到发展和完善，逐渐以某种形式固定下来，这就产生了不同的文体。就我国而言，在文化发展的历史长河中，产生了诗、词、歌、赋、传奇、杂剧、古文、小说等不同文体，可谓是异彩纷呈。按照通常的划分方法，文章体裁从大的方面来说一般包括：记叙文、说明文、议论文、应用文等一般文章，以及诗歌、散文、小说、戏剧等文学作品。

▶ 主题和中心思想有什么联系？

我们在阅读和赏析文章的时候，经常会思考文章的“主题”，有时读完文章后我们也要概括文章的中心思想。那么主题和中心思想有什么联系呢？所谓主题，就是指文艺作品或者某个社会活动想要表现的中心思想，泛指作品的主要内容。换句话说，主题，就是作者在说明问题、发表主张或反映生活现象时所表达出来的基本观点或者中心思想。从这个角度说，在议论性文章中主题表现为文章的中心论点，而在记叙性文章中则表现为中心思想，即文章的中心内容以及作者的思想感情两方面。比如，我们熟知的鲁迅的杂文《中国人失掉自信力了吗》，其主题就是中心论点“我们中国人是有自信力的”。再比如杨绛的散文《老王》的主题就是文章的中心思想，即通过回忆和老王交往的生活点滴，表达了作者对生活中的不幸者的关心，呼吁社会关心弱势人群。

▶ 什么是文章的脉络与思路？

我们在评析文章时会说某篇文章的脉络分明、思路清晰，那么什么是文章的脉络与思路呢？脉络一词源于中医，是对动脉和静脉的统称，后来被用来比喻条理或者头绪。应用到阅读和写作上，脉络就是文章的布局和条理。简单点说，就是各种材料按照一定的顺序进行合理的安排来组成文章。而思路，是作者思维的条理和脉络，也就是组织安排材料的方法和过程。比如，一篇议论文的论证思路，一般是指作者首先提出论点，然后摆事实或者讲道理进行论证，最后得出某个结论的过程。

▶ 什么是文章的结构？

简单说，文章的结构又叫结构布局，指文章各部分的搭配和排列。文章的结构，相当于人体的骨骼，要求结实坚固、完整匀称。为了达到这个目的，在结构的安排上，我们经常采用一些技巧，比如，起衔接作用承上启下的“过渡”，吸引读者的“悬念”，以及前后照应、首尾呼应、伏笔和铺垫、开门见山、卒章显志等。另外，在结构的类型上，议论文和说明文一般采用总分式、并列式或递进式，记叙文往往按照时间的推移或者空间的转换安排文章结构。

▶ 什么是过渡？

过渡这个词本来的意思是横越江河，引申为事情或者事物由一个阶段逐渐发展，转入另一个阶段。在文章中运用过渡的手法，可以使文章上下文连贯，结构严谨，浑然一体。过渡的作用在于“承上启下”，把各个部分连缀起来，这表现在两方面：一是在内容上总结上文内容，同时总领下文的开头；二是在结构上增加文章的条理性和语言的流畅性。过渡的形式不限，词语、句子、段落均可起到过渡作用。

▶ 什么是文眼？

我们经常听到“诗眼”“词眼”“文眼”这样的词语，那么，什么是“眼”呢？我们经常说，眼睛是心灵的窗口，作品的“眼”就相当于表现作者思想感情或者主题的窗口。比如文眼就是文章精神的凝聚点，透过文眼，能够读懂作者创作文章的真正意图。另外，文眼往往在文章的开头，能够起到统领全文的作用。如林嗣环的《口技》，其文眼就是“京中有善口技者”中的“善”字。这个“善”字起总领全文的作用，烘托出口技表演者技艺的高超，也表现了作者对口技艺人高超技艺的由衷赞美。

▶ 什么是文章的线索？

线索就是贯穿文章始终，将材料串联起来，在文章的每一部分或者段落中都能看到的词语或者句子等。线索的设置，可以使文章内容浑然一体，结构完整严谨。一般情况下，文章都有一条线索，可以是某人、某物、某事、时间、地点、情感等；也有的文章有一明一暗两条线索，明线是贯穿全文的、具体的，而暗线一般是隐藏在字里行间的作者的情感。如萧乾的《枣核》以“枣核”作为贯穿全文的线索，而鲁迅的《藤野先生》的明线是作者在日本求学的经历，暗线则是洋溢在文中的爱国情感。

▶ 什么是应用文？

请假，需要写请假条；丢了东西，

需要写寻物启事；买房子，需要签购房合同……这些日常工作生活中的实用性文体都是应用文。应用文古已有之，古代政府发布的各种文告都可以看作应用文。经过长期的社会实践，应用文也逐渐发展完善，成为处理公私事务的一种具有固定格式的实用文体，在我们的日常生活和工作中发挥着越来越重要的作用，成为人们交流信息、处理事务、增进感情的重要工具，甚至有的应用文还成为一种凭证和依据。常见的应用文有：信件、通知、启事、申请、条据、合同、协议等。

▶ 什么是戏剧？

戏剧作为一种古老的艺术形式，历史悠久，一般认为来源于原始宗教中的巫术仪式，以及劳动人民庆祝活动中的即兴歌舞表演。戏剧包括两部分：一是用来指导演出的剧本，二是通过演员将某个故事或者情境，用对话、歌舞或者动作等形式表演出来。我们平时所说的作为文学体裁的戏剧，其实是指戏剧文学，即剧本。剧本一般包括两个部分，一是舞台说明，二是台词，是戏剧艺术创作的文本基础，编导与演员演出的依据。剧本是舞台表演或拍戏的必要工具之一，是剧中人物进行对话的参考，是一门为舞台表演服务的艺术样式，区别于戏剧和其他文学样式。

▶ 诗和歌有什么区别？

我们对诗歌非常熟悉，最早接触的文学作品可能就是幼年时学会的李白的《静夜思》。作为一种语言简洁精悍易于背诵、合辙押韵朗朗上口的文学形式，诗歌深受人们的喜欢。我国是诗歌的国度，从最早的第一部诗歌总集《诗经》，历经战国时的楚辞、汉魏六朝的乐府、唐诗、宋词、元曲的发展，形成了精彩纷呈的不同形式。五四运动前后，“新诗”即现代诗开始走上历史舞台。其实，在古代，“诗”和“歌”是两个不同的概念。不能合乐而唱的是“诗”，能够合乐而唱的称为“歌”，诗以诵为主，歌以唱为主，所谓诗要诵其言，歌要咏其声。而现在一般都统称为诗歌。

▶ 什么是杂文？

读过杂文大家鲁迅先生的文章《中国人失掉自信力了吗》的人，无不被文章那种如同“匕首”一样的语言风格吸引赞叹。这篇文章就属于杂文。杂文，是一种直接、迅速反映社会生活的文体。它和一般议论文最大的区别就是具有文艺性，以短小的篇幅和生动、锋利的语言表达作者对社会问题的独到见解。杂文的内容广泛，形式多样，摹写世相、描述见闻、评说人事、言志抒情的杂感、杂谈、杂论、随笔，都可归入这一类。鲁迅先生是从事杂文创作的大家。他认为“在风沙扑面，狼虎成群的时候”，杂文是“匕首和投枪，要锋利而切实”，是“和读者一同杀出一条生存的血路的东西”；也是“在对于有害的事物，立刻给以反响或抗争，是感应的神经，是攻守的手足”。这是对杂文特点和作用的最准确概括。

▶ 小品文和小品是一回事吗？

大家都爱看小品，喜欢那些幽默诙谐、让人捧腹的故事演绎。可是小品文并不是小品演出的脚本。小品这个词来自佛学，本来指的是佛经的节本。小品是相对于大品而言的，是对作品进行篇幅上的区分，而不是题材或体裁上的区分。所以小品文并没有严格明确的定义，凡是短篇杂记一类的文章，均可称之为小品文。小品文体量较为短小精悍，体裁上则不拘一格，序、记、论、跋、碑、传、铭、赞、尺牍等文体都可算小品文。《陋室铭》《答谢中书书》《与朱元思书》都是著名的小品文。

▶ 古时候的书信都有哪些名称？

古代交通不发达，人们传递信息主要是借助书信。不同种类的书信，有不同的称谓。第一种叫法是“书”，如“家书”就是家信，“手书”就是亲笔信。第二种是“函”，一般是指政府部门的公文，如“公函”“便函”。

古人写字用的材料经历了一个变化过程，书信也就有了许多引申出来的名称。“札”原指写字用的木片，引申为书信。“简”原指写字用的竹片，引申为书信，如书简、小简。“笺”原指供题诗、写信用的纸张，引申为书信，如便笺、锦笺、华笺等。还有原指书简的“尺牍”和用以书写的绢帛的“尺素”，也可引申为书信。另外文学作品中常用“鸿雁”来代书信，成语有“鸿雁传书”。

▶《出师表》中的“表”是什么意思？

作为古代的一种文体，“表”即“奏表”，又称“表文”，是臣子给君主的上书呈文。在古代，臣子写给君主的呈文有各种不同的名称。战国时代这类呈文统称为“书”，即书信、意见书的总称。到了汉代，这类文字被分成四个小类，即章、奏、表、议。“章”是用来谢恩的；“奏”是用来弹劾、揭发别人的；“表”是用来陈述衷情的；“议”是用来表示不同意见的。“表”是秦汉时代开始有的，秦汉以至唐宋以后，虽皆沿用，但“表”的功用和使用范围，有所变化。如唐、宋以后，表文不仅多用四六文体，而且诸如谢恩、劝进、辞免、庆贺、贡物等事项，一般皆用“表”。表，虽是古代的一种公文，但有些表文，内容充实，语言简洁流畅。特别是表文不同于其他一般上书奏状，常含有表志陈情、诉说心曲的作用。因此某些写得好的表文，就成为我国古代散文的名篇。唐、宋以后有些用骈体写的表文，由于用典精切、辞藻清丽，成为骈文中的代表作。

▶ 什么是“说”？

“说”就是“谈谈”“说说”的意思，比如“马说”从字面上可以解作“谈谈千里马”或“说说千里马的问题”。“说”是一种议论性的古代文体，大多是就一事、一物或一种现象抒发作者的感想。“说”的写法不拘一格，行文崇尚自由活泼，波澜起伏，篇幅一般不长，跟现代杂文颇为相似。“说”的语言通常简洁明了，寓意深刻，通常采用以小见大的手法，借讲寓言故事、状写事物等来说明事理，即所谓的“托物寓意”。《爱莲说》《捕蛇者说》《师说》就属这一文体。

▶ 什么是“记”？

一些文章的题目中有“记”字，比如《桃花源记》《小石潭记》等，这个“记”，是古代的一种文体的标志，相当于现代文“记……”的形式。这种文章大多是游记，用来记叙作者在某地的所见所闻、风土人情、名山大川、名胜古迹等，或者自己的生活状况，往往寄寓了作者的复杂感情。比如，柳宗元因为改革失败被贬永州的时候，内心极度苦闷，经常约集知己好友，出门游山玩水，借以排遣心中郁结，期间写下了一组山水游记，即著名的《永州八记》，真实记录了永州迷人的山水风貌。另外，还有一类“记”属于叙事散文或者杂记。如《桃花源记》是一篇序文，《核舟记》则是一篇杂记。

▶ 什么是“铭”？

刘禹锡的《陋室铭》让我们知道了“铭”这种古代的文体。“铭”最初是一种刻在器物上用来警诫自己或者称述功德的文字，后来就成为一种文体，这种文体一般都是用韵的。铭一般有三种用途，一是记述人物的生平事迹，二是警诫自己，三是称述功德。铭刻在碑上，放在书案右边用以自警的铭文叫“座右铭”，如开头提到的刘禹锡的《陋室铭》。刻在石碑上，叙述逝者生平，加以颂扬追思的，叫“墓志铭”，如韩愈的《柳子厚墓志铭》。铭的文体特点：（1）文辞精练用韵，读来铿锵有力；（2）体例短小，最短者不足十字，与格言颇相似。

▶ 什么是“赋”？

我们称赞一个人才华横溢，往往说这个人“诗词歌赋，无所不能”，诗、词、歌我们都熟悉，那什么是“赋”呢？赋是我国古代的一种文体，它讲究文采、韵律，兼具诗歌和散文的特性。这种文体侧重于写景，往往借景抒情。赋的发展经历了几个阶段：最早出现于诸子散文中，叫“短赋”；以屈原为代表的“骚体”是诗向赋的过渡，叫“骚赋”；汉代正式确立了赋的体例，称为“辞赋”；魏晋以后，“赋”日益向骈文方向发展，叫作“骈赋”；唐代“赋”又由骈体转入律体，叫作“律赋”；宋代以散文形式写赋，称为“文赋”。著名的赋有：杜牧的《阿房宫赋》、曹植的《洛神赋》、欧阳修的《秋声赋》、苏轼的《前赤壁赋》、庾信的《哀江南赋》等。

▶ 什么是“词”？

词又叫曲子词、长短句、诗余、乐府等。词最早产生于南朝，形成于唐代，盛行于宋代。词开始是用来为乐谱配词，用于歌唱的。为乐谱配词叫填词，填词所选定的调子叫词调，词调都有名称（如“水调歌头”“念奴娇”等），叫作词牌。后来词成了独立于乐的一种文学体裁，词牌也便成了说明文字声韵格式即词谱的名称。词谱中对每种词调的平仄、押韵都有规定。填词时为点明题旨，多在词牌下另标题目，如“早行”“咏”等。词一般按字句多少分为小令、中调、长调三类。五十八字以内为小令；五十九字至九十字为中调；九十一字以上为长调。只有一段的词叫单调，有两段的叫双调，有三段、四段的叫三叠、四叠。一段叫一阕，双调中的两段，称上阕、下阕，或叫上片、下片；三叠、四叠中的段落按次序叫第一阕、第二阕、第三阕、第四阕。词在句式方面的基本特征是长短句，从一字句到十字句都有。

▶ 什么是“曲”？

曲是词进一步发展而成的。宋、金时期，北方产生了新的乐曲——曲词。发展到元代，就形成了与唐诗、宋词并称的元曲（相对于“南剧”明传奇，后世也称元曲为北曲）。元曲包括散曲和杂剧。散曲是清唱曲，包括小令与套数；杂剧是可以演出的戏曲。小令一般常以一支曲子为独立单位，只有几句到十几句，必须按曲牌规定的字数、平仄、韵脚填写。套数又称套曲或散套，是成套的曲子，由两支或两支以上的曲子组成，其组成有一定的规则。

▶ 什么是杂剧？

杂剧是在宋代诸宫调基础上发展起来的一种把歌曲、宾白、舞蹈结合起来的传统艺术形式。杂剧有完整的故事情节，一般分四折加楔子，一折相当于一幕，楔子在开头或四折中间，相当于序幕或过场。这种分析结构符合情节发展的“起、承、转、合”规律。杂剧由科介、宾白、唱词互相配合推动情节发展，刻画人物性格。关汉卿、郑光祖、白朴、马致远被称为元曲四大家。著名的杂剧剧目有关汉卿的《窦娥冤》、马致远的《汉宫秋》和白朴的《墙头马上》等。

▶ 什么是历史散文？

历史散文的概念是相对诸子百家的哲理散文而言的。哲理散文以析理论辩为主而不专记人记事，如《论语》《孟子》《庄子》等。历史散文则以记述历史事件的演化过程为主，最早的历史散文是《尚书》。从内容上看，历史散文有记史实和记人物两大类。从体例上看，历史散文有三种，分别为“国别体”“编年体”和“纪传体”。国别体，是指分国家记叙历史事件，如《战国策》《国语》。编年体，是指根据年代顺序记载重大历史事件，如《左传》《资治通鉴》。纪传体，是指以人物传记为中心记载史实，这种体例由司马迁《史记》首创。

▶ 什么是报告文学？

报告文学是一种在真人真事基础上塑造艺术形象，以文学手段及时反映现实生活的文学体裁。它是散文的一种，介于新闻报道和小说之间，也就是兼有新闻和文学特点的散文。报告文学要求真实，运用文学语言和多种艺术手法，通过生动的情节和典型的细节，迅速、及时地“报告”现实生活中具有典型意义的真人真事，往往像新闻通讯一样，以最快的速度把生活中刚发生的事件及时地传达给读者大众。报告文学的题材就是发生的某一件事，所以有浓厚的新闻性；但它跟新闻不同之处在于它必须充分地形象化，必须将“事件”发生的环境和人物活生生地描写出来，读者读之便如同亲身经历，从具体的生活图画中明白作者所要表达的思想。报告文学真实、及时，具有“文学轻骑兵”的作用，兼有文学性、新闻性和政论性三种特点。

▶ 什么是民歌？

民歌的历史相当悠久，可以追溯到原始社会。民歌的起源，和人们的劳动和活动有很大的关系。我国第一部诗歌总集《诗经》，根据内容分为“风、雅、颂”三部分，其中的“风”即《国风》，就是记录了西周到春秋时期黄河流域十五个地区的民歌，所以又叫“十五国风”，这些民歌真实反映了当时人们的生活状况。《诗经》之后，战国时期出现了《楚辞》，就包含了大量的楚国民歌歌词。而汉魏六朝的乐府民歌、相和歌，又进一步发展为“乐府体”，给以后的民歌和诗创作带来了很大影响。《战城南》《十五从军征》等，都是当时比较深刻地反映社会现实的优秀民歌。由于内容的需要，乐府诗在形式上突破了《诗经》的四言诗体，发展成长短不同的句式和五七言体，这样就更丰富了民歌的表现力。从曲词到戏曲，都和它有一脉相承的关系，如长篇叙事民歌《孔雀东南飞》等，充分显示了民歌创作的重大发展。

▶ 什么是散文诗？

鲁迅先生有一本《野草》，这是一本散文诗集。那么什么是散文诗呢？散文诗这种文体，是散文和诗歌相结合产生的一种文体，是散文中的诗，诗中的散文。散文诗较为精短，讲究一定韵律，语言优美，充满哲思。为了更好地明确散文诗的特点，我们不妨对诗、散文和散文诗这三种文体做个比较：诗歌，讲究押韵和句式关系的稳定性，一般篇幅短小简练；散文，不讲究韵律，不讲究句式关系，是单行的散句，可长可短，没有什么篇幅长度的限制；散文诗可以押韵也可以不押韵，句子通常短小精悍，通常篇幅短小。

▶ 什么是抒情诗？

诗歌都是具有抒情性的。俗话说“诗言志，歌咏言”，诗歌的主要功能还是抒情。但由于主要的表达方式的不同，诗歌可以分成抒情诗、叙事诗和哲理诗三类。抒情诗作为其中一种，主要是集中抒发作者的感情，一般不需要完整的故事情节，也可能没有具体的人物或者景物。抒情诗最大的特点就是侧重直抒胸臆、借景抒情等。抒情诗一直是中国古代诗歌的主流作品，从《诗经》《楚辞》，一直到李白、杜甫、白居易、李商隐等大家诗作，绝大多数诗歌都是抒情诗。

▶ 什么是叙事诗？

叙事诗即用诗的形式刻画人物，通过写人叙事来抒发情感。我们熟悉的《木兰诗》就是一首典型的叙事诗。这种题材的诗，有故事和人物等小说的要素，而又情景交融，兼有抒情诗的特点。叙事诗情节完整而集中，人物性格突出而典型，有浓厚的诗意，又有简练的叙事，有层次清晰的生活场面。初期叙事诗就是中国古代的民间叙事诗，叙述历史或当代的事件。到了唐代，元稹和白居易等文人也开始大量创作叙事诗，与古代的民间叙事诗不同，属于文人叙事诗。古典诗歌中著名的叙事诗有《木兰诗》《孔雀东南飞》《长歌行》《长恨歌》《琵琶行》等。

▶ 什么是哲理诗？

中国古代诗歌发展到宋代，受“程朱理学”思想的影响，诗歌由抒情趋向于说理。哲理诗大多以深沉浑厚、含蓄隽永的内容表达抽象的哲理，篇幅短小精悍，古时多为四句的绝句，新诗则一至四句均有出现。哲理诗分两类，一是有一定的诗意但不够含蓄，往往是“概念大于形象”。二是具有生动意象但含蓄，寓理于形象中。哲理诗侧重于将生活诗化，总结人生智慧，传达理趣。它的写作方式介于韵散文之间，篇幅有长有短，押韵自由。如陆游的《游山西村》、王安石的《登飞来峰》、朱熹的

《观书有感》等都是比较有名的哲理诗。

▶ 什么是新诗？

新诗，是相对于古诗而言的。中国的新诗产生于五四运动之后，是一种以白话作为基本语言手段进行创作的诗歌体裁。新诗初创阶段，主张用白话俗话入诗，以抒发作者的情感为主要内容。1917 年 2 月，《新青年》2 卷 6 号刊出胡适的白话诗词 8 首，是中国新诗运动中出现的第一批白话新诗。第一本用白话写的诗集是胡适的《尝试集》（1920 年）。最早从思想艺术上显示一种崭新面貌，并为新诗地位的确定做出重大贡献的，是郭沫若的《女神》（1921 年）。新诗在建立和发展过程中，受到外国诗歌较大的影响，这对新诗艺术方法的形成起到了积极的作用。从五四运动以来，新诗一直是中国现代诗歌的主体。

▶ 什么是回忆录？

回忆录是对一系列事件或者人物的真实记录。在西方，很早就出现了回忆录这种文体。公元前 4 世纪，古希腊哲学家苏格拉底的学生克塞诺封写了一本书，比较完整而忠实地记载了苏格拉底的言论和经历，书名就叫《回忆录》。这可能是历史上最早以回忆录题名的一本书了。在我国，撰写回忆录的历史也十分悠久。儒家经典《论语》，就是一部带有回忆录性质的著作。西汉史学家司马迁的《太史公自序》，可以看作一篇回忆录文章。此外，古人撰写的一些吊唁文章和墓志铭，也带有回忆录的性质。到了近代和现代，回忆录这种文体有了很大的发展。对人民做出过杰出贡献的伟大人物，人民将永远纪念他们。因此，同这些伟人共事过的、接触过的人，就撰写回忆录来表达自己的崇敬心情，同时也为后人贡献宝贵的文献资料。

▶ 什么是新闻？

新闻，是指报纸、电台、电视台、互联网等媒体经常使用的记录性与传播性的一种文体，具有记录社会、传播信息、反映时代的作用。新闻的概念有广义与狭义之分。广义的新闻是发表于报刊、广播、互联网、电视上的评论等常用文本，包括消息、通讯、特写、速写（有的将速写纳入特写之列）等；狭义的新闻是用概括的叙述方式，以较简明扼要的文字，迅速及时地报道新近发生的、有价值的事实，使一定人群了解。新闻一般包括标题、导语、主体、背景和结语五部分。前三者是主要部分，后二者是辅助部分。写法以叙述为主兼或有议论、描写、评论等。

▶ 什么是通讯？

我们经常说中国人民志愿军是“最

可爱的人”，这个说法源于作家魏巍的《谁是最可爱的人》。这篇文章从题材来说，就是一篇通讯。那什么是通讯呢？通讯，是运用记叙、描写、抒情、议论等多种手法，具体、生动、形象地反映新闻事件或典型人物的一种新闻报道形式。通讯是记叙文的一种，是报纸、广播电台、通讯社常用的文体，也是应用写作研究的重要文体之一。最常见的通讯类型有人物通讯和事件通讯。写作通讯的一般要求有：主题要明确，材料要精当典型，角度要新颖，方法要灵活等。

▶ 什么是通知？

通知是一种运用广泛的知照性应用文体。上级机关、同级机关和不相隶属机关用来发布法规、规章，转发的公文，批转下级机关的公文，要求下级机关办理某项事务等。通知，一般由标题、主送单位（受文对象）、正文、落款四部分组成。通知的标题一般采用公文标题的常规写法，由发文机关 + 主要内容 + 文种组成。通知的正文一般由开头、主体、结尾三部分组成：开头部分交代通知缘由；主体部分说明通知的具体事项；结尾部分倡导贯彻执行有关要求。通知要求具体明确，精练简洁，行文条理清晰。

▶ 什么是说明书？

说明书是以应用文体的方式对某事或某物来进行相对详细的描述，方便人们认识和了解。说明书要实事求是、有一说一，不可为达到某种目的而夸大事物作用和性能。说明书要全面地说明事物，不仅介绍其优点，同时还要清楚地说明应注意的事项和可能产生的问题。产品说明书、使用说明书、安装说明书一般采用说明性文字，而戏剧演出类说明书则可以以记叙、抒情为主。说明书可根据情况需要，使用图片、图表等多样的形式，以期达到最好的说明效果。

▶ 如何写申请书？

申请书是个人或集体向组织、机关单位或社会团体表述愿望、提出请求时使用的一种文书。申请书使用范围广泛，同时也是一种专用书信，同一般书信一样，有着表情达意的作用。申请书要求一事一议，内容单纯。申请书一般由标题、称呼、正文、结尾和署名日期构成。标题有两种写法，一种是直接写“申请书”，另一种是在“申请书”前加上内容，如“入党申请书”“调换工作申请书”等，一般采用第二种。格式上，标题要居中，称呼要顶格，写明接受申请书的单位、组织或有关领导。正文部分是申请书的主体，首先提出要求，其次说明理由。理由要客观、充分，事项要清楚、简洁，结尾一般会写惯用语“特此申请”“恳请领导帮助解决”“希望领导研究批准”等，也可用“此致”“敬礼”等礼貌用语。署名要写清申请者姓名或集体及组织名称，必要的话还要加盖公章，最后注明日期。

▶ 如何写材料作文？

材料作文又叫“命意作文”，是根据所给材料和要求来写文章的一种作文形式。材料作文的特点是要求考生依据材料来立意、构思，材料所反映的中心就是文章中心的来源，不能脱离材料所揭示的中心来写作。一般来说材料作文的题目由材料和要求两部分组成，其中材料按形式分，有记叙性材料（故事、寓言等）、引语式材料和图画式材料。材料作文的写作一般的结构形式：（1）引：恰当地引用材料，开头既要引述材料又不能全部照抄，对材料进行分析后，或摘要或概述，三言五语即可。（2）议：对材料中提供的信息进行分析议论，包括对人物关系的分析、对结果的预测、对原因的追问等，目的是提出观点做铺垫，这部分不能太长，百字左右即可。（3）提：提出论点（或观点），一两句话就可以，文字简练，观点明确。（4）联：这是文章的关键，可由材料推开去，可联系历史人物、历史故事，可联系现实生活，今人今事；可以正面举例，也可以反面证明；可以摆事实，也可以讲道理。最少要举两个例子，一古一今或一正一反，多角度多侧面地把中心论点阐述得深刻有力，三四百字即可。（5）深：深入分析原因，说明好处（或危害），找出症结。（6）结：收敛全篇，总结全文，宜对论述的问题有所深入和升华，不要故作惊人之语，不要画蛇添足，力求精练有力。

▶ 如何进行立意？

立意就是确立作品的主题。它包括全文的思想内容，作者的构思设想和写作意图及动机等。首先立意要正确、鲜明，正确是基本要求。所谓正确，是指所确立的主题反映了自然的本质和规律，反映了生活的本质和主流，符合自然和社会的发展规律，积极向上，不能有不健康因素存在。所谓鲜明，是指所确立的主题能旗帜鲜明地表示爱什么、憎什么，赞成什么、反对什么。其次立意要集中、单纯。主题是统摄全篇文章的总纲，必须单纯明确。再次立意要深刻、新颖。所谓深刻，是指所确立的主题能反映生活的本质及内部规律，能揭示事物所包含的深刻的思想意义。所谓新颖，是指所确立的主题是作者的新认识、新感受，能给人以新的启示。

▶ 如何进行肖像描写？

肖像描写又叫外貌描写，就是对人物的外貌特征（包括容貌、衣着、神情、体型、姿态等）进行描写，以辅助揭示人物的性格和特点，表达作者的爱憎，加深读者对人物的印象，侧面反映人物的品行。对人物进行肖像描写，一般采用简笔勾勒的方式突出人物性格特征，而不必面面俱到，可采用适当的修辞方法，来增强表现力。肖像描写的要求是：根据需要，抓住特征，绘形传神，刻画性格，表现灵魂。进行肖像描写注意以下两点：一是根据情节发展需要来写，不要一有人物就进行肖像描写；二是避免千篇一律的公式化和脸谱化倾向，因为世界上没有完全相同的人，必须把突出人物的个性特点作为肖像描写的目标。

▶ 如何进行神态描写？

神态描写指的是对人物面部表情的描写。神态描写和肖像描写的区别在于，肖像描写中对人物面部的描写侧重于静态的容貌与神情，而神态描写则是一种动态的描写。所谓动态，是指面部表情的状态与动作，比如“他哭丧着脸”“他眨了眨眼睛”。而静态的肖像描写则是写面部的形态，比如，“她有一张圆圆的脸，像苹果一样”等。要写好神态描写，关键是在写面部表情的时候，必须要有写表情、神态的动词或者形容词。另外，神态描写一定要抓住人物特征，有重点地进行描写，不能胡子眉毛一把抓。

▶ 如何进行动作描写？

动作描写又叫行动描写，指的是通过语言文字描写人物行动和行为，以刻画人物形象。好的动作描写，可以展现人物的性格特征和精神面貌，有时还能推动故事情节的发展。人物行动描写是塑造人物的主要手段。在对人物进行动作描写时，要注意让人物的性格从他的动作中流露出来，对人物的行动必须经过选择，足以表现人物的性格，同时要注意人物行动的生动性和典型性。所谓生动性，指的是不仅要写出人物在做什么，而且要写出他怎样做。所谓典型性，则指的是要写出人物为什么这样做，而不那样做。例如《水浒传》中施耐庵要塑造鲁智深的性格，在“鲁提辖拳打镇关西”这一节中，从动作上描写出鲁提辖疾恶如仇又粗中有细的性格。

▶ 如何进行语言描写？

语言描写是塑造人物形象的重要手段。语言描写包括人物的独白和对话。俗话说“言为心声”，不同思想、不同经历、不同地位、不同性格的人，其语言自然是不同的。要对人物进行心理描写，从而表现人物的性格特征，需要注意以下几点：（1）语言要符合人物的身份、职业、地位、经历。俗话说：“三句话不离本行。”行话运用得当，人物的身份等特征便自然而然得到了介绍。（2）语言描写要能够表现人物的思想感情，反映人物的心理活动。语言是思想的直接体现，读者应该从人物独白中清楚地看到人物内心深处的真情实感、行为动机、目的及行将采取的措施等。而人物之间的对话，则应该随着情节的开展逐步表现不同性格的人物不同的感情，展现人物之间的不同内心和特征。（3）语言描写要性格化，要在描摹语态、叙写对话过程中表现出该人物的个性特征来。（4）语言描写还应用来预示和推动故事情节的发展，交代事情的来龙去脉，或通过语言描写介绍环境或时代背景，或借人物之口作议论以深化主题，使语言描写成为作品的有机组成部分。（5）语言描写要生动、简洁，力忌八股调、学生腔。

▶ 如何进行心理描写？

心理描写就是对人物内心的思想活动进行描写。描写人物的思想活动，能反映人物的性格，展示人物的内心世界。对人物进行心理描写，主要有以下三种方式：（1）直接描写式。这是最为常见也是运用最广泛的一种人物心理描写法。有时句子中含有“想”等关键的字眼作为明显的标志，这类标示字眼或出现在心理活动之前，或出现在心理活动之后。“想”字后有的用“逗号”或“冒号”等引出心理活动内容。（2）抒情独白式。这种刻画人物心理的方法，是用抒情的笔法展示人物的内心矛盾和思想斗争。（3）梦境描绘式。梦境是人所想的集中表现，它同样能揭示人物的性格特征，深化文章的主题等。

▶ 如何进行细节描写？

细节描写作为一种刻画人物性格特征、揭示人物内心活动的重要描写方法，是非常富有表现力的手法。人物描写的五种基本方法中都体现了细节方面描写。进行细节描写，需要注意以下几点：（1）细节描写要典型，能起到以小见大的作用。如鲁迅的小说《孔乙己》中对孔乙己脸上“时常夹些伤痕”的细节就揭示了孔乙己经常挨打的事实。（2）细节描写要真实。《孔乙己》中描写孔乙己“排”出九文大钱的细节描写，真实生动地表现了他在短衣帮面前摆阔炫耀。（3）细节描写要新颖独特。如《范进中举》中描写胡屠户“把银子攥在手里紧紧的，把拳头舒过来”的细节描写，表现了胡屠户爱财如命的性格特点，很有表现力。

▶ 如何进行自然环境描写？

自然环境描写，又叫景物描写，是对人物活动中的自然景物进行的描写。景物描写对烘托人物心情、渲染某种氛围、推动故事情节发展等方面起着重要的作用。要写好景物描写，需要注意以下几点：（1）要抓住景物的特征。朱自清《春》中描写春草就抓住了小草“嫩、绿”的特点。（2）要选好描写的角度。比如，朱自清的《春》中描写“春风”时，就从触觉、嗅觉、听觉的角度描写了春风。（3）要按照一定次序描写。如

《春》中描写春花的时候，就按照由高到低的顺序依次描写了花、花下的蜜蜂和蝴蝶、地上的野花。（4）适当采用一些修辞手法，来增强语言表现力。

▶ 如何进行侧面描写？

侧面描写又叫“间接描写”或者“侧面烘托”，是一种重要的描写方法，是通过对周围人物或者环境的描写来表现描写对象的方法。侧面描写的方法主要有：（1）景物烘托，也就是通过对和描写对象有关的时令、气候、地点、花鸟草虫等自然景物的描绘来渲染环境氛围，烘托人物心情。（2）背景衬托，也就是借助写作背景的介绍来表现人物思想性格的写法。（3）借助他人的反应或者介绍来表现描写对象。有些作品，主要人物并未出场，而文章又无处不在写他。这时，常常是利用别人的介绍来表现其人。

▶ 如何进行场面描写？

场面描写就是对一个特定的时间与地点内许多人物活动的总体情况的描写。它往往是叙述、描写、抒情等表述方法的综合运用，是对自然景色、社会环境、人物活动等描写对象的集中表现。常见的场面描写有劳动场面、战斗场面、运动场面以及各种会议场面等。要进行场面描写，需要运用多种表达方式，以及多种表现手法，同时要注意以下几点：（1）交代好时间地点环境等背景。（2）突出总体特点，也要写清具体细节。（3）要表现出场面的特有气氛。（4）按照一定的顺序进行描写。比如，“刘姥姥进大观园”一节中极为生动地写出了贾府一干人等被刘姥姥逗笑的热闹场面，闹而不乱。

▶ 什么是点面结合？

所谓“点”，指的是最能显示人、事、物的形象状态特征等的详细描写；所谓“面”，指的是对人、事、物的叙述或概括性描写。点面结合就是“点”的详细描写和“面”的叙述或概括性描写的有机结合。“点”，可以突出重点，体现深度；“面”，可以顾及全局，体现广度。比如，朱自清的《荷塘月色》中“曲曲折折的荷塘上面，弥望的是田田的叶子。叶子出水很高，像亭亭的舞女的裙。层层的叶子中间，零星地点缀着些白花，有袅娜地开着的，有羞涩地打着朵的……叶子底下是潺潺的流水，遮住了，不能见一些颜色；而叶子却更见风致了。”这是个典型的点面结合的例子，先从面上说整个荷塘的风致，然后逐点逐点写详细的花与叶。

▶ 不同的文学作品是如何抒情的？

抒情作为表达方式的一种，即表达

情思，抒发情感。在诗歌中抒情是最常用的表达方式，能够强烈地抒发作者的感情；叙事散文和记叙文中，抒情往往和叙述、描写等其他表达方式结合运用，能增强文章的感染力，突出文章的中心。比如，艾青的《我爱这土地》的结尾“为什么我的眼里常含泪水？因为我对这土地爱得深沉”直抒胸臆，强烈抒发了作者对祖国深厚的感情。而朱自清的《春》则在描写春天美景的基础上，抒发了自己对春天的热爱和赞美。具体的抒情方式具体来分又可分为借景抒情、触景生情、咏物寓情、咏物言志、直抒胸臆、融情于事和融情于理等。根据作品体裁、主旨、内容的不同，采用或融合不同的抒情手法。

▶ 什么是直抒胸臆？

直抒胸臆，就是作者或作品中的人物，不借助于任何别的手段，直接地表白和倾吐自己的思想感情，以感染读者，引起共鸣。直抒胸臆的特点是不要任何“附着物”，将思想感情直截了当地宣泄；不讲究含蓄委婉，将思想感情毫无遮掩地袒露。这种直陈肺腑的抒情方式，往往显得坦率真挚、朴质诚恳，很能打动人心。如鲁迅的《阿长与〈山海经〉》的末尾一句“仁厚黑暗的地母呵，愿在你怀里永安她的魂灵！”，饱含深情，直抒胸臆，表达了对长妈妈的思念和祝福之情。

▶ 什么是触景生情？

触景生情，是指在看到外界事物之后，触动自己的情思，然后抒发感情的一种方法。这种方法既可以先写景再抒情，也可以先抒发对景物的感受再描写景物，还可以把二者交织起来，一边写景，一边抒情。写景是为了抒情，笔在写景，却应当“字字关情”。如王昌龄的《闺怨》中“闺中少妇不知愁，春日凝妆上翠楼。忽见陌头杨柳色，悔教夫婿觅封侯”运用触景生情的手法，写不知愁为何物的闺中少妇，因为看到路边的青青柳色，想到春光易逝，青春难再，不禁后悔让自己的丈夫从军，悔怨交加。全诗描写由景及情，含蓄细腻。

▶ 什么是咏物寓情？

咏物寓情，又叫借物抒情，是通过描写客观事物来表达自己思想感情的一种抒情方法。咏物寓情的关键在于“寓”。它的特点是，只描写物象，不直接抒情，作者将所要表达的思想感情寄寓在对物象的具体描绘之中，通过比喻、拟人、象征等方式，委婉曲折地表现作品蕴含的思想感情。如陆游的《卜算子·咏梅》“驿外断桥边，寂寞开无主。已是黄昏独自愁，更着风和雨。无意苦争春，一任群芳妒。零落成泥碾作尘，只有香如故。”，采用借物抒情的手法，通过写梅花的生长环境和凌寒绽放，表达了词人孤独傲岸，不与世俗同流合污的高洁情怀。

▶ 什么是融情于事？

融情于事，又叫借事抒情，指通过叙述事件来抒发感情，让感情从对具体事件的叙述中自然地流露出来，以感染读者。这种渗透着感情的叙述，读起来就更觉得真诚可亲。如朱自清的《背影》中父亲跟儿子道别时买橘子的那一段叙述文字，情真意切，感人至深。“我看见他戴着黑布小帽，穿着黑布大马褂，深青布棉袍，蹒跚地走到铁道边，慢慢探身下去，尚不大难。可是他穿过铁道，要爬上那边月台，就不容易了。他用两手攀着上面，两脚再向上缩；他肥胖的身子向左微倾，显出努力的样子。这时我看见他的背影，我的泪很快地流下来了。”这一段叙述文字，朴实无华，把父亲质朴的爱子之情和儿子对父亲的感激之情表达得淋漓尽致。

▶ 什么是融情于理？

融情于理，就是把感情寄寓在说理之中，理中含情，既可以使“情”具有深度、厚度，又可以使“理”充满个性色彩的情思，动人心弦。如林觉民的《与妻书》就是一篇融情于理的美文。为了向妻子最后一次表白自己的心志和爱憎，作者并非情意缠绵、泪语柔情，而是以理代情：“吾至爱汝，即此爱汝一念，使吾勇于就死也……助天下人爱其所爱，所以敢先汝而死，不顾汝也。汝体吾此心，于啼泣之余，亦以天下人为念，当亦乐牺牲吾身与汝身之福利，为天下人谋永福也。汝其勿悲！”作者将“吾至爱汝”之情与“勇于就死”之理熔为一炉，以含情之笔说理，以明理之言诉情，感人肺腑，催人泪下。

▶ 什么是讽刺？

讽刺艺术一般用诙谐的语言、滑稽而可笑的人物形象、荒诞有趣的情节来讽刺现实社会的人和事，富有喜剧美。一般来说讽刺文学故事中矛盾冲突的解决较平缓，没有较大的矛盾冲突。讽刺文学通常用夸张、反衬等手法来揭露社会现实，表达作者的情感。比如，吴敬梓在《儒林外史》中写爱钱如命的严监生疾终正寝时，着力刻画了他竖着的两个手指头，这两个手指头揭示了他全部性格中最本质的特征：守财奴的爱钱如命。再如《藤野先生》开头一段对“清国留学生”的描写，表达的正是厌恶之极的情感。“实在标致极了”，其实一点也不标致，称他们标致，是明显的讽刺。当任何指斥的言辞都不足以把愤怒之情表达得酣畅淋漓时，便用反语来讽刺，较之直言指责更为有力，表达力更强。

▶ 什么是比兴？

在我国古代诗歌中，比兴是最常见

的一种表达技巧。“比”就对人或物加以形象的比喻，使其特征更加鲜明突出；“兴”就是起兴，是借助其他事物作为诗歌发端，以引起所要歌咏的内容。在《关雎》这首诗歌中，“关关雎鸠，在河之洲。窈窕淑女，君子好逑”这句，以河洲上和鸣的鸟引出淑女是君子的好配偶，而二者之间多少有一些意义、气氛上的关联处，又接近于比。诗文中的“比”和“兴”多是如此，往往一起运用。再如刘禹锡《陋室铭》中“山不在高，有仙则名；水不在深，有龙则灵；斯是陋室，惟吾德馨”，也是运用了比兴的手法，由“仙”和“龙”兴起，引出陋室，并与之形成类比。

▶ 什么是反复？

反复这种修辞手法，是指为了强调某种意思，突出某种情感，特意重复使用某些词语、句子或者段落等。运用反复的修辞手法，一是起到强调的作用，二是增强语气或语势，起到反复咏叹，表达强烈情感的作用。同时，反复的修辞手法还可以使诗文的格式整齐有序，而又回环起伏，充满语言美。反复有两种形式：连续反复和间隔反复。朱自清《春》“盼望着，盼望着，东风来了，春天的脚步近了”中“盼望着”连续反复，突出强调了作者对春天的盼望的感情。鲁迅《记念刘和珍君》“我们还在这样世上活着；我也早觉得有写一点东西的必要了。离三月十八日也有两个星期，忘却的救主快要降临了罢，我正有写一点东西的必要了”中“写一点东西的必要了”则是运用间隔反复。

▶ 什么是悬念？

作为一种表现手法，悬念可以让故事更具魅力。故事还是那个故事，不管是爱情故事还是悬疑故事，通过情节的巧妙设置，使故事有了悬念，让读者欲罢不能，激发读者的兴趣一直读下去，这就是悬念。设置悬念主要有三种方法：（1）运用倒叙法。所谓倒叙法，就是先写事件的结果，让读者感到好奇为什么会发生这样的事。好奇心驱使和激发读者追根溯源，探求事件的起因和经过。（2）运用误会法。所谓误会，就是不正确的判断。利用误会设置悬念，能使文章情节曲折离奇，吊起读者胃口，读来妙趣横生。（3）欲扬先抑法。欲扬先抑的“扬”，是指褒扬、抬高；“抑”，指按下、贬低。作者想褒扬某个人物，却不从褒扬处落笔，而是先从相反的贬抑处落笔。用这种方法，使情节多变，形成波澜起伏，造成悬念，容易使读者在阅读过程中，产生恍然大悟的感觉，留下比较深刻的印象。

▶ 什么是照应？

照应，是指一篇文章首尾或前后内

容之间的关照和呼应。前面说的，后面要有着落；后面写的，要与前面交代相合。这样文章前后互相辉映，相得益彰，从而使文章前后贯通，结构完整，中心突出。照应的方法大体有两种：一种是首尾照应，即我们平时常说的首尾呼应。二是多处照应。有的文章中重点部分或主要内容会有多次呼应，各部分间互相补充或反复发挥，使中心更加鲜明突出。首尾照应或前后多处照应，绝不是内容的简单重复，而是内容的互相补充和发挥，使内容更充分，更完满，有助于文章中心思想的逐步深入和升华。

▶ 什么是用典？

在中国文化文学中，用典成了一种常见的表现手法。用典，即运用典故，也叫用事。凡是诗文中引用过去的有关人、地、事、物的史实，或者诗文诗句，都属于用典，运用典故可以使词句含蓄典雅，增强作品的表现力和感染力。如刘禹锡《酬乐天扬州初逢席上见赠》中“怀旧空吟闻笛赋，到乡翻似烂柯人”，这里运用了“向秀闻笛、王质遇仙”两个典故表达作者贬官二十多年后回归时的感受。作者以“闻笛赋”隐含对当时统治者迫害旧友的不满，抒发了对死去旧友深深的怀念之情；以“烂柯人”暗示自己遭贬谪时间太久，此番回来恍如隔世，觉得人事全非，不再是旧时光景了。借助典故，短短的十四个字里，作者就表达出了如此复杂的情感。

▶ 什么是夹叙夹议？

夹叙夹议是指将叙述和议论交互穿插的一种写作手法，又叫叙述性议论。夹叙夹议主要有以下三种表达形式：一是先议后叙（概括式）。这时的议论往往出现在文章的篇首，主要作用是提示和点题。二是先叙后议（总结式）。这时的议论往往出现在文章或一段文字的结尾，其作用是总结全文、深化主题、画龙点睛、启迪思维等。三是边叙边议（包容式），即边叙述事实，边进行议论，以发表对所叙事实的看点。夹叙夹议中叙、议二者的关系是：叙是议的基础，议是叙的深化。换一种说法，叙是铺陈，议是点染。一般说来，议的文字不宜太长，用语应精辟、韧练。运用这种手法的好处是：笔法灵活多变，生动活泼，还可以起到总起、提示、过渡和总结等作用。